国家出版基金项目
NATIONAL PUBLICATION FOUNDATION

"十三五"国家重点图书出版规划项目

清末报刊载
海军史料汇编

马骏杰 吴峰敏 门贵臣 编

山东画报出版社
济南

图书在版编目（CIP）数据

清末报刊载海军史料汇编/马骏杰,吴峰敏,门贵臣编.—济南:山东画报出版社,2023.12
（中国近代海军史研究丛书/刘震,张军勇主编）
ISBN 978-7-5474-3173-3

Ⅰ.①清… Ⅱ.①马… ②吴… ③门… Ⅲ.①海军－军事史－史料－中国－清后期 Ⅳ.①E296.53

中国国家版本馆CIP数据核字(2023)第227576号

QINGMO BAOKAN ZAI HAIJUN SHILIAO HUIBIAN

清末报刊载海军史料汇编
马骏杰 吴峰敏 门贵臣 编

责任编辑 怀志霄
装帧设计 Pallaksch

主管单位 山东出版传媒股份有限公司
出版发行 山东画报出版社
　　社　　址　济南市市中区舜耕路517号　邮编 250003
　　电　　话　总编室（0531）82098472
　　　　　　　市场部（0531）82098479
　　网　　址　http://www.hbcbs.com.cn
　　电子信箱　hbcb@sdpress.com.cn
印　　刷 山东临沂新华印刷物流集团有限责任公司
规　　格 976毫米×1360毫米　1/32
　　　　　　18.5印张　606千字
版　　次 2023年12月第1版
印　　次 2023年12月第1次印刷
书　　号 ISBN 978-7-5474-3173-3
定　　价 128.00元

如有印装质量问题，请与出版社总编室联系更换。

说　明

　　本册文集着重收录清末主要期刊刊载的有关海军问题的报道、评论、论文等史料，虽然史料的文体、篇幅、语言风格等都有较大差别，但反映的主题却十分鲜明。为方便读者参考起见，所选史料以报刊名称排列，同一报刊刊载史料以发表时间排列。

　　清末存世的报刊很多，所刊载的海军史料数量不在少数，本文集选取的史料以与海军有关的新闻报道为主，兼顾少量的论文、评论和档案。由于我们掌握的报刊数量有限，遗漏必定不少。

　　清末报刊林林总总，不仅风格不同，而且编辑水平、印刷质量、纸张成色等也各异。同一报刊，不同年份的情况也不尽相同。有些报刊编排、文字等错误较多，有些报刊印刷质量较差，存放时间过久，字迹难以辨认。对此我们做了专门处理。对于一些文字中的明显错误，我们直接予以纠正；对于难以判断正误的用词，或明知有错误而对研究者有重要参考价值的词语，则用"（ ）"标出，以保持原貌。对于模糊、漏印或其他难以辨认的字，用"□"代替。

　　本文集所选文章均注明报刊名称及发表时间，文章内容所涉及的专业名词术语，一概不作注释，仅对少量时间等加以说明。

　　本文集所辑录的史料，均是全文登录，对于有些史料存在的观点和方法上的不妥，为保持原貌，不作处理。

　　由于我们掌握的报刊资料不够充分，编辑能力有限，难免存在疏漏，敬请读者批评指正。

编者
2023年10月于山东威海

目　录

安徽白话报

正阳水师统领纵容厨役

正阳水师沈统领之厨房伊某向与城北某孀妇私通，日前该妇之父母恨急，将伊及该妇捆打。讵沈统领不责厨房，反将该妇之父母送李分司重笞数百，分司希统领意，当笞后仍收押不放。正阳近来土棍伤风败化，颇无忌惮，乃统领复与分司纵容袒护，将来风化所关，何堪设想，诚可惧也。

（录自《安徽白话报》1908年第2期）

摄政王不悦张之洞[1]

摄政王颇不悦张之洞，其原因半为川汉铁路问题，半为简派贝勒毓朗、载洵为海军大臣，故张不到军机已数礼拜，似不欲与闻政事。惟近来摄政王有数事欲与商，曾询及庆邸，大致亦令与议安奉铁路及铜官山矿，不知张之洞日内能出视事否。

（录自《安徽白话报》1909年第1期）

---

[1] 标题为编者所加。

外务部照会日使[1]

外务部照会日使：东沙岛确系中国属地，请饬日商即撤去日旗，日使尚未答复。

（录自《安徽白话报》1909年第1期）

海军处请征丁捐房税[2]

海军处请征丁捐房税为经费，度部恐扰民议驳。

（录自《安徽白话报》1909年第1期）

---

〔1〕标题为编者所加。
〔2〕标题为编者所加。

半星期报

重兴海军经划

海军经费已由度支、陆军两部，筹得千万，作开办费，常年费各省分担。政府议简萨镇冰为海军总统，驻南洋舰队，并饬各省保荐海军人才。

（录自《半星期报》1908年第9期）

禁军舰入内地

政府前因各国军舰，往往任意驶入中国内地游弋，有违公法，而□主权，特照请驻京各国公使，转饬禁阻，现闻各使业经照允。嗣后，各该国军舰均不准随意游历中国内地，已由政府通电各省督抚查照。

（录自《半星期报》1908年第14期）

议向美国造舰

闻枢臣近日筹议兴办海军，订购军舰事宜，拟电美伍使在美国各大造船厂，调查各种军舰式样价值，速行电复，以凭核办。

（录自《半星期报》1908年第14期）

北京新闻汇报

记清国现在海军表

舰名	舰种	排水量	速力	所在
海天	巡洋	四三〇〇	二四	江阴
海圻	同	四三〇〇	二四	同
海容	同	二九五〇	一九	上海
海琛	同	二九五〇	一九	江阴
海筹	同	二九五〇	一九	同
南瑞	同	二二〇〇	一五	同
南琛	同	二二〇〇	一五	镇江
开济	同	二二〇〇	一五	南京
寰泰	同	二一〇〇	一五	江阴
镜清	同	二一〇〇	一五	同
并征	同	五二二	不详	大沽
通济	同	一八〇〇	一五	江阴
保民	同	一四七〇	一五	吴淞
复济	炮舰	一三〇〇	九	不详
登瀛洲	同	一二五八	一〇	南京
元凯	报知	一二五八	一〇	福州

（续表）

舰名	舰种	排水量	速力	所在
伏波	同	一二六〇	一〇	不详
威靖	炮舰	一一〇〇	不详	南京
镇海	同	九五〇	九	芝罘
泰安	同	一二五〇	一〇	不详
飞鹰	水炮	八五	二二	江阴
飞云	同	不详	不详	芝罘
测海	炮舰	七〇〇	一二	黄州
靖远	同	五八七	一〇	不详
龙骧	同	三一九	九	芜湖
策电	同	四〇〇	九	江阴
飞霆	同	四〇〇	九	九江
钧和	同	三五四	不详	南京
飞霆	驱逐	三三五	一九	不详
水雷	四艘	四八〇	不详	江阴
专篠	不详	不详	同	佳山
开办	同	同	同	江阴

　　上表中排水量数中单位吨数也；速力数中单位海里也。各舰排水量合计四万四千八百五十吨外，福建、广东所属小炮舰未满千吨者二十艘，所属水雷艇十余艘云。以上译《东报》。

（录自《北京新闻汇报》1901年8月）

北洋兵事杂志

海军学生之新纪念

我国海军学生留学商船学校者，约五百余人，三月初旬卒业，计二十八人，刻已由公使保送入日本炮船学校矣。此为我国海军学生入日本海军之发轫，彼商船学校并非海军专门学校，不过一海军预备校而已，今二十八人始得进海军专门，可为中国海军前途预祝之。

（录自《北洋兵事杂志》1910年第1期）

沉船塞港之纪事评论

张淑信

海军防御时，攻击时，皆利用塞港，我守彼攻之际，台垒部位不足当敌军之轰击，港外航路不能禁敌舰之往来，于是自凿巨舟，以资防守，固可抑制敌军威力，不战而屈人之兵，此一义也。我攻彼守之际，敌据军港天险之势，航路进退，毫无关碍，以主御客，以逸待劳，我军旷日持久，不战自疲，于是出九死一生之计，为坐礁塞路之谋，俾敌舰出入，失其自由，我军完全镇港之权利，此则又一义也。

西历一千八百五十三年，俄突战争事起，英法突撒，四国联合军，攻俄哥里米半岛，俄之水师，株守半岛旁亚士富海，不敢迎战，时时哥里米西南部之名城曰西巴斯路卜，为海军根据地，黑海之第一要冲口岸，为敌所必争。西巴斯路卜失，则全岛非俄有。俄帅拔几微秩，建塞港之议，沉大舰阻敌出入，计沉战舰七艘，联军不得逞，后迤北陆军攻入，始占领其城，而沉舰之效果，卒未消灭。一千八百七十年，普法之役，法帅蒉马浑，建议以水师伐普北部，分其兵力，普廷从商民请，沉巨舰数十艘于波罗的海南岸，以抗法师，及没齿军败，法议以装甲舰驶北海，进攻北日耳曼，以解重围，闻普有备而返。二者防御时之作用也。

一千八百九十八年，古巴之役，美军攻取夏瓦那港，日斯巴尼亚水军守滨海地不退，美大尉比云以水卒八人冲繁密火线，航巨舰至撒地牙额附近，自行坐礁。日斯司令官撒尔乌拉嘉其勇烈，令暂停射击，俾得乘舢板出险，美军卒占撒地牙额，并古巴全部。一千九百零四年，日攻旅顺，实行堵塞之策，第一次堵塞队，驶往为俄军探海灯误航路，坐礁于老铁山附近，及灯塔近处，效果尚微；第二次中佐广濑武夫，以堵塞船四号，横冲弹路，驶近黄金山西岸，其船福井号中雷沉没，广濑中佐已出险，复冒勇救曹长杉野孙七，为炮弹所中死之，杉野亦阵殁。及第三次，日军急争旅顺，堵塞队江户号八艘，少佐高柳直夫等驶之，将近口，以风猛浪高，发信号停止不克，五艘已至港口，为敌探海灯所觉，子弹攒射如雨，高柳少佐中胸死之，余船得救援队，牵引以免。二者攻击时之作用也。

按防御时宜实行塞港之目的如下：一、军港为敌人所必争；二、地点重要，关系胜败之全局；三、要塞重炮，不足以猛烈射击，威胁敌人；四、港汊开旷，利于敌舰航行；五、无大支海军，足以驱逐敌舰。有此五端，故以塞港为保守无上之妙着。攻击时实行堵塞之目的：一、敌据形胜地势；二、敌之舰队，足以与我角逐；三、敌军另据港口，水师可以互相犄角；四、我军舰无根据地，利在速战；五、敌舰守港，坚忍不出；六、我战士用命，希以一死搏名誉。有此六势，故可以攻击力，冒险尝试。惟日俄之役，广濑、高柳二佐官，皆海军名将材，乃牺牲一己之性命，博世界勇烈之光荣，挫俄军暴烈之凶锋，造主国全胜之效果。古人云视死如归，又曰烈士殉名，诚足提倡尚武之精神，为我军人之圭臬也。

（录自《北洋兵事杂志》1910年第2期）

海军处大会议

海军大臣洵邸、军谘处朗贝勒，于四月二十五日，在海军处会议，关于筹备一切事宜。

（录自《北洋兵事杂志》1910年第3期）

北洋官报

太湖水师之大操

苏省太湖巡防队水师第一营，前奉专调来苏教练新操，为时日久，兹经该队代统刘英采副戎，择于十四日调齐全营师船，在黄天荡大操各种水战术及炮法等式，当由程中丞亲莅校阅。其飞划营统领王耀齐观察、巡防营务处洪鹭汀观察及司道以下各文武，咸往陪阅，一时旌旗蔽日，鼙鼓震天，颇有大将龙旗掣海云之概云。（录《中外时报》）

（录自《北洋官报》1911年第2663期）

浙洋弭盗之条议

浙江生员戴其仁提出，浙洋弭盗建议案，由谘议局议决呈送抚院。兹奉增中丞批云，据呈生员戴其仁浙洋弭盗建议案六条，查第一条裁减红单等船添置小兵轮，不为无见，惟浙省本年裁撤绿营，已将水师各船统编入浙洋水师巡防队，与各兵轮分配三路，按段梭巡。甫经改编竣事，奏定立案，未便复议更张。第二条设立巡洋议事会及第五条渔团会议，俱关军政，与其他庶政不同，虽在立宪之国，并无使民人得以与闻之例。第三、第四、第六等条不无可采，候酌夺施行可也。此复。（录《新闻报》）

（录自《北洋官报》1911年第2663期）

校阅长江水师

新任长江水师提督程军门允和到任后，以长江水师各营急宜整顿练习，爰于上月十九日早八时，乘建安兵舰驶抵瓜洲，维时各防营兵士咸诣江干，列队欢迎，旌旗五色，映日鲜明。既而运司府县以及水师各营官弁，亦先后登轮迎谒如礼，军门接见有差，兴辞而出。钟鸣十下，军门率同瓜洲镇总兵陶树恩镇军等，至三江口阅视水操。当时各兵驾驶船只，尚称活泼。阅后至瓜洲大校场，简阅镇标五营旱操，步伐整齐，技艺娴熟，演毕时已钟鸣五下矣。（录《申报》）

（录自《北洋官报》1911年第2663期）

飞翰水师筹商归并办法

湘省统带飞翰水师全营杨协戎明远，前奉院札饬，将某队水师并入武陵桃源水警，以节糜费等情，协戎当即亲至常德，与水警委员陈大令筹商归并办法，刻因未能就绪，已于日昨偕同该委员到省禀商一切矣。（录《时事报》）

（录自《北洋官报》1911年第2673期）

水师营改换快炮

湖南飞翰水师营于去年春曾奉抚院札饬，将中营督阵长龙先锋舢板，暨各哨舢板头炮，一体改用三生七快炮，由该营统领杨协戎，遵于省城北门外设一炮兵学堂，陆续挑选各船精壮勇丁入堂学习，并派有教员一人授以擦洗施放等法，现已一律换齐。协戎以长江水师快炮队，除每船另设炮目一人外，其教习、书记、弁兵等，每月均有加饷之例，惟现在军饷异常困难，比长江营例势必少减，始能接济，爰会商兵备处，拟每月每船加银二两二钱，以示体恤。闻已禀奉核准矣。（录《新闻报》）

（录自《北洋官报》1911年第2682期）

饬报筹办西沙岛情形

日前广东劝业道将举办西沙岛大概情形申请督院，咨呈农工商部察核在案，现准部咨略云：该岛所产矿砂，除磷质外尚有几种矿产，每处矿产应备资本若干，如何采掘镕炼开辟，农渔各项应分几等，及划定区域宜于何项种植，仍须先定详细办法，并将所筹情形，一律咨报备核可也，督院准此，已札行劝业道查照矣。（录《安雅报》）

（录自《北洋官报》1911年第2682期）

德国派远东舰队总司令官

伦敦电云：德政府现派海军中将克鲁希哥氏充远东舰队总司令官，以继故海军中将葛利尔氏之任。闻克氏不日即航海东行云。

（录自《北洋官报》1911年第2682期）

俄国提议联合海陆两军参谋处

伦敦电云：据俄京电称，俄国筹办防务委员上书政府，请将海陆两军参谋处联为一处，以便使海陆两军声气相通云。

（录自《北洋官报》1911年第2682期）

绿营水师毋庸调查造报

广东陆军调查局以现在办理陆军财政事宜，拟分旗、绿、防、新四项。为编辑入手办法，当查明粤省绿营自乙巳裁存六十营，上年奉准大部咨行，准将水师等营划归海军处管辖，今既奉文调查陆军财政，则水师等二十二营似在毋庸调查之列。又兼水陆儋崖两营是否划分调查，抑系笼统开列等情，呈请督辕电部核示。昨准部电覆，以绿营水师已划归海军处者，均毋庸调查送报云。

（录《时敏报》）

（录自《北洋官报》1911年第2687期）

英国潜水艇驶赴香港

路透电云：英国潜水鱼雷艇三只，现由波尔茂斯港启碇，航赴香港。

（录自《北洋官报》1911年第2687期）

东沙设立无线电报

粤藩现奉督院札准外务部电东沙岛设无线电事。前接英使节略，以粤省拟暂缓办，港督诧惜殊深，并附送说帖备览，已由邮部转咨尊处在案。兹该使迭次函催并面称此事关系航业甚大，该省将作罢论，不知确否等语。英使于此事颇为注重，能否实行，希酌核速复等因，承准此除电复外，合就抄稿札行该司查照云。（录《安雅报》）

（录自《北洋官报》1911年第2695期）

电请缓裁绿营水师

粤省裁撤绿营水师一事，昨经张制军致电海军部云准，水师李提督函称，绿营水师与陆师略异，非滨海即水陆，通途屡裁之后，一汛地仅三两兵，然汛兵土著耳目灵通，遇小事消弭弹压较营勇为易，即有盗贼结会等事，亦可飞报防营。现在巡警未能遍设防营，分布不敷，各汛兵碍难遽裁。且恐裁兵之后，地方多事，又须添驻防营，勇饷每名四两二钱，制兵仅九钱，余况防勇非一棚不能驻，是欲节饷而转耗饷。兵既不裁，弁亦须留。查边海各处，港汊纷歧，有轮船难到之处，尤赖师船。前虽裁兵未裁师船，若再裁兵则师船亦不能不裁，若别设浅水轮，则所费尤巨，似应俟巡警普及之后，再议裁减。复查无异，应否将广东绿营水师暂免裁减，待体察将来情形再陈请核示云。（录《时敏报》）

（录自《北洋官报》1911年第2727期）

提倡海军义捐

皖省爱国海军义捐会成立已及周年，日前开职员会时，朱中丞及各当道皆依次莅会。朱中丞于会场痛谈国事艰难，几令闻者泣下，略谓：本会自去岁创办，赖诸君不惮勤劳，苦心组织，业已粗具规模。嗣因各属告灾，只得筹措赈抚，先其所急，以致此次捐务未能兼顾。近来边隅惊耗纷至沓来，东南一带海线亘数千里，不于此时编置舰队游弋重洋，则门户洞开，何以自固？况自古迄今防守一事，海难于陆，必能先守领海然后可固内地之防，必能先扩水师然后可拯陆军之急，必海陆军备全无缺点然后可以对敌宣战。现五洲列国方逞雄心万里，艨艟纵横海上，而我顾蜷伏蛰，守将坐视抉篱洞户，言念及此，讵不寒心，故建设海军为今日能自树立之第一义。使者去岁多方提倡，深冀全皖上下协力同心成此盛事，只以创办之初，成效未著，不敢遽将章程咨部，恐蹈行不逮言之诮。昨闻海军大臣闻我皖各界具此热衷，深为嘉许，并令部员致电催咨捐募章程，即拟将此一年捐数调查确实，一并咨部，凡我在会诸君，念时势之艰难，自当急起直追，力为维持，奋跃从事，使本会既创其始，复睹其成云。（录《申报》）

（录自《北洋官报》1911年第2734期）

上　谕

三月十四日内阁奉上谕，海军部奏请将现充海军要职各项人员，分别除授缮单呈览一折，萨镇冰著补授海军副都统并加海军正都统衔；程璧光、沈寿堃均著补授海军协都统；吴应科、严复、徐振鹏、郑汝成均著赏给海军协都统衔；曹汝英、伍光建、李鼎新、蔡廷干、郑清濂、李和、林葆怿、汤廷光、孙辉恒均著补授海军正参领；林葆纶、郑祖彝、黄钟瑛、杨敬修、喜昌、曾兆麟、荣续、葛保炎、甘联璈、宋文翙、郑纶、何广成、马熜钰、朱声冈、饶怀文均著补授海军副参领。余依议，钦此。

（录自《北洋官报》1911年第2748期）

谕　旨

三月十四日，军机大臣钦奉谕旨。海军部奏请赏给海圻巡洋舰人员宝星等语。程璧光著赏给二等第二宝星，汤廷光著赏给二等第三宝星，李国棠、刘冠南均著赏给三等第一宝星。钦此。

（录自《北洋官报》1911年第2748期）

筹解海军经费

粤省应解海军开办经费共银一百二十万两，系拟由奉旨之日起，分四年匀解，每年实应解银三十万两，另每年认解常年费银二十万两。宣统二年分应解之开办经费及常年经费，共银五十万两，去年业已筹解一半在案。现藩运二司因此款关系重要，应即如数照解，俾济要需即再筹银二十五万两，发交大清广州分银行等，汇解至京投纳，以清去年应解之款云。（录《广东七十二行商报》）

（录自《北洋官报》1911年第2751期）

土国派舰稽查私运军械

伦敦电云：土政府现在派炮舰数艘，在红海稽查私运军械之船，闻有德国某船私载炸药并军械，接济土国依门地方乱党云。

（录自《北洋官报》1911年第2751期）

海军部奏请将现充海军要职各项人员分别除授折

奏为拟恳天恩，请将现充海军要职各项人员分别除授，谨缮清单，恭折仰祈圣鉴事。窃查前筹办海军事务处，于拟订海军人员官阶职任一折内称，现在海军人员官职阶级尚沿用绿营旧制，似未足以作士气而崇海卫，拟请嗣后海军官制悉照陆军奏定三等九级，新官名目品位，自正都统至协军校，皆冠以海军字样。至任用办法，请以曾在中外海军水师各学堂毕业，及管带海军著有成绩者，分别除授各等因，业奉朱批依议钦此，钦遵在案。又本年臣部宪政编查馆，遵拟海军部暂行官制列表，会奏折内所拟海军部各司长以次各官，请以海军官补充，亦蒙谕允在案。查海军官职，自经奏定后，除臣载洵、臣谭学衡荷蒙天恩，简授海军正都统、海军副都统外，其余各项海军人员，均未除授。兹谨就京外现充海军要职之员，择其资劳较著者，按照奏定官制，拟订阶级缮单，进呈御览，请旨除授，以作士气。又查军谘处奏定陆军人员补官章程内开，嗣后中等第二级以上各官佐，均归简放，中等第三级各官佐及次等一二三级各官佐，比照道员以下部选例，均归奏补，额外军官军佐均归咨补各等因，业经颁行在案。陆海两军事同一律，拟请比照办理，所有此次臣部开单拟请除授各员，如蒙谕允，自副参领以上，拟请降旨简授，以崇体制。其余各员，俟蒙恩允准补授，即由臣部钦遵查照办理。此外尚有应行补官授职各项人员，容臣部详加拟订阶级，随时请旨遵行，所有拟请将现充海军要职人员，分别除授各缘由，谨恭折具奏，伏乞皇上圣鉴训示，谨奏。宣统三年三月十四日奉上谕已录。

谨将请旨除授各项海军人员缮具清单，恭呈御览。计开：巡洋长江舰队统制萨镇冰，以上一员拟请简授海军副都统，并加海军正都统衔；巡洋舰队统领程璧光、长江舰队统制沈寿堃，以上二员拟请简授海军协都统；署理巡洋舰队统领吴应科、海军部一等参谋官严复、驻沪一等参谋官徐振鹏、烟台海军学堂监督兼海军部一等参谋官郑汝成，以上四员拟请赏给海军协都统衔；海军部军学司司长曹汝英，以上一员拟请简授海军正参领。查该员于出洋考察海军奖励人员案内奏保俟得三品后，以副都统记名简放。又查正参领系三品官阶，恭候命下即由臣部钦遵咨行，查照办理，合并陈明；海军部军枢司司长伍光建、署理海军部军法司司长李鼎新、海军部军制司司长蔡廷干、署理海军部军政司司长郑清濂、驻英威克斯船厂监造员李和、驻英阿摩士庄船厂监造员林葆怿、海圻巡洋舰管带汤廷光、巡洋舰队总管轮孙辉垣，以上八员拟请简授海军正参领；海军部军储司司长林葆纶、舰队统制官一等参谋官郑祖彝、海筹巡洋舰管带黄钟瑛、海琛巡洋舰管带杨敬修、海容巡洋舰管带喜昌、南琛练船管带曾兆麟、镜清练船管带荣续、通济练船管带葛保炎、保民运船管带甘联璈、江元炮船管带宋文翊、江利炮船管带郑纶、楚同炮船管带何广成、楚泰炮船管带煏钰、楚有炮船管带朱声冈、江贞炮船管带饶怀文，以上十五员拟请简授海军副参领；飞鹰鱼雷猎船管带林颂庄、建威鱼雷炮船管带程耀垣、江亨炮船管带沈继芳、建安鱼雷炮船管带沈棨、楚谦炮船管带王光熊、楚豫炮船管带方佑生、联鲸炮船管带许建廷、楚观炮船管带吴振南、舞凤炮船管带王传炯，以上九员拟请补授海军协参领。

（录自《北洋官报》1911年第2752期）

海军部会奏遵拟海军部暂行官制折

奏为遵拟海军部暂行官制，谨列表缮单恭折会陈仰祈圣鉴事，窃前筹办海军事务处会奏，厘订海军部暂行官制大纲一折内称，各司科处科员以次各员额，暨一切详细章程，应由新授海军大臣等会商宪政编查馆另案奏明，请旨办理等语。宣统二年十一月初三日奉上谕：立国之要，海陆两军并重。前因厘订官制，钦奉先朝谕旨，海军部未设以前，暂归陆军部办理，嗣有旨派载洵、萨镇冰充筹办海军事务大臣，复派载洵等前赴各国考察，一切筹办渐有端绪。兹据载洵等会同宪政编查馆王大臣奏，拟订海军部暂行官制大纲列表呈览一折，详加披阅，尚属周妥，自应设立专部以重责成。所有筹办海军事务处，著改为海军部，设立海军大臣一员、副大臣一员，该大臣等务当悉心规划，实力经营，以副朝廷整军经武之至意。至应设之海军司令部事宜，著暂归海军部兼办，余著照所议办理等因，钦此。臣等跪聆之下，钦服莫名。自奉命以来，即就前筹办海军事务处原折表，按照目前海军部办事情形，并参考外国海军军令部规制，详加擘画，总期因时变通，以尽推行之利，统筹兼顾以规进步之程。查原表所列军防司，分设侦测、铨衡两科，其铨衡一科掌管各省水师人员补缺事项，与原表军制司考核科所掌水师人员考绩事项，实属相承。今拟将铨衡科改隶军制司，以归简括。所余侦测一科，查其掌管事项，与外国之水路部大致相同，外国水路部系独立机关，惟现时中国海军规模尚待推广，自不必仿其独立之制，致涉铺张。然测海制图，实为海军重要事件，亦不可不预立基础，以图扩充。今拟将该科改隶军学司，所有一切侦测事宜，照旧责令经营，并随时察看情形，添置测量海道器具、印刷图籍机件，以期逐渐推广，俟规模粗有端倪，再行另案奏明，请旨设立局所，专司侦测事宜。铨衡、侦测两科既分隶军制、军学两司，则原设之军防司，自应裁撤。又原表军学司调查科其所管事项，多与谋略科相承，今拟将调查科裁撤，所有原管事项归并谋略科办理。又原表军制司器械科其所管事项，多与制造有关系，今拟将该科改隶军政司。此外，各司处既分科任事，复设司长、计长等员，以总其成，则原表所列司副、副计长等员，亦拟一并裁撤，以一事权。至海军司令部，查系掌管国防用兵等事务，责任綦重，臣载洵等自当懔遵谕旨，督饬所属人员认真筹画，切实经营，以仰副朝廷整军经武、巩固海疆之至意。兹谨将各司长以次职员，应以何项官阶补充，及其职掌事项，分别拟表缮单，进呈御览，如蒙谕允，即由臣载洵等钦遵办理。再此次所拟员额职掌，系按目前情形暂行拟订，如将来尚有应行斟酌损益，及按照各部官制通则应归一律之处，由宪政编查馆会同海军部请旨遵行，所有遵拟海军部暂行官制缘由，是否有当，谨恭折具陈，伏乞皇上圣鉴训示，谨奏，宣统三年二月初九日，奉上谕已录。（官制另录汇编）

（录自《北洋官报》1911年第2755期）

萃　报

裁水师

皖属长江水师，归江西湖口镇镇军节制，计江西之饶州营、吴城营，安庆之华阳营、安庆营，及湖口本营，共计五营。安庆营有炮船四十三号，分布皖江两岸，上至三十里之黄石矶，以接华阳；下至棕阳之长江口，以接大通，棋布星罗，声势联络，商旅赖以安谧焉。此外又有协戎先锋舢板一只，左右都司长龙炮艇二只，共计四十六艘，每炮船额设头工一名，舵工一名，头炮手、艄炮手各一名，书兵一名，桨兵十名。计一船之兵，十有五名。刻下安庆水师协谭鸿声镇军，接奉上游公事，于每船上裁去桨兵四名，计此一营能裁一百八十四名，自八月三十日起，挑选开除，每名给恩饷三个月，业已札饬都司，转行各哨遵办矣。

又七月华报云：水师提宪黄芍岩与督宪刘岘帅商定，谓以长江五省形势而论，凡领哨各员，及守泛各队舢板，俱难删并，惟原议每船裁兵四名，于各队中酌量缓急，计可减船七百数十艘，每艘裁兵四名，约共裁去三千余人。此项兵饷，一律发至八月底为止，然后照汰弱留强之例，扣除卯名，收缴军械号衣，每名加发恩饷三个月，由南洋派拨兵轮载送至长沙原籍遣散归农云。（七月《申报》）

（录自《萃报》1897年第4期）

江督刘抽裁长江水师片

再正拜折间，臣坤一钦奉光绪二十三年七月初四日上谕给事中庞鸿书等折内所称长江水师不宜轻裁一节，着刘坤一等酌量办理等因，钦此。仰见皇上博采众论，慎重江防，跪诵之余，莫名钦感。伏查长江水师，分布五省，就原定兵数及地方情形而论，本难遽行议裁，惟当此用繁饷绌之时，苟可设法补苴，亦不能不力求撙节。现经臣会同湖广督臣张之洞、长江提臣黄少春，一再筹商，抽裁兵丁一千七百三十二名，业将裁减情形，另折覆陈。按照现议办法，于长江巡防事宜，似尚不致偏废，而于饷需，不无稍资裨益，理合附片陈明，伏乞圣鉴，谨奏，奉朱批：知道了，钦此。

（录自《萃报》1897年第7期）

浙抚廖奏抽练水师事宜折

浙江巡抚臣廖寿丰跪奏，为抽练水师，分别裁留师船，所有饷租抵给练军津贴，以资整顿而裨巡防，恭折仰祈圣鉴事。窃浙江沿海千有余里，南通闽广，北界苏洋，贾舶往来，奸宄混迹，终年抢掠之案，不一而足，每届鱼汛，窃劫尤多，是外海缉捕之亟宜整饬也。臣到任后，适当筹办海防，一面编查渔期，一面严饬巡缉。当查各标营旧存水师，不为不多，何以迄未得力，一再访察，实由洋面太广，统驭无人。该师船各分地段，不相联络，提镇又各有本营公事，不能常川出洋，以致事权不一，呼应不灵，船则常泊内港，甚且逾限失修，不堪驾驶，捕务废弛，非一日矣，非设法变通，裁改抽练，不足以资整顿。经臣派委记名总兵金组为外海水师统领，补用副将吴杰充水师营务处，抽调各营师船，分为南北中三路，以宁阳为北路，台阳为中路，温阳为南路，添购永福、永安、永定浅水小轮三艘，每路配轮一艘，而以旧有之超武兵轮，由该统领管驾，责令驻洋督巡，仍为提臣节制。其水路师船，即由该统领会同各镇节制，遇事则互相策应，不准各分畛域；无事则往来梭巡，不准常在内港停泊。近年以来，捕务渐有起色，著名盗首，亦经次第歼除。臣前年钦奉谕旨，饬裁标兵，节经咨商提镇，将各营所存巡洋钓和龙漕等师船，一律调赴镇海，责成该统领等，会同署镇海县知县毕诒策，核实点验，并饬据布政使防军支应局，会筹议覆，详称该师船计旧存九十七号，实可裁船十七号，随船裁撤兵丁七百余名，每月约省兵饷银一千一百余两，已汇入裁兵案内。督臣会同具奏，其余裁存之船内，应以定标师船一只，所造钓船二只，又外海水师十八营，每营留船一只，共留十八只，以备原营员弁巡哨会缉之用。实计抽练二十三只，内挑练北路师船三只，钓船快师船七只，中路师船一只，师船六只，南路师船三只，龙漕船二只，随挑配兵丁五百三十五名，内派充该船正舵七名，钓船快蟹正舵十六名，均每名月给津贴银四两。副舵二十七名，兵目一百一十名，均每名月给津贴银二两五钱。正兵三百三十九名，每名月给津贴银二两。又设管驾哨弁二十三员，每员月给薪水银十六两。又管带每路现任候补各一员，共六员，每员月给公费银四十一两，内候补三员，各月加薪水银三十两，总计大建月，该银一千八百八十两零，小建该银一千八百四十余两，内除挑练各兵原应支领巡洋口粮、钱粮、舵米等，共省银五百十一两零，可以抵支外，实计月需银一千三百六十余两。查浙洋向有红单大艇等船，月租较重，现议裁撤红单新艇二只，月省船租薪粮银四百三十一两。又减红单大艇一只，月租银六十两，新艇八只，每只月减租粮二十两，酌减该管带薪公银三十二两。又裁台防水师新前营艇缸一只，月省薪粮银一百五十两，酌减该管带薪公银十一两二钱，共计自有节银八百四十四两二钱，以之抵给前项津贴，月仅不敷银五百余两，应请留于防军经费项下支销。比之随船所节兵饷，减省已多，挑练各兵，得此津贴，足资养赡，其常川在洋巡缉，庶不致有名无实。至挑练留营各船，修造篷索水洗等项，在所必需，并请循照向章，核给造报，毋庸更议等情，具详请奏前来。臣查挑练各船，系为整顿水师起见，议给津贴，即以裁减船租薪粮等项，及所省兵饷抵给，于饷项并无所加，而于洋面巡防，实有裨益，理合会同闽浙督臣边宝泉恭折具陈，伏乞皇上圣鉴，敕部查照施行，谨奏，奉朱批：该部知道，钦此。

（录自《萃报》1897年第7期）

新海防捐展限

郑工捐输，于光绪十五年十月限满后，由户部奏请，此项改为新海防捐输，遵照海军衙门奏准之案，拨归该衙门应用，限一年为期。迨光绪二十一年春，海军衙门裁撤，复由部奏请将此项存库之银，归筹办军需之用。自光绪十六年十一月，至二十二年六月止，除扣封印日期外，已先后展限六次。上月苏省抚宪衙门接奉兵部火票递到户部咨文，略谓新海防捐输扣至本年七月二十八日，又届一年期满，经本部以现在库储，万分支绌，于七月初七日具奏，再行展限一年，以资接济，本日奉旨依议，钦此。相应咨照贵衙门，札饬各府县一体遵照办理等因。中丞接到行知后，即于本月初，札司转札各捐局，一体办理。（九月《苏报》）

（录自《萃报》1897年第11期）

东抚海防营酌换总统暨改并各营折

山东巡抚臣李秉衡跪奏，为恭报东省海防营，酌换总统暨改并营各情形，专折具陈，仰祈圣鉴事。窃查山东登州府属所驻海防各营，前经陆续裁撤，自光绪二十二年十二月汇案奏报以后，尚存已革提督李定明定字三营，暂革提督孙万林东字正军三营，广西副将王宝华东字副军三营，均归李定明兼统，分驻文登、荣成、宁海等处，其广西右江总兵夏辛酉所统东字福字及嵩武军之骧武等四营，驻扎登州。本年五月，准部咨豫省请裁驻东嵩武三营，经臣遵照裁撤，即以东字副军三营，分填烟台、胶州、登州，所撤嵩武三营之缺，于本年六月奏明在案。前派兼统已革提督李定明，告假回湖南原籍，所遣定字正军各三营，及夏辛酉原统之登州东字福字四营，共十营，自七月初一日起，改为东字中军前后左右中五营，东字正军前后左右中五营，仍成十营。将福字定字等营名，概行换去，期归齐整。至登防原有之登荣练军一营，精健前营炮队、东字马队，均仍其旧。此次新改东字各军十营，即以悉归夏辛酉总统，以一事权，所有统费薪公口分，均照向章支给。据善后局司道详请奏咨前来，臣查文

21

登、荣成等处，皆登州属境，所驻各营，归登防总统，机势较顺，夏辛酉血诚廉勇，卓著战功，训练精勤，亦无习气，驻登三年，深得兵民之心，兹令总统登州文荣各营，必能拊循士卒，整饬操防，于海防实有裨益。除咨部查照外，所有海防各营，更换总统暨改并营各缘由，理合恭折具奏，伏乞皇上圣鉴，谨奏。奉朱批：该部知道，钦此。

（录自《萃报》1897年第16期）

直督海防练军收支款请销折

直隶总督臣王文韶跪奏，为查明天津海防练军，光绪二十二年份收支各款，照章造册请销，恭折仰祈圣鉴事。窃据天津支应局司道详称，天津练军及大沽新城北塘海口各炮台防营，并云字营马队、营务处小队，应需饷项，向由津海关六成洋税招商局税洋药厘捐长芦盐斤复价正杂课，及天津厘金各项内，随时筹拨支放。业将光绪二十一年以前收支款目，奏咨准销在案。查二十二年份，并无新增用款，其奉部删减天津练军炮队马夫，及停支大沽六营加添公费，均已截清银数日期，列入本案册内报销，应扣海防文武各员三成养廉银两，亦经遵照奏案，分别核扣，另款存储候拨。所有津防各营队，应支廉俸公费饷乾薪粮等项，并大沽北塘各海口炮台经费，以及设局办公租赁民房，添置帐篷旗帜号褂，采买制造军火子药，悉照奏定章程历年准销成案，核实支放，造具收支细数清册，详情奏咨前来，臣逐加复核。自光绪二十二年正月起至年底止，旧管实存银三万九千三百五十五两零，新收各款，并本案扣收平余，共银三十八万九千六百二十二两零，开除支款，共应销银三十九万四千七百七两零，内应归户部核销银三十五万六千三百八两零，工部核销银三万六千二百三十两零，兵部核销银二千一百六十八两零，悉照定章，毫无浮滥。应存银二万四千二百七十两零，已支发二十三年份饷项，列入下届滚接造报，其奉部核准历年垫支不敷银二万一千一百七十八两零，仍于册内列报，另案核办。除清册咨部外，理合恭折具奏，伏乞皇上圣鉴，敕部核销，谨奏。奉朱批：该部议奏，钦此。

（录自《萃报》1897年第17期）

水师学堂甄别

北洋水师学堂，头班学生学习满期，须将平日所学之绘图、测量，及水火等学，并各技艺，一一考核分数，分别勤惰，以定去留。业经总办造具清册，申详督宪，请示核办矣。（十一月《国闻日报》）

（录自《萃报》1897 年第 19 期）

亚洲日本国

日本西乡海军大臣，日来将所辖军舰，分别等数，榜示于外，兹特抄列于左：

一等战斗舰：富士、八岛、敷岛、朝日；

二等：扶桑、镇远；

一等巡洋舰：浅间、常盘、八云、吾妻；

二等：浪速、高千穗、严岛、松岛、桥立、吉野、高砂、笠置、千岁；

三等：和泉、千代田、秋津洲、须磨、明石；

三等海防舰：筑波、金刚、比叡、济远、海门、天龙、葛城、大和、武藏、高雄；

二等炮舰：筑紫、平远；

三等：操江、凤翔、天城、磐城、镇东、镇北、镇南、镇西、镇中、镇边、摩耶、鸟海、爱宕、赤城、大岛；

通报舰：八重山、龙田、宫古、千早；

水雷母舰：丰桥；

水雷艇、水雷驱逐舰：东云、丛云、夕雾、不知火、雷、电、曙、涟；

一等水雷舰：小鹰、福龙、隼、白腾、鹊、真鹤；

二等：第廿一号、第廿三号、第廿四号、第廿五号；

三等：第一号、第二号、第三号、第四号、第五号、第六号、第七号、第八号、第九号、第十号、第十一号、第十二号、第十三号、第十四号、第十五号、第十七号、第十八号、第十九号、第二十号、第廿六号、第廿七号；

四等：第廿八号。（军舰等数示三月《苏报》）

（录自《萃报》1898年第21期）

大　陆

南北洋水师归并述闻

近闻张宫保，拟将南洋水师各兵舰，归并北洋，由北洋海军统领萨镇冰军门管辖，一俟奏闻谕允，即当归并矣。至去年裁撤之舰，前欲拍卖，今已作为罢论，拟请萨统领仍分别挑选修用云。

（录自《大陆》1903年第5期）

俄国东洋舰队之势力

西八月二十九日东京电云：俄国于三十一年前，议立扩张太平洋舰队之计，共支出九千万卢布，专为制造军舰之用，今观其结果，俄国太平洋舰队之势力，比其初已增三倍。其最后扩张之计，曾在法国造船所制造塞立威第号，计载重一万二千九百吨，由法国直驶至太平洋。现又将属地中海船队中之尼古拉斯一世号，载重九千五百吨，命其来往于太平洋。又增派波罗的海之战斗舰倭斯拉利亚号，载重一万二千六百七十四吨，亚历山大三世号，载重一万二千五百吨，巡洋舰巴安号，载重七千八百吨，阿罗拉号，载重六千六百三十吨，及水雷艇四只于太平洋。本年俄国又增造载重一万六千吨之战斗舰六艘，至一千九百零七年，可以告成，此外又添造巡洋舰三艘，俄国扩张东洋舰队之势力，可谓巨矣。

（录自《大陆》1903年第11期）

英水师兵官述日本水师情形

有英国水师官，近游日本，准其在兵船上游览，故将其所闻见，逐一言明。俾人知日本之水师情形如何，今录其所述如下：

余所登之船，系一包铁甲之巡船，名曰爱塞马（译音），此船极其坚利，不必观他船已可因此而知日本水师之势力矣。若论日本水师所用之战舰，全系新式，其速率极大，水师中各船之制，均大小相等，无甚参差。现在日本水师提督所乘之坐船，名歇克希马（译音），载重一万四千八百吨，有一从英国新来之战船名曰阿塞希（译音），载重一万五千二百吨。头等巡船三只，一名伊座马（译音），载重九千八百吨。又有二只，一即阿塞马，一为拖基瓦（译音），此二船均载重九千七百五十吨。又有一巡船，较上数船稍小，而行较速，名曰喀塞基（译音），载重四千七百六十吨。日本战船之行速，若用威尔士煤，则平均计之，每点钟可行十八海里二分里之一；而用日本煤，则每时只行十六海里二分里之一。而喀塞基巡船，则每时可行二十三海里。又有灭鱼雷船二只，每时可行三十二海里。喀塞基以外，其余之船，皆在英国制造，依日本政府之意，凡有大舰，均须在英国制造。日本之水师船，较英国之水师船，其形式无甚大异，故俄国炮船船主，日前在高丽七马浦地方，见日本战舰，致误为英国战舰也。至日本水师之演习法，则几臻完备，无可訾议，船上之洁净，亦与英无殊。日本诸战舰中，以喀塞基之烟筒最为新式，其所用之煤，系以煤屑与柏油合用，故行驶时，烟筒中无烟，此煤较威尔士煤价廉一半。在日本地方，产柏油煤屑甚多，恐日后日本水师中，改用此煤者必多也。日本兵船上之兵，半系征召，半系志愿兵，惟志愿兵所当之职任较轻，征召之兵期限为四年，志愿兵之期限，则为七年。日本水师中机关长之职权，可管水手三队，每船分为七队，船主全有统率之权，故日本之机关长，与管带官之职任相同，其廉俸亦复相同。水手等之食物，系用稻饭，和以大麦，此外则用罐藏肉类及蔬菜等，又加以饼干，此等人不许食纯稻米饭之故，因查得纯食米饭，不和以大麦，则易病水肿也。船上管带官，所食之物，则用西馔。每逢礼拜一，必演习操炮及各种操演之事，彼等所用之枪，名曰摩拉式，系日本所自制。演炮之时，自装弹药以至照准施放通涤炮管诸事，约需一时，其所用之铅弹，均以手力提上，惟在高桅者，则用水力起重。船上又演救火之事，并演鱼雷船，极为精能。一日中匀有数时。许水手等吸烟，每礼拜二早晨，则洗濯水手之衣，船上各处，可以晒衣，衣上均有各人之名，不致错误。船上又常演豫备登岸之事，一闻令下，即群至船后，水手均着蓝色之冠服，手携枪械，管带官则携手枪。登岸时，则由兵弁三人统率，带炮一尊，并舁夫二人，又有小火轮在兵舰前面，载快炮一尊，每人均束一皮带，带上有袋三，均储铅弹，将上岸时，先行验枪，然后派分食袋水瓶，一闻吹号，即全上舢板，俟再下令，即再行返船，或有时即行登岸。观日本水师中诸水手操演，伺候军令，实属灵捷异常。日本水师在日本人之目中，亦以为至荣之事，倘有战役，则日本水师，必能战胜也。

（录自《大陆》1903年第11期）

不知海之海军提督

英国海军号称世界第一，乃竟有海军提督，不知海为何物，可谓奇极。盖英人除漫游旅行之外，绝无乘船，其于船舰之智识，不过得之书籍中，如脱奈格尔侯爵者，历任爱尔兰尼湖（英之最大湖）之海军提督，然生平未尝履海，或以海询之，茫然无以应也。又英皇义弟阿基鲁公爵，为苏格兰西海岸之提督，亦从未乘过快艇，且最恶乘船旅行。又哈鲁市长有哈吾巴提督之称号，伦敦市长有伦敦港提督之头衔，然徒有名而无其实，惟年俸有十万元，遥出于提督之上，此等提督，舍以上所举者外，尚有数人也。

（录自《大陆》1904年第3期）

许习海军

留学诸君，于陆军、师范二门居大部分，其他各专门学亦皆有人，惟海军一部，以未经日本海军省认可，故尚无我国留学生足迹焉。前有浙江王君龙飞，欲入彼海军豫科（即日比谷中学校），请于使馆，商诸日政府，始不允，固请乃许之，但有不能入海军大学之议，王君遂于某日赴该豫科试验，中程，遂于某日入学。

今列强以海军竞雄于世界，即无海军国资格如俄，亦竭力经营，不遗余力。我国向以闭关自守，不知海防，遂无海军，数十年来，当道者虽视为重要，无如所设水师学堂，全无成效（前年余东渡游日，与某大志士同行，某志士卒业于南京水师学堂，札派某船管轮，时于日本邮船上穿水师服饰自耀，船甫出口，微有风浪，船人皆起立如故，独大志士呕吐狼藉，坚卧不敢动。船抵长崎，即舍舟登陆，旋附火车入东京，自云此后再不敢履海，盖自忘其为水师人员也。志士尚如此，可发一叹）。黄海一败，贻笑世界，海军之运，至是全堕。今王君得入日本海军学校，于留学界为创见，而于中国尤足以唤起海军的感情，是不仅为王君贺，抑亦可为中国贺者也，余更有为王君期者。忆成城学校，自定非公使保送，私费生不许入校之例，留学生欲入者，日多因此与蔡钧闹事，吴敬恒至以投沟争之，经此纪念，宜后之得入是校者，必溺苦于学，毋待论矣。何以去年义勇队之风潮一起，本校私费生几乎全群退学，谓三年毕业，吾祖国已墟，不如入体育会，六月毕业，可以与俄人拼命，遂有漂校中学费以去者，是又何进之锐而退之速也。今王君欲入此校，不惜多方为破格之要求，卒能达其目的，似非志行薄弱之流可比，成其学业，为来者倡，于君有厚望焉。

（录自《大陆》1904年第4期）

江督以狮子山为德水师操场

闻德国水师提督来宁向江督索借小校场地，为德舰水兵操场，周玉帅当与司道筹商，以其地逼近督辕，且距市尘亦不甚远，婉辞拒绝，而德提督必欲于省垣得一隙地，操练水兵，玉帅不能坚拒，即以仪凤门内狮子山下旷地一区，借与操兵。德人现于其地竭力经营，已将四周编竹为篱，不许华人入内游玩矣。

（录自《大陆》1905年第3卷第5期）

练兵处拟划一各省水师

练兵处咨行各省，将新练陆军，一律以镇数为名，自直隶陆军为第一镇，其余各省，以练成之先后为次序，以免多立名目。会操时操法口号枪械，致有参差不齐。又闻练兵处水师，亦欲改归一律，已调查各水师训练之法，以备组织一最完密之章程，即行入奏云。

（录自《大陆》1905年第3卷第12期）

议设两湖水师提督

近闻政府筹议，两湖民风强悍，而招募湘汉之兵勇，颇皆奋勇可用。现值整顿练兵之际，而湘江一带，防守最关紧要，拟奏请添设两湖水师提督一员，即将该两省之总兵缺，酌量裁撤，昨已电商鄂督张制军，令即妥为筹画，其中有无窒碍之处，速即电复，以凭核办云。

（录自《大陆》1905年第3卷第13期）

选派水师学生赴各处游历

魏京卿季渚，具禀粤督岑云帅，请将水师学堂本年夏冬两季大考首列次列者，选一二名俟年假内分派往日本、西贡、新加坡暨南北洋及闽厂等处游历一个月，其费均由官给。派往日本、西贡、新加坡等处者，每名约给盘川及游学费一百六十两，赴南北洋者每名八十两。迨毕业后将优等一二名派往英国水师练习，次等派往东洋水师练习，经已批准咨送，以后永以为例云。

（录自《大陆》1905年第3卷第15期）

筹办水师实习学堂

南北洋海军舰队，经萨总统会同南北洋大臣悉心筹酌，颇有规复旧制，推广新队之成算，其在南北洋肄习海军之学生，亦间有将次毕业者，亟须添设水师实习学堂，以备海军卒业学生选入实习舰队之用。南北海军萨总统，因此分咨南北洋大臣，请筹巨款，在上海添设水师实习学堂，为毕业学生实习之所。闻南洋大臣接咨后，已电致北洋大臣，一体筹措，藉应要需矣。

（录自《大陆》1905年第3卷第23期）

大陆（上海）

俄国新任海军司令官之战谈

俄国新任东洋舰队司令官斯克伊脱诺夫，已抵海参崴矣，氏为俄国太平洋舰队创建之员，尝在远东两载有半，今来指挥该国舰队，驾轻就熟，自应深知情形，兹录其在赛巴斯土伯地方，与某新闻记者，所谈日本海军情形之言于下。氏曰：日本海军人员，性极诚实，不知恐怖为何物，故往往有决死冒险之举，彼等最恶虚荣，一举一动，皆求实效，以如是勇猛之海军人员，吾国与敌，安得不窈窈然危，且日本海军之行为，尤足使我俄海军人员钦佩者，则仁川一役，击我维利克号军舰沉没也。盖日本海军能临机应变，无泥守成例之弊。又曰：余所深信日本第一次攻击旅顺甚为注重，盖欲因此而觇攻破旅顺之难易也。日军此次攻击之后，遂信旅顺终难攻破，盖攻破旅顺须有较为强大之海军力也，故自是之后，日军尚屡次攻击、闭塞旅顺者，其目的实欲闭塞俄国舰队于港内，以便己国运送陆兵耳。氏又论其自国之战务，曰：东三省之责任，将悉移于陆军之双肩，盖战争结局之责任，全在陆军担负，海军之任务，固非全无，然陆军之任务，则与日俱增，与日本决胜负，将一赖夫陆军。则海军之任务，自从而减少，虽然俄国海军将来尚须与日决战，以图完成开始之谋也。氏之所言如此，则俄国太平洋舰队之不复振可以知矣。且氏力辩黑海舰队东来消息之不确，愈可信其制海权之不能恢复。惟氏力推其责任于陆军之双肩，以视马哥罗甫初至远东时，殷殷然整顿海军，其规划有不同耳。

［录自《大陆》（上海）1904年第2卷第3期］

魏季渚被劾

福州将军崇留守，与会办船政魏京卿意见不合，因具折劾魏。闻魏被劾之原因，实在专擅二字。魏本船政学生，三次游学英法等国，前后十年，专精制造并熟外交等事。前此船政各船多魏所手制，自杜业尔到闽，大权独揽，办事多不得当，魏常与之力争。值许督为船政大臣，畏杜如虎，魏不得行其志，引疾去，旋办芦汉铁路，及湖北洋务，为端盛诸公所赏识。嗣以杜在船政愈益不合，崇无如之何，素耳魏名，又知其与杜不合，即奏为会办，魏到差，首先去杜，并将杜手与洋商交涉之件，极力挽回，所全甚大。又欲整顿厂务，尤着意于学堂，及出洋学生二事，然崇留守并不为筹款，他事又多掣肘，魏知志不行，极力求去，崇不允，又以举主自居，心滋不悦。建威、建安二船，系杜所制，船身上重下轻，颇不如法，魏知其故，欲减省船上杂件，俾免风涛之险。南洋收船委员徐某，本非水师人员，不知其故，贪多务得，以此亦与魏不协，常短之于崇。船政经费既绌，工匠多半遣散，工程因以迟缓，魏叠次请款，召集旧匠，崇不允，反以迟缓之故归咎于魏，魏性素戆，常与争曲直，以此积不能平。军署幕友有求于魏，辄不得逞，又从中谗构。崇到厂稽查账目料件，有所疑问者，魏自恃无他，辄与抗辩，崇不能堪，遂有参劾之举，所谓专擅，即为此也。说者谓魏前此采办外洋料件，为款甚巨，一无所染，且保举道员，业经十年，各省保奏咨调，及保送经济特科，皆不应。性淡荣利，去职本不足惜，特怪今日朝廷方力行新法，以数十年培成之人才，弃置不用，且彼此均系大臣，上折参劾，既不派查，又不明降谕旨，尤所不解云。

又闻魏尝因崇所荐之账房某甲，账目模糊，遂自雇一账房，尽夺某甲之权，某甲老羞成怒，谮之于崇，崇遂以稽查料件为名，率九十人到厂大搜，上至椽瓦，下至地板，皆翻起搜检，卒无所得。魏与之驳，崇愈怒，遂有是事。又闻崇因炫于各省铸铜圆之利，欲将船政局内制造鱼雷锅炉引擎，改制铜圆，以博厚利，魏不肯从，因此生隙，竟参之。

按魏为前辈出洋学生之铮铮者，学行才识，于官场中殆鲜其偶，政府不能用，亦意中事。独不解彼于现成之才，且束之高阁，而又日言破格用人，日言奖励游学，其哄乳臭小儿耶。吾观伍廷芳及魏事，而知吾国于此十年间，尚非学生世界，公等有才而又有财，或可博一官半职以自娱也。有才无财，而生得一身媚骨，或亦可以奔走于显者之门也。若才既欠，贝骨又欠媚，虽欲求为伍魏而不可得，况其他哉。

[录自《大陆》（上海）1904年第2卷第5期]

广东之海军学生

广东水师学堂开设最久，而内容极其腐败，自去年岑督聘魏京卿瀚为总办，大加改良，始略有学堂之价值。现闻京卿条陈于岑督，拟将卒业生分配各兵船，使出洋为实地练习，以增进其海军知识。岑督嘉许之，并允给以丰厚之薪水云。记者曰：当水师学堂之设也，月给膏火以招致学生，尔时风气未开，英隽之士，多不愿入校，惟寒微之子，下驷之才，利其资以养家，乃应募而来。然其人本无海军志愿，故卒业后，各出平日所习之英文、算学以谋生。国家岁耗巨金以教之养之，未闻若辈有丝毫之报称，亦未见若辈有丝毫之爱国心，或则诿为政府不用，然仅以一卒业生之资格，派至各师船练习（此事曩固行之，不自此次京卿之发议始），循资迁转，未为不合。而若辈厌苦避劳，又自顾其薄技可以由他途糊口，遂或告病假，或称事故，多离职以去，而为之上者亦漫然听之。此非记者理想文致之言，试问自设水师学堂以来，历年糜费不少，卒业者亦不可谓不多，而今日水师将校中人，孰是从该堂卒业者？曩日从该堂卒业者，今日仍有几个为水师中人？皆可考核比较而知也。夫人办一事即有一事之效果，吾纳代价若干，必得若干效果始足相抵，而后谓之合算，国事亦何尝不然。水师学堂之设，将以养成海军士官为目的，无待言也。而效果乃如是，则公家岁纳学堂经费之巨额，岂啻掷之水中乎？官场办事，一片敷衍，视武事如儿戏，掷公帑若泥沙，曾无一人以国家两字为念者，言之曷胜浩叹！今岑督既重视军事教育，而该学堂又得实心办事如京卿者为之整理，则此次卒业生之程度，决非前者可比，其效果或有可观。然记者谓当该生卒业之后，仍宜由长官随时察看，验其果热心于职务否，如有不顾责任，希图规避者，则仿陆军学生之例，严办一二人以儆效尤。而平时于练习中，亦当以至劳至苦之事，使学生任之，此非刻待学生也。海军之职务至重，使为士官时不能耐劳苦，则他日为将校必不足以有为。昔日本有栖川宫亲王，学习航海术于英国某兵舰，该舰将官待之极严，终日以劳苦之事役之，尝语日本农商务大臣谷中将曰：吾之以苦役劳殿下者，欲为贵国养成一好士官也云云。观此可以知待学生之法矣。至于优给薪水一层，虽似足鼓励奋勉之心，而细思之，实亦不必。吾曩闻水师中人言："兵舰出洋游历，途中无甚费用，而每至一埠碇泊时，上岸游览，或饮于酒楼，或宿于妓馆，往往罄其囊金而后返。"则知给学生以厚资，原非利益之事也。方今政府拟重兴海军，而吾国海军不独无出色人物，即较之陆军中人物，亦远不如，故今日非养成多数士官，与选拔士官中之秀拔者而特别教育之，则所谓海军者，谁为组织，故为政府计，不欲规复海军则已，否则其待学生之道宜知所从也。记者更进数言于练习学生诸君曰：海军关系国防之重要，与夫中国之不可无海军，诸君既身在校中，谅早知之，可无待论。然诸君亦自知今日所处之地位为至幸运乎？夫海军之职业，最高尚最愉快，社会中凡百事业，举莫能及，故世界海军国之人民，咸以得从事于海军为荣（海军服饰亦较陆军华丽，因其时乘军舰至外国欲壮观瞻也），而海军中人大都为其国民中卓越之一部分，欲位至佐官，已非寻常人物所能希企。少将以上，更勿论矣。中国则不然，海军人才之缺乏，已如上述，则新海军之将领，舍诸君辈其谁能任之？苟能黾勉成材，他日之大用于政府意中事耳，况大丈夫当乘风破浪以建功名，彼纳耳逊、东乡辈之勋业，又非诸君所想望者乎勉旃。

［录自《大陆》（上海）1905年第3卷第9期］

整顿海军之新计划

海军为军事重点，中国海军腐败，非大加整顿，不足以资防守。兹闻粤督岑云帅拟将粤省之兵舰，大加扩充，其应添设之军舰，则俟派员将险要防守情形，详晰查明后，再定添设若干，筹款办理。至其整顿之法，则系以南洋为一大队，北洋为一大队，而闽粤两省合成一大队，仍以粤省为海军根据地。合成三大队，彼此策应。另公举管理海军之大员以节制之云。

［录自《大陆》（上海）1905年第3卷第16期］

振兴南洋海军

　　江督周玉帅既立定南北洋联络一气之宗旨，请于政府以北洋海军统领，兼统南洋海军，惟因南洋本缺海军，早年所有兵轮，均已窳败，不足以资攻守。前督虽已托日本名厂造成快舰四艘，兵力仍显单简，迩与南北洋海军总统萨军门一再提议，非购造多数之艇船不为功，爰饬筹防局筹拨巨资，委员到申江，向日本船厂订造快艇，并需期以速成。闻筹防局道员李观察维翰、提调汪刺史乔年，已与日本船师，订定速造艇船之专约。

　　　　　　　　　　　［录自《大陆》（上海）1905年第3卷第23期］

大同报（上海）

议定海军分三纲办法

海军拟分海防、江防、河防三纲办法现已由陆军部铁尚书议准照办。

（录自《大同报》1907年第7卷第3期）

饬筹办海军的款

政府现拟兴办海军，饬江督端午帅筹款，认真从事，一除敷衍之习。

（录自《大同报》1907年第7卷第5期）

预备重兴海军

政府拟重兴海军，其已择定之新海军港，如荣成湾、长山列岛、舟山列岛、渤海湾四处，现又勘定广东之海南岛，并预算每年经费约一千二百余万两，海军可从此有起色也。

（录自《大同报》1907年第7卷第7期）

勘定海军学堂地址

北京练兵处旧址拟定改立海军大学堂。

（录自《大同报》1907年第7卷第10期）

出洋巡视华侨之军舰

北洋海容、海筹两军舰，现奉特派出洋巡视南洋各埠旅居华侨情形，已订本月初旬放洋，并派道员蔡廷干随舰前往，躬亲鼓励各埠商民，顺劝补助兴复海军经费。兹探悉该二舰行程及费用表如下（自吴淞放洋日起算）：

各埠地名	水程	行泊日期
吴淞至香港	八百三十海里	行三日泊三日
香港至法属之西贡	九百二十海里	行四日泊五日
西贡至暹罗之盘谷	六百九十海里	行三日泊五日
暹罗至英属新加坡	八百四十海里	同上
新加坡至荷属瓜（爪）哇北巴他斐亚	五百三十海里	行二日泊三日
巴他斐亚至撒马兰	二百四十海里	行一日泊三日
撒马兰至苏拉巴亚	一百九十海里	同上
苏拉巴亚至美属之伊鲁伊鲁	一千五百海里	行二日泊五日
伊鲁伊鲁至小吕宋	三百四十海里	行二日泊七日
小吕宋至香港	二百四十海里	行三日泊五日
香港回至吴淞	八百三十海里	行三日归国

共计行水程七千五百五十海里，计时七十五日。

（录自《大同报》1907年第7卷第12期）

扩张海军议案大旨

四月十三日《东京日日新闻》云：中国当道新近拟定之海军扩张议案，已得两宫之嘉许，其大旨如左：一、选定海军根据地；二、命各省预备费用向各国购买军舰；三、选拔武备学生分往各国著名制造厂学习制造军舰兵器；四、在天津、上海、广东、汉口等处设立大制造厂；五、先命南洋大臣增练海军；六、指定富有之矿山为永归海军经营之定业。

（录自《大同报》1907年第7卷第14期）

奏调海军正使

陆军部以海军正使乏人，奏调海军提督萨镇冰补授，而王英楷有补授军咨正使消息。

（录自《大同报》1907年第7卷第18期）

兴海军拟先购军舰

兴复海军拟先购军舰十艘以资训练，此从萨军门镇冰答复之议也。

（录自《大同报》1907年第7卷第20期）

贵胄肄业海军之议

政府近以王大臣子弟正宜勤习海陆军以备国家缓急，现定议在京城设立海军学堂以教练云。

（录自《大同报》1907年第7卷第21期）

开捐以充海军经费

现在议兴海军，惟经费无出，江督端制军奏请开办海军捐以充海军经费，闻已奉旨交部议奏。

（录自《大同报》1907年第7卷第22期）

力保海军正使

庆邸力保，沈翊清学识优长，熟谙海军，在船政局多年，请简授海军处正使。

（录自《大同报》1907年第7卷第22期）

查明海军人员

广东胡督接陆军部来电：现在决议兴复海军，需材甚亟，相应电请贵督迅即查明粤省海军得力人员，分别据实电覆，以凭核办。当由胡督详细查明海军人员刘义宽、张斌元、邱宝仁等十余员衔名职守，电覆查核。

（录自《大同报》1907年第7卷第25期）

饬筹海军的款

闻政府电饬江督端午帅，急筹的款兴办海军，认真从事，不容敷衍。

（录自《大同报》1907年第8卷第1期）

禀办海军学堂于鄂垣

鄂军第八镇统制张彪及第二十一混成协协统黎元洪、陆军学堂会办刘香逵，现会议拟在鄂省开办海军小学堂，即以陆军小学学生挑选六十名拨入肄业，昨已具禀鄂督，俟批准后即行择地开办。

（录自《大同报》1907年第8卷第2期）

鄂督顾虑长江防务

鄂督张之洞入都在即，电咨长江水师提督程文炳赴鄂，筹商长江防务及巡缉匪党事宜，程军门于前日由芜湖乘江永轮船上驶赴鄂。

（录自《大同报》1907年第8卷第3期）

议立海军基础之经费

陆军部铁尚书请筹费千五百万，先行置办巡洋舰以立海军基址，现由军机处度支部陆军部会议，尚未决定。又闻海军公所地址已勘定天津、河北，不日兴工。

（录自《大同报》1907年第8卷第5期）

严催会奏江防章程

昨有廷寄著江督端制军，促令各省将长江巡防章程速行会奏。

（录自《大同报》1907年第8卷第5期）

冯中丞筹江防之大纲

皖抚冯中丞覆奏筹画江防事宜大纲，计分六条：

一、改良警政，严查会党；二、稽查轮船；三、稽查民船；四、整顿巡防；五、添置兵舰；六、设立侦探队。

（录自《大同报》1907年第8卷第5期）

兴复海军之筹画

政府现商诸度支部以兴复海军一事，已经决议，惟须筹足国债六千万方可成军。至于统筹全项经费，非千万不可，并由外务部提议向英国赎回威海卫，以为海军根据地。

（录自《大同报》1907年第8卷第6期）

海军经费之筹措

陆军部筹措海军经费，铁宝帅与度支、邮传两部堂宪会议，拟由各铁路客货票价内加增一成，全数提充水师经费，度支部业已认可，惟陈尚书以恐有碍路政发达，尚未承认此事，仍须与各大军机核商，方能就议。

（录自《大同报》1907年第8卷第8期）

请速兴海军以保和平

海牙会专使陆征祥电请政府，速筹款兴海军、购战舰，保守东亚和平。

（录自《大同报》1907年第8卷第10期）

建设海军部之议决

闻政府近有决议建设海军部之说。

（录自《大同报》1907年第8卷第14期）

新订海军章程

十月十四日《字林报》云：法政府现正撰拟海军新章，并欲加增炮队云。

（录自《大同报》1907年第8卷第17期）

决议重兴海军

政府决议次第举办海军，购兵舰、定军港、设立海军学堂，以达重兴海军之目的。

（录自《大同报》1907年第8卷第19期）

海军沿红海回国

美国海军舰派至太平洋者，现已由红海取道回国，盖亦游遍全球之意耳。

（录自《大同报》1907年第8卷第21期）

泽公不欲急兴海军

铁尚书急欲筹画购置战舰，以为兴办海军之材料，泽公极力反对，以经费无出为词。

（录自《大同报》1908年第8卷第22期）

某报指海军部之积弊

有某报议论，美国海军多尚虚假，其致弊之原因仍出于海军部。闻海军部尚书已经告退，查此报之论系出于罗斯福总统，未知确否。

（录自《大同报》1908年第8卷第22期）

日海军省不拒中国学生

日本海军省决议准中国在商船学校之毕业生，分入日本各军舰实行练习。

（录自《大同报》1908年第9卷第2期）

计画海军人材

陆军部拟将北洋陆军速成学堂三班毕业生，择其程度较高者再令入堂研究，一年期满分别送入海军学堂肄业，盖以海军人材难得之故。闻此项学生毕业之后，即派办一切海军事宜云。

（录自《大同报》1908年第9卷第5期）

程军门防巡视师

长江提督程从周军门于廿八日乘坐兵轮至镇江，筹办防堵枭匪事宜，并巡视瓜洲孟河等处水师。盖军门因江浙交界之处枭匪猖獗，恐有窜扰沿海一带情事故耳。

开海军捐之风说

政府决意整兴海军，惟经费非常困难，闻有照顺直例开海军捐，以千万为额，额满即行停止之说，然不知是否属实。

（录自《大同报》1908年第9卷第6期）

拨款购海军仪器

湖北海军学堂已经开堂授课，所有应需仪器，刻由日教习相羽恒三两君单请总办张虎臣统制查照购置，以便教授。计经纬仪、元基罗针盘、偏针仪、三杆分度仪、甲板时计、距离测海仪、航用罗针盘各一具，经线仪二具，六合仪三十一具，人工平地仪三十一具，航海表历各六十一册，中国海图，全部共需洋一万二千余元，已由张统制禀准赵督在善后局如数支拨矣。

（录自《大同报》1908年第9卷第8期）

期收海军实效

驻和钱星使奏：亟宜设立商船学校，以为兴复海军之预备，然后实效可收，否则徒糜巨款云。

（录自《大同报》1908年第9卷第9期）

电询筹议水师学堂情形

电询鄂督筹设水师学堂情形：南皮张相国前电湖广总督赵次帅，请在鄂省建设赣皖鄂湘蜀五省水师学堂，并饬转商江蜀等省督抚，妥筹办法以立海军基础。现因日久尚无成议，昨由政府特电鄂督，迅将筹议情形详细声覆，希请早

43

为举办云。

（录自《大同报》1908年第9卷第9期）

泽公主张办海军

某相国主张缓办海军，泽公谓海牙平和会几至降为三等，若无海军难以立国，兴办实不容缓。

（录自《大同报》1908年第9卷第10期）

电饬保举水师干员

政府电饬江粤闽鄂各督，保举水师干员，参议兴办海军事务。

（录自《大同报》1908年第9卷第14期）

会保荫昌为海军部长

军机大臣会保陆军部右侍郎荫昌堪胜海军部长之任。

（录自《大同报》1908年第9卷第14期）

重兴海军之意决

政府决意重兴海军，设立专部，准以荫昌、萨镇冰、王士珍、谭学衡为海军将领。

（录自《大同报》1908年第9卷第14期）

奏请重整北洋海军学堂

直督杨莲帅因政府注意海军，已与萨军门会同奏请重整北洋海军学堂，其办法分豫科三年、本科六年，毕业估计经费每年十五万两，拟请由直隶印花税项下支拨，其校地拟在西沽勘建，并拟将山东烟台之水师学堂合并为一，将来办有成效即可为恢复北洋海军之豫备云。

（录自《大同报》1908年第9卷第15期）

奏派贝子出洋考察海军

政府议奏派贝子载振出洋前往各海军制度择善仿办。

（录自《大同报》1908年第9卷第16期）

美海军重游之先声

美海军仍定于西七月九号离开旧金山，周历檀香山、澳斯大利亚各海口，十月一号赴飞律滨岛，旋赴横滨小住七日，即分两大队，一队赴飞律滨门内纳，一队赴厦门，于十月二十九号亦赴门内纳。

（录自《大同报》1908年第9卷第16期）

调查各国海军之布置

政府拟派陆军部荫侍郎，率领贵胄学堂学生赴各国调查海军。

（录自《大同报》1908年第9卷第18期）

谭副使严查军舰浮冒弊窦

陆军部海军处副使谭学衡，现拟躬亲调查军舰三十余艘之浮冒，以期剔除弊窦，实事求是。

（录自《大同报》1908年第9卷第18期）

俄议员意在整顿海军将士

俄海军部大员特在议院出一议案，因目下修造战舰需俄银一千一百万两，议员不允。据云当先查海军办法，并惩罚不规则之将士，然后再议云。

（录自《大同报》1908年第9卷第19期）

海军士弃职

伦敦某报云：现得纽约消息，美海军中有一千余人，不知因何事故旷弃职守，闻已离开战舰。

（录自《大同报》1908年第9卷第19期）

新舰速率之一斑

英美大船厂去年曾修造世界最巨两大商舰，一名路西大利亚，该舰由英至纽约只需四昼夜廿小时零八分之久。

（录自《大同报》1908年第9卷第19期）

筹拨迎犒美海军金

外务部向度支部筹拨四十万金，派侍郎梁敦彦亲赴福州、厦门，迎犒美国海军舰队。

（录自《大同报》1908年第9卷第20期）

沿海岛屿图绘成送部

陆军部通饬各省测绘沿海岛屿各图速行呈部。

（录自《大同报》1908年第9卷第20期）

规定浙省征集海军区域

浙抚现接陆军部咨，浙省议设三门湾等处军港，预备征集，海军即在沿海七省各县土著中选择，以期风俗习惯性质合格所有规定，浙省区域开列于下：（杭属）仁和、钱塘、海宁；（嘉属）海盐、平湖；（宁属）鄞县、慈溪、奉化、象山、镇海；（绍属）山阴、萧山；（台属）临海、黄岩、宁海、太平；（温属）玉环、永嘉、瑞安、平阳。此外关于海军问题，请即查明议复，以凭汇核兴办云。

（录自《大同报》1908年第9卷第20期）

海军军谘独立之议决

陆军部拟将海军、军谘两处各自独立，业已决。

（录自《大同报》1908年第9卷第20期）

改良水师规则

湖北荆襄水师统领姜文成观察，现将各营大加整顿，所有军中哨弁不准由营官引用，贴身差弁承充一律拔选兵丁序补。各营衣履从前自为风气，现亦限定分礼服、常服二项，用青布制备，缀以各营名目，以壮观瞻。且以荆襄内河贼船轻小便利，水师舢板笨重不灵，遇有追缉之事十不获一，刻复添制哨划三十艘，分派各哨，以补舢板之所不逮。

（录自《大同报》1908年第9卷第21期）

政府区画军港

政府会议兴办海军，在直、鲁、江、浙、闽、粤沿海诸省分设军港四区，各由附近地方征募水兵。

（录自《大同报》1908年第9卷第22期）

姜桂题之位置

某枢臣又力保姜桂题补授长江水师提督。

（录自《大同报》1908年第9卷第22期）

速办海军之主义

陆军部会议，海牙万国保和会因我国无海军，故多方疑难阻挠，转瞬八年，又值下期开会，务须于期内速将海军办成。

（录自《大同报》1908年第9卷第22期）

华侨愿助海军费

南洋群岛华侨愿助兴办海军费千五百万元。

（录自《大同报》1908年第9卷第23期）

电催华侨编练义勇兵船

闻陆军部与江都端制军电商饬南洋华侨自行编造义勇兵船数只，有事则襄助海军，无事则经营航业等情。是否举办，尚未覆部。昨又电催江都迅速开导华侨早日举办，希即电覆云云，未识能遵办否。

（录自《大同报》1908年第9卷第23期）

搜求海军人材

政府王大臣现以振兴海军应即确切调查，以为实行之预备，特于日前电致各省督抚，饬将记名水师提镇详细查明，造具履历清册咨送本处，以备临时请简，俾收得人之效。

（录自《大同报》1908年第10卷第1期）

美国不愿助我海陆军

美国退还赔款声明，禁我不得以此款供海陆两军之用，只许兴办全国学务。

（录自《大同报》1908年第10卷第1期）

海军征兵区之计画

闻政府现拟海军布置，首宜举办征兵，拟沿直鲁、苏、浙、闽、粤六省海岸线分为四大区，每区分为上下左右四路，并拟每省设制造厂一所。

（录自《大同报》1908年第10卷第2期）

筹画海军基础

陆军部筹议整顿海军，自将各洋舰队办法计定后，已开始办理添舰辟港各事，所拟改设之海军要缺，拟每一海洋舰队各设海军提督统领一缺，即以该处原有水师提督实行改充。闻各省已将各洋舰队设缺编队各事一律筹定，拟于本年秋间，一面实查举办开辟军港，改设官缺诸事宜。

（录自《大同报》1908年第10卷第2期）

不另设立海军衙门

政府议决：海军归陆军部办理，不另设衙门，以奉天、直隶、两江三省总督帮办，冀权归一而气连贯。

（录自《大同报》1908年第10卷第6期）

铁尚书整顿海防

陆军部于前日会议海防整顿事宜，以立海军兴复之基础，提出二事如左：
一、咨商沿海各省督抚，协力以经营沿海铁道；二、委员勘查沿海应当添备之炮台，俟为议定妥后，不日当电告各省督抚，使之会议办法，无分畛域，以重军政。

（录自《大同报》1908年第10卷第6期）

先陆军而后及海军

陆军部尚书铁良议定：全国陆军三十六镇，须俟一律练成，然后设立海军专部。

（录自《大同报》1908年第10卷第7期）

小吕宋华侨捐助海军经费

日前，闽督松鹤帅电致政府称，小吕宋全岛华侨每年认捐海军经费一千五百万两，政府对华侨寄身异邦，惓怀祖国，深堪嘉尚，现拟奏请奖叙，以事鼓励。

（录自《大同报》1908年第10卷第7期）

电允借债规复海军

直督电商庆邸、袁宫保，拟借外债规复海军，不日具奏，庆、袁覆电允可。

（录自《大同报》1908年第10卷第8期）

镇关饬筹海军经费

陆军部顷咨行江督转饬镇关道，以朝廷现拟复设海军所需经费，议归各省藩司暨各海关分认协筹，该关每年须解银二十万两，以济军需等因。刘襄孙观察奉文以本关岁征岁钞仅止百万两上下，而奏派常年解支各款数逾百万，已觉入不敷出，今再益以工款，颇觉十分为难云。

（录自《大同报》1908年第10卷第8期）

法军舰游弋内河之交涉

外务部探闻，法国军舰擅入江西内河游弋，诘问法使，法使藉口保商，并无他意答覆。

（录自《大同报》1908年第10卷第10期）

陆军部催查海军事件

陆军部前经附片奏明，通行各省限期调查海军事件，现已届期，各省俱未列表送部，特电催各省赶办，并与陆军调查表同时送部。

（录自《大同报》1908年第10卷第11期）

拟派大臣考察英日德美海军

枢老近与陆军部堂宪会议，现以兴办海军之际，亟宜博采众长，拟请钦派大臣前往英日德美各国考察海军，以资取法。

（录自《大同报》1908年第10卷第12期）

议延美人教练海军

闻钦使唐绍仪未出京之先，曾与议政诸公会议，谓海军将兴，自应聘请熟习海军人员教练，拟在美国订造战舰并聘美人教练海军云。

（录自《大同报》1908年第10卷第12期）

拟派大员考查长江水师

军机处王大臣拟派熟习水师大员一二人，前往长江一带调查船只，并考查武职水师各员，沙线、风涛、驾驶是否得力，想不日当见明文。

（录自《大同报》1908年第10卷第13期）

培植海军人才之计画

政府以重兴海军，需才孔急，昔日海军人员已寥若晨星，不敷调用，而现在海军学生究少阅历。前数年，南洋大臣曾商准英政府派中国海军学生数名，附入英舰实地练习，最足增长学问，复拟商诸英美等国，选派优级海军生若干名，附入军舰肄业，由外部先向驻使提议，一俟各该国政府海部认可，即当实行。

（录自《大同报》1908年第10卷第15期）

粗定海军官制

海军官制脱稿，官名同陆军，惟同品者皆加一级薪俸，亦多十分之四。

（录自《大同报》1908年第10卷第16期）

仍崇舞弊海军员之阶级

俄国海军人员因弊革除一节，已纪前报，但此系得于英之斯坦大报所云者，而俄报以为不实，并云该俄员虽革除海军职守，究之名位阶级仍属尊崇。

（录自《大同报》1908年第10卷第16期）

英美助兴海军之电告

海军经费难筹，出使英美二大臣电告外务部，谓英美政府均愿助中国兴复海军。

（录自《大同报》1908年第10卷第18期）

摄政王决意兴复海军

内廷消息：日前摄政王语陆军部铁尚书，以大行太皇太后临崩时，犹殷殷以兴复海军为念，予等誓必尽心筹画一切，以符大行太皇太后之遗志。闻现已与枢臣筹商，决议明年兴办云。

（录自《大同报》1908年第10卷第19期）

兴办海军经费有着

大行太皇太后遗有私蓄二千余万金，各枢臣拟请将此款拨作兴办海军经费。（录《时报》）

（录自《大同报》1908年第10卷第19期）

英拟退还海军港

威海卫海军港英拟退还。

（录自《大同报》1908年第10卷第19期）

提议海军章程

日前枢府提议海军章程，拟将光绪三十四年奏定章程内各条审度增删，作为草稿，俟出使各国公使将各国新海军章程送到后，再行参合议定。

（录自《大同报》1909年第10卷第23期）

拟添水师学堂于上海

陆军部以海军需才，拟在上海添设水师学堂。

（录自《大同报》1909年第11卷第3期）

筹议扩充海军实习学堂

议筹海军王大臣日前通电鲁、粤、闽等省，闻为调查各该省现有之海军学堂办法，以备拟议扩充。闻草议添设海军实习学堂，已定六处，除山东、广东、福建、浙江四省临近海湾处各添一处外，南京、江苏两省亦各设立一处，以储人材云。

（录自《大同报》1909年第11卷第6期）

海军废员起用之议

政府议起用甲午海军废员。

（录自《大同报》1909年第11卷第6期）

办海军拟联络沿江海督抚

肃邸拟奏，请派沿江海督抚为海军会办，以资联络。

（录自《大同报》1909年第11卷第6期）

整兴海军之预备

肃邸等电江、鄂两督，请抄送水师现章。又电萨提督，询闽船厂能否扩充改修军舰厂。

（录自《大同报》1909年第11卷第6期）

海军费决不借外债

摄政王谕筹办海军王大臣等，海军经费无论如何竭蹶，决计不借外债，以保主权。

（录自《大同报》1909年第11卷第7期）

肃邸拟专任筹办海军事宜

肃邸拟请开去民政部尚书缺，专任筹办海军事宜。

（录自《大同报》1909年第11卷第7期）

会议海军拟先画一水军营制

筹议海军王大臣肃邸、泽公、铁宝帅日前在肃王府第会议，有将各南省现有之水师各军一律先订画一营制饷章，以免各省自为风气，藉化水师积习而立海军基础，惟情形有不能强同之处，应俟萨军门来京后再行拟订云。

（录自《大同报》1909年第11卷第7期）

廷寄调查英德海军法度

廷寄出使英德李、荫二大臣，调查该二国海军制度暨攻击防御等法。

（录自《大同报》1909年第11卷第8期）

望开实官捐者气馁

某京卿奏请开实官捐充海军经费，摄政王谕枢臣，无论财政如何困难，万不可开实官捐。

（录自《大同报》1909年第11卷第8期）

搜罗海军旧部

兴办海军需才，肃邸、铁尚书拟将从前投闲之驾驶管轮将弁，重加录用，已行文各处搜罗。

（录自《大同报》1909年第11卷第8期）

议定会考长江水师各员规章

闻枢府诸巨公会议，兴复海军应将长江水师实缺候补各官员一律详加考试甄别，以收得人之实效。即应厘定，饬两江湖广各总督及长江水师提督，会同考试长江水师实缺候补各官弁之规章，以便各大吏酌核，认真举办。当经拟订会同考试规章，计分四策：一、考试学问；二、考试水师战法；三、考试船政专门学理；四、考试枪炮优劣。俟江鄂各总督、长江水师提督会同考试毕，应即行将所考试成绩优劣情形，详细造具清册，咨部核办，并闻有老弱人员毋庸列考之说。

（录自《大同报》1909年第11卷第8期）

东沙领土之问题

《字林西报》得东京电云：日本政府声言，东沙是无人管领之地，日本亦未认为领土，如中国能证出为本国领土，日本定必立即交还，但中国须要担任保护该处守法之日本侨民。现日政府拟将此意照会中国政府及咨驻京公使暨各领事，俾得和平了结云。

（录自《大同报》1909年第11卷第9期）

条陈足以慰王心

摄政王府前设收信箱后，连收得海军条陈及旗生条陈数十件，摄政王甚悦。

（录自《大同报》1909年第11卷第9期）

肃邸有巡阅海军港消息

筹办海军王大臣肃邸近与各大臣提议，拟于本年夏间奏请亲往沿海各处巡阅一周，以便详细调查布置海军地址，闻铁尚书亦拟同行。

（录自《大同报》1909年第11卷第9期）

法国呈送新式轮舰图样

去月十九日，有法国炮舰军械工厂商人，将该国厂新发明制造之新式轮舰雏样用箱盛运来京，于十九日赴陆军部呈请查视。当将法商所呈船舰归海军处，经谭学衡副使查视法商具呈各件图式并验视。试样用玻璃罩遮盛，炮舰一艘长七尺，小轮船一只长四尺，当经随送船舰法国商人二员向谭副使声言，此二船舰皆用纯铁打造，质体最坚，希请转呈大部堂宪阅视云。

（录自《大同报》1909年第11卷第9期）

通咨各省察度海港情形

政府以兴复海军一事，已奉明谕，前经咨行各省筹商办法，所有各省军港亟须早日开辟，以定根基。即不堪屯集兵舰之海港，亦宜察度情形，辟作商场，战设戎备，以固疆圉，而免凭陵。闻已由政府通咨各省，从速查看情形，绘图注说，咨覆到京，俟有成议，即派专员查勘，克日兴办。

（录自《大同报》1909年第11卷第9期）

萨镇冰奏对称旨

筹办海军大臣萨镇冰听见摄政王垂询练水师、防革匪及禁运军火各事，萨奏对称旨，摄政王大为嘉奖。

（录自《大同报》1909年第11卷第9期）

电商腾出水师饷以充海军费

肃邸电商江鄂各督抚，长江已增驻陆军，裁撤水师，腾饷充海经费，是否可行。

（录自《大同报》1909年第11卷第10期）

拆毁无用炮台节费

陆军部议将沿江沿海无用之炮台，一律拆毁，以节经费，其险峻要害之处，则绘图呈览，再行酌设。

（录自《大同报》1909年第11卷第10期）

请开海军捐之筹画

石长信奏请开海军捐，仿商部劝商爵赏办法，巨款赏爵，递减至七品衔，不奖实官。

（录自《大同报》1909年第11卷第10期）

海军大臣办事之权限

筹办海军大臣现分定权限，泽公筹款，肃邸规画章程及一切办法，铁尚书整顿旧水师并管陆海两军相关各事，萨提督整顿闽沪船厂及将来教练等事。

（录自《大同报》1909年第11卷第10期）

电饬酌聘教练海军旧客卿

政府电饬驻英李使，调查从前教练中国海军各英员踪迹及精力如何，是否愿出，以凭斟酌聘用。

（录自《大同报》1909年第11卷第10期）

决议考察长江水师方法

筹办海军王大臣为储备海军人才起见，故议派员考察闽、浙、粤、鲁、长江各水师学堂成绩如何，以备拔入海军。现已议定考察之法分为四科：一、考学问；二、考水师战法；三、考船政专门学科；四、考枪炮速率。刻即预备派员前往矣。

（录自《大同报》1909年第11卷第11期）

海军事重任萨镇冰

摄政王面谕肃亲王，所有筹办海军事宜当与萨镇冰熟商，俾得早日兴办，先立基础，再图扩充等语。肃亲王现定每逢三六九日会议。

（录自《大同报》1909年第11卷第13期）

出洋考察水师制度之先声

肃邸拟派谭学衡赴日美英考察水师制度。

（录自《大同报》1909年第11卷第13期）

两部会订海陆军运输章程

据陆军部消息，该部拟订之海陆军运输章程，邮部以为颇有窒碍难行之处，非大加磋商与该部互相更订不可，然函牍往返颇嫌繁劳，不如彼此晤商，有简而易明之益。现闻该部军谘处陶、张两员，卓订期至邮部讨论此事利弊，以期行车行军两无窒碍云。

（录自《大同报》1909年第11卷第13期）

招用旧日兵舰员弁

筹办海军处电南北洋，速招带过兵舰员弁，取具切实考语送部。

（录自《大同报》1909年第11卷第13期）

议驳奖叙捐海军费之章程

御史石长信奏请订立捐助海军经费奖叙章程，度支部恐捐助少流弊多，因此议驳。

（录自《大同报》1909年第11卷第15期）

海军筹款之难

肃邸与政府筹画海军事宜，于需款一层最难解决，现拟于京内外现任官员及候补官之充当，优差者每员暂提俸薪若干，以备目前急需，嗣后看印花税有何效果再为酌定。惟此议一出，创办者未免为从怨之府，且恐不肖外官仍设法取之于民，故亦迄未决议。

（录自《大同报》1909年第11卷第15期）

关于海军之八要政

政府议兴复海军应行八事：一、令各督抚献议增征特别入款如何为宜；二、普增地租一次为创办费；三、加征烟酒糖房捐为常年费；四、开爵赏捐；五、向南洋侨民募国债；六、借外债；七、津贴招商局船，俾有事时全数充海军运舰；八、派船保护沿海渔业，课渔船税以供海军之用。

（录自《大同报》1909年第11卷第15期）

萨军门条陈海军应办之事宜

海军提督萨军门条陈意见云：需款九兆两，以为建造战舰、修筑海港之预备。其中，应造重三千吨巡洋舰三艘，重二千吨运送舰一艘，重五百吨炮舰八艘及灭鱼雷船一艘。沙门岛作为中国极大军港，此处应设铁路、码头、兵工厂、煤栈、电机、无线电报及灯塔，各项出洋海军学生回国后，即在沙门建一海军大学校。此条陈，肃王、泽公、铁良均已首肯，现正与摄政王商议云。

（录自《大同报》1909年第11卷第18期）

陆军人员移调水师

江宁督练公所总参议舒质夫，素为午帅所倚任。自帅节移行，舒在奉调之列，所遗参议差使，当经午帅札委统带长江巡缉舰队萧先胜调充，至舰队差使，即以统领淞沪巡防步队徐嘉霖调充，该员等事宜文，均于本月二十六七两日先后到差矣。

（录自《大同报》1909年第11卷第25期）

水师改为海军

南洋水师学堂开办有年，颇著成效，现该堂总办以朝廷锐图意强，正拟筹款兴办海军。然兴办海军须筹款，尤须储才。查校内学生程度颇优，堪合中学之资格者不乏其人，爰详准江督将该堂改办海军中学，俟海军成立后需用将校，先尽此项毕业生委任，以宏造就而广裁成。

（录自《大同报》1909年第11卷第25期）

条陈海军良港

南洋象山、北洋大连、粤省榆林实为海军良港，现闻已有人条陈其事，不知当道以为何如。

论中国海军及各行政部宜顺秩序以行

英国莫安仁

由红海、黑海溯太平洋而东，河山郁郁，云树苍苍，产殖丰饶，形势壮阔，水陆交通之利便，□□□生之繁溢，金银煤铁之产溢于内，丝茶毛革之属输于外，国徽掩映，□耀亚中，地大物博材者□焉。加以近一二年之思想发达，教育文明，新主临御于上，贤王监国于下，其政府有立宪根本之颁布，其地方有自治团体之组织，而其全国人民开通颇速。又皆有担负国家之责任，□□□进行之机关，蛰龙未起，睡狮忽醒，一跃千丈，意气激昂，几欲举海军及行政各部与欧美列强向较□，邯郸学步，曾不稍自量度，以顺其秩序而行嘻误已。

夫物有本末，事有移始，凡事能慎乎始，庶其终有完全之结果。故植物有春华秋实之功，而大道有升堂入室之次，要不外一天地自然之秩序而已，否则不揣其本而第齐其末，则寸水可高于□□，一□可重于钧金，夫亦何益之有？况以一国之大，万民之众，累朝专制政体之相沿，各省风俗□□□互异，一旦欲廓清而更张之，为改弦易辙计，恐必有所不能。且中国则吏治窳败，人才消乏，国计民生，尤岌岌有累卵可危之势，是即循阶拾级，逐渐而进，当轴者已不胜其踌躇为难情形，而果可躐等为之乎哉？语曰："为山九仞，功亏一篑。"又曰："苗而不秀者有矣夫，秀而不实者有矣夫。"非言苗之不秀不实，盖言苗之无不秀实，而特不可无始焉耳。如营造然，必先建一基础，而后可作堂作室，一事如此，万事亦俱如此，何中国人之辄不揆及，而漫与西国相颉颃耶。曩予在太原与某学生谈天算学，某学生曰："今西算已达极点，吾辈何不即从此学起，冀与竞争？"吁！是真不知其量者矣，然中国固不仅一某学生已也，其社会各界大抵相类。

他事姑不必计，请以最近之海军言。自洵萨两大臣督办海军之命下，始则沿海查阅军港，继拟出洋考察军制，雷迅霆疾，俨有楚庄王屦及剑及之概，而窥其命意所在，则雄心勃勃抑，若非得全球海军最优胜地位不可者，即不然或不能驾而上之，亦必求有足以相抗者，而后谓可达其势均力敌之主义。少年英气，非不足多，特惜其眼帘注射，凡各国海军所以成立至是之原因，已耗费不知多少饷需，培植不知多少时日，彼固尚未知之耳。然遽畏难而退，于极热心中生一阻力，则亦非是。盖凡事最忌自大，倘果实事求是，各顺其天地自然之秩序而行，目下虽仅就最卑浅一途研究，少则一二十年，多则三四十年之后，必亦可与各国并驾齐驱于海面之上。倘必高视阔步，欲一蹴而跻于平等，非特无此将才，恐亦无此财力，故鄙意以为军港军舰，均不必多设，但得一二足敷船只停泊之所，并于沿海各省要隘，先立海军学堂数处，俾资实地练习，一俟根据既定，海权与国力增长，可即随处扩充，为异日海军强盛之左券。洵贝勒天潢贵胄，明敏过人，萨大臣尤夙有经验，近闻其于军港学堂等事，颇主是说。野人献曝，想尚不以为谬也。

其预备立宪，则改良伊始，尤宜各视其官绅士民之学问知识为衡，旨哉□齐端尚书序予英国宪政译本之言曰："鄙人游历欧美，视至英伦，尝见其民活泼强毅，不烦绳削，自能自由活动于法律之中，故其宪法无明文，而人民保障权利益优，秩序益严，其限制愈宽，公德愈普。吾国宪政蜕嬗方新，程度幼稚，殆无可讳。"忠言谠论，良深佩仰。盖中国立宪之不能跂及英国，原以英国宪政，大抵在于潜移默化而成，非仅一朝一夕，故以是为中国模范，而行为性质，彼此各省不同，即欲强相配合，而张冠李戴，犹人之借衣然，必有大小长短不齐，而衮衮诸公不思及此，乃辄执取法乎上，仅得乎中之说。前昨两年特遣重臣，分往考察，各员均以德俄君主之国为最宜比较，而目的则惟在于英，不知英为立宪各国之先进国，万非中国所能望其项背。方今日本以削藩归政，土耳其以青年占胜，以予思之，诚不如就近模仿之为妙，画虎不成犹类于狗，中国其盍翻然迟哉。按美人某前见英某大学校草地，浓绿一痕，黝然可爱，密嘱园丁如法布置，而卒不合，殊不知是草固已生长为四百年之异卉，固非美人所可妄生欷羡。宪政如此，他如财政及实业各项亦然，约而言之，盖不外一顺天地自然之秩序以行之而已。

天地自然之秩序在何？曰在于国。国之秩序在何？曰在于人。人之秩序在何？曰在于本末始终。有本而后有末之秩序，有始而后有终之秩序，而乾坤于是定，阴阳于是生，种族于是繁，国家法度纪纲之要于是备。而要皆不外一天地自然之秩序。呜呼！乾元之德曰资生，故品物由于化育，大学之道在至善，故治平基诸修齐，一草木也必先有根株而后有枝叶，一昆虫也必先有□点而后有胎卵。登高则自卑，行远则自迩，天下事固大抵如斯耳。而奈何有海军及各行政部之责者，竟不能顺其秩序以行之哉。

（录自《大同报》1909年第12卷第9期）

拟订奖励捐助海军费章程

旅寓各国华侨多电京，愿捐助海军费，枢府决定商之海军大臣洵贝勒，奏订奖励章程。

（录自《大同报》1909年第12卷第11期）

将奏设海军编译局

海军处将奏设海军编译局。

（录自《大同报》1909年第12卷第11期）

建设军港要地

洵贝勒、萨军门回京，于十四日召见，面奏建设军港，第一为浙省之三门湾；次则粤省之虎门；次则海南南澳之榆林港；次则扬子江之江阴。并请推广江南制造局汉阳船厂。

（录自《大同报》1909年第12卷第11期）

海军大臣考查兵舰

洵、萨两大臣南下以来，考察南北闽浙各洋旧备兵舰，详细比较核定清单，计编列舰队内战斗重要各舰，如海圻、海容、海筹、海琛、通济、飞鹰（属北洋）、镜清、南琛、保民、建安（属南洋）、琛航（属福建）、伏波（属广东）共十二艘。又南洋之辰、宿、列、张、军、鹗、鹏、燕水鱼雷艇八只余，如北洋之泰安、镇海，南洋之登瀛洲、楚材须修理后始堪合用。至北洋之飞云，南洋之测海、靖清、策电、钧和、飞虎，金瓯，福建之元凯、超武、靖海，广东之蓬洲海、广玉、广金、广庚、广戌、广璧共二十只，均只供舰队海防之调遣。此外尚有江元、楚泰、楚谦、楚同、楚有、楚观、安放七只，亦不入海军防队之列。

（录自《大同报》1909年第12卷第11期）

饬订海军逐年递进详单

洵贝勒传知海军处谭副使学衡，遵照预备立宪九年期限，订定海军逐年递进详单。

（录自《大同报》1909年第12卷第12期）

奏派舰队统领

海军大臣洵贝勒奏派程玉堂充巡洋舰队统领兼督办船坞事宜。

（录自《大同报》1909年第12卷第12期）

决定海军基础

洵贝勒决定外洋、内江军舰分为两队，及整设鲁、苏、闽、粤四省海军学校，并筑象山港为全国海军根据地。

（录自《大同报》1909年第12卷第12期）

校厂请归直隶海军节制

洵贝勒具奏：沿海水师学校及各省船厂，应请改归直隶海军处节制。

（录自《大同报》1909年第12卷第12期）

华侨情殷报效海军费

海外华侨公电农工商部，询问海军开办经费尚缺若干，愿竭微忱会筹报效，部中覆电尚少一百六十万金。

（录自《大同报》1909年第12卷第16期）

拟饬亲贵捐助海军费

据内廷人云，日前摄政王与政府王大臣谈论振兴海军事宜，惟以制造军舰需费甚巨，拟饬王公大臣竭力捐助巨款，以冀早日观成，然须劝捐不准勒派，诸老唯唯而退。

（录自《大同报》1909年第12卷第17期）

学生界认捐海军费

日前，浙抚接部电咨，开办海军，各省认筹经费现计尚在不敷，应再加认开办费五万、常年费十万。惟浙省库储十分艰窘，前认巨数并未筹有，的款已分饬司道合力通筹，颇觉为难。省垣学生界闻之，以目下海军关系自强要图，东西各国经费有由商学界捐助，未便让美于人，应稍尽国民义务。当由安定中学堂同学会发起，每日每人节省零用钱各纳三文，年计不过一元，轻而易举。闻已上书教育总会，联合通省官立公立私立大小学堂，莫不深表同情。据某君调查，浙省学生界已逾二十万人，如是，则年捐可集二十万元。

（录自《大同报》1909年第12卷第17期）

海军费分别提用

筹办海军处会商度支部，各省认定之开办海军经费不敷甚巨，今姑就此数分为四项，陆续提用。其一，建筑军港提用十成之一；其二，购造军舰提用十成之四；其三，教育人才，如海军学堂及出洋留学海军生之类，提用十成之一五；其四，员弁薪俸，如海军各员弁及派查海军事件人员，提用十成之一五。尚余三成，留候续提，并咨各省续筹接济之策。

（录自《大同报》1910年第12卷第24期）

早决海军根据地

海军大臣洵贝勒、萨提督由欧洲电枢府：秦皇岛附近岛屿可作军港，宜早决议，俾得从速筑造，以为海军根据地。

（录自《大同报》1910年第12卷第24期）

会商海军常年经费办法

政务、军谘二处王大臣会议各省摊解海军常年经费审查情形，若沿江海省份财力不富地方，其常年经费应行酌减；至沿江海富饶省份，其常年经费即宜多摊，以昭公允。拟俟海军大臣考查事竣，再行会订办法。

（录自《大同报》1910年第12卷第25期）

考查海军大臣之行踪

中国派往外洋考查海军大臣现在维也纳京城，奥皇极意款待，并赐宝星。西六号至德京，德皇款之，德皇亲大半躬与其盛。是日下午，德外务大臣设宴款待，晚间，德海军大臣宴之，并出军事地图观之。

闻亲王演说略表中德友谊。德皇云："无论贵亲王查何项事故，敝国均愿助理。"闻德皇赠以宝星。

（录自《大同报》1910年第12卷第25期）

东三省备迎海军大臣

海军大臣洵贝勒、萨军门考察欧洲各国海军制度，议定由德至俄（昨接西电两大臣已行抵俄境矣）乘鲜卑火车取道东三省回京覆命，届计行程当在本月中，浣东三省督抚分应恪修地主之谊。闻黑龙江周巡抚拟在齐齐哈尔迎接，奉天程巡抚拟在长春府迎接，现已妥派人员预备供张等事矣。

（录自《大同报》1910年第12卷第27期）

东三省认筹海军费之薄弱

度支部咨行各省，令各认筹海军费，奉天省仅认六万两，吉林省仅认三万两，黑龙江省仅认一万两。

（录自《大同报》1910年第12卷第27期）

考查海军大臣谒俄皇

《字林西报》云：中国考查海军大臣赴俄，俄皇优礼相待，彼此均以中俄友谊为祝。

十九号离法俄京由西伯利亚铁路回国。

（录自《大同报》1910年第12卷第27期）

设立海军将校讲习所

护鄂督杨俊卿制军以现值振兴海军之际，需用人员甚多，鄂省居扬子江上游，仅一海军学堂，恐不敷用，昨特饬行张虎臣统制，择地设立海军将校讲习所，遴选各营军官自司务长以上之熟悉海军者入所研究，以资造就，并须妥议开办章程，具复核夺云。

（录自《大同报》1910年第12卷第27期）

海军驾驶班无用武之地

张文襄督鄂时，在日本订造浅水舰楚同、楚泰等号及湖鹗、湖雁等鱼雷艇，编成水军两队，以固江防。其时因管理驾驶需材孔亟，是以饬在陆军特别学堂内附设海军驾驶班，挑选陆军学生之成绩较优者，授以海军所必需之学科，原拟学成效用以期得力，讵现在各军舰雷艇均发归海军处管理，于鄂省所设海军学堂意存漠视，转瞬该生等毕业无所任用，未免可惜。现杨护院拟仍将该生等，俟卒业后派作陆军见习士官，将来编练第十一镇再派差委。昨已将此情咨商军谘处大臣核示矣。

（录自《大同报》1910年第12卷第27期）

七省筹设海军小学

海军处以现值筹办海军之际，须以养成海军人才为始基，查直隶、广东、福建、江苏、浙江、安徽、湖北等省滨临江海，亟应开办海军小学以资预备。除将所拟办法、学科另咨查照外，特先电请各该省督抚预为筹备。

（录自《大同报》1910年第12卷第28期）

海军大臣宴客

海军大臣洵贝勒与萨军门近日大开筵宴，涛、朗两贝勒，陆军部涛、那、姚三堂均与宴。

（录自《大同报》1910年第13卷第5期）

拟设海军行台于五省

海军筹备处拟在直隶、江南、广东、福建、山东五省各设海军行台。

（录自《大同报》1910年第13卷第5期）

护督对于海军经费之棘手

海军经费湖北认定开办一百二十万两、常年二十万两，上年即应解开办常年经费五十万，刻尚不敷银十八万两。昨经海军处电催，护督查鄂省库帑奇绌，无从搜刮，因拟在洋关税款盈余项下拨解，作为正开支，咨请度支部核夺。讵旋奉部覆，湖北关税应归边省练饷之用，万难照拨。因是护督杨俊帅连日与司道会议，竟无处可以设法腾挪，甚形棘手云。

（录自《大同报》1910年第13卷第6期）

催购海军书图

海军处因现在海军编译局不日成立，拟编译关于海军之各项书图，以资研究，惟须旁搜博采，方足以资完全。拟即电催驻各国钦使，设法采购关于海军教育、制造、方略、修筑、战绩、历史新旧书图，送交海军处，以便参核编译，所有购价运费将来由海军处汇寄开销云云。

（录自《大同报》1910年第13卷第6期）

海军大臣尚书之先声

闻海军处将以洵贝勒为海军大臣，萨军门为海军尚书，并定大臣公费每月二千两，尚书公费每月一千二百两。

（录自《大同报》1910年第13卷第6期）

倡办海军捐之基本金

闻内廷人云，摄政王因海军大臣议定第一期购办军舰计巡洋舰二、海防舰二、报信舰二、水雷艇六、驱逐水雷艇四，须向外国船厂订造，需款不赀，特谕某枢臣，拟将孝钦显皇后遗金数目据实宣示海内，或即移此款建造军舰数艘，藉以志我显皇后之遗泽于不忘云。又闻摄政王以海军开办经费不敷孔巨，各省有倡办海军捐者，而北洋学界海军捐会业已成立，昨与枢臣提议，以海军为全国君民共担之责任，捐款应由本监国始，拟首先提取醇贤亲王之遗蓄金拨作海军开办费，以为王公臣僚及海内外商民之观感。此说倘果实行，则海军之开办，拭目可待矣。

（录自《大同报》1910年第13卷第11期）

海军处重订各司职掌

筹办海军处前设第一、第二、第三、第四四司，嗣添医务司。现洵贝勒以办理诸务渐有端绪，各司名目职掌应详加厘订，以符名实，所有原设第一司拟名曰"军制司"，掌海军规制、考绩、驾驶、器械、轮机等项事宜；第二司拟名曰"军政司"，掌修造船舰、建筑工程等项事宜；第三司拟名曰"军学司"，掌海军教育、训练、谋略等项事宜；第四司拟名曰"军防司"，掌铨衡各省水师将弁，并侦测等项事宜；医务司拟名曰"军医司"，掌海军卫生、疗伤、医药及军医教育等项事宜。参赞厅内原设两司：一为秘书司，今拟名曰"军枢司"，掌全处人员升迁、调补、差缺、机密公牍函电及承发文件等项事宜；一为庶务司，今拟名曰"军储司"，掌海军经费暨服装军粮等项事宜。此两司原拟专办署内一切文牍庶务，故以之隶属参赞厅，兹因机要事件日益繁多，各舰队煤粮服用亦须筹画，亟宜分别拨归该两司经理，与从前专办署内事件者不同，毋庸设于厅内，俾与各司一律分任职掌，惟一、二、三三等参谋官仍照留厅，以资佐理。此外，尚有海军军事裁判、风纪、法律等项事宜，另设专司名曰"军法司"，以掌其事。

（录自《大同报》1910年第13卷第11期）

水师改练洋操

吴淞口外海六营师艇前奉提宪暨苏狼福三总镇札调，各师艘齐集淞口，改练洋操，并札内洋水师通海等五营会同操练，现正按日训练阵式，并演打靶，特派南汇营游击黄子馨游戎为督操官，闻于本月底禀请提宪莅淞阅看。

（录自《大同报》1910年第13卷第11期）

海军大臣出京之风闻

海军大臣洵邸拟于日内出京，系勘查粤闽两处军港，及别项关于海军事宜，闻谭副使亦须随往。萨军门暂行驻京。并闻将来海军大臣无论何时筹办事件，均不请训云。

（录自《大同报》1910年第13卷第11期）

关于海军之大会议

十八日，军谘大臣朗贝勒在海军处会同洵贝勒、萨军门等诸大臣，特开军事会议，预订筹备海军成绩法。闻是日已议定于宣统五年以内先练第一、第二两舰队，其应需一切用款，已拟定由海军大臣妥议预算，再行会同军谘大臣覆核，准于四月内一准具奏。

（录自《大同报》1910年第13卷第12期）

海军前途之大期望

我国海军学生留学商船学校者约五百余人，本月初旬卒业计二十八人，刻已由公使保送入日本炮船学校矣，此为我国海军学生入日本海军之发轫。彼商船学校并非海军专门学校，不过一海军豫备校而已，今二十八人始得进海军专门。

（录自《大同报》1910年第13卷第12期）

开复丁汝昌原官

洵贝勒奏：丁汝昌当日血战力竭殉节，宣加恤典，奉旨开复原官。

（录自《大同报》1910年第13卷第12期）

海军处筹设海底电线

海军处洵、萨两大臣，以海底电线为筹设海军上之至要机关，即须预为计画，以备将来敷设，惟事关军事秘密，万不可假手外人，特咨请邮传部物色精于电政人员，其有曾经研习此项专门学术者，无论官阶大小，皆破格录用。如一时此项人才实难与选，即请邮传部遴选专员速赴各国考查，回国后即派以各项要差云。

（录自《大同报》1910年第13卷第13期）

海军处被参

御史奏参：海军处设立两年，并无筹办实在手续，止空谈误大局。奉旨原折交海军处自行阅看。

（录自《大同报》1910年第13卷第16期）

海军处官制之大概

海军处官制无尚侍，设正副大臣加管部一，以亲贵充之，无丞参，下设司长、副司长、科长、科员，司长从三品。

（录自《大同报》1910年第13卷第19期）

海军处参江督之大旨

海军处覆奏江督参折，系谭参赞拟稿，略谓该督只知进款已巨，除支现余无几。各国海军动需数万万，我虽财绌，难尽仿行，断不能并基础金亦不备。

（录自《大同报》1910年第13卷第19期）

编译陆海军书籍报章

军谘处本为高级机关，专司全国军法，其性质略与西洋各国之参谋部相同，只以独立未久，故一切规制尚未组织完全。兹悉该处堂官为灌输军学起见，近已与陆海军部划分权限，凡高等军用书籍，版权均归该处，第五厅编译专科，所有其军事官报亦由该厅刊印。而海陆军部所设之编译局，则只准刷印普通军学书报，以清界限。如有私家著述，亦须呈由该处大臣会同审定，方许刊行。但现在涛贝勒才归国，度支部正催造预算决算各表，经费难筹，故编译书报事宜虽经屡行提议，大约须俟秋后再办矣。并闻海军筹备处近亦经洵、萨二大臣，派委曹燦三部郎汝英往陆军部刷印处考察章程，拟就本处仿办编译刷印等事，将来开办时即以部郎为提调，刻已派员前赴东洋采办机器、招聘工人，想不日即可成立也。

（录自《大同报》1910年第14卷第1期）

英使保荐海军顾问员

英公使函致外务部，具言中国海军需才孔亟，因特保荐谙练海军英人二名为顾问员，外务部咨询枢府，枢府即电询海军大臣洵贝勒意见，尚未覆电。

（录自《大同报》1910年第14卷第1期）

中国海军大臣座舰告成

上海江南船坞，前奉海军大臣洵贝勒、萨军门谕饬，定造钢质双轮座船，计身长一百七十三英尺，宽二十五英尺，深十二英尺六寸，吃水九英尺，排水量五百吨，速率每十三海里半马力九百匹。全船纯用钢质造成，极为坚固，式样、造法亦极精新。现已全船告成，由洵邸电派驻沪海军行辕郑参谋、孙总巡暨该船许管带，于前礼拜五二十三日，会同验收。试得每钟行至十三海里半，机器锅炉尚有余力。昨日并由该坞总办邝观察，柬邀上海道县，及官绅各界，茬船观礼，午后一点半钟时，由新关浮标处鼓轮，虽风浪极大，而行驶平稳，毫无颠簸。中西各宾到船参观者甚众，当由邝观察详述船中造法，并款以酒点，来宾均欢欣叹赏不止。将来洵邸出京，即以此船为巡缉乘坐之用，并拟配安三镑款快炮六尊，及枪队多枝，以资护卫。现已将全船影片寄呈洵邸察览，并闻此船工料，仅规银十一万五千五百两，所有船身机器，悉为本坞自行绘图制造，不假外求，尤为难得，足见该坞自光绪三十一年划归海军，仿照商厂办法整顿改良，不遗余力，成绩昭然可考，诚可为中国海军前途贺也。

（录自《大同报》1910年第14卷第1期）

海军筹款之先声

昨军机大臣那相国退朝后，面谕外务部邹尚书，将派驻各国使臣所报告调查各国海军筹款办法案件一律检出，呈送军机处以资取法。

（录自《大同报》1910年第14卷第5期）

海军处分购军舰之用意

海军处筹办大臣前与政府议定，创办海军之计划分为三期，第一期之计划须购二等巡洋舰三艘，海防炮舰一艘，鱼雷艇若干艘，江防炮舰二艘。现二等巡洋舰已由英商包造二艘、德商包造一艘，海防炮舰及鱼雷艇决计由美商包造，江防炮舰已由日商包造，闻各舰均定于明年始能交到，而价银亦须明年始行缴齐。又闻洵贝勒此次赴美，尚须定购新式大舰两艘。据海军处人云，洵贝勒及军谘大臣意见欲秘军容，本不愿购用外人军舰，惟现在亟拟成立第一舰队，自造尚须时日，迫不及待，故暂行购自外洋。其在各国分定者，亦取其稍可秘密，且藉以联合邦交云。

（录自《大同报》1910年第14卷第5期）

决计派学生赴欧美留学海军

海军处现拟通咨各省，选合格学生调京甄别，以为明春派赴英法德美日等国留学海军之用。闻此事海军处将决计实行。

（录自《大同报》1910年第14卷第6期）

海军先行易服

军谘处咨陆军部，海军人员弁勇先行易服。

（录自《大同报》1910年第14卷第12期）

水师统领出巡

湖北荆襄水师七营统领兼带沿江防营陈得龙，现因时近隆冬，荆襄地方素多贼盗，扰害商旅，尤为可虑，亟应布置冬防，严密巡逻，以资捍卫而保治安。该统领已于昨日起程，亲往各路稽查情形，以便布施云。

（录自《大同报》1910年第14卷第12期）

移海军款办学之议案

资政院议员公决，海军当从培植人才入手，现未成军，何必分设各司，调用多人，不若移此款办学，即日提作议案。

（录自《大同报》1910年第14卷第13期）

海军将添副大臣

海军处事体繁重，枢府拟添设副大臣两缺，以资赞助。闻有兼差之望者，系陆军部荫尚、民政部肃邸云。

（录自《大同报》1910年第14卷第15期）

停办海军之先声

兴办海军一节，财力人力均觉不足，资政院议员拟停办海军，裁海军处，专力陆军，准下期开会提议。

（录自《大同报》1910年第14卷第16期）

资政院不得干预陆海军经费

陆军部经费问题将来，资政院对于该部预算案或有驳击事，故政府近日以海陆军经费为皇上之特权，资政院不得越权干涉，日内即将请旨宣布云。

（录自《大同报》1910年第14卷第16期）

地学杂志

大东沙岛（节录）

大东沙岛交涉一案，日本已承认为中国领土，兹将所考求该岛之位置、形势、历史、物产，及其关系数端特录如左。

位　置

大东沙在北纬二十度四十二分三秒，东经一百十六度四十三分十四秒，位于惠潮二府、海南岛及台湾与菲律宾之间，地位实在汕头正南，与惠州之甲子门、潮州之鲺门、香港之鲤门，势成三角。北距惠州甲子门约百二十海里，东北距潮州、汕头约百四十海里，东距台湾约二百四十海里，西北距香港约百七十海里，西距海南岛约四百余海里，东南距菲律宾亦约四百余海里。

势　形

大东沙即中国旧名千里石塘者，西名译音，或曰蒲拉他士，或曰朴勒特司，或曰不腊达斯，孤悬海外，岛形如马蹄铁，东北、西北两端凸出，东成凹状，岛之中央似湖非湖，似澳非澳，水深五拓至六拓（中国二丈余至五丈余），地质全为积沙所成。据日人所称，幅员可二里许，面积不过百三十町。英文书所记载云，东西长约一迈当半，南北距约半迈当（与日人所称均同）。岛之高度，潮落时望岛对顶上约四十尺，潮涨时则仅见三十四五尺。环岛周围皆有沙滩，轮舶大者不能近岸，隔十余里之远，奇岩林立，见者为之寒心，故别名之曰"险岛"，中国旧时航海家亦指千里石塘为险地也。

历　史

昔日本人未到该岛以前，沿岸渔船，及闽粤渔户，通年匀计，不下数百艘，此外尚有半捕鱼半捞海半探矿之小船，不计其数，每年获利，大船自数百金至数千金不等。现在沿海著名富户，若陈德利、蔡有三、蔡桂生、冯东秀、赖奇头等，积资或数十万，或数百万，皆自该岛起家者也。

又该岛向有大王庙一所，为各渔户所公立，庙内预藏许多渔船杂粮，为船只此日用之需。自昨年忽有日本人多名，迳到该岛将大王庙一间毁成平地，致绝渔户之伙食，又一面毁撤渔板、驱逐渔船，有新泗和常记渔船之附属渔板六只已尽被日人撤去。今年正月初十日，新泗和常记渔船复到该岛，日人驱逐，不许泊湾，该渔船开往西北湾捕鱼，至二月十九日，日人复将渔船驱逐，渔船遂仓皇驶去，致起交涉云。

从前英人蒲拉打士航海，曾在此地遇险停船，厥后西人地图，即以蒲拉打士名之，注明广东地，足知东沙岛，实我国领土，并非无人岛，已确凿无疑矣。

物　产

物产最为繁富，木类则有油木、紫檀，高可百尺，大可合抱，到处成林，相传为三四千年故物。矿产则有金沙磁矿，充塞谿谷，触目皆是，乡人有小金山之称，其他如玳瑁、如珊瑚、如珍珠、如制造火柴之磷质，如可作肥料之雀粪，如取之不尽用之不竭之海藻、石花，所在多有。岛上向多鹜鸟，其羽甚珍贵，今因捉捕太甚，鸟甚远去，已无一存，惟海产珊瑚甚富云。

航　路

关于航运之方，据英海军测量图说云，通于不腊达斯内澳及内澳之南北二水道内。为此图所载之外，犹有多数之石花礁顶，欲驶入该内澳之船只，宜取路南水道，该水道便于行船使入，水十五尺，惟须最大注意，盖因误触礁脉，破坏船只者不少。故欲示此险处，须建设一灯或数灯，此问题经数次讨论，然建筑及维持费用颇巨，摊派维艰，且须商于中国，故未能举行。不腊达斯礁脉为自马尼拉至香港航路上重大之险处，东北信风时，浓云密匝，弥漫无际，殊为危险，一般船只由东南方行近该脉，罹于难者不少。因欲明示此险，故宜于该礁脉之东北角或东南曲角，及不腊达斯岛上，各建设一灯塔，实为必要之事。第其费金实巨，船只由该礁脉之下风通过，尚为预防之善策，因海水正流向此方故也，由是观之，航海者之注意是岛，已非一朝夕矣。

（录自《地学杂志》1910年第1卷第3期）

第一晋话报

英舰队中我海军留学生

逸

　　日俄讲和的事情毕后，日英同盟的事情就连接上来，英国的王子便命他海军大将，率领着威风凛凛的东洋舰队一十二只，压着那大西洋印度洋直到日本，表他两国的同盟的情谊，教人猛然间想起那鸦片的战争和甲午的黄海战、庚子联军大沽的海战，可怜把南北洋轰轰烈烈、如花似火的舰队逃的逃了，沉的沉了，没的没了，坏的坏了，直到如今，教人家说我是个无海军的国。你道伤心不伤心呢？忽然听得人说，这回东航的英舰队中练习海军的，有我中国十几个留学生呀，这是可喜可贺的事情。喜的是，我国现在虽无海军，将来必有海军；贺的是，我国有了海军的时候，不但自己国保住了，还可以和他世界各强国都抗一抗。将来我国海军怎么样个布置呢？依我国大势说，可分为三个舰队：一个渤海舰队，就镇压着渤海湾；一个黄海舰队，就威镇着吴淞口一带；一个南海舰队，就镇守着广东湾一带。这三个舰队把声势联络起来，作一个击首尾应、击尾首应、击中首尾俱应的常山蛇阵式，还怕他什么日英德法美意比。但只是我们渤海的门户旅顺口、威海卫已被人租界去，胶州湾是我南北两舰队中间的枢纽要地，现在德国占据着。那南海紧要的海口、澳门、香港不见自己的片帆只影。照这样看起来，我们有兴海军的人，没有兴海军的地了。所以，我希望，我海军留学诸君，将来要兴我的海军，先恢复我的海军根据地。

（录自《第一晋话报》1906年第4期）

81

东方杂志

论中国南方宜用水师保守中立

近者日俄战事，其在旅顺、辽阳、大石桥、海城、盖平诸地者，胜负之局，固已显判矣。我国简派重兵，控扼辽西，严守中立，中外论者，鲜不谓此举，实为中立国能尽其义务，虽俄人间欲挑衅，然内而钧轴，外而督师，皆能严立界限，不中俄人之狡计，即此尤见当局者之能先事筹备之慎密也。惟近观中外各报，以及本报所得之专电，西则俄舰诈出鞑鞑里海峡，横扰地中海及红海之间，屡次凌犯英德两中立国之商船；东则海参崴舰队，纵横于对马津轻北海，而延及东太平洋，由拘捕击沉日本之运兵船、商船始，而浸至击沉英国之邮船。此其用意，果安在耶。良以俄国亦明知俄之海陆军威，在远东已声名扫地，势已不能挽回，惟有遣其黑海及海参崴之残舰，无端出而肆扰，初则为围赵救魏之策，欲以缓旅顺各地海陆之攻，今则见日本海陆各军，凡事皆依豫定之计画而行，并且每战必克，其初计已不克行，乃再变一策，在西则欲激怒一国，使为第二国而加入战事，则彼可求助于法德而有词，在东则深入日本领海，遥窥台澎，使日本海陆各军，不免起内顾远救之意，而即可以缓辽、旅诸处海陆之急攻，且欲扰动世界平和之局，得数国之助，而藉以自救。此其用意，本馆执笔人虽愚，亦窃自谓于俄人之狡计，窥见其万一者也。虽然各中立国之肯加入日俄之战与否，日本海陆各军，竟因此而返顾与否，本馆亦不必为他人作杞忧，惟所虑者，我中国正当贫弱之余，为严守中立之故，外而备边，内而防乱，处处皆独负其责任。其初日俄战地之限制，本只在渤海以东，黄海以北，苟使战事就绪，不出于初定限制以外，则我责任之界线犹狭，即我尽义务之方面亦小。今则俄人西欲激动世界之平和，东欲延长侵战之界限，则我国虽已告中立，不能不随时布置，图所以自备之方。窃谓辽西之守陆，既已严防，则今者南方沿海之防御，亦不可不预行布置，以为不虞之备，以防俄军之铤而走险。虽我国自甲午以后，海军尽燔，至今未克恢复，然合南北两洋军舰，尚有兵舰数艘，鱼雷艇数艘，且水师提督萨军门，又颇负时名，当今之时，似宜由朝廷授以专权，令其合统南北洋军舰，驻防东海南海之洋面，而严扼闽省台澎交界之海峡，外以耀示军威，即非与俄舰有所交涉，然亦足以寒他国窥伺闽浙之心，内则固守海疆，可与辽西之陆军，声势相应，益足以完我中立国之义务。语有之曰："先事而备，乃能制胜。"窃望我当局诸公，勿轻视刍荛，而贻误大局，斯则天下之大幸矣。（录六月十七日《中外日报》）

（录自《东方杂志》1904年第7期）

丁汝昌第二

事有巧妙不可思议，无奇而有偶者，如甲午中东之战、今年日俄之战，胜败之数往往偶合。近得旅顺消息，言俄司令官司德塞耳业已自尽，此尤与丁汝昌之自杀于威海情形相似也，但不识俄军中亦有牛继昶其人者，树白旗以投降日军否。案乙未丁汝昌困于威海，初欲出战，李合肥电丁，言船械可弃，将材难得，以阻止之，及丁被围久，弹粮将竭。李秉衡复率回救，威海之兵，不敢迎敌，于是威海之后路荣城陷，而威海援绝矣，丁汝昌仰药死，其部下有副将牛继昶者，伪为丁书以投降，其实投降出于丁死之后也。闻丁临死时，拔剑斫去海军提督印一角，今留存于日本之降书，其印正缺一角可证。

（录自《东方杂志》1904年第7期）

福建陆路提督裁并水师提督

自奉旨将福建陆路提督裁并水师提督后，名曰"提督福建全省水陆军务"，驻扎厦门。

署两江总督周奏请专派大员统御南北洋海军折

窃查各国水陆各军，无不号令齐一，联合一气，虽有分合聚散，绝无不可归一将统御之理，亦无两军不能合队之事。中国从前创办海军，因限于财力，先办北洋，而南洋则因陋就简，规模未备，近年以来，旧有兵船益形窳朽，徒縻饷项，无裨实际，且管驾各官亦多不谙方略，是以前署臣张之洞有裁汰旧船之奏。臣此次南来察看各兵船，亟应分别裁留，认真整理，非定章程不能革除旧习，非专派大员督办不能造就将才。查有现统北洋海军广东水师提督叶祖珪，本船政学堂出身，心精力果，卓著贤劳，若将南北洋各兵船归并该提督统管，凡选派驾驶、管轮各官，修复练船，训练学生水勇，归其一手调度，南北洋兵舰官弁均可互相调用。现在兵舰虽不足一军之数，而统御巡防江海，一军有此以镇之，则均属堪用，即南洋水师学堂、上海船坞、兵舰饷械支应一切事宜，有与海军相关，亦堪归并，准该水师提督考核会商各局道员，切实整顿。前委管驾各官，有于海军尚欠练习者，酌量撤换，庶几规模画一，官弁无滥竽倖进之弊，畛域无分调遣，收掎角相辅之用，气象较前益壮，将来扩充办理，轨度不致有差。近日屡与北洋大臣、臣袁世凯往复电商，所见略同，谨奏。

奉朱批：著照所请，该部知道，钦此。

湖广总督张奏定购快炮舰鱼雷艇并自造浅水兵轮折

窃照近年来，时艰孔亟，事变难知，湖北居南北水陆之衡，素为上游重镇，自开埠通商以后，长江门户几已尽撤藩篱，各国兵轮以护商为名，得以常年驻泊，然从前各国上驶兵轮，不过一二艘，尚有限制，近则一国师船并驾而来者，多至四五艘，甚或指定内湖地方为操炮之事，屡经向各领事商阻，每以寻常游历，并无他意，事属水师，无权过问为词，任商罔应。近年各国更特造浅水兵轮，为游弋长江之用，在平日暂来暂去，固已相习而安，设有民教偶启衅端，或地方略有他故，但可藉口兵轮纷来，阳托保护之名，阴作示威之计，事多棘手，措置恒难，若本省自有炮舰、雷艇，足与相抵，则外人意有所慑，诸事便可和平商办，而在我亦有备无患，可不受其挟制之威。体察情形，非多备炮舰、雷艇，无以为建威消萌之计，三年蓄艾，事已嫌迟，及今不图，后将无及，鄂省财力本不宽舒，近更认筹解京巨款，及本省练兵兴学诸要政，需用浩繁，原有竭蹶不遑之势，然为固圉保疆、防患未然大计，实不敢专顾目前，自忘后患。兹经臣督饬司道，设法腾挪，竭力撙节，每岁可匀出的款五十余万两，以为购造炮舰、雷艇之用，当以日本川崎造船厂，其自造本国兵轮已著明效。上年春间，臣在两江署任，已与订造长江兵轮四艘，比较英德等国，工价格外从廉，此次回鄂，复与该船厂订造快炮舰六艘、鱼雷艇四艘，其造成交卸之期，极力商订从速，以备急需，将所定船式及分年付价，按年提款办法，分条缕陈如左：

一、现定双机暗轮新式快炮船身通长二百英尺，宽二十九英尺六寸，舱深十四英尺，吃水八英尺，压水重七百四十吨，实马力一千三百五十匹，折中速率每点钟行十三海里，以能容十二生口径头炮两尊、七生半口径尾炮两尊、新式快机边炮四尊，施放时，船身不受震动为合度，较江南所造船式，重量加增二百二十吨，马力加增四百匹，头炮、尾炮各增一门，一船可得两船之用（每英尺合工部营造尺九寸八分有奇）。

二、现定新式快机鱼雷艇船样，船身长四十法尺一寸，宽四法尺九寸四分，舱深二法尺零五分，吃水一法尺一一零，压水重九十六吨，实马力一千二百匹，折中速率每点钟行二十三海里，每艇配四生七口径快炮二尊，十四英寸鱼雷管三门（每法尺合部营造尺三尺二寸四分）。

三、现定船式经臣督饬善后局与该船厂工程师详加审酌，绘有船身全图、机器全图，及另缮制造工作，陈设备用各件英文详细清单言明，务与各国同式，极美备之，兵轮雷艇一律无异，并可由湖北选派熟悉制造工料委员驻厂监造，所选材料均须经监造委员验明，许可方准配用，如经委员剔退，立即另选合宜材料复验，许可然后动工，以期工料精良坚实。

四、议明快炮舰实价，除炮位、炮架自备外，每艘日币四十五万五千元，六艘共日币二百七十三万元；鱼雷艇实价，连炮位、鱼雷、快枪手枪弹药等项，一应在内，每艘日币三十万元，四艘共日币一百二十万元两，共日币三百九十三万元，约折合中国库平银二百九十四万七千五百两。此系将常例定舰九五扣收船二厘五陋规，及一切花销使费革除净尽，故船价极为核实公道。

五、议明川崎船厂承造此项炮舰、雷艇，自合同签字之日起，限于二十六个月内先交炮舰三艘、雷艇一艘，又九个月，续交炮舰三艘、雷艇三艘，共三十五个月内，将炮舰六艘、雷艇四艘，一律交清。如无故逾限误期，另行议罚，迟至四个月，尚未交船，可以退回不收，将原价如数缴还。倘验收该舰艇时，吃水尺寸有逾，马力、速率不足，亦可退还不收，将原价如数缴还。

六、议明炮舰总价，日币二百七十三万元，于三十五个月内，分五期付清，雷艇总价一百二十万元，于交后展缓两年，分四期付清，此后缓付之价，共计五十九个月，按照分期应付之价，酌认利息，计日币二十三万六千六百元，约折合中国库平银十七万七千四百五十两，如能提前早付，利息仍可减免。

七、前项快炮舰六艘、鱼雷艇四艘，分年付价，约计共合库平三百十二万四千九百五十两，查盐道库每年所收川淮盐练兵新饷正杂款，约计库平二十三万两内外，又湖北官钱局近两年经理得法，岁有盈余不下二三十万两，兹拟每年动拨盐道库练兵新饷库平银二十三万两，官钱局盈余库平银二十九万两，两共提拨库平银五十二万两，以六年为度，共得库平银三百十二万两，以之分期汇付前项，船厂本利所差无几，以上办法，业经议妥，饬令善后局司道，与驻汉口日本领事馆永泷久吉、川崎造船厂委员四本万二，订立合同，彼此签押盖印存案。计三年之内，湖北得有新式快炮舰六艘、雷艇四艘，以之布置武汉一带江面，稍足以壮声威而资防御。若荆州以上，则自秋末以至春初，江流退落，水少沙多，洞庭、襄河其浅尤甚，非吃水极浅之船，不能上驶。英国前来浅水兵轮，吃水曾不足三尺，此等小炮舰，无论何时何地均可游弋自如，我若无以相抵，设有事端，何所施其阻拒，故吃水最浅之兵轮，亦断不能不备，若再向外洋订购，则需费更觉不赀，幸湖北兵工厂现尚有能仿造此项浅轮之工匠。兹拟自行试造数艘，一种吃水六尺深者，以备驶赴荆州、宜昌等处，择要驻泊，此为巡缉上游，备预不虞之用；一种吃水三尺深者，以备南洋湘水，可由长沙以达衡州，北入襄河，可由安陆以达襄郡，此为巡缉内港，镇慑匪徒之用。核计每艘工料价值，大者不过七八万两，小者不过二三万两，期于就深就浅，利用咸宜水陆兵备一律完固，以仰副朝廷勤修武备、绥靖长江之至意，谨奏。

（录自《东方杂志》1905年第2卷第2期）

江西巡抚夏奏江西内河水师换造船只并酌改营制饷章折

窃江西内河水师经前护抚臣柯，逢时添造飞划，改为巡警军，臣到任后，又分为左右两军，先后具奏并声明营制、饷章略为增损在案。兹查该两军船只，原有旧式长龙三号督阵、舢板四号、长江舢板六十四号、旧式舢板二十号，共船九十一号，续添飞划九十一只。向章三年小修，六年大修，九年小修，十二年换造，惟自光绪十一、十二两年换造后，至二十三四等年，均届换造之期，因经费支绌，改为大修，二十七八等年，亦经陆续修理，而自造成以来，为时近二十年，木质朽败，钉脚松锈，随修随坏，不堪操练驾驶，且既分属两军，各项船只数目亦宜酌量变通，以期适合于用据。该两军统领禀经批饬，派办政事处司道核议，即于三十年一律换造，左右两军共改设长江长龙两号、旧式长龙四号、督阵舢板二号、长江舢板七十六号、旧式舢板六号，共计大小船只九十号。巡划九十只所需工料及设厂经费，核实支用造销。至营制及统领营哨等官弁，薪工亦仿照常备、续备各军酌量核定，详请具奏。前来臣查江西内河，港汊纷歧，涨落无定，炮船最为利用，自二十七年裁撤，江军力已单薄，现存内河水师，自应认真整理，该司道等所议，均属因地制宜，应即照办，伏乞敕部立案施行，谨奏。奉朱批：该部知道单并发，钦此。

谨将内河水师巡警左右军更定营制饷章，缮具清单，恭呈御览：

左军统领兼中营营官一员、文案一员、巡员一员、差弁二名，长江长龙一号、领哨一员，督阵舢板一号、哨官十三员，长江舢板十三号。前后两营，各营官一员、书识一名，旧式长龙一号、哨官十四员，长江舢板十四号。全军共炮船四十五号，每号配带巡划一只，共四十五只。右军统领兼中营营官一员、文案一员、巡员一员、差弁二名，长江长龙一号、领哨一员，督阵舢板一号、哨官十三员，长江舢板十一号，旧式舢板二号，全军共炮船四十五号，各配带巡划一只，驻守药库委员一员，桨勇长江长龙十七名、旧式长龙十五名、督阵舢板十一名、长江舢板七名、旧式舢板六名，统领长龙另加舱长一名，巡划水手即在桨勇内随时拨用，不另增添。统领每员月支薪水银八十两、公费银一百两，文案每员月支薪水银二十两，药库委员月支薪水银二十两，巡员每员月支薪水银二十四两、油烛纸张银四两，差弁每名月支薪水银七两七钱七分，营官每员月支薪水银三十两、公费银四十两，书识每名月支口粮银五两，领哨每员月支薪水银十六两，哨官每员月支薪水银九两三钱。此外，勇粮、座船等项杂费，仍照旧章办理，巡划、油舱亦照章酌给，合并陈明。奉朱批：览，钦此。

（录自《东方杂志》1905年第2卷第2期）

兴海军应先筹建根据地议

比闻朝廷将欲筹款，重兴海军，振尚武之精神，展保疆之政策，此实中国转弱为强之一大原因，而为环球视线所萃者也。盖今之时代，强存弱亡之时代也，东亚大陆尤为各国权利竞争之中心点，国于其间者，非精练舰队，不足以扩张海权；非建设根据，不足以巩固军制，此朝廷所以毅然有重兴海军之规画也。然有海军而无军港，则声势不能自壮，进退不能自由，尤莫要于先择地形利便之区，营为屯军根据之地，树高屋建瓴之势，宏居中驭外之规，而后可独树一帜，凌轹群雄，此大较也。

顾以根据而论，必择形胜，而昔日海防之形胜，莫过于北洋。今则藩篱尽撤，门户洞开，卧榻之旁，强邻鼾睡，遂使海疆之锁钥，由北洋而移往南洋。然南洋形势，向称虎门，而虎门僻在粤东，与北洋远隔，有事恐鞭长莫及，只可用为分防之港，未可倚为建旃之区，则必于南北洋适中之地，营为海军根据，方可兼顾南北两洋。若是其必以浙之舟山，或沙门湾，营作中军根据之地，而并分左右二军，一分防于山东之养马，以固畿辅之藩篱；一分守于粤东之虎门，以严海南之门户乎。顾论中军根据之地，或谓舟山为佳，或谓沙门湾为上，今欲解决其问题，必先研究其形势。

一论沙门湾之形势。查沙门湾，在浙江之宁波、台州交界处，形势亦颇利便。港口内外，岛屿林立，南则为台州湾，湾之东北，有高岛、绳岛、镇岛、金门岛、三列岛、东机屿，而与台州、海门卫，俨成对峙之形。再南则有上大陈山、下大陈山，西南则有松门卫、松门山，总称为台州列岛，而其岛之大者，则松门南之玉环山、松门北之大佛头，形势最为雄壮。此沙门湾南面之岛屿形势也。其北则有石浦门，石浦南岸与大佛头相对处，有东门岛，岛下即石浦港，港面阔而底窄，故潮落则沙滩显露，中成狭港。大佛头之东北，则为壇头山，壇头山之东北，则有韭山，壇韭地皆肥饶，居民素业耕渔，颇称繁盛。此沙门湾北面之岛屿形势也。其港口之东，有南田者（西图名牛头山，即大佛头岛），距沙门港口五十里，田地肥美，物产沃饶，夙有名胜之称，黎民岛则居沙门湾之北角，为避风最稳之区，海底皆系泥沙，北面悉成陡岸。他如三歧山、圆锥岛、生佐治岛、天顽岛、桃头岛、健跳岛、尖洋岛，悉为沙门湾之形胜。而生佐治岛北有海湾（西图名为大化口，实即象山港之陆岸），水程距沙门湾七里，亦为利便之区。此沙门湾东面之岛屿形势也。观其周围之形势，洵足为屯军要港，且其可取者，尤在乎富庶，而屯军无绝粮之虞，论者所以谓诚能极力扩充，将为东方之第二香港也。

一论舟山之形势。查舟山属浙之定海，而握海疆之中权，有能兼顾南北两洋之势，其地则岛屿环抱，港汊纷歧，全岛十七庄，外环十大屿，险要天成，不特为浙江全省之藩篱，实操海疆全局之关键，北洋旅大胶威之外，堪为海军根据者，未有胜于舟山者也。况其水势湛深，巨舰可以畅行，港道曲折，敌船不能直入。口内则列岛屏蔽，在我可避飓风；港外则暗礁林立，在敌须防砂石，盖非熟悉地势，不能迳行入口。而与内港又节节相通，如由田岙、东岙、西岙、沈家门，而通钱仓，由蛟门、金塘、大榭、虎蹲等山，而通招宝，由黄盘、长白、鱼山一带，而通平湖，由马迹、大衢、小衢诸山，而通江南，骨节灵通，血脉活泼，出入利便，进退自由。有事则可首尾相应，一旦营作海军根据之地，则屹然成为重镇，从此南北两洋，声势相联，首尾兼顾，其形胜非胶威所能并驾，其利便非旅大所得齐驱也。不特是也，有船而无船坞，则海军之根本不坚，故非有宜建坞之区，不能用为根据之地。今观舟山地势，宜于建坞者甚多，而尤莫善于岑港。岑港之形势最稳，其外有藩篱焉，是惟册子山，其近有门户焉，是惟菰茨及三钓山，而又有桃夭、响礁二门，为岑港之锁钥，诚于其山麓之地，凿山成槽，砌石为坞，备修铁甲大船，并于旧有之炮台，酌增守备，实有一夫当关之势，而非他处所可及也。

综而论之，土地肥饶，则舟山不如沙门湾，形势要害，则沙门湾不及舟山，而欲于二者之中，折衷一是，则海军根据之地，自以舟山为最上，而非沙门滩所能及其利便也。请言其利便之故，沙门湾岛屿虽多，而不及舟山之险要，舟山之港口内外，如东蟹螯、西蟹螯、小竹山、大茅山、盘旋山、龟山、老鼠山、牛屎礁，多有要害可凭，其利便一也。舟山外环十大屿，屏障出于天然，可以避飓，可以御炮，更择港口要害，如青蟢潭、龟山、塌山等处，旧有炮台，相度情形，添建新式钢甲旋转圆筒炮台，配用二十八生特口径新式钢炮，则门户固若金汤，其利便二也。舟山之经纬线，实居海疆之中权，一旦营为军港，则足握南北洋之枢纽，顾盼自雄，全神俱振，其利便三也。其地则水陆交通，与内港头头是道，一旦有事，运道便捷，消息灵通，纵不幸海口被封，而内地之交通如故，万无运道绝粮之虑，即无饥军哗溃之虞，其利便四也。舟山与英人有约，永远不让他国，苟其海氛不靖，可藉英人之牵掣，以杜他国之觊觎，则门户从此森严，不蹈威海覆辙。斯诚今日海疆扼要之第一重镇，即今日海军建旃之第一要区也，其利便五也。有此利便，故曰欲于二者之中，折衷一是，自以舟山为最上，而非沙门湾所能及也。

根据之地既定，然后用各省财力，亟亟以重兴海军。大省筹款，每年百万，中省每年八十万，小省每年六十万。款既筹定，迅造新式兵轮，惟船宜小不宜大，速率宜捷不宜迟，何言之？大凡为远攻计，则船欲其大，大则破浪乘风，声威可以远耀，而为近守计，则船欲其小，小则左冲右突，进退可以自如。我国尚无长驾远驭之能力，但求足以自守，不求亟于攻人，故与其多购铁甲大船，不若分购钢甲小舰。况以一大船之费，能购小钢船数艘，船只既多，则分布各口，防守自密，调遣自灵。故今欲重兴海军，当以多购小钢船为主，大铁甲则先限定数艘，如北洋之海容、海圻、海筹、海琛，以及通济练船、飞鹰猎船，并南洋新造两船，足敷大洋之用，俟将来财力充裕，人才辈出，足以越国鄙远，再行徐图扩充，此时自以先购钢甲小船，为因时制宜一定不易之办法。

船既购齐，分作三军，曰中军、曰左军、曰右军，而以中军为领袖。中军即以舟山为根据，建提督节署，总司南北洋号令，各军悉听指挥，是为海军之主要。其左军则分防山东之养马岛，以固畿辅之藩篱。养马岛在烟台迤东，实为庙港之屏障（庙港即西图及旧图误称为龙门港之地），港道虽不甚阔，而形势曲折，颇为谨严，非若他处之平衍。周围约二三百里，关键出于天成，是则左军分防为最宜也。其右军则分守于粤东之虎门，以严南洋之门户。查虎门为南洋之天然形胜，实粤海之中路咽喉，林文忠尝称为第一险要。观其大势，自伶仃洋，过龙穴而北，两山斜峙，东为沙角，西为大角，是为第一重门户。由第一重而入内洋，则横档山贯其中央，而下横档为之辅，海道遂分为二，左则船舶畅行，右则暗沙塞道，是为第二重门户。由第二重而进，则有大虎山、小虎山，迤逦而入狮子洋，是为第三重门户。故其形胜要害，不特为南洋之关键，而并为琼廉之犄角，设严防以固门户，敌何从飞越前驱？此则右军分防为最善也。三军布置既定，而中军总司其调度，则海军之声势自雄。假如海疆有事，吴淞、崇明、南汇及江浙各洋面，则以中军为主张，而调右军声援于南，左军辅助于北；南洋有事，则以右军为主张，中军出而为援，左军则于北洋防堵焉；北洋有事，则以左军为主张，中军出而为援，右军则于南洋游弋焉。如此则南北洋海军，联络一气，呼应利便，骨节灵通，不啻常山之蛇，击首则尾应，击尾则首应，击腰则首尾皆应，海军必有恃无恐，海防更有备无患矣。

虽然，更有进者，有水师而无军港，海军固无根据；有军港而无船坞，海军亦无根本，何则？无船坞，则无从修船，船必不能经久战也。故船坞之经营，实海军之根本，既得根据之地，须为建坞之谋也。查泰西建坞之法有四：曰浮坞，曰木坞，曰石坞，曰山坞。浮坞中空，形式如柜，用藉水力，载沉载浮，茫茫巨浸之中，能移坞以就船，法实灵便，然费巨而易朽，非久远之计也。木坞则建于海滨，全体纯用木质，有闸以司启闭，船入坞则闭其闸，而戽净其水，修葺自易施工，然木易腐而坞易漏，亦非久远之计也。石坞则纯用石砌，而石之缝隙，以三合土弥缝，较之浮坞、木坞，坚而耐久，然苟土质松则石易倾陷，亦非久远之计也。欲求久远之计，莫如建筑山坞。山坞者，因山为址，凿山成槽，所谓天然之石坞也。坞底、坞面，纯用天然之石，坞里则以青石砌成阶级，石隙及启闭之闸，塞以四门町泥，实坚久而耐用。故浮坞不如木坞，木坞不如石坞，石坞不如山坞也。然山坞须相地势，非处处可为，今查舟山之形势，宜于筑山坞处，莫善于岑港一隅，前已略陈其概。盖岑港地势，有册子山为藩篱，有菰茨三钓山为门户，有桃夭响礁门为锁钥，形势最为利便稳固，诚于其山麓之地，凿山成槽，砌石为坞，仿照日本长崎之法（日本长崎之坞，计上阔八十九尺，下阔七十七尺，上长四百三十八尺，下长四百尺，坞中水深大汛二十七尺，小汛二十三尺，足敷铁甲兵轮修缮之用），切实经营，实足为久远之计。并于口岸严设重防，筑新式炮垒，以防港湾，练新法枪队，以防后路，成掎角之势，有夹辅之形，敌岂能飞越雷池一步，然后有军港而海军之根据定矣，有船坞而海军之根本坚矣。（录丙午第三期《北洋学报》）

（录自《东方杂志》1906年第4期）

论政府将复设海军

自甲午以后，中国海军熸矣。中国与外人交涉，备受外人恫吓，辄弭首惕息，不敢置一词，即遇有极可争执之事，亦不敢为过分之抗拒，而外人则有挟而求，辄以炎炎之大言虚张其声势，于是上自政府，下至士大夫，以为实由中国无海军，有以致此，而重兴海军之言，遂千口同声，万众一致，殆以为海军一经复设，则痿者可使之立起，死者可使之复生也，至于今日，遂闻政府有决定政见，设立海军之事。

执笔人非谓海军不当设也，顾观于从前之已事，与夫今日之现情，则以为政府如果欲设立海军，则未设之前，当有预备之法，已设之后，当有维持之法，未可卤莽灭裂，徒视为循例奉行之事，又未可进锐退速，致成为有始无终之举也。今谨举所见略言之。

一、经费。中国近年，经营陆军，可谓不遗余力，然惟北洋陆军，稍有可观，而近者即以经费支绌故，为之中道停顿，自余诸省，非敷衍形式，改其名而不改其实，即稍改一小部分，聊与新章相对付，则以经费无着故也。海军经费，又非陆军之比，开办经费需几何，常年经费需几何，若出诸部库，则近年部臣，已时以匮乏为言；若取之官吏，则近年州县，已困苦不堪，殆于无可提取；若责诸民间，则是于筋疲力尽之时，为敲骨吸髓之举，窃恐海军未成，而民乱已兆，将何以处之。今若不预筹及此，一时兴会飚举，具议案，定章程，以恢复海军号召通国，及至日后经费不足，意兴索然，不能照所定之议案，次第布置，将见半途而废，成一不完全之海军，有事时万不能效铅刀之一割，则是掷无数金钱于无何有之乡，又何苦而出此。使政府能解决此问题，则始可与言重设海军矣。

二、人材。人材以历练而成，必非仓卒所能成就，而海军则尤甚，必其幼时即从事于海军之学，而后根柢始可恃，必其时时习练，而后有备无患，方可备一旦之用。今中国自裁撤海军衙门后，旧时海军人员，死者死矣，即存者亦已散之四方，改就他业，年老气衰，不复可恃，而近年国家亦未尝培植此项人材，以供新海军之用，则虽战舰如云，鱼雷成队，而有器无人，将安所用之。设使取不知谁何之人，姑以其职位相当，授以管带、统带之职，平时养尊处优，送往迎来，未尝不胜任愉快也，一旦有事，非举巨舰以委敌人，即与之同殉，以一死报国家已耳，其于军事奚裨，不得已而降格相求，姑不作为鏖战之用，但令其为练习之计，则期以十年，宜当收树人之效，而亦必教练得其人。凡从役于海军者，能虚心听受，以尽力于所事，无时不作临阵之想，即无时不习临阵之事，而后庶几其有济也，而教练者将择何等人为之，受教练者将择何等人充之，此又急当为之筹画者也。

三、军舰。我国至今日，尚无能自造军舰之局厂，此最为可羞可憾之事。今既迫欲重设海军，若必待舰厂成立后，始议造军舰、编军队，是为以七年之病，求三年之艾，恐非旦夕所能立待，则乞诸其邻，虽属下策，而舍此亦无可为计。然此有当审慎者数端。中国近年，新旧赔款，数甚不赀，而又工艺不兴，土货积滞，出入不能相抵，于是金钱之流出外洋者，其数乃不知纪极，今又重以购办军舰之举，则将罄国中之金钱，以灌输于国外，势必致国中无现钱，一事不能办而后已，此至可危之道也。其次则前人之论购办军舰者，辄曰外人售军舰于我，较其为本国所造者，不能无良楛之殊，故我国向之购办军舰，不啻以至高之价，易不适用之物。此固为陈旧之谈，未足据为定论，然而采办之弊，则固不能谓其必无，用八报十，已为廉洁，至于以低货冒高价，以旧制饰新器，公行欺罔，不以为惭，则近年采办军装之已事，已为人所共知，使以此施之军舰，则就平时言之，虚糜金钱无数，已为不值，而就有事时言之，则虽有军舰多艘，以脆御坚，仍不堪一战，其于设立海军之本意，毋乃相背而驰，此又不可不留意者也。

执笔人之意，非谓海军不当复设也，特以上所言，则不能不请当局者留意，庶不致国家坐承其弊，而于事仍一无所济也。而其尤要者，政府果欲重兴海军，则必当有忠于为国，视国事如家事，而又熟谙韬略、擘画精到之大臣，以主持于上，而各省督抚，亦能心知其意，平时之维持辅助，悉能与主持之大臣，心手相应，不使有掣肘之患，亦不使有误事之虞，而社会中人，亦能实尽监督之责，不使执事于海军者，放弃其责任，而不为有事之备，则一遇军务，或犹可奋勇直前，一试其利钝耳。要之此事造端宏大，千经万纬，非可随声附和，人曰"重兴海军"，我亦曰"重兴海军"，遂以为毕乃事也。（录丁未十一月二十二日《中外日报》）

（录自《东方杂志》1908年第5卷第4期）

陆军部通咨各省筹办海军事宜

陆军部现拟兴复海军，前已派员详查沿海各处居民风俗习惯各事，以便分划海军征兵管区，筹计征集各军舰水兵，以为扩充海军预备。兹悉部中所拟划分海军各区，计分四大区域，即直隶、江苏、山东、浙江、福建、广东所统属，每一区域内又分上下两路，每路设征兵管区局一所，管理预备征集水兵各事，又分设四大船厂、二大练习场、各路军港及四舰队。兹将筹拟征兵区域办法，照录如左：

一、征兵区域之地名。直隶区，永平府属昌黎、栾州、乐亭，遵化州属遵化、丰润，天津府属天津、静海、盐山、庆云、山海关附近。江苏区，苏州府属常熟、昭文，太仓州属镇洋、崇明、嘉定、宝山，松江府属华亭、奉贤、金山、上海、南汇，常州府属武进、江阴，淮安府属阜宁、盐城、安东，海州属赣榆、通州、如皋。山东区附属北洋管区，武定府属海丰、利津、惠民，沂州府属兰山、日照，青州府属益都、乐安、诸城，登州府属蓬莱、莱阳、宁海、文登，莱州府属掖县、昌邑、潍县，胶州属胶州、即墨。闽浙各区，福州府属闽县长乐、连江、罗源、福，泉州府属厦门、晋江、南安、汇安、同安，兴化府属莆田、仙游，漳州府属龙溪、漳浦、南靖、长泰、平和、诏安，福宁府属霞浦、宁德，嘉兴府海盐、平湖，宁波府属鄞县、慈溪、镇海、象山，绍兴府属山阴、萧山，杭州府属钱塘、仁和、海宁，台州府属临海、黄岩、宁海、太平，温州府属玉环、永嘉、瑞安、平阳。广东区，广州府属顺德、东莞、龙门、新宁、香山、新会、新安，惠州府属归善、海丰，潮州府属南澳、海阳、揭阳、饶平、惠来、澄海，高州府属电白、吴川、石城，廉州府属合浦、灵山，雷州府属海康、遂溪、徐闻，琼州府属琼山、澄迈、文昌、会同、乐会、临高，崖州属赤溪，钦州属钦州、防城，阳江厅属阳江厅。

二、征兵区域之调查。地名（某府某县某乡），户籍（每县每乡滨海居民若干，每户人口若干），生业（每乡户籍中分上中下三户，又每户人口作何生业，分绅士、农业、工业、商业，又渔业、船业数项，又每一户中，已成丁者若干，未成丁者若干，已婚配者若干，未婚配者若干，已营生业者若干，该户口男女是否已入各中小蒙养学堂，具有一般普通学术程度，及另入工商业暨各项专门学堂），市埠（该沿海地方是否已开辟通商场及市场、墟场，已开商场地方又分商铺若干、住户若干），风俗习惯（凡该沿海地方各人民户口，一应风俗习惯，均须一一详查），性质气候（凡该沿海地方一般居民性情强弱如何，又该地所经带度，其气候寒热如何），学堂（凡各该沿海地方，其近村内是否设立小中高各项学堂，及各项研究会社，暨关于练习航海、船政事务一般学堂、研究社、练习场等），地界（各沿海地方，如属乡村旷野，其每一区辖所管地界，横直若干，距离城市墟埠远近若干，其地有无铁路道线、电信线经过，又距离，现拟开辟各军港程途若干）。

三、关于海军政各项之布置。扩充各洋舰队（一、北洋舰队；二、南洋舰队；三、闽浙舰队；四、粤洋舰队），分设各处厂附设于各洋军港（一、直隶船厂；二、江苏船厂；三、福建船厂；四、广东船厂），推广各处制造（一、北洋制造；二、南洋制造；三、闽浙制造；四、粤洋制造），计辟拟兴各洋军港（直隶一处、山东一处、江苏二处、浙江一处、福建一处、广东二处）。所有地名、形势、办法，及调查、测绘各事，与各洋舰队应行添造之战斗各舰，又各制造局应行改良制造新式枪炮，又各舰厂应行承修各兵舰及自制鱼水雷艇，又各练习厂附属于各军港，应行组织办法，及各军港各舰队应行设置无线电报，并军用联贯路道应用联贯电线等，均行另单详载。特通咨各省督抚酌照情形，详细筹议，将各省已经兴办查明各事与未经兴办查明各事，分别列明详复，以便汇同各处所筹详情，酌量照筹计办云云。

（录自《东方杂志》1909年第1期）

广东东沙岛问题记实

广东近方以澳门勘界之举，与葡国有所交涉，尚未开始着手，而日人占据东沙岛之事，又随之而起，又我国与日本因间岛问题，彼此往复，交涉逾年，而今者东沙岛问题，又随之而起。此皆留意广东地域及中日之交谊者，不可不知之事也，爰为备纪其始末如下：

被占之原始

先是丁未年（即前年）九月十六日，日本大阪《朝日新闻》登有一事云：广东省三门湾之东北太平洋中，有一无人岛，名蒲拉达斯，目下经营该岛中之事业者，为台湾日人西泽及水谷两人，并南洋客罗连群岛日本贸易商恒信社。恒信社自从前年，由该社所属船长风丸（百五十吨）发见该岛以来，叠与驻日清使、驻横滨各国领事、上海关道、英领香港政厅交涉，最后遂确定该岛全无所属，且得日本外务省许可，特于本年夏季，再派长风丸前往该岛，近时长风丸在中途与西泽、水谷等之轮船四国丸相遇，该船亦系前往该岛者。据最近之调查报告云，该岛之区域，南北计日里一里强，东西二十町（日本以六曲尺为一间，六十间为一町，每曲尺合中国九寸五分余）内外，当满潮之时，该岛海岸，高出海面二十五尺左右，岛内之磷矿积层，有达于七尺厚者，此外，海参、贝壳等类，产出不少。近日恒信社拟禀请日本政府，将该岛决定为日本政府之领属云。

按右条所谓蒲拉达斯，即东沙岛之西名也。日人指为无人岛，自是一面之词，然报言当时，已与驻日清使及上海关道交涉，则固已关会我国官吏矣，彼时不知如何对待，忽确定为全无所属，此不可解之事也。至丁未九月十三日，中国外务部接得报告，略谓香港澳门附近美属小吕宋群岛交界处所，有一向归中国管辖之荒岛，近被向居台湾基隆日本人西泽吉次纠合同人等，前往建造宿舍，筑立石界，有占据该岛之势。当以该岛领海，暗礁极多，华人因之畏而不居，并非弃之不问，且彼处矿产木植，俱繁盛丰富，爰即飞行江粤二督，迅派干员，乘坐兵轮前往查察情形，赶紧详报，以便经营一切，俾免外人觊觎云。粤督接电后，即交洋务局各员查复，惟查港澳附近，并无广大荒岛，据某兵轮管带，以意误会，谓离香港三米，有一岛，西人名之为卑斯卑，岛旁四周，水极深浩，可以湾泊大船，岛面向南，可以避风，实为粤中不可多得之地，从前德国曾拟设法据之，开作军港，嗣为英所阻，知难而退，中国海军兴盛时，丁汝昌亦经派船巡视，商之李鸿章，欲开作海军根据，卒以款绌罢议。今部中来电，谓有日人占据，想必此岛，因除此处之外，更无别岛可以当日人一盼也。此岛离三门湾不远，盖在香山、新安两县境界之内云，时督署对此事颇为注意，惟以尚未得端绪，故未复部核议。

于是因循姑置，而日人之经营此岛，则汲汲皇皇，惟日不足，其时日本报纸，纷纷记载发见无人岛事，争以占领新发见之海岛为荣，大有哥伦布寻得美洲新大陆之势，录日报所记如左：

住台湾基隆之南洋贸易商西泽吉次氏，近在北纬一十四度四十二分二秒，东经一百十六度四十二分十四秒附近，即中国澳门美属菲律宾群岛之间太平洋上，见有无人岛在，乃纠同志一百二十人，于六月三十日午后四时，同乘汽船四国丸驶向该岛，途中在澎湖岛一泊后，于七月初二日上午十时，徐至该岛，是日午后二时，结队上陆，即共建筑宿舍，随于岛内探险，知该岛乃周围约三十七八里之一小岛，岛之一端，则有大小暗礁起伏，联缀海中，亘约六十里，岛之陆上，有磷矿石甚多，并有无数之阿沙鸟，栖息其间，海岸则有鱼族群集，暗礁均有贝类依附，采集极易，将来该岛事业大有可望也。西泽氏等即于岛上卜地，竖立七十尺之长竿，高悬日章，并览高十五尺宽三尺之木标，详记发见该岛历史，即名该岛曰"西泽岛"，名暗礁曰"西泽暗礁"，即采磷矿石百吨，各种贝壳类三千余斤，载归台湾。查该岛之温度，昼九十一二度，夜六十二三度，与台湾岛无大差异，陆上树木茂盛，其高自十余尺至四十尺不等，惟无人迹，毒蛇猛兽，栖息者多，今拟续行探险后，将该岛确实占领，第二探险队定于七月二十一日，运载轻便铁道材料、栈桥材料，装足汽船二艘、货舟一艘，并携医疗机械前往云。

外务部饬查此岛之后，旷日持久，始据江督复言，又误于据旧图，略云查中国官私各地图，皆以广东琼州府所属廉州北纬十八度为最南之界，日人现踞之岛，在北纬十四度间，固在中国界内，但中国地图，未见有绘至此岛者。以英海部一千八百八十六年所刊海图考之，按此经纬线之处，并无岛屿，惟稍偏东北，有小礁一处，出水三尺，在北纬线十五度十分，东经线一百十七度四十分，与此亦不相符，是必英国刊图时，尚未见此岛，而近年方觅得者，中外地图，皆未见有此岛，今欲证明其为何国属地，其地尚在小吕宋以南，距中国海岸千里而遥，以其为中国属地之据，各国皆无从考核，今日人已树国旗，若欲与之交涉，非先自考出确切凭据，无从着手。钧电云："凡闽粤之老于航海及深详舆地学者，皆知该岛为我属地，自系访闻此事者所言，拟请部令其设法，向粤闽航海家及舆地学家，将此项凭据，访求明确，购觅发下，即由此间选派通晓舆地谙悉交涉之员，乘坐兵轮，前往该处，相机酌办云云。"

按江督以英海部所刊海图为据，而忘其为十一年前所刊陈旧之物，今日已不适于用，遂几为其所误，此以知外人所刊之海图，吾国宜择其新出者，时时译刊，更宜自行派员测绘，时时修改，庶有事时或得其用也。又西泽占领东沙岛事，日人视为至荣，报纸争相揭载，而吾国官场及留心时事之人，似尚无所知，故无起而议其后者，此以知吾国官学两界，极宜留意探讨外事，而东西各国有名之报纸，尤宜专设一局，择其所载事实，与吾国有密切关系者，全行译刊，以供官场及社会之披览，庶不致临事周章也。

江督又言南北洋兵轮，以海圻为较大，现派送杨侍郎赴南洋群岛，约十五六日放洋，此外镜清兵轮，询之该管驾，亦尚能到该处海面，已电商萨提督，酌定备用。杨侍郎所行海道，距该处数百里，若电致杨侍郎嘱其绕道前往一看，亦尚就便，惟尚未觅得确据，恐杨侍郎亦无从办理，应否电杨侍郎之处，乞钧酌。又钧电内又云，离香港一百零八米，与上文经纬度不合，恐有误字。香港东南一百七十英海里，有碧列他，北纬线二十度四十二分，东经线一百十六度四十三分，沙质无泥，西有一港口，每上半年中国渔船可在此避风，经纬度既不合，与人迹罕到之说亦不符，想当非是云云。以上皆前年之事实也。

发觉之原因

至去年英美两国请在该岛建立灯塔，因其时粤省无大兵轮，转电南洋大臣，商令派船前往查勘，未得要领。至本年续派飞鹰炮船至粤，二月十一日经抵该岛，果见日旗飘扬空际，岛出海面约四十余尺，岛上有日本人及台湾人各数十，极力经营，屋宇林立，兵房商店民居，无一不备，煤厂、码头、电杆、车路，以次敷设，又建有铁轨埔头，以便货物上落，土货咸堆积岸上，待船装运，岛中木碑矗立，大书明治四十年八月立字样。飞鹰船员用英语向该岛日人询问，是谁遣其至此，并索取文件阅看，日人佯为不解，惟有言是日人寻得，自是属于日本云。粤督得禀后，复又添派关船一艘，并添派水师洋务委员王仁棠，兵船管带林国祥、吴敬荣，日文译员廖淮动、李田等，于二月十八日晚偕同再往，并前赴香港，传集被逐各渔户，录取供词，及目击日人拆毁庙宇时各证据，以便日领事交涉云。

附记：据闻曾经到过该岛之人云，日人到此仅两年，出口土产已有五百余万，在岛中筑有码头一座，铁路一条，无线电机、自来水、写字楼等，亦已建设，实系西泽一人之营业云。盖至是而后日人占领东沙岛之事，始为官场与社会所共知，而后官场一面与日本交涉，社会一面考求该岛之历史及其形势，其所考得者盖有数端，特备举之。

形势：该地海界，北距惠州甲子约百二英里，东北距潮州、汕头约百四英里，西北距香港约百七英里，东北距台湾约二百四英里，东南距菲律宾约四百余英里。按此可知日人之言在太平洋上，及近菲律宾之说，乃欲给我，使我不注意也。

又据英人所作《中国沿海方向书》（即陈寿彭所译之《中国江海险要图志》）略云：大东沙岛，在北纬二十度四十二分三秒，东经一百一十六度四十三分十四秒（从英伦格林维次子午线），地望适在汕头正南，乃一小岛，孤悬海外，距汕约一百六十海里，岛形略如马蹄铁，东北西北两端凸出，中成凹状，东西长约一迈当有半，南北距约半迈当，地势高出海面四十余尺，西向耸起，中央低下，地质全为积沙而成，掘沙数尺，可得盐水，并无泥土，斯华人称为大东沙之所由名也。

环岛四周，殊有沙滩，轮舶大者，不能近岸，航南海者，如天清气爽时，相距九迈当或十迈当，即得于舱面望见之，惟遇东北风与蒙雾大作，则虽与相距五六迈当，亦不得见，甚或白浪腾激，至近岸一迈当，犹不得见，故为险地。又远望之，常疑若两岛并立，则以中央低下故云。

岛之中央洼下处，似湖非湖，似澳非澳，水深五拓至十拓（即二丈余至五丈余），因岛中有此，故中国渔船出海遇风，常驶入岛中以避焉。

历史。查日本人未到该岛以前，沿岸渔船，及闽粤渔户，通年匀计，不下数百艘，此外尚有半捕鱼半捞海半采矿之小船，不计其数，每年获利，大船自数百金至数千金不等。现在沿海著名富户，若陈德利、蔡有三、蔡桂生、周存栈、冯东秀、赖奇头等，或积资数十万，或积资百余万，皆由该岛起家者也。

又查该岛向有大王庙一所，为各渔户所公立，庙内预藏许多伙食，备船只到此日用之需。自昨年忽有日本人多名，迳到该岛，将大王庙一间毁成平地，致绝渔户之伙食。又一面毁撤渔板，驱逐渔船，有新泗和常记渔船之附属渔板六只，每只长二丈，阔三尺，价值银七十元，已尽被日人撤去。今年正月初十日，新泗和常记渔船复到该岛，日人竟驱逐之不许湾泊，该渔船开往西北湾捕鱼，至二月十九日，日人复到干涉，将渔船驱逐，渔船遂仓皇驶去。

按当委员往该岛查问时，有新泗和渔船梁带，驶赴委员前禀诉，略言东主在香港机文利街兴利悦盛咸鱼栏，我船历来往来东沙岛，捕鱼为生，光绪三十三年，日人到岛，将新泗和字号之渔船六只，小艇二只拆去，并毁平储蓄渔船杂粮之大王庙，迨今年正月初十日，再往捕鱼，二十九日，又为日人斥逐，请为申理云云，足为前条之证。

从前英人蒲拉打士航海，曾在此地遇险停船，厥后西人地图，即以蒲拉达士名之，注明广东地。当西历一千八百六十六年五月，英兵船西板特号尝泊其地，英书中又言中国人至此捕鱼，已不知若干年云云。

按观于以上各条，足知东沙岛实为我国领土，并非无人岛，已确凿无疑矣。

附记物产。物产最为繁富，木类则有油木、紫檀，高则百尺大可合抱，到处成林，相传为三四千年故物，矿产则有金沙、磁铁，充塞谿谷，触目皆是，乡人有小金山之称。其他如玳瑁，如珊瑚，如珍珠，如制造火柴之磷质，如可作肥料之雀粪，如取之不尽用之不竭之海藻石花，所在多有。岛上向多鸷鸟，其羽甚珍贵，今因捕捉太甚，鸟皆远去，已无一存，惟海产珊瑚甚富云。

官场之交涉。粤督张制军自经委员禀复，确知东沙岛实为中国领土，于是始照会驻粤日领事，为正式之交涉，略言现查惠州海面，有东沙一岛，向为闽粤各港渔船前往捕鱼时聚泊所在，系隶属广东之地，近有贵国商人，在该处雇工采磷，擅自经营，系属不合，应请贵领事官谕令该商即行撤退，查明办理，至纫睦谊，为此照请查照，并祈见复为荷。

闻驻粤日领事曾照复粤督，送岛志一本，言此岛乃彼国人初发见，从前并无此岛，按照万国公例，应归发见之国所有，如贵部堂以为不然，请查现呈某国前编之岛志，有无本岛等语。

据东京电言，本处各报，载日政府以大东沙岛，现在虽系不知属于何国，而日本决不据为己有，且日本亦能承认此岛属于中国，若中国能示以的确之凭证，此后该岛之日本侨民，亦须由中国担任保护。现已将此意对华政府宣告，并将该岛之各种紧要事件，电告北京日本公使及日领事等，此外须要求中政府许以相当之居留地云。据上海某报言，日本外务省已将对于此问题之意见宣布，略言日本并未主张在该岛有领土权，惟亦不认中国在该岛有领土权，且信该岛为一无所属之无人岛，日人西泽晋作之经营该岛，乃个人事业，日政府绝不闻知云。

按日政府既不认东沙岛为日本领土，复不认为中国领土，而独称为日人西泽只经营事业，则其言外之意可知矣。

又据东京某报云：日本现宜追问之要点，在该岛侨民何以先自日人始，此即可为末后之决断云。

又按前月香港华字各报，刊布此事时，经驻港日领函告云，敬启者，十九日，贵报印登日人在惠州东沙地方，插树日旗，并驱逐土人渔船等事，敝领事查惠州并无鄙国人居住，亦无此等情事，想必系贵报传闻之误，亦未知此说由何处而来，特简奉知，烦为更正，云云。日本领事对于华报，何以尚作此等语言，殊不可解。

社会之研究。粤东社会，自闻此消息后，亦相与研究其事，闻月初十日，粤省自治会集议澳门勘界案时，由周孔博宣布东沙岛关系国权及国民生计，应行力争理由，请众公议。众议决定三级办法：第一级，速将此事布告中外同胞，公同研究；第二级，联禀政府，切实保护我国渔业，并该岛财产；第三级，如政府放弃，则竭尽我国民之能力以挽救之。

又惠州代表，亦将大东沙岛情形，布告同志，并叙述该岛属我之证据：（一）沿海渔户在该岛所建庙址，为该岛显属我确据；（二）日本人前后布置该岛惨逐渔户实情；（三）英美二国公认该岛为我国领土之电告；（四）西人地图证明该岛属我之确据；（五）本省大吏叠次派员查勘始末；（六）分载省港各报，诸君检阅，便可了了。

附录大阪《朝日新闻》之论说

按以日人言日事，宜其左袒本国，必指东沙为无人岛矣，惟大阪《朝日新闻》一论，尚为由衷之言，因特附录于此。

东沙岛问题，其始传来我国者，为阳历三月十三日，从上海所发电报，以汉字新闻所揭载者转电，十五日，又有从香港发来特电，亦同一消息，至十六日，又得香港特电，则言炮舰飞鹰号，已派遣至东沙岛，其真相仍未能确悉，十九日，又有自广东发来特电，则言西泽占领广东所属之东沙岛，已成重要问题，惹起当地官民注意，杯葛将再燃（殆指抵制），我当局宜警戒云。又昨揭载之广东特电，言张总督对于濑川领事，已用公文，述东沙岛为广东所属，照会命西泽退去是岛，而广东人对此问题，非常热心，咸注意其解决。夫电文而曰占领，不无语弊，然邦人西泽，于东沙岛现正从事何等事业，已无可疑，至张总督向濑川领事，公然以外交文书往复，再三派遣调查委员于该岛，且就所属问题，亦有相当之证据，审是，东沙岛问题，今日已不可视同谰言风说，须以为外交问题之一而讲究之也。东沙岛问题，非如间岛问题之复杂，此岛果是清国所属与否，立时直可解决，于广东地方，如二辰丸事件之一周年纪念，七十二行及自治会颇煽动杯葛之热，一面必就葡萄牙领澳门境界问题，开同志大会，盛倡保全己国疆土，当此人心激昂之际，其气焰之炽殆不可向迩，而又无端忽起此问题，其利用之以为杯葛煽动口实者，诚实可虞。外务当局，宜勉公平无私，调查事实，以速解决之，政务局长仓知亦以为此岛非帝国领土之一部，然则该岛为清国所属，已可确证。日本政府承认其领土权，自无待于踌躇，惟此问题既认为清国所属后，而西泽在该岛经营之事业，固不可不计及，然仓知局长既主张放弃此无所属之岛，对于开始事业之本邦人，亦谓清国政府当保护之，其言固为热心保护邦人，第其对于清国政府，而为退出之西泽请求偿金，是岂计之得者？万一清国不表同情，断然拒绝，将奈之何，若因曲庇一邦人故，而伤日清两国交情，使在南清多数邦人，大受损害，断不可也。殷鉴不远，近在二辰丸事，今日未详外务省对此事之真相何如，吾故但就东沙岛问题言之，不能下其以外之一论断也云云。

（录自《东方杂志》1909年第6卷第4期）

广东东沙岛问题记实续篇

东沙岛问题，今方在交涉中，中东各报所纪，人各一说，不能尽据为典要也，姑为汇录如下，藉观大概。又自此问题发现后，我国士民，咸颇注意于是，争搜求颠扑不破之证据，以为官吏之后盾，足以破无人岛之谬说，此皆吾人所不可不知者也，因并录之，以告当世。

两国之交涉。据日本《时事新闻》云：东沙岛问题，中国所交出之证据，多有可恃，设再调查确实，则日本政府即可承认中国该岛之主权，惟无论如何，开拓该岛人西泽君之利益，日政府必为保证云（并闻有须准日人在该处随便杂居之说）。上海《泰晤士报》得日本消息言：日本中央政府以中国所示凭证多而且确，已有承认为中国领土之意，不久将可议结，归还中国矣。大阪《朝日新闻》载东京消息云：日本外务部决议承认中国东沙之主权，目下已在协议，保全该岛日人西泽氏之事业，计值日洋四十万元，惟台湾日员，反对此举，然终须俯从外务部之议。台湾日员之议论，详见下节。又据近日东报言：日本政府已令西泽开出经营东沙岛所用银钱之数目，将为交还时索偿之预备。上海《泰晤士报》据东京消息云：东沙岛交涉一案，虽由日本承认为中国领土，惟日人在该岛所置产业，已达四十万元之价值，一旦由中国管理，日人恐有不便，于是在该岛置产之日人，将此中情形，禀请日本外务部作主。据粤报言：大东沙岛交涉一案，闻日本领事移文，已认为中国领土，其驱逐中国渔船，及拆毁天后庙之事，亦认为西泽所为，惟云西泽在该岛营业，前后共费去五十一万余元，所得物产，仅值一万余元，应由中国补回，张督驳之，略谓（一）须西泽赔偿渔船损失；（二）须西泽建复庙宇；（三）须另行调查西泽运去该岛物产，实值若干，责令西泽交回，并补缴出口税。

社会之研究。惠州周君孔博，联合绅商学各界，订于闰月二十一日，在府学宫内开大会集议，是日县令暨绅商学各界，到者千余人，提议办法有五：

（一）联合各界，分电张督宪、高大臣，恳尽维持之法；（二）分函粤绅商自治两会，及北京同乡官，协同筹议维持之法；（三）分函各属绅商学界，调查一切；（四）一切费用，由商学二界担任。又据广州消息，近日惠州士民，除已由自治研究社派代表至省，与自治会诸绅连和议争外，昨有李兆北（归善廪生）特作一书，由邮局寄往京师，呈递摄政王，书中痛陈该岛被占有五害，并历举该地为中国领土有四证，请摄政王饬外部照会日使，刻日开议，以全疆土云云。又据粤报言：某日广州自治会集议时，有关君佐田提议，谓彼于东沙，前曾亲历其境，二三十年前，已有南海廪生胡维桐，上书当道，详言该处一带岛屿，极关紧要，该廪原文，彼尚可以搜出，岛内埋有华人之骨骸甚多，天后庙亦建立未久，均有实据可寻，从前海洋剧盗张宝仔，横行一时，即以此岛为巢穴云云。同时又有人言，前福建同安县陈伦炯所著之《海国闻见录》，已曾记有东沙形势，与今日政界所查，大同小异。此书出版，在数十年前，更可为证，今日不特应行取回，而此数年之损失，亦应向之索赔云云。按丹徒陈君庆年，近因此事，致书江督端制军，即引陈伦炯之《海国闻见录》为证，其略如下：日来在舍间，检阅所有海道各书，见陈伦炯《海国闻见录》，沿海形势图，惠州甲子港之西，明有东沙一岛，其东北为田尾表岛，西南为南碣岛，当碣石镇之南海中，即其位置所在，是日人所占之东沙，确为华属无疑。伦炯当雍正初年，以台湾总兵移镇雷廉，此书成于雍正八年，可以引据也。又书云，陈伦炯之父，以习于海道，从施琅征澎，台事定，擢碣石镇总兵。伦炯为侍卫时，圣祖曾示以沿海外国全图，后又自台湾移镇高雷廉等处，故于闽粤一带海岛，最所熟悉。东沙一岛，即西人所谓扑勒特斯岛，检英人金约翰海道图说，谓是岛形如圆环，而伦炯是图，于东沙岛即绘一小圈，与西人圆环之说适合，西人之来斯岛，探此处深浅，据金书始于嘉庆十八年间，而伦炯此书，成于雍正八年，其编撰海岛，又在先世，则西人未能或之先也，何况东人乎？（后略）又据香港《南清早报》云：某日，粤督张人骏接到商人梁某来禀一道，该商人于日本人到大东沙岛时，尚在该岛营业，来禀指明该商经营之程度，并撮录在该岛营业之数目。又谓日人毁去庙堂两间，华人坟墓约一百八十座，并华人渔舟数艘，日人何时初到该岛，尽能调取证人，为之指证。初次只有少数人到岛中，惟随后有轮船载人续到云云。来禀末节，恳求设法挽回该商营业利权，估计华人所失之利益，要索日人赔偿云。

台湾日员之议论。据台湾信云：台湾总督颇欲谋占此岛，引中日和约，关于割让台湾者，曾有一条，指台湾所属岛屿，皆属日本，欲指东沙岛为台湾所属岛屿之一云。按当时条约割让台湾，并及所属岛屿，乃明指澎湖列岛，若必如斯解释，远在广东者，尚欲指为台湾所属，则近在福建之岛何限，日人其将图占乎？又据日本报纸载台湾民政长官大岛之言论，略言西泽开拓以来，已阅几多岁月，乃绝不闻清国有一言之抗议，今粤督之举动，抑亦可怪矣。又言该岛价值，虽不过蕞尔一小岛，而磷矿最富，大非可以海岛而冷眼视之者，况西泽之开拓该岛，殆倾全力，投资本亦殊不少，假令该岛果属清领，则对西泽亦应为相当之赔偿，是又不待言矣。按日员之议论，固是一面之词，然其所言，有足令吾人警觉者，阅者大宜注意。

（录自《东方杂志》1909年第6卷第5期）

附录大东沙岛精确之调查

按此篇所载，足补前记之缺略，故附录于此。

（一）大东沙之位置。大东沙在北纬二十度四十二分三秒，东经一百十六度四十三分十四秒，位于惠、潮二府，海南岛及台湾与非律滨之间，地位实在汕头正南，与惠州之甲子门、潮州之鮜门、香港之鲤鱼门，势成三角。北距惠州甲子门，约百二十海里；东北距潮州汕头，约百四十海里，距台湾约二百四十海里；西北距香港，约百七十海里；西距海南岛，约四百余海里；东南距非律滨亦约四百余海里。

（二）大东沙之形势。大东沙即中国旧名曰千里石塘者，西名译音或曰蒲拉他士，或曰朴勒特司，或曰不腊达斯，孤悬海外，岛形如马蹄铁，东北、西北两端凸出，中成凹状，岛之中央，似湖非湖，似澳非澳，水深五拓至六拓（中国二丈余至五丈余），地质全为积沙而成。据日人所称，周围只可二里，面积不过百三十町，英文书所记载，云东西长约一迈当有半，南北距约半迈当（与日人所称均同），环岛周围，皆有沙滩，轮舶大者不能近岸，隔十余里之远，奇岩林立，见者为之塞心，故别名之曰"险岛"，中国旧时航海家，亦指千里石塘为险地也。

（三）大东沙之关系。关于航运之方，据英海军测量图说云，通于不腊达斯内澳，及内澳之南北二水道内，为此图所载之外，犹有多数之石花礁顶，欲驶入该内澳之船只，宜取路南水道，该水道便于行船，使入水十五尺。惟需施最大注意，盖因误触该礁脉破坏船只者不少，故欲示此险处，须建设一灯或数灯，此问题海部经数次讨论，然建筑及维持费用颇巨，摊派维艰，且须商于中国，故未能举行。不腊达斯礁脉，为自马尼拉至香港航路上重大之险处，东北信风时中浓云往往弥漫数周殊为危险，一般船只，由东南方行近该脉，罹于难者不少，因欲明示此险处之故，故于该礁脉之东北角，或东南曲角，及不腊达斯岛上，各建设一台灯，实为必要之事，第其费金实巨，船只由该礁脉之下风通过，尚为预防之善策，盖海水正流向此方也，此事关于航海者之注意，已匪伊朝夕矣。

（录自《东方杂志》1909年第6卷第5期）

筹办海军大臣南下日记

七月初九日请训。

初十日出京，是日到天津。

十一日又天津起程。

十四日到上海。

十五日往江南制造局，阅看炼钢大炮等厂，及船坞。

十七日由上海起程，赴宁波象山。

十八日到象山。

十九日至高泥地方，登岸行辟港礼，下午，乘小兵轮游巡镇海、定海各口一周，是晚回象山起碇。

二十日到福建，阅看马江船厂。

二十四日到香港。

二十五日到广州。

二十七日自广州起程。

二十八日到厦门，阅视军港。

（录自《东方杂志》1909年第6卷第9期）

筹办海军大臣南下日记第二

八月初一日由厦门向上海。

初三日往杭州。

初四日由杭州回上海，即乘兵舰溯江上驶。

初五日到江阴，查勘炮台，及要塞工程，晚到镇江。

初六日到图山、象山、云山、都天庙等处，阅看炮台营垒，是晚到江宁。

初七日在江宁阅看雨花台等处炮台，是晚起行。

初九日到田家镇，阅看炮台。

初十日到汉阳，阅兵工钢药各厂。

十一日由汉口乘火车回京。

（录自《东方杂志》1909年第6卷第10期）

记筹办海军事宜第一

陆军部会同海军大臣，奏定筹办海军入手办法，及酌定七年成立海军，分年应办事项如下：

筹办扩充全国海军，由京中设置海军处，钦派陆军、民政、度支三部尚书，会同钦派筹办海军大臣载洵、萨镇冰，直隶总督、两江总督、湖广总督、闽浙总督、两广总督、东三省总督，妥筹办理，以七年为限，各洋舰队均须一律成立，即自宣统元年起，为第一年，至宣统七年为第七年。

第一年清查北洋、南洋、湖北、闽洋、粤洋旧有各式兵轮，订造南北洋应行添置之二等巡洋舰、三等巡洋舰、四等巡洋舰，查勘北洋军港、南洋军港、闽浙各洋军港、粤洋军港，妥筹扩充北洋海军学堂、南洋海军学堂、闽省海军学堂、广东海军学堂，又设江浙闽鄂四省船舰学堂、枪炮学堂，改办北洋威海、南洋高昌、闽省马尾、广东黄埔各船厂。

第二年配定各洋舰队旧有兵轮，筹办水鱼雷队新旧各艇，计划添造各洋三等巡洋舰，及运送、报知、水鱼雷、灭鱼雷艇舰，决定辟筑各洋军港，成立海军船舰、枪炮各学堂，筹办海军各项经费预算，查定海军征兵区域。

由第三年以至第七年，添造各洋头等战舰八只，各等巡洋舰二十余只，各种兵舰十只，水鱼雷艇第一、第二、第三各队，编定北洋舰队、南洋舰队，及闽省各洋舰队，成立各洋军港，及军港制造船坞，运送铁道各事，奏定海军经费全数预算，办理海军经费全数决算，实行各海军区域内征兵，奏颁成立各洋舰队旗纛、舰号，设置海军专部，添设各洋舰队海军官缺，设置海军大学。

其余种种未尽事宜，均由海军处筹办大臣，随时订妥奏办。

度支部电致各省分筹规复海军经费，节录如下：

六月二十八日，筹办海军大臣奏，遵拟海军基础办法一折，奉朱批"依议，钦此"，查原奏内称，统计入手用款，开办经费，约共需银一千八百万两，常年经费二百万两，请饬下度支部设法筹拨，并饬各省督抚，协同筹画。又预算清单内称，开办经费内，拟辟建军港等费，约共需银一百五十万两，请先拨给五十万两，余一百万两，俟明年再拨，其购船经费一千六百五十万两，请分四年匀拨各等语。查海军开办经费，共需一千八百万两，内辟港经费，本年即须筹拨五十万两，明年再筹一百万两，购船经费一千六百五十万两，分四年匀拨，每年应筹四百十万余两，其常年经费，自本年起，即须筹拨二百万两，除由本部认筹开办经费五百万两外，其余应归各省分筹协济云云。

（录自《东方杂志》1909年第6卷第9期）

记筹办海军事宜第二

据报载，海军大臣分年筹备军港事宜如下：

第一年测定各洋军港；第二年筹定建筑军港工程，及建筑设备经费；第三年修筑港口、炮台、船坞各工程；第四年各军港港口、炮台、船坞工程完竣，购备军港、炮台、炮位、船坞、造制机具；第五年炮台、炮位、船坞、制械，及军港内煤厂、汲水井、衙署、营房、马路、照海电灯、无线电机，防海各具，港口预备材料，设备完全，筹定军港经常经费；第六年设置军港海军官缺，建立各港司令部，筹建运输铁道，及专运航道；第七年军港官兵员缺，设备完全，开办运输铁道、航道；第八年各运输水陆各道，及军港未尽事宜，一律设备成立。

又闻海军大臣，业将北洋、南洋及闽粤等省旧有兵舰，加以调查比较，其堪以编列舰队内，数已无多，其名列下：海圻、海容、海筹、海琛、通济、飞鹰（属北洋），镜清、南琛、保民、建安（属南洋均巡洋及水雷舰），琛航（属福建），伏波（属广东），以上十二只，又加入南洋之辰、宿、列、张、军、鄂、鹏、燕水鱼雷艇八只，广东水鱼雷艇八只，余外如北洋之泰安、镇海，南洋之登瀛洲、楚材，须修理后始堪合用。

至北洋之飞云，南洋之测海、靖清、策电、钧和、飞虎、金瓯，并征福建之元凯、超武、靖海，广东之蓬洲、海广干、广金、广庚、广戌、宝璧，共二十只，均无战斗性质，只供舰队海防调遣。此外尚有江元、楚泰、楚谦、楚同、楚有、楚观、安放共七只，则不入海军防队之列。

又一说谓海军大臣拟以整顿各省水师，为兴复海军之入手办法，分饬沿江、沿海督抚，详细调查，列表造报，刻已后先报齐，其表如下：

北洋水师：巡洋舰五只、炮舰二只、水雷炮舰一只，合计八只。

南洋水师：巡洋舰三只、炮舰九只、水雷炮舰二只、河用炮舰十只、水雷艇九只，合计三十三只。

福建水师：报知舰三只、炮舰一只，合计四只。

广东水师：报知舰一只、炮舰十七只、河用炮舰一只、水雷艇十一只，合计三十只。

（录自《东方杂志》1909年第6卷第10期）

记筹办海军事宜第三

海军开办及常年经费，业经度支部及各省分别认定，兹将其清单列下：

度支部认筹开办经费规银五百万两，查此款原系借给邮传部赎回京汉铁路，订明自宣统三年起，至宣统七年止，分年归完，应俟陆续收回，随时发付。

直隶省认筹开办经费银一百二十万两、常年经费银二十万两。据直隶总督电复，开办经费，认解银一百二十万两，分四年匀拨，除海圻、海容、海筹、海琛、飞鹰、通济六船，常年薪费遵当照案支放外，拟再岁认常年经费银二十万两。以上两款，皆系勉力筹认，尚无指定的款，俟奏准后，当设法腾挪，移缓就急，分别按月筹解。

奉天、吉林、黑龙江三省共认筹常年经费银十万两。据东三省总督电复，拟在各款内竭力节省匀凑，奉省认筹银六万两，吉省三万两，江省一万两，合成十万两，不拘何款项下匀拨，每年尽数凑足解部。其开办经费，实在限于财力，仍请免筹。

江苏省认筹开办经费银一百二十万两、常年经费银二十万两。据两江总督、江苏巡抚电复，开办经费，宁、苏分认银一百二十万两，四年筹解；常年经费，宁、苏分认每年银二十万两，按季筹解。至调用南洋雷炮各舰，仍遵原奏，由南洋支拨。苏省财政，困难已极，惟有随时设法腾挪凑解。

广东省认筹开办经费银一百二十万两、常年经费银二十万两。先据两广总督电复，每年筹开办经费银二十五万两，四年共一百万两，常年经费银十万两。又据电称承海军大臣到粤，面嘱设法宽筹，拟改认开办经费每年三十万两，四年共银一百二十万两，常年经费银二十万两。自本年起按年筹解。

湖北省认筹开办经费银八十万两、常年经费银十万两。据湖广总督电复，认筹开办经费银八十万两，四年筹拨，每年认解二十万两，常年经费银十万两，当就司关各库，随时腾挪，并已奏明自宣统二年起，分批筹解。

浙江省认筹开办经费银一百万两、常年经费银十五万两。据浙江巡抚电复，认筹开办经费银一百万两，自宣统二年起，分四年匀拨；常年经费银十五万两，按年协解。

山东省认筹开办经费银八十万两、常年经费银十五万两。据山东巡抚电复，拟岁拨银二十万两，四年共银八十万两，充开办经费，就各库局内除京协各款外，斟酌轻重缓急，权为凑解。其常年经费拟认银十五万两，在藩运两库，及胶关常税项下分拨，按年筹解。

福建省认筹开办经费银八十万两、常年经费银五万两。据闽浙总督电复，认定开办经费银八十万两，此项银两，系于万分支绌之余，为移缓就急之计，四年匀解，恐难如期，曾与海军大臣面商，请稍宽期限，分年匀解。又据电称承海军大臣电嘱，另筹数万，作为常年经费。闽本瘠区，已苦罗掘，兹勉遵另筹五万两，为常年经费。

四川省认筹开办经费银八十万两、常年经费银十万两。据四川总督电复，自明年起认筹办经费银八十万两，常年经费银每年十万两，至认筹各款，现在仓卒应命，并无的款可指，只好移缓就急，设法腾挪。

河南省认筹开办经费银六十四万两、常年经费银八万两。据河南巡抚电复，认筹开办经费银六十四万两，分四年解清，常年经费银八万两，按年解清，拟于耗羡税契厘金盐斤加价项下筹措。

山西省认筹开办经费银六十万两、常年经费银五万两。据山西巡抚电复，认筹开办经费银六十万两，分四年匀解，常年经费银五万两，统由司道酌拨，限于财力，无可再加。

江西省认筹开办经费银五十六万两、常年经费银十万两。据江西巡抚电复，开办经费认筹银五十六万两，每年解银十四万两，常年经费银十万两，此项的款，如何腾挪，惟有将新旧政需用之款，分别先后裁停，以资凑解。

广西省认筹开办经费银五十万两、常年经费银六万两。据广西巡抚电复，认筹开办经费银五十万两，分四年匀解，常年经费银六万两，按年解拨，随时设法腾挪，依期解足。

安徽省认筹开办经费银四十八万两、常年经费银八万两。据安徽巡抚电复，拟认开办经费每岁银十二万两，四年内共银四十八万两，常年经费每岁银八万两，饬由藩司及皖南北两关，按年分认措解。

陕西省认筹开办经费银四十万两、常年经费银二万两。先据陕西巡抚电复，认筹开办经费银二十万两，分四年匀解，常年经费银二万两，按年解报。又据电称，如能宽假年限，拟认筹开办经费银四十万两，分作八年解清，其常年经费，仍每年认筹银二万两。

湖南省认筹开办经费银三十六万两、常年经费银四万两。据湖南巡抚电复，岁认开办经费银九万两，四年合银三十六万两，暂指藩库裁兵薪饷银二万两，粮库南折银二万两，长沙关税银五万两。常年经费拟岁认银四万两，在裁兵薪饷及厘金项下筹解。长沙关税经部电明，该关开关经费，尚未归清，令设法另行筹措，尚未电复。

（录自《东方杂志》1909年第6卷第11期）

广东西沙群岛志

西沙即七洲洋，西人名怕剌些路，其处为来往香港南洋航海必经之路，海虽深，而多暗礁、石花、浮砂等，故为海道之险处。昔有一德人，因造航海水道图，曾至其处，悉心研探，著为志，收入航海集中，余于十年前译为华文，以备查考，备置箱箧，不复记忆久矣。近日偶加检阅，觉颇可存，因特刊登报端，或足备调查该岛之一助也。——译者志

当日德人探程，由西而东，由南而北，据云，西沙皆小岛、礁石、沙滩等，诸岛分为东西两会，东曰奄非地拉群岛（译言残剩），西曰忌厘先群岛（译言新月），此名是昔日一西管驾名罗士所号，故今航海人，仍用其名。忌厘先群岛，居经线十六度二十分至三十七分，纬线二百一十度三十分至四十八分之间，共六岛：一曰大登近岛，二曰小登近岛，三曰杜林门岛，四曰八杜罗岛，五曰罗拔岛，六曰文尼岛。诸岛虽在水面，皆不相连，而海内则有石排联络，东西横列如蛾眉，形肖新月，其西南向有暗礁，状如曲胫，登近二岛，则在东月角，于相连石排及华丽滩之中，有海道向南，阔约五英里，水深三十尺，至一百八十尺，皆石花底，惟岛北近石排处，是浮砂底，可泊船。

登近二岛，石排围之，东至西长一英里有半，阔约半英里，岛之大者，在东高十三尺，西至北长半英里，东至南阔五之一英里，上多矮林，南有椰树一株，侧有井水可饮，西隔一小流，即小登近岛，高十尺，上有椰树一株，高至三十五尺，当正式西南风时，去岛北四之一英里远，可泊船，其处水深八十尺，至九十尺。

杜林门岛，乃忌厘先群岛之最东者，东至北长半英里，西至南阔四之一英里，离登近岛只隔一水，阔一英里半，上略有小矮林，余皆砂，高三四尺，或十尺不等。环绕岛边，尽是巨石石排，此排由群岛之东北起，向西南至此岛，又转向北，斜面东，到经线十六度三十二分处，忽又转向西，岛北名曰查探

滩，上有小林，昔日查探者曾居此，故名之。

八杜罗岛，在群岛西北，东至西长半英里，南至北阔四之一英里，高三十尺，岛南有小湾，以砂为岸，此处可登陆。上皆小林，略偏西，有榆一株，可认登岸之处，榆下石围小池，水清洁甘美。此岛亦为石排环绕，排东北向，长约一英里半，尽处有小阜，在岛之北五之一英里远。

罗拔岛，全岛光平，如卵形，南至北长半英里，东至西阔四之一英里，上有耕种，有汲井，全岛亦石排围之，然东向可登岸。

文尼岛，在大石排之西，长半英里，阔三之一英里，上有小林，近东有小沙数处，潮退则见。环绕此岛之石排长三英里，阔一英里半，潮依排而流，行极急，每句钟流二英里半。除诸岛外，更有石滩两处，一名晏地立滩，在罗拔之南，文尼之东，长三英里，阔二英里，潮低露出之处，又一滩，位于登近与晏地立之间，长一英里半，去水面不过二十余尺。

在东者，名奄非地拉群岛，居经线十六度四十分至十七度，纬线一百十度至二十二分之间。此群岛又分两会，一在西北，一在东南，相隔一海，阔约四英里，水颇深。居东南者为两岛，一曰活地（华言木），一曰乐忘（华言石），两岛相隔不远，皆有石排绕；居西北者，则为两石排，一南一北，中隔一河，名曰涉比巴十，阔三之二英里，水深三十尺，北排东至西长六英里，阔一里七五，西向尽处是沙滩，东向尽处有小岛，名地利（华言树），南排由西北至东南，长四英里，南尽处有沙滩三处。全排之上，平列三岛，曰北岛、中岛、南岛，诸岛上多栲树（其子可用作染料），南尽处之沙滩上，已有种栲为业者，登岸之处，宜在南便滩或在两岛会之间。活地岛，东南两岛中之最巨者，周回三英里，四围皆白沙滩，岛上树木阴森，多不知名，登岸者，宜在背风处。乐忘岛在活地之东北，由东北至西南，长五之一英里，阔约十五分之一英里，高五十尺，南尽处，有小沙如臂伸出。以上两岛，亦有石排围绕，在活地岛南之排，阔约三之一英里，斜向东，绕乐忘岛，距活地岛，约十之一英里，当春潮最低时，诸排可见，昔日查探之人，曾居活地岛之东北角。

地利岛四围皆白沙，岛上满生栲树，中有榆一株，高三十余尺，远处可见，海南渔人，出海取鱼，常到此。岛西水深十三尺，可泊船，石排之南，潮最低时水亦深五六尺，船可由此进。

以上奄非地拉群岛之形状，至于水道则甚奇。群岛中，水最深处，不过百五六十尺，而岛以外，东北约里许，则探至五百尺，亦不见底。去群岛北不远，有沙滩，船不可行，东南石排之南，水深四五十尺，在活地岛石排之西北、西南两旁，一里外，水深九十尺，至百五十尺不等，而近岛则不过四十余尺。

除上言忌厘先与奄非地拉两群岛外，更有小岛礁石等几处，为到彼处之船，不可不知者，并录于下：

地列顿小岛，居北经线十五度四十六分，东纬线一百一十度十四分之间，在群岛之西南，是一浮沙堆成，高十尺，长一英里，阔三之二英里，周围石花如环绕之，此石花环长三英里，阔二英里，环内水深六尺，环外渐斜而深，至七十余尺，远则深至二百五十六尺。此岛为众鸟晚上栖宿卵育之所，故雀粪甚丰，每近凌晨黄昏，天朗气清时，则鸟声大噪。

怕苏茄小岛，在地列顿岛之东北，约三十七英里远，长而窄，岛外亦环以石排，排长五里，阔三里，四围水甚深。

地士加花利礁，在怕苏茄之西北，居经线十六度九分至十七分，与纬线一百一十度三十七分至五十三分之间，此乃诸礁中之最险恶者，环绕作椭圆形，南北皆有小破缺处，船可从此进，礁里水深不过十尺，礁外三四十尺，远则深不见底，潮涨最足时，只见得旋纹之石高数尺者，出于水面而已，海南渔人，每岁正月至五月，到此取鱼。

鸟力多亚礁，居地士加花利礁之东北六里远，居经线十六度十九分至二十二分，纬线一百十一度五十七分至一百十二度四分之间，东至西长七里，阔二里四分之三，有螺旋纹石数处，浮出水面，浪击之，成冲天之雪花，礁外四周离十分一里远，皆水深不能探至底。

孟米礁又名浪花礁，居经线十六度一分至六分，纬线一百十二度二十四分至三十八分之间，为诸群岛之最东南角，状长方形，东西长十三英里半，礁中水颇深，潮退时，见础上有沙地数处，潮涨则惟见数巨石出水面，四边皆斜低，东南角水深至五百尺。

比里绵沙，在经线十六度十五分至二十二分，纬线一百十二度二十三分至三十五分之间，其形长，两端东北西南向，沙上水最深处百尺，最浅处三十尺。

支亨忌利沙，在经线十六度十九分至二十六分，纬线一百十二度四十分之间，此沙之面上，水深浅不定，有深十数尺二三十尺者，亦有深至百余尺者。

连可伦岛，乃诸群岛之最东者，由东南至西北，长约一英里四分之一，阔约半里，高二十尺，东北皆悬崖，不可登岛，四周环以石花巨石等，潮低时，历历可见。又石花一路，蜿蜒如龙，向东南直指，远至十一里，泊船处，宜于东北正风时，借岛背风而泊，去岸半里，水深四五十尺，岛上尽小矮林，中有枯椰树一株，侧有井，是海南渔人凿以滤咸水者。岛之东北，水甚深，一里外，深至五六百尺，惟西南则二十里内，皆不过二百尺，航海图上，有小号在岛之西，是记明昔日德国查水道者曾居之处。

比廉美石，如塔顶形，出水面十七尺，在连可伦岛之西南七英里，远望当误作小舟。

铁道沙，在连可伦岛之东北十二里许，离水面四十余尺，沙以外则深至五六百尺无底，自一千八百四十四年，有管驾名铁道者觅出，故以其名名之。

那乎利乎（译言北石排），为诸岛之西北险处，居经线十七度一分至四分，纬线一百一十度二十九分至三十六分之间，由东北至西南，长六里，阔三里，水面之下，边幅极欹斜，数十尺中，水深五六十尺，半里外，则不觉有底。西南有小口，船能由此进排中，昔有美国帆船，名"葛士巴"，行经是处，触礁而沉，遂以此船名名之为葛士巴礁。谓在经线十六度五十一分，纬线一百十一度三十分之间，今经搜探，不见其礁，疑即是此礁之北。按常闻人言廉州之南有珠池，中生巨蚌，出美珠，而水程极险，疑即诸石排。

凡到七洲洋群岛游历诸船，当正南风时，宜泊活地岛之北石排半里外，其处沙底，水深五六十尺，东北风时，宜在石排之西南，约四分之一英里外，亦是沙底，水深八九十尺。奄非地拉群岛北，波平处亦可泊，最稳处，是北岛之南，水深六七十尺，石花与沙底。

诸岛每潮相隔十点半钟，春天潮高三尺，沿各排边，潮长落时，当南北正风，流势已急，倘遇偏风，则势如奔马，有一句钟流二里许之速者，诸船行经是处，宜远离此种险途，盖于风平浪静，亦易触礁，天色不佳，难寻泊处。

（录自《东方杂志》1909年第7卷第6期）

谕令海军提督萨镇冰

谕令海军提督萨镇冰统制巡洋长江舰队。

（录自《东方杂志》1909年第7卷第12期）

富强报

水师预备

译《国民报》：俄国雄视北海，陆有西比利亚铁路，海有坚利新式铁舰，进战退守，伺衅而动。且国居上流，地处寒苦，坚忍耐劳是其长技。揆今日之俄，实无异昔日之秦，惟有秦强大之实，而无秦残暴之名，苟非势出万全，不肯轻于发难，倘一发难，即不可收拾也。兹据英国《泰晤士报》纪，俄国今年调拨海军分驻太平洋、地中海，处置精详，顾虑周密，则其意可以见矣。海军有调驻东海者，皆十年内所造一等巡洋舰七艘、炮舰七艘、小兵舰数艘；调驻地中海者，大铁甲舰四艘、小兵舰数艘。以上各舰，所乘海军提督四名、参谋官六十名、武官三百二十九名、机关士九十六名、军医四十八名、僧官十三名、水兵一万一百人。内有副提督二名，一名安度利弗，一名洗苦祭也。弗按安氏所辖地中海，水雷驱逐舰一艘、水雷艇二艘；洗氏所辖太平洋，水雷驱逐舰二艘、巡洋舰三艘，此三舰载海军学生，终年在洋面练习风沙水线各事。又二艘，一名杂轧多，一名煞也迭，在太平洋、北冰洋巡察本国渔业云。

（录自《富强报》1897年第3期）

格致汇编

南洋水师学堂考试纪略

粤自中外通商，而后西人之观光上国者接踵而来，西法之流进中华者不一而足，枪炮利器仿设制造之局，坚捷兵轮兴创船政之厂，添置电报，远近相通，举办铁轨，不遗余力。采矿产以开财源，多多益善，考西学而兴格致，孳孳讲求。凡西法之有裨实用者，几无不次第举行。呜呼盛哉，闻者为之色喜。夫国家图治，务以培养人才为先，同文馆设于京师，方言馆立于江南，皆所以培养人才也。李傅相水师学堂创之于先，左文襄海部之设奏之于后，又所以造就武备也。略二年前，两江制宪复设水师学堂于江宁，以为南洋育才之所，推广其制，遴选英俊，延洋师以教习，务实事以求是，学期有成，人才迭出，充当南洋兵船各职，不患无人是举，实为转弱为强之机，而非苟焉者也。曩者北洋水师学堂设津已久，一切事宜皆有定章，造育人才已足北洋之用，而南洋地当冲要，为中外交接之门，各水师兵船需人尤多，故宜另设堂教习，以备南洋之用。

初设堂时，或疑上海为最合宜之地，于讲习水师兵船诸事，更便于在华，他处若金陵者，不滨海河，亦非港口，与西国无往来贸易，似多不便云云。殊不知江宁为南洋适中之地，制宪近在咫尺，易于督办责成，又地处僻静，宜于力读，景无繁华，不致分心，不似上海奢华，多有误人之处，故在金陵设水师学堂亦属合宜之地。

前任制军创此举时，派办理洋务局员沈君仲礼，妥议章程，饬委照办，是成此役者，沈君之力为多。按沈君为人，有才有识，聪敏逾恒，初习英文并格致要学，后赴英京详习西学洋务，制军委襄此举，可谓用得其人。

该学堂所择地，位居金陵城内，离仪凤门不甚远，地广约三四十亩，西有矮山一带，东近南北大路，周有农庄园圃，无异乡间风景。惟远见城墙，始悟其在城内，其幽静清雅，于此可见，而他处殆无以过之矣。

学堂房屋形势布置，皆沈君匠画，略仿英国水师学堂常见之式，相势绘图。倩上海西工程名家，参阅图式，稍变其制，兴工建造，整齐不紊，公务厅、客厅与学徒住房、饭房、睡房皆照华式，西学堂工艺房、洋教习房，则仿西式。登彼小山遥望，局势皆甚整齐，亦极雅观。另有操场立高桅，桅挂横杆如船桅，学者可升，以练桅上各操法运动。工艺厂机器之锅炉处有烟囱，矗立甚高，远观此烟囱与高桅，可知堂内教授此两门之业，是此二者为该堂之标识也。堂西有平场，为操枪打靶之区，学徒散馆亦于此抛球嬉耍，藉练身力，亦与西人相似。

房屋粗成，须延中西教习以备开馆，乃预函致英国，聘请英兵船供事多年者二人，一彭君，在英国家教习水师趸船，教授行船各法二十余年，已老手矣；一希君，在英兵船充管轮官亦已多年。之二人者延充该堂教习，亦可谓用得其人。后请在津水师学堂习业取中者数人，充辅教习，至习中国经书文艺者，则有宿儒为之教读。

初开馆时，招致生徒颇觉不易，必品端质慧、才敏心灵者，方能入选。年在未冠，经书已熟，体健无病，业通英文，始可就学。如此挑剔，故来者虽数百人，而获选者仅百人耳。内有前在福州船政局已就业者，或在申各英文馆经习学者，教习至今，在馆生徒仅八十名，分为驾驶与管轮两门教习，门各四十人，平分头班、二班次第习学。在学者之意，似重驾驶之业，而轻管轮之艺，故收录时以阄为分派，拈取何门即归何门习业。惟在西人看此二职，不分重轻，致用一也。现观学者，面有慧色，体显健形，似乎诵读、操练、食、息四事俱臻合法，故身健心安，而讲业考学皆有进益也。验学者之年貌略皆在十六七至二十四五岁之谱。

该学堂初开时，桂观察芗亭为总办，沈司马仲礼为提调，协力办理，极称妥善。后委调他二人代理，一年后仍委桂观察与沈司马办理，迄今整理益力，章程妥协，学者亦力进勤学，各皆称快。

学堂章程，每届若干时考试西学一次，彭、希二君面试，以各所进益评定甲乙，勤者奖赏，惰者责罚，以为鼓励之规。每年复一大考，制宪亲临阅考，外派通西学者一二人到堂考试。本年八月二十七日为大考之期，桂观察禀请刘岘帅，特委三品衔办理江南制造总局翻译馆译书事务英国进士傅兰雅者到堂主考，头班生徒连考五日，预拟洋文试题凡一百余道，于申先印成，考时按各门之学人各一纸，各题特作颇深，每考限三点钟交卷，各门学内有行船法、天文学、汽机学、画图学、数学、代数学、几何学、平弧三角法、地志学、英国文法与翻译、与诵读、与默书、与解字，并写英字作英文。

各卷阅毕，衡其高低，依西法以分数为评，分数多为前茅，计驾驶与管轮两班各卷皆毫无差误者，应得三千二百分为全分，核驾驶班二十人所得中数二千一百九十六分，管轮班二十人所得中数一千八百六十六分，两班均核所得中数二千零三十一分。计得二千五百分至二千八百六十一分之间者有五人，得二千分至二千五百分之间者有十四人，得一千五百分至二千分之间者有十六人，得一千一百八十分至一千五百分之间者有四人。照英国考试常例，凡得全分之半者，已堪中式得列上取，得全分三之一者，亦可中为次取。是水师学堂创仅二年，全藉英文习练，已得臻此进境，实觉奇异，大堪嘉美。英国学徒肄业考试不能过此各分，何中国之多才耶？所考算学诸事较他学更觉娴熟，二班生徒亦四十人，经彭希二教习自考，谅亦可观，足见桂观察之悉心整理也。

九月初六日，观察禀请刘制军到堂，考试水师技艺。是日制军排道而至，随带戈什哈仆从数十人，观察率同各官迎入宪舆，各呈手版行庭参礼，然后升花厅小憩，请傅君与彭、希二教习晤谈，问及考西学等事，后阅考中国文艺，复细看馆院数处，而后按册点名，分班献技，或打靶，或扒桅，或跑阵，或练勇，各显技能，莫不便捷。制军顾而乐之，谓足备他日干城之选。操毕复阅各工艺处，如木工、铁工、铜工各厂，亲验学徒工作之法。再阅水雷房，内有新法水雷，学徒亦习用娴熟。每阅一处，必问其所以，观之有兴，大加称许，乃分给花红奖赏有差。

考是学堂起首兴办已臻善美，犹之建造工程先筑坚基，根本既固，而后不难继长增高，支成大厦，故不久必有奇能者出，足备水师兵船之用。考西国水师学堂因驾驶与管轮各事，陆地操演未能真切，乃特设兵船一艘，以备学成生徒驾驶出海，游览数处，得以真操。所学既熟练后，始派往各兵船以充职员。想中国水师学堂，将来亦必仿行此举，果尔则水师各窍要理法，莫不全备。而驾驶管轮事宜，亦无不称职矣。是役也诚无一国可以无者，办理合法，虽平日耗费帑资，将来国家得益，足与相抵，正未可以等闲视之。又凡人有聪颖子弟，每欲其力学上进，课之经史，教之洋文，如再使入此学堂，造就干才亦绝好机会也。尝见该堂生徒皆力读勤学，食调衣美，月领膏火，足资用度，习练从容，洵乐境也。且规矩整齐，地方清洁，果尽心力，学不能不获进益，学成业精，易受差选，较之博一衿掇一芹不犹愈乎？是此举不惟有利于国，犹且有益于民也。高明者以为然否？

（录自《格致汇编》1892年第7卷秋）

格致新报

水师商轮出入表

　　各国水师皆以保护商人为第一要义，然其经费之多寡，每以贸易之盛衰，定其当否。兹特设图于下，以明其理，其竖画每分消货五万吨，其横画每格用金钱五十兆，斜画长短，以观其经费多少之比例。计一千八百九十六年，日本消货念五万吨，美国消货四百万吨，英连属地消货一千零五十万吨，英本国消货八百万吨，法国消货九十万吨，德国消货一百五十万吨。其水师经费，英国用二百二十兆，美、法一百十兆至一百十二兆，日本六十兆。其间贸易，以日本为最小，而经费之所耗则甚大云。（译法国《博学报》）

（录自《格致新报》1898年第3期）

广益丛报

海军近事

烟台沿海炮台，以及台前一带，前经东抚周玉帅咨商袁宫保，作为北洋海军军港，已纪前报矣。兹闻袁宫保于修理炮台，以及经营一切，归责北洋参赞叶桐、侯军门办理，并闻宫保之意，尚拟将天津北洋水师学堂移于该处云。

（录自《广益丛报》1903年第2期）

整顿江防

日俄事起，中国内地亦已一律戒严，兼督端午帅特派重兵驻守田家镇炮台。

（录自《广益丛报》1904年第34期）

设水师学

北洋统领禀袁宫保，请在烟台设立水师学堂一区，先拟招学生四十名，分为两班，一班学习水师，一班学习机器，以十二岁至十七岁者为合格，每年考验二次，三年毕业，每年约需经费一千二百两。袁宫保业已允行，不久即行开办矣。

（录自《广益丛报》1904年第40期）

水师提督

近闻政府筹议，两湖民风强悍，而招募湘汉之兵勇，颇皆奋勇可用，现值整顿练兵之际，而湘江一带防守最关紧要，拟奏请添设两湖水师提督一员，即将该两省之总兵缺，酌量裁撤。昨已电商鄂督张制军，令即妥为筹划，其中有无窒碍之处，速即电复，以凭核办云。

（录自《广益丛报》1905年第87期）

海军学生

东京来电云：中国政府目下因欲重兴海军，故拟派遣学生前往英国学习海军，以备将来设立海军士官学校。现在决议先派学生若干，前往日本入海军兵学校学习，现已与日本海军省商议矣。

（录自《广益丛报》1905年第87期）

筹设海军实习学堂

江督周玉帅前接南北洋海军总统萨军门来文，咨商南北洋大臣分任筹款，兴办海军，拟设一学堂于上海，以为南北洋水师毕业学生实习之所。兹悉玉帅已准如所请，萨军门因即来省，筹议一切开办事宜。

（录自《广益丛报》1906年第98期）

筹商海军办法

自去年伦贝子建议重整海军，政府于此事极为注意，屡次咨商直督，故袁宫保电调萨军门镇冰至津，筹议一切。萨军门至初一日到津后，已屡赴督辕晋谒，面商水师事宜，议得若建海军，至少需银四五千万，而常年经费，亦在千万之外。目下财政奇窘，一时实难办到，只可先在上海添设海军学堂，广为造就，以备异日海军将弁之选，并先购数千吨之快舰二三艘，为逐渐筹添地步。闻直督已饬萨军门，将以上规划情形拟出详细办法，缮具说帖，以便转商政府云。

（录自《广益丛报》1906年第103期）

调查海军七事

北京函云：练兵处近以朝廷决意整顿海军，亟宜详细调查，以备筹办，故于日前电咨南北两洋大臣，调查七事，大要如下：（一）查明该省大小军舰现有总数；（二）查明各舰停泊处所；（三）查明管带官出身履历；（四）查明各舰每年应需煤斤及历年报销之数；（五）查明各舰饷需现归何局所管理；（六）查明每年支饷若干；（七）查明昔日海军学堂毕业生该省现有若干名。

（录自《广益丛报》1906年第109期）

选送水师学生赴日留学

江督周玉帅近饬水师学堂总办，遵照选取毕业学生送赴日本学习海军专门，该堂总办遵照选取优等学生十四名，呈请玉帅给咨奉准，每名各给川资银五十两，已由筹防局按名发给，日内即可束装东渡。

（录自《广益丛报》1906年第110期）

条陈设立海军学校

闻近日有人条陈政府，略谓现在大局非收回治外法权不可，然欲收回治外法权，则公法条约皆不可恃，必须讲尚武之精神，至欲讲尚武之精神，则海军尤为紧要，应令沿海各省与内地各省会同商议筹款之法，先行设立海军中学校一所，以便研究海军学术云。

（录自《广益丛报》1906年第115期）

陆军部组织海军司之计划

陆军部铁尚书因海军部归该部兼管，特设海军专司，以王侍郎士珍总理该司事宜。曾志前报专电，闻该司拟分设制造、测量、管轮、炮垒、驾驶等五科，并咨行南北洋大臣及粤闽两督，查取旧日海军人员，暨海军学堂学生出身具有海军专门学问者，咨送陆军部，以便任使。并拟在广东、上海（以地皆滨海，藉可随时实地演习，且可参观外国水师故），设立水师学堂，选水师弁兵之聪颖者肄业。其中该堂监督由陆军部选派，与督抚无涉，一面选派水师中程度较高之将官，遣送东西洋，在海军学校留学，以为重整海军之地步，现正组织一切章程，俟筹有的款，即可次第举办。

（录自《广益丛报》1907年第128期）

振兴海军策

北京函云：中国政府近已议决重兴海军之策，计分军费、军港、军人三大端。大要如下：一、海军港费豫算年需一千二百万两，惟现值财政支绌之际，应饬各省予以年限分别摊解；二、海军港择定四处，一渤海之荣成湾，直隶山东属之；二辽海之长山列岛，辽东半岛属之；三浙海之舟山列岛，江苏、浙江、福建属之；四粤海之北海湾，广东属之。设海军提督一员；三、海军人员现甚缺乏，除选用现在之海军人员外，速派学生留学各国，并速设立海军学堂。以上近日所识大概，闻议召集南北洋海军总统入京，协议而后决行。

（录自《广益丛报》1907年第132期）

饬编长江水师

武昌函云：鄂督张香帅，前向日本川崎造船所定制舰艇，已有炮舰楚泰、楚有、楚同三艘，并水雷艇湖鹏、湖鹗两艘回航，其余炮舰楚谦、楚豫等，水雷艇湖燕、湖隼等，亦将陆续落成驶回。张香帅乃饬并原有测海等舰，编为长江水师，即派湖北陆军第二十一混成协统领黎游戎元洪为长江水师总统。

（录自《广益丛报》1907 年第 141 期）

浙抚电防匪党夺取海军港

浙抚张中丞准南洋大臣密电称，据探报，匪党电令党类，往山东宁波勾人起事，宁波督办者为许道亭，即振鹏字云翔，水路督办为乐姓，利用渔人及造锡箔者八千人夺镇海、象山、舟山等语，望密饬镇海地方官局员，一体严密防范，密为查拿云云。当即电各该处各官一体遵照矣。

（录自《广益丛报》1907 年第 142 期）

议定以象山为海军根据地

闻陆军部堂宪近与萨镇冰军门会议振兴海军事宜，咸以先择定海军根据地为兹事之首要。因查前经闽督浙抚奏称，南田以北、定海之南中有象山港，深入象山境内，群山环绕，随处可以避风。港内向南别有支港，地势本圆，可作船坞。由西湖港至象山县城，不过十五里陆路，西达奉化，北达宁波，均在数十里内，声势联络。核其情形，即以此地作为海军根据地最为合宜。庆邸亦极许可，一俟筹妥办法，即行入奏。

（录自《广益丛报》1907 年第 147 期）

记西泽之发见新岛

东京函云：日本住台湾基隆港之南洋贸易商西泽吉次氏，近在北纬十四度四十二分二秒，东经一百十六度四十二分十四秒附近，即中国澳门、美属菲律宾群岛之间太平洋上，见有无人岛在，乃纠同志一百二十人于六月三十日午后四时，同乘汽船四国丸驶向该岛，途中在澎湖岛一泊，后于七月初二日上午十时，徐至该岛，是日午后二时结队上陆，即共建筑宿舍，随于岛内，探险乃知，该岛周围约三十七八里之一小岛，岛之一端则有大小暗礁，起伏连缀海中，亘约六十里，岛之陆上有磷矿石甚多，并无数之阿沙鸟棲息其间，海岸则有鱼族群集，暗礁均有贝壳类连附，采集极易，将来该岛事业大有可望也。西泽氏等即于岛卜地，树立七十尺之长竿，高悬日章，并竖高十五尺宽口尺之木标，详记发现该岛历史，即名该岛曰"西泽岛"，名暗礁曰"西泽礁"，即采磷矿石百吨，各种贝壳类三千余斤，载归台湾。查该岛之温度昼九十一二度，夜六十二三度，与台湾岛无大差异。陆上树木茂盛，其高自十余尺至四十尺不等，惟无人迹，毒蛇猛兽棲息者多，今拟再续探险后，将该岛确实占领。第二探险队定于七月二十三日运载轻便铁道材料、栈桥材料，装足汽船二艘，桴舟一艘，并携医疗机械等前往云。

（录自《广益丛报》1907年第151期）

筹措海军经费

闻铁宝帅与度支、邮传两部堂宪会议，拟由各省路客货票价内增加一成，全数提充水师经费，度支部业已认可，惟陈尚书以恐有碍路政发达尚未承认。

（录自《广益丛报》1907年第152期）

奏设海军专部

北京专函云：军机大臣张中堂，以重兴海军一事，屡经会议，迄无头绪，如非奏请设立专部，难期认真筹画，故已面奏两宫，请速饬设海军专部，简派谙练海军大员，补授该部尚书，严定筹办海军成立年限，一面饬度支部预筹经费，以免贻误而重国防云。

（录自《广益丛报》1907年第155期）

提议编制陆海军刑法

政府日前会议编制法律一事，袁大军机提议，军人资格最为尊贵，各国陆海军军人刑事裁判均有特别法规，中国现当振兴武备之际，亟宜仿效编制陆海军刑法，并军法会议裁判制度。各军机均极赞成，已商请陆军部暨法部会议具奏，并闻民政部现亦商请陆军部，严定陆军违警之例，俾军人嗣后皆有所遵守云。

（录自《广益丛报》1908年第159期）

政府决议兴复海军之概略

政府近因海牙平和会，各国代表以中国无海军，几不能列于头等国，大为世界诟病，日前筹办组织海军，先建设海军专部，然后勘定军港，订购铁甲兵轮四艘、鱼雷艇四十艘，一面在南北洋设立海军学堂，并查取旧有海军人员履历，及水师毕业学生名籍，择尤分别录用。开办经费，闻两宫允由内帑拨五百万两，各省摊派一千万两，不敷之数由度支部设法筹拨，常年经费则拟行印花税，并将火车票加价，以此两宗作为海军专款。该部尚书一缺，拟暂保萨军门镇冰署理，议于年内即以开办。

（录自《广益丛报》1908年第159期）

议饬整顿南洋水师

陆军部人云：铁尚书以现议规复海军，而原有水师亦为海军之基础，议饬下南洋水师提督，先将各舰兵弁大加整顿，裁汰老弱，使略具海军程度，以为他日振兴海军之张本云。

（录自《广益丛报》1908年第162期）

拟添设湖北水师提督

闻军机处王大臣近因江鄂间匪乱未已，拟于湖北添设水师提督一缺，驻扎汉口与长江水师联络，而资镇慑，并有议请保姜桂题之说。

（录自《广益丛报》1908年第169期）

学界踊跃担任海军捐

粤省学界自海军捐议起，各学堂学生闻之，金谓我辈学生虽不准干预外事，担任捐助海军实与定章不悖，此事如办有眉目，堂中复有人提倡，可于每堂设柜，任人投纳，则我等学生无不踊跃捐助。但每人月中稍节小费，则一堂即可数百金云。

（录自《广益丛报》1908 年第 175 期）

饬保海军人材

福州函云：闽督松准陆军部咨开本部兴复海军，规模已定，筹款已有基础，唯海军人材亟须预储，以备选用，免蹈有器无人之讥。为此咨请贵督，于文官道府武员副参游等职，或候补或现任，如果熟悉海军夙任兵舰职务者，保送来部，以凭任用，并饬属一体留心保荐云云，未卜能有胜任之人否。

（录自《广益丛报》1908 年第 182 期）

纪海军过去历史之悲观

侧闻监国摄政王日昨面谕总理海军事务肃亲王，谓海军事宜，必须与萨大臣和衷商办，竭力整顿，以期竟先帝未成之绪，不可沿袭往时成案，苟且补苴云云。记者读之不禁怦怦然悲从中来，有无穷之感慨焉。呜呼！海军过去之历史，尚忍言哉？溯自甲午以来，吾国日蹙百里，几几有神州陆沉之痛，而先皇帝所以郁愤致疾，驯至于弃天下者，孰非办理海军之失策，有以致之也耶。今当重议兴复之时，而贤王之丁宁告戒者，即殷殷然以往事为前车之鉴，然则在事诸臣，宜如何公忠体国，力矫前非，以仰纾宵旰之殷忧，而上慰先帝在天之灵爽也哉。

溯海军创建之历史，实在先皇亲政之时。维时越难初平，法约甫定，朝廷惩前毖后，晓然于沿海设防之不可缓，于是创设海军，以为固圉之计。总司其事者，实维醇贤亲王，而庆邸暨李文忠公曾惠敏公容贵诸人，皆为会办大臣。以文忠之老成耆硕，而辅以惠敏之绩学深识，方将取法列强，酌中择良，以立吾国万世无疆之盛业，固指顾间事耳。乃擘画未竟，而惠敏已深为容贵所忌，必欲去之而后快，然惠敏圣眷方隆，兼为醇王之所倚重，非可以浸润肤受之辞摇动者也。会惠敏以积劳致胃疾，惠敏平时固笃信西医者，因延法兰西某医生诊治，传闻容贵，重贿某医，俾置鸩焉，惠敏遂戕于此法人之手矣。兹事暧昧，无端倪可求，然都下人言藉藉，殆非子虚。且容贵于惠敏薨后，趾高气扬，发舒逾于平日，益以见其设心之叵测矣。自是以后，海军最要之枢纽，遂握于三数贵族少年之手，文忠虽忧之，而无可如何，不得不虚与委蛇，识者已决其后来之断无进步矣。此失败原因之第一事也。是役也，合中外之力，筹办累年，而北洋以款项充足，最先成立。吾国素未讲求海军，不得不借材异国，而英将琅威理，乃应聘而来。琅威理固海军名将，质性忠烈，勤于训练，爱惜士卒，将校弁兵，莫不畏而爱之。以故北洋一军，最有称于时，虽海军先进之英吉利，亦不得不极口称许。当时比较环球海军之优绌者，列吾国为第四国，其成效可知已。然琅虽负一时盛名，而性情刚烈，不善事权贵，都中要人，无不怨之，即文忠亦未肯心悦诚服也。而与琅芥蒂最深者，则吾国水师提督丁汝昌是。汝昌虽淮军旧将，而生平未习水师，海战新术，尤非所知，虽与琅同列，琅恒轻之，汝昌衔之次骨，而琅弗觉也。汝昌暇时，辄甘言诱部下将弁，俾叛琅而归己。未几，军中什五六，皆为汝昌左袒矣。会琅有远行，既发，汝昌遽嗾令弁兵，仆琅帜，以己姓易之。数日后，琅归见之大怒，遂拂衣辞归，文忠亦弗肯留也。琅威理既去，代之者为德人汉讷根。汉固陆军将校，绝不谙海战术，以在北洋岁久，熟习官场礼数，与诸将皆亲密，因排琅而代其任。自是以后，北洋海军，面目犹是，精神迥非，盖不待大东沟之战，而识者已料其日趋于腐败矣。此失败原因之第二事也。

以上二事，皆远因耳。若夫最近之因，所以成甲午之败，而为吾国民所当痛心疾首，永矢勿谖者，则李莲英之干预海军军政是已。初孝钦既归政先帝，颇欲修治离宫别苑，以娱暮年，而绌于无款，李监乃乘间进说，请暂假海军经费，以充土木之需，于是海军衙门，乃一变而为内务府之分署矣。方辽事亟时，忽奉慈圣懿旨，裁撤海军衙门，外人莫不骇之，而岂知裁撤海军也者，实停止土木之代名词耳。然自有此举,而李监之权力,乃膨胀及于军政,内而海军之大臣章京,外而直隶山东,水陆诸将领,莫不仰其鼻息矣。当醇贤亲王之阅视北洋军备也,莲英自请随往,至天津、威海、旅顺各处,供张之盛,与王齐等,丁汝昌及陆军诸将,如卫汝贵、龚照玙、赵松林、叶志超等,皆纳贽李门,称师生焉。朝鲜乱起,论者归咎于李文忠暮气之深,调度之失当,而不知诸将已悉叛文忠而归李莲英,内有奥援,文忠虽有雷霆万钧之威,而无如何也。而吾国海军,遂自此已矣。此失败原因最大之第三事也。

呜呼!往事已矣!九州铸错,悔已等于噬脐,沧海平填,愿毋忘乎衔石!论兵意合,慨伏波横海之无人,来日大难,顾猿鹤沙虫其待尽,所冀秉国成而司戎律者,蓄背城借一之思,而勿蹈粉饰张皇之故辙也。

(录自《广益丛报》1909年第200期)

日本对于东沙岛之强词

东京电云:会沙岛问题顷由日政府声明,该岛发现后,以未知为何国辖地,故并未声言日本应据之地。中国以该岛为彼国所有,果能示以确据,日本亦将信而不疑,以后侨寓该处日人,自当由中国担任保护之责等语。现已照会华政府,并饬驻华日本公使及领事,秉公办理矣。

(录自《广益丛报》1909年第200期)

论海军筹款之不易

兴复海军一事,在今日已成一定之局,独是购船制械,修筑船坞,需款浩繁,而度支匮竭,又达极点,点金乏术,无米胡炊,衮衮诸公,所以相顾而束手者,正坐筹款之无策耳。侧闻政府日前会议,曾拟办法八条,皆于山穷水尽之时,强辟一线蚕丛之道,然行之不善,适足以损国体而召民嚣,微论所薪向之未必克达也,请一一商榷而评议之。

一令各省督抚献议。噫,此空言也。开宗明义第一章,即有万不能行之势,议者之识力,乃如是而已耶。自中央集权之议起,凡各省外筹外销之款,尽提而归诸京师，竭泽之渔，固已非良久之计矣。重以新政勃兴，百废俱举，朝廷但责督抚之办事，而曾不问其经费之何从出，督抚非有丹炉之术，何从罗掘，无亦强取诸吾民耳。比年以来，各省所视为不涸之仓者，唯是铸造铜圆一策，而其殃民之效果，至今尚无计挽回。督抚果有奇策，宁不能早自为谋，顾乃深藏不发，直俟政府之相求耶，此犹是畴昔中外互相推诿之余习耳，吾故决其一无所得也。

二普增地租为创办费。呜呼！民生之蹙，至于今日，而尚忍言加赋也哉。综计二十二行省，北方苦于旱蝗，南方苦于铜圆，髓竭膏枯，已成必毙之势，而租税之增，且数倍于十年以前，国朝名为永不加赋，实则火耗之加，差徭之重，视加赋更远过之。四川一省，差役之费，有预借至宣统十年者矣。今夫国之有海军也，将以固国而卫民也。今吾民未睹丝毫保障之勋，而先蒙亿万茧丝之害，是亦不可以已也乎，此万不可行之策，强而行之，必有亡国之祸者也。

三加增烟酒糖房各捐为常年费。此条犹为近理，然欲行此策，必先有精确之调查，与详密之预算。计海军常年经费，必需几何，各种加捐，其资力能负担几何，两相比较，而立之中数，非然者，中饱乾没之敝，且缘之而起矣。且也各种捐款，以为常年经费之一部分则可，必举其全体而悉仰给于是焉则不可。至于就是四者而论之，烟酒为奢侈品，此可以重征者也；糖房为饮食居处必要之物，不可以重征者也。烟酒糖三捐，近年以来，已屡不一加矣。房捐即唐之间架税，虽未明立税则，而各省办理警政，实以此为最大之入款。今复更议增加，此当审民情地势之所宜，非可贸然而施之者。特常年经费，必俟海军成立之后，始可议及，在今日固可存而不论耳。

四爵赏捐。此即数十年来，各省通行之虚衔翎枝捐，而变其名耳。名器之滥，仕途之拥塞，至今日而已极，稍有识者，孰肯以至可宝贵之金钱，购此饥不可食、寒不可衣之官职，况虚衔乎？若五等之爵，则为数极大，非巨富不肯尝试，且国家赏功酬庸之典，非可居为奇货，而等诸贩鬻品也，必欲行之，所获正自无几，而徒蒙卖官鬻爵之名。且也爵赏捐不已，势必捐及实官，永停捐纳之举，诏墨未干，而岂可遽从反汗乎？得不偿失，理势至明，正可毋庸议及者矣。

五向南洋侨民筹募国债。此近日发明之筹款新法也。计臣心目中，其视天南诸岛，真若有无尽之藏，予取予求，可以不我疵瑕也者。虽然，揆诸施报之恒，国家果有以慰此流离之子否耶？光绪二十年以前，凡经商海外者，径以海贼论。已往之事，姑勿论已。自顷以来，侨民之身被苛政也，如水益深，如火益烈，而朝廷曾未有以拯恤而保护之，区区领事之请，至今犹靳而未予。自杨侍郎出使以后，侨民始顿悟中朝之意，不在保护而在敛财，于是倾慕祖国之忱，为之骤冷，此则凡游历南洋者，皆能言之，非记者之凭虚臆撰也。上年海外华侨，曾有请酿资兴复海军，为讲求立宪之代价者，朝廷既却其请矣，而今者又募捐焉，出尔反尔，其将何以措辞。且自滇桂两省，严捕革党，愤网罗之难施于海外也，于是举逋逃主萃渊薮之罪，蔽诸诸岛华商，奏牍函电之文，指侨民为逆党者，殆已数见不鲜，无论周内逆亿之词，绝无当于事实，且独不虑伤亿兆人之心，而携其倚赖中朝之念也乎！此议也，吾盖决其无毫发之效力也。

六借外债。借外债以办路矿，已举夫主权利权而悉丧之矣，矧曰借外债以兴复海军乎。西人之贷款于吾也，必先问抵押之的款，次则以监察为名，而干预我内政。吾国入款之可称大宗者，数年以来，已相继为外债之抵押物矣。今更欲举借外债，抵押之巨款，又将何所取之？且外人既有不制之债权，势必事事行其干预，吾国兴复海军之薪向安在？无亦防外人之侵略而已，胡可使外人厕足其中，以挠我国防之要计乎？议者慎勿援琅威理之故事以相难也。琅威理之来也，吾以重币聘之，彼应聘而来且受吾官职矣，则其对于我也，固有不可弛之义务焉，非如拥债权者，无义务之可言也。是故今日而言办海军，借材于异国则可，借款于异国则不可，吾政府其审思之，勿自取覆亡之祸也。

七贴招商局款，有事时改商船为兵船。此用兵时临时之计画，与事前筹款之方针，两不相谋，暂可毋庸置议。唯是邮部方谋收招商局为国有，而商民皆不之愿，今者已有商办之机，深虑邮部藉口于此，必欲随其收回之谋，则又误之甚者矣。立宪之国，君民一体，彼英法德美诸国，方其有战事时，商民之船，何一非国家之船乎？正不必收为国有，而后能改商轮为战舰也。

八保护沿海渔业，征收渔船税课。此亦东西洋各国所行之而已有效者。虽然其情势正与吾国大异，彼所谓渔业公司者，皆有绝大之母财，与绝厚之资力，即此一事，其岁入已不下数千万，故国家征收税课，不难应大宗之巨款，而其领海界域之制，又极严重分明，距海滨若干里内，即属内海界限，邻国捕鱼之船，不得任意驶行，其利既专，斯其赢自厚。吾国之操渔业者，什九皆沿海贫民，畸零散涣，操数尺之艇，逐什一于惊涛骇浪之中，一岁所入，仅足自糊其口而已，安有余力，以供国家之兵饷哉？往岁法越构衅时，彭刚直曾倡议召募渔团，以助海防，然卒以不习纪律，无成而止。今江苏、山东虽有以新法倡办渔业者，然事属创始，资力无多，较之东西诸国，直不啻千百分之一耳。且领海之制未定，日俄两国渔船，常越界而航吾境内，而吾国之渔者，或转为所排，而无所施其纲罟。诚欲振兴是业，则必视为专门之事，而竭力以赴之，庶几或可有成，然欲资其税课以筹办海军，则俟河之清，吾敢决其非旦夕可企者尔。

自兴复海军之诏书既下，而外国商人之营谋售卖船械者，与京朝士大夫之营求差缺者，日仆仆于在事诸臣之门，由此观之，前途之现象何如？夫固不问而可知矣。国家而果欲以海军立国也，必先有式蛙尝胆之雄心，而贞之以实事求是之毅力，非徒粉饰外观，而遂可以毕乃事者也。夫海军何物？国民之保障，外交之后盾焉耳。国家即有强大之海军，亦未能遽与列强开衅，则与其速成于旦夕之间，何如俟之于期年之后。今日之所最亟者，在先储任事之才，而购船庀械之财，犹其后焉者也。就令国家有无尽之藏，亿万金钱可以咄嗟立致，然有是物，而无善用之人，则直等诸废材而已。况乎度支奇绌，不得已且将为剜肉医疮、饮鸩止渴之计者乎！顷闻筹办海军王大臣近拟电饬出使各国钦使，向各国政府提议，将中国留学海军学生额数，量为扩充，此实今日最要之图，必当以全力贯之，不达其目的则不止者。若夫筹款之方，购船庀械之举，无妨姑俟为后图焉可也。

（录自《广益丛报》1909年第209期）

论海陆军留学生改派贵胄世职子弟

英之雄曰"海军胜"，德之雄曰"陆军胜"，然今日群雄角立，不独英与德为然也，若法，若美，若俄，若日本，无不持帝国主义，汲汲添兵舰，讨军实，以海陆军为中心点，一若非此不足以立国于大地之上者。故入某国则有若干海军学堂，入某国则有若干陆军学堂，海陆军之学生，异日将帅尉佐之所从出焉。然则学生者，即雄军猛将之种子也，东西诸国，彼不让此雄，此不让彼雄，故广求人材，以成劲旅，各设学堂，以制造之。人之所长，己之所绌，则广派游学以挹注之。其派游学也，不论平民，不论王亲，不论国戚，而唯其聪敏有志，气体魁梧者，得入其选，一派之后，无所更正，必学成而后返国，故人才盛，而海陆军之精神出也。

中国自甲午一役，海军摧沉，陆军亦腐败，今日非振兴海军、整顿陆军，不足以自全。然海军学堂，既未有基础，陆军学堂，亦徒具形式，欲收目前之效果，其势非借助他邦，资其教育，不能于是派遣。外国留学海陆军学生，按以今日之时势，诚救急之良图也，谓宜破除成见，其已派往者著驻外国公使奖励之，保护之，以冀其成才，犹不足，则考取国中子弟之聪颖而强健者，再咨送之，又何必贵胄世职子弟而后可哉？异夫铁良之议也，在铁之意，以为方今之时，革命之潮涌，排满之论喧，后生小子一到外国，习染嚣风，异日学成，亦徒多一满人之强敌，是无异养虎自遗患也。若贵胄世职，与国同休戚，不若国民之浮嚣易动，而他日将才养成，功名亦专出于此辈。铁之意，吾不敢谓其必如此，亦不敢谓其必不如此，诚如此，则海军陆军，无望有雄飞之一日，是直以中国之弱为未当，而从而甚之也。夫天下不外公与私而已，以天下之物，公之天下，亦何求而不得！派留学外国者，为养才也，公也，若出于公，则但当问学生之成绩如何耳，何用改派贵胄世职子弟为，铁为此议，似非大公之见也。

（录自《广益丛报》1909年第210期）

海军经费之难

强国全恃乎海军，既成通语矣，顾事功伟，人才乏，因循蹉跎，敷衍且就，至于今日，上则司农仰屋，下则罗掘俱空，而着手之初，最难经费。盖海军所最要者，莫要于兵舰，而无经费则兵舰无从购；海军所最要者，莫要于军港，而无经费则军港无由建；海军所最要者，莫要于人才，而无经费则学堂无从立，学堂不立，则人才安从出？数者将同时以举之，则中国固无如许之巨款，欲次第以行之，则几何年而后军舰建，几何年而后军港立，又几何年而后人才出？而强邻环视，日逼一日，机会均等，视眈欲逐，瞬息之间，政策百变，虽有从容展布之政策，恐无从容展布之时期。故万不得已而有正月二十九日之谕（肃亲王善耆奏筹办海军基础一折，著派肃亲王善耆、镇国公载泽、尚书铁良、提督萨镇冰，按照所陈各节，妥慎筹划），万不得已而有五月二十八日之谕（先行专设军谘处，著贝勒毓朗管理军谘处事务，郡王衔贝勒载洵、提督萨镇冰充筹办海军大臣），昨日又有萨镇冰著开缺作为海军提督之谕。今日设一官，明日简一缺，缔造经营，肇端艰巨，聚七八大老，费四五匝月筹议商榷，规画图谋，兵舰拟先购五六艘，军港拟在威海卫、榆林港、三门湾三处，以威海卫为北部军港，以榆林湾为南部港，以三门湾居中控御南北，为中部军港。学堂先于各通商要埠，先设二三处，以造就水军人才。固可谓擘划周详，算无遗策，而经费之筹措，最难着手，或拟拨孝钦显皇后所蓄帑银，或拟抽收人丁税，或拟加抽别项杂捐，卒以窒碍难行，诸议作罢。闻近日最后之解决，拟将分筹款方法为三种：十之四归各省摊派，十之三由外省大宗定款中指拨，十之三归各省人民及旅外华侨捐助。凡捐助者，按其数之多寡，酌令遣派子弟入海军肄业。自诸大老目光观之，必以为轻而易举，体贴入微，不知摊派之说，先有窒碍难行。各省自近年以来，摊解赔款，筋力已竭，而举办新政，在在均须经费，其省之素称贫瘠者无论矣，即号称富厚之省，际此百事俱废、新政待行时代，亦几罗掘俱空，搜刮之术，若复加派四成海军经费，则各省将何途之从而出，其势必间接而取之于民，民穷财尽，尚安堪剥肤及髓之搜刮。摊派之说，所以难行者一。而由外省大宗进款指拨，则各省贫乏已极，本鲜有大宗定款，若铁路矿产，则各省均未发达，若铜元余利等项，为数固巨，而其弊民之政，不久即应停止。其余若税关若盐斤加价，大致均有挹注，碍难动拨。此指拨之说所以难行者二。若归各省人民及旅外华侨捐助，则近年以来，灾荒频仍，饥寒荐至，而米珠薪桂，度日如年，小民之生命犹恐不保，安得尚有慷慨之钱，捐输海军？即有富者，亦必悭囊自守。且知中国作事，大半有名无实，与其输财产以供大老之挥霍，不如守金钱以快一世之浮生。至于华侨，坐拥巨万者固多，而热心祖国者亦必不少，假令政府能推诚相与，设法抚绥，未始不可以集巨款，以为兴复海军之一助。第以政府不能竭力保护，数年仅遣派大员巡视南洋一次，已为尽其保护之责任，因是华侨一腔爱戴祖国之热诚，至此已变冷淡。且募捐之举，本不能预料其多寡，此三成之不能恃乎人民华侨之捐集者三，此三者既各有窒碍难行之处。然现经费终无筹集之一日，则海军亦永无成立之一日。顾海军之强弱，关乎国家之存亡，若以经费难筹之故，置中国之强弱存亡于不顾，亦必万无是理，不知以中国之大，虽云瘠弱，万不至以海军极要之款项，亦不能募集，实因无以取信于民。盖孝钦显皇后贮蓄之帑银，依然无恙，不先动用，而曰募集、募集，此何为也？满汉调和之说，已为美谈，而所派大员，汉员中仅一萨镇冰，岂知兵之士独多于亲贵耶？在天朝量材任使原无存心于其间，而在草茅浅识窥之，恐不能不罔生猜测，即近日侍御徐定超呈递封奏，亦力陈亲贵不宜掌兵，恐与宪法不合，其不能满于国民之心，厌众人之欲，有必然矣。故一般人民所以对于海军一事，绝无奋发鼓励之态度，或非无因，是对于筹款一事，不无间接之影响者以此，此不能不举以为政府告。

（录自《广益丛报》1909 年第 211 期）

海军处拟广征说帖

洵贝勒、萨军门日前谈及筹办海军之事，谓以筹款为最难，若归各省摊派，即贫瘠各殊，深恐不能照办，即分省分为一、二、三等照派，尚属未为平允，再四筹思，当以不论省份指定大宗款项，酌量提取为最宜。惟此种款项亦复难指，因拟广征说帖，无论何人均得缮具条陈，缕述己见，呈海军处以备采择。

（录自《广益丛报》1909 年第 211 期）

大清帝国统率陆海军大元帅之颂言

明代武宗，微行巡历九边，自称威武大将军朱寿，史家讥之，为其渎天子之至尊以称此号，转令军国实权，流于寺宦之手，徒掣疆帅之手肘，而无益于国故也。且武宗虽有此尚武思想，实则犹是好弄游戏之举动，与今日立宪国，以君主总统亲率海陆军，而为一国大元戎者，其事绝异。吾国立宪进行，方在萌蘖时代，今已先设军谘处，及海军大臣，朝廷复本尚武图强之宗旨，规定陆海至高之权任，而颁行此诏。吾知朝廷殆欲力矫历代重文之习，首倡尚武之风，为天下率，风声所树，关系非细，记者不禁赍诚而敦望矣。然在今日立宪诸国，其以元首总率戎政者，其意实欲扬厉国威，振声灵于大地，非徒虚拥尊号，为皇族增一官阶也。且准今日现势，吾国军法民法，尤须急加区别，而不可长此混杂（如以军机处出治，与各省断囚所用就地正法之军刑等类，皆为军法民法不分之证）。界限既明，始能精气疏曤，否则愚者不察，将误认军事之权，为皇室所独有，其敝也，将至对于臣民，而行威胁主义，流祸所驯未能以亿逆矣，因摭此义以为颂。

（录自《广益丛报》1909年第211期）

论海军筹款拟广征说帖事

国于地球之上，必对外足以资抵抗，而后对内足以保治安。故各国之军备，必处于同等之地位，乃能跻世界于平和，而不失国民之幸福。苟其间有一国焉，力量稍逊，势不足以与各国并驾齐驱，则各国必将乘间抵隙而入，而全局即因以破坏，然国力之强弱贫富，万有不齐，则在稍贫弱之国，亦只能尽其力所能逮者而止。盖非量力而进，则恐军实未完，而民财已竭，边防未固，而国步先危，此吾国目下海军之经费，所以不容不筹措，而又至不易于筹措者也。

吾国之海岸线，延袤至三千余里，而自甲午一役以后，海军之余烬，合计尚不满六万吨，设一旦海疆有事，敌人将长驱直入，而无术可以抵御。则目下恢复海军之经费，实即吾四万万同胞之保险费，吾同胞虽至贫极困，亦属责无旁贷，义不容辞。惟是担负之重轻，必视乎生计之丰啬。以吾国民生计之艰窘，加以水旱类仍，兵役不息，即铁路银行种种实业之有利可图者，犹且力不从心，相与观望徘徊，而不敢着手，复何能以有限之膏血，投诸不生产之地？况前此陆军（谓新练之三十六镇）经费之罗掘，已不遗余力乎。如曰借外债也，则吾国公私所负之外债，其额已达二千兆以外，且贷入之权，虽操诸政府，而偿还之责，则仍在国民，明知其无力偿还，而犹复任意贷入，则届时民力不支，国将亡于内乱，清偿无术，国又将亡于外兵。是他国之办海军，乃立国之根基，而吾国之办海军，直亡国之斤斧，以视直接以贼诸民者，祸不尤烈也耶。

且以基础全失之海军，而欲次第复其旧观，其需款之巨，又不待问者也。考欧洲各国海军费之全，类当一八九九年，只二百五十一兆英金磅，迨一九零六年，竟增至三百二十兆英金磅（见前年平和会英代表弗海意君演说），其最多者为英国（每年一百十兆元），余如德法俄等国，亦不在三四十兆元以下。彼时就现有之成绩，加以扩充，其需款之巨且若是，而吾国则既须有常年经费，又须有开办经费，是即倾全国之岁入，亦无望其满志踌躇，即不得已而第求苟合苟完，已非复此日人民之所能胜任。设谓海军为全国性命财产之保障，人人有性命财产，即当人人有供给海军经费之义务，则予取予求，在当轴亦名正言顺。然试思一二友邦，见我国财政困难，尚拟改迟赔款限期，停止赔款利息，令吾民减其担负，为休养生息之地步，岂吾国当轴，顾可漠视其民，而不肯少加体恤也哉。

是故吾国而必欲兴办海军也，如孝钦显皇后之遗蓄（金千余万两银数万万两见时报），如内廷幸园及各部院所节之糜费（每年约六百万见时报），如目前创办之印花税，皆可以移作开办经费、常年经费之用，不必博采群言，参稽众论，纷纷焉广征说贴也。盖经费之所从出，无论向各省摊派，向各省提取，要皆出自民间，不免吸髓敲膏，以斨丧国家之元气，若夫陋规中饱等项，所谓无损于民有利于国者，已经多次之爬罗抉剔，其为所余无几，不问可知。夫欲筹不赀之款，以竟非常之功，则当大处落墨，务为根本上之解决。吾政府不能收外溢之利权（如自由税则及邮政航业权等），浚未辟之天产（如路矿等），即使竭泽而渔，亦未必有大宗之款项，杯水车薪，于事奚裨。假使不计民力之胜任与否，而出具雷霆万钧之压力，悍然不顾而为之，则吾恐不及海军之成立，而在下之铤而走险者，业已溃败决裂，而不可收拾矣，吾不知吾国之汲汲焉筹办海军者，亦尝鉴及于此焉否也？

（录自《广益丛报》1909年第212期）

轻量中国海军

上海《泰晤士报》云：英国海军界中人，初闻华政府整顿海军之志坚，留意者甚众，伦敦《泰晤士报》北京通信员将详细情形电致英京，英国海军中人始不甚注意，因《泰晤士报》通信员电称，中国整顿海军，于英国足敌两国之海军势力毫无所损。有劝中国置德列脑式战斗舰，及头等巡洋舰者，吾意不以为然，良以中国虽有此项战舰及巡洋舰，亦无相当士官及水兵足以支配，且适宜之军港，不竭之财政，皆所缺乏，故万不能成海军最高资格。观其整顿海军处之组织内容，实与易"总理衙门"之名称为"外务部"，均属一辙，于实际上毫无效果云。

（录自《广益丛报》1909 年第 212 期）

海军速成学校仍议设立

设立海军速成学堂一节，前曾有建此议于海军大臣者，萨军门甚不赞成，谓海军学识决非速成所可几及，除派学生留学外，亟宜先设完全中小学堂，以期循序渐进，有裨实际。兹闻枢府诸大臣，现又提议海军需才亟亟，仍拟设速成学堂，考选曾经肄业水师及陆军武备各堂，毕业程度优美者入堂教授，以备组织第一期海军之任用。

（录自《广益丛报》1909 年第 212 期）

拟饬仿设海陆军图书馆

军谘处涛、朗两贝勒因东三省奏请建设海陆军图书馆，备置关于海军各项图书，任便海陆军人员之观览，以增助军事之智识，办法甚为合宜。现值振兴海陆军之时，拟即通致各省一律仿照设立，以期辅助军事上之教育。

（录自《广益丛报》1909 年第 212 期）

华侨报效海军经费

《泰晤士报》载香港电云：洵贝勒、萨军门抵香港时，有前南洋锡矿大臣陈君，慨助海军经费洋二十万元，洵贝勒特将是人召至海琦号相见，并许奏请嘉奖。

（录自《广益丛报》1909年第214期）

认筹海军经费要电

两淮运台吴都转上江督电云：前奉饬筹海军经费，款关紧要，自当竭力筹办。查库存款项尽收尽支，且有不敷之虑，再四设法，惟金陵溢销一款，光绪三十三年部饬，凡四岸销盐四十万引所收课厘，照旧分解，销至四十万引之外，全数解存运库，听候部拨。如销至四十五万引外，则拨解江北练兵。现在销市日臻畅旺，此款存有成数于宁，属一半二十万之中，认筹十四万两，即在金陵溢销款内提解，以公济公，似无不可。署司深知宁属财政艰窘，不得不力任其难，如蒙俯允，即乞示遵尌漾叩。旋接江督复电云，漾电悉，运库拟于宁属认筹海军经费二十万之中，分筹十万，具佩急公。惟部拨指定之款，不能动用。现在山东请截留河工经费及盐斤加价二文，已奉部驳，将来派筹之款，不定何项抵解，尊处每年认筹十万，请随时设法凑拨，期于足数，是为至要，望电复。骏有。

（录自《广益丛报》1909年第214期）

海军调查记

吾国海军自甲午之后，战舰悉歼，今之所余者，仅内河长江所用之炮舰。前闻海军大臣洵贝勒拟以整顿各省水师为兴复海军之入手办法，分饬沿海督抚详细调查，列表造报，刻已后先报齐，探悉其表如下：

北洋水师：巡洋舰五只、炮舰二只、水雷炮舰一只，合计八只。

南洋水师：巡洋舰三只、炮舰九只、水雷炮舰二只、河用炮舰十只、水雷艇九只，合计三十三只。

福建水师：报知舰三只、炮舰一只，合计四只。

广东水师：报知舰一只、炮舰十七只、河用炮舰一只、水雷艇十一只，合计三十只。

（录自《广益丛报》1909年第214期）

中国海军建设案

东京《朝日新闻》云：清国海军建设案，分为七年计画，其年限事业如左：

第一年：检查北洋、南洋、湖北、福建、广东各舰队所属之现有军舰，而于南北洋两舰队内，建造二等、三等、四等巡洋舰各一艘；调查北洋、南洋、福建、广东各舰队内之适当军港，改良南北洋、福建、广东之各海军事宜，设立造船、炮术学堂于江苏、浙江、福建、湖北，改良威海卫、江南（上海）、马尾（福建）、黄埔（广东）之船渠船厂及机器局。

第二年：配分各舰队内之现存军舰，建造水雷艇；建造各舰队内三等巡洋船一只，通报舰、运送船、水雷艇、驱逐舰若干，完成造船、炮术学堂；决定海军军事费；决定海军征兵募集管区。

第三年至第七年：建造一等战舰八只，各种巡洋舰二十只以上，其他各种之军舰十只，完成第一、第二、第三水雷艇队；完成南北洋、福建、广东各舰队之组织，又完成搬运铁路；决定海军维持费及海军征兵定数；决定各舰队之旗帜；设置海军部；海军士官以专门之军人充之；设海军大学；其他俟置筹办海军大臣后，随时决定。

（录自《广益丛报》1909年第215期）

又海军处调查水师事宜

筹办海军处，近划一管理各省水师事宜，大要如下：

一改订水师官制。旧有水师官缺，如提督、总兵、副将、参将、游击、都司、守备、千总等，某缺设于沿海某地，或有巡洋责成，或有海防专任，其所属水师营兵若干，均由各省于本年内详查列报，以便汇核分别酌定裁留。

一清理水师财政。凡各省水师，向设若干扒船，管理沿海沿江某处缉捕，其额支缉捕经费若干，一切廉俸薪饷公费若干，现年支给若干，旧岁支销若干，均须按列清册，统于年内具报。至水师缉捕，其有临时特别建设备置各项费用，仍应由各省随时报告到处，查核备案。

一整理水师设备。凡关于水师之专门学堂、讲武堂、制造局厂、贮煤贮械局厂，以及添置军装、军械各事，均统归处中直接管理，其有咨商核查事项，须俟核定后始行遵照办理。以上所定各事宜，现已咨行各省矣。

（录自《广益丛报》1909年第215期）

桂省认定海军经费

桂抚前准度支部咨饬筹措海军经费，现经认定，电复略谓：海军为自强大计，所需经费业经奏明，内外通筹，桂省虽著名贫瘠，亦不得不于无可设法之中勉为筹措。奉电后，督同三司通盘筹画，极力摒挡，议定认筹开办经费五十万两，分四年匀解，常年经费六万两，按年解缴。惟桂省财力奇绌，常年出入不敷已巨，此项认解经费并无可指之款，惟有随时设法腾挪，依期解定，不致贻误。

（录自《广益丛报》1909年第215期）

筹备海军之要点

洵、萨两海军大臣此次赴各省考察，业已回京覆命，其奏对时拟定决行四事：（一）外洋内河军舰当分为两舰队同时筹办；（二）整设山东、南京、福州、广东之四海军学校；（三）将江南制造局酌加修整，使直隶海军处；（四）改筑象山港为全国海军根据地，其余改革军制等事，俟洵贝勒续行考察列国海军归国后，再呈决议条陈。

（录自《广益丛报》1909年第216期）

兴复海军议

兴复海军一事，筹议累年，至今日而始有端绪，朝野上下，方致精竭虑以赴之，固无虞其废于半途矣。记者不敏，窃以为国家果有誓雪仇耻与改良条约之思，则海军之兴复，固不可一日缓矣。苟其无卧薪尝胆之毅力，而徒以致饰于外观也，则无宁先其所急，而姑置此为缓图焉。盖兹事体大，至为精深，稍存一苟且粉饰之心，非徒尽弃全功，而且足以速危亡之祸。记者未尝学问，乌足以语海军之得失，然畴昔办理之失策，则既暴著于中外而不可掩矣。是故今日所最急者，在鉴于往时之失策，而汲汲焉谋所以矫正之，勿更循前人之覆辙，以致二次之挫败也。请言其要，厥有数端：

一曰造就人才之法，不可不亟讲也。畴昔之所以败者，以其仓卒成军，而不虞后此之难乎为继，造就人才之法，漠然不以为意，虽北洋有一学堂，而规模偏小，课程阙略，至不足道，是以一败涂地之余，欲求后起之才而不可得。今独有一萨提督，岿然灵光为国家长城之倚。此外求奔走偏裨之材，则唯是数十留学外洋毕业之生徒而已，夫此数十人者，微论其所学之未必精也，即人人有纳尔逊、狼威理之智勇，亦未必遂能主持全局，永立于不败之地，况乎所学之决不逮此二人耶，政府方以遣派生徒出洋，为储材唯一之法，几谓可取之不竭矣。夫海军为立国之命脉所系，各国于此，莫不绞脑敝神，以求新法新理。其于御侮之方，制胜之秘，凡为一国之所特长者，夫岂肯轻以予人？吾国生徒，虽穷年皓首于其中，亦不过得其表面之糟粕焉已耳，我所诧为神奇者，而人已共厌其朽腐矣。以此而欲与列强争胜负于龙战之场，其可得乎？是故为兴复海军计，非自办一完全博大之学校不可。今不谋树人之大计，而顾先断断于造船制炮之问题，试问有至坚之船至烈之炮，而不得其人以用之，则亦与废物等耳，安足以救亡图存，致中兴而雪国耻哉？此一事也。

一曰造船购械之弊，不可不慎防也。方吾国之甫议筹办海军也，东国报章，固已窃窃然私议之曰：中国兴复海军，非为国谋也，为一般洋商买办委员之发财谋耳。斯谵虽虐，然其于吾国腐败之真相，则言之凿凿，虽百喙无以自掩矣。二十年前，海军成立之初，其最获厚实者，为主持造船购械之出使大臣，其次则监视验收之委员，又其次则洋行之商人。及华人之为买办者，大抵他人十万金可成之物，售之吾国，必二十万而后可。盖一切包苴回扣之费，皆须纳之于正价之中也，此犹论其物之精美而适用者耳，甚至以其已朽之舰，久锈之枪，磨淬而髹饰之，即指为最新之式，最精之品，举以售诸吾国，且居奇焉。友人有游威海归者，为述英军垒门，有废炮一尊，上用华文，镌制造年目，及外国厂名，与监造官衔名。盖吾国旧时威海炮台所有，由日人手辗转入英军者也，抚之声橐橐然，异而审视之，则以坚木制成，里以薄铁皮，而髹其表面。英人今置此炮于垒门者，所以戒其将士，使以此永为殷鉴也。夫木之与铁，其轻重差殊，虽三尺童子，莫不知之。而吾国之将帅，乃公然受人之欺，以上欺君父，此尚为有人心者耶。今当卷土重来之始，苟非严惩此弊，则人心巧伪，日甚一日，其诪张为幻，当更有什伯于曩时者。国家罗掘雀鼠所搜括于民间者，其何堪此辈之肆为侵蚀耶？此又一事也。

（录自《广益丛报》1909年第217期）

皖抚电认海军费数目

皖抚朱中丞于上月念九日电覆度支部云，前奉歌电迭与司道连日焦筹，颇难就绪，皖省新军增款，岁四十万，新政又三十万，腾挪移垫，罗掘早空，就财政实情言之，诚无力担任巨款。惟海军为经国要图，无论如何竭蹶，断不能不勉为其难。现经督饬各署局再三筹画，拟认开办费每岁十二万两，四年共认四十八万两，常年费每岁八万两，一并饬由藩司及皖南北两关道，按年分认措解。瘠区窘局，殚竭愚诚，此系特别经费，日后总当妥速设法，以供要需，所有目下筹画大致谨据实上陈，敬候复示遵办。

（录自《广益丛报》1909年第217期）

各省认筹海军费之实数

海军大臣拟定入手办法，其开办费，计辟港及设学堂、设军械厂，共需百五十万，购二、三等巡洋舰三艘，新式练船二艘、鱼雷艇二艘、航海炮船一

艘，共需千六百十万，分四年拨用。另需常年费二百万，请饬度支部并筹。度
支部覆奏，京外财政同一支绌，虽极力筹措，仍觉不敷。现开办费认定者，度
支部五百万，苏、粤各百二十万，鄂百十万，直、浙各百万，鲁、闽、川各
八十万，豫、晋各六十万，赣、桂、皖各五十万，陕、湘各四十万，数尚不
足，应请饬下海军处分别缓急，量力而行。

（录自《广益丛报》1909年第218期）

大沽海防之筹画

陆军部暨海军大臣会商直督，以京津相距咫尺，而大沽为海道入京之咽
喉，现在匪党煽惑，每思乘间窃发，万一乱匪由海道窜入，则大沽一带既无
炮台无从防守。查庚子订约之时，各国特鉴于拳匪之乱，诚恐日后再有此等
举动阻于炮台，援军不克深入，故载入约章永相限制。目下我国风气大开，
断不至再有庚子之举动，此等情形当为各国所共信。彼日德之撤退驻兵，盖
亦有见于此，列强方思维持东方之和平，此时若婉商之各国，将大沽一带海
防略加修整，以防匪党之生心想，各国必当玉成，因将此意公函外务部酌核。
闻梁敦彦已将此事商之某某两驻使，业承首肯，惟此时尚有反对之国，一时
恐难办到云。

（录自《广益丛报》1909年第218期）

请收庙产为海军费

闻现有某部郎上条陈于筹办海军大臣，大旨谓东西各国海军经费，无不由
国民担荷，中国当兹物力凋敝之秋，朝廷轸念民生，原不愿再加国民以重大之
担负，然海军关系巩固国基要政，其经费又不得不急行筹措。兹查各处方外僧
道同列国民之内，乃竟坐拥厚产，无所事事，殊觉有欠公允，应请将全国庙产
查清，酌留其温饱之资，余则悉数充作海军经费，必能骤得巨款，既可轻国民
之仔肩，亦万不至激成祸乱等语，闻拟于日内即行呈递。

（录自《广益丛报》1909年第219期）

论公债之意义及海军筹款之法

公债者何物乎？以国家政治之目的，而守私人交际之义务者也。以国家行政经费之不足，始于正供赋税之外。为此贷款补助之法，而善政之行，不至废于半途，故曰国家政治之目的。然其为物也，乃双方共负其责任，而非一方独负其责任。民既输财于官，即为有债权者，官既用民之财，即为负债务者。始也不得假官力以施抑勒之权，继也不得藉事故而稽偿还之限，与正供赋税之原理，截然不能相同。故曰私人交际之义务也。顷闻度支尚书泽公，因海军经费不足，议筹集公债，吾不问公债之当募与否，而先问政府之力，果能担负债务而不至失信用于国民也耶。

议者曰："泰西列国，莫不以公债为行政经费之一大宗。"斯言也，吾不敢谓其不然也，虽然，亦曾问其朝野上下之间，所以能成此有无相通之信用者，岂一朝一夕之故也哉？泰西国俗数家产之富，辄举公债券以对，民有余财，而贷之于官，与储之银行，假之友朋，均也，而无破产不偿之虑，且子息亦较银行为稍厚，既弋取急公纾难之盛名，又可获殖产营业之实效，民亦何惮而不为耶？是岂吾国之所能效法也？试条举其不可行之故，而一一陈之，或亦有千虑之一得乎。

一曰募集之始，不能不出于抑勒也。民间生计之穷，至于今而已达极点，仰事俯畜之资，尚虑不能自给，遑敢曰有余资以贷诸人耶！求之而不应，主计之臣，将何以善其后，其竟戛然而中止耶。则铺张扬厉之海军，其何恃以成立。海军既不能不办，则惟有出于抑勒耳。夫借人之财，而以抑勒行之，此已大背乎贷贷之原理，而况猾吏奸胥，且将藉此为名，以厚自封殖。国家之所借者一，而民间所耗乃十倍而未有已。谚曰：不习为吏，视已成事。此皆畴昔举行昭信股票时，所数见不鲜者，固必至之势，而万万无可能免者也。泰西之公债，曾有此等现象也乎。其不可行者一也。

一曰募集之后，不能自坚其信用也。夫既谓之债矣，则必时其期限发给子息，而母财之归还，亦必限以若干年月，缴还清楚。子息既不得过微，而偿还母财之期，又不可以过缓，一经届期，则无论度支如何竭蹶，计臣如何罗掘，必不能稍缓须臾，使朝廷失大信于民间。而海内人心，群怀触望，试问今日之财政，能坚此自信力乎？昭信股票之已事，以实银入，以虚官出，其终也。乃并虚官而亦靳之，民固知朝廷之不可恃矣，一之谓甚，其可再乎。以诚与人，人犹疑之，以诈御人，人孰与信？孔子曰：民无信不立。朝廷既不能自坚其契约，则民间益得藉以有辞，吾恐自今伊始，寻常私家借贷之事，皆将援政府为比例，而无人能守质剂者，商律自尔为无用之物矣。其不可行者二也。

闻之治国闻者曰：泰西公债，国而有之，然必所办之事，可获赢利，足以回复其母财者，然后为之，否则虽英美之富，亦不敢轻举国债也。何谓能回复母财？如国有铁道、矿山，种种属营业性质者皆是。今夫海军耗财者也，非生财者也，虽掷数万万之巨资，皆一往而不复者也，其何恃以归本金而付子息乎？必不肯失信于民，势必别筹巨款，然后抟注有资。然以今日度支之虚竭，又何从筹此巨款乎？是明知后来之必不能偿，而姑为大言以罔民也，焉有立宪之邦，罔民而可为也。其不可行者三也。

又进一义以穷诘之，就令计臣有管商桑孔之才，不难徐筹此巨款矣。然而部臣无点金之术，其果何所取之？然则仍出自民间，而别为之名目焉尔。夫民间既努力输将，节衣食之资，以贷诸县官矣，迨乎它日，又虑县官之不能偿，而别酿重金以资之，使政府得借债以还债，是因此一次之公债，更引出无限之公债也。无宁效冯谖之焚券，不复索偿之为得也。其不可行者四也。

度支部特就海军一端言之耳，取民之制，当会其通，旧有之租税不必言。即近日以来，方议增而未行者，如印花税也，富签票也，各省自办之公债也，种种官卖之日用物也（如南洋专卖官纸等类），固已应接不暇，而弗堪其扰矣。民力几何，忍不复少留余地也耶，海军所以御外侮也，外患未来，而内讧已遍地而起，则将若之何？其不可行者五也。

（录自《广益丛报》1909年第221期）

海龙王奏保海军人才折

奏为保举海军人才，以备调用，恭折仰祈圣鉴事。窃外臣伏处珠宫，接虾兵蟹将探报，据称贵政府现在筹办海军，每以人才缺乏为虑，拟设学校，以广栽培，本鼓鼙思将之心，备国家干城之选，海疆绥靖，外臣钦感莫名。伏念山河水陆，唇齿相依，神州倘或陆沉，海府亦将鼎沸，似宜消融畛域，患难相持，外臣势力所能，无不愿为臂助。查敝族海军人才，其多如鲫，小则为虾为鳖，大则有鲸有鲵，足备梭巡，能教水战。外臣自遭齐天大圣大闹水府后，痛深创巨，为卧薪尝胆之谋，是以创设水军，聊固吾圉。递年以来，练就人才不少，查有无肠公子，胸具甲兵，横行海甸，足当海军提督之任；秃尾龙短小精悍，机谋百出，足当海军参谋长之任；巨鳖冲波逐浪，稳若太山，以之充任营带，最为合宜；虾公灵动跳脱，足当水兵。此外，如鳖架河梁，蛙充军乐，与夫熟悉风涛沙线者，不可胜数。以上各员，外臣敢保其胜任愉快，不虞有他，即揆诸楚材晋用之言，计亦良得。外臣为贵国海军人才缺乏起见，用冒斧钺，哓哓渎陈，如蒙赐纳，外臣当饬其兼程赴召，进京引见。至如何任用之处，出自圣裁，谨奏。

（录自《广益丛报》1910年第222期）

电谕海军大臣勿遽订购械舰

筹办海军大臣洵贝勒、萨军门电报行抵香港后，政府即奉摄政王谕，电寄两大臣，略云兴办海军巡舰，实为始基，关系重要，该大臣等有鉴于此，不惮烦劳，亲往东西洋考察所有兵舰以及枪械，何种为新式，何种最合用，当不难得其要领，应俟考察完竣，再行订购，勿稍冒昧致涉糜费。

（录自《广益丛报》1910年第222期）

学界提倡海军捐之热诚

日昨旅津客籍学堂全体学生，发布传单提倡海军捐，略云近浙学界，有日省五文零用筹办海军捐之举，敝堂同学拟仿其办法，集合北洋学界设立公会，并陈请学宪立案，特具公函，为我北洋学界诸君披沥陈之。夫吾国今日势疲力弱，不克振作，而列强方眈眈虎视，日扩张其太平洋之势力，欺我海上无御侮之具，而觊觎罔忌，此筹办海军之所以不容一日缓也。然目下吾国适值贫困之秋，措款匪易，凡属国民，皆应担认捐之责，我学界诸君素以热诚闻于时，北洋学务又最称完善，为吾国冠，对于斯举，似宜极力提倡，俾稍尽国民一分子之义务。虽如浙学界之日省五文零用，数似甚微，顾千里积于跬步，河海汇于细流，合群策群力以从事，则众擎易举，集腋可以成裘，与杯水难救车薪之火者有间职是之，故敝堂同学辄敢不揣固陋，担任发起布告。我北洋学界诸君倘荷赞成，望各就贵堂举代表二人，于本星期内函覆敝堂，再由敝堂举定本堂代表，并暂任招待，择一开会地址，择日开会，届期当函告各代表莅会，商酌一切，专此奉闻。北洋客籍学堂全体学生公启。

（录自《广益丛报》1910年第222期）

海军捐之发起

皖省高等学堂发起认筹海军捐，每班举代表两人经理此事，议先将本校捐务办定，然后联络省垣各校共议推广办法，以为渐及全国地步。十三日议从本校一律实行，定自十月十一起，每日每人征钱五文。十一日收是为常年捐，其特别捐则任人量输，不加限制。十四日实行征收，并函各校约举代表数人，于十六日下午一点钟，齐日本校磋商推广方法。会所即设本校理化堂，举招待员六人、书记员四人、纠察员二人。十六日届时到会者，有师范学生代表十一人，法政学堂代表三人，高等巡警学堂代表四人，府中学县中学代表各四人，测绘学堂代表四人，陆军小学代表六人，而江苏旅皖公学亦先期报告到会，至是代表二人，巡警教练所代表一人。参观者甚伙，齐集后，摇铃开议，由该校王寿炯、汪泰霖、汪淮、叶鼎铭诸人，报告会议宗旨，并研究办法。是日公同议决者数件：

一、本校每日每人征钱五文，起自十月十一日；二、各代表极力提倡特别捐；三、集款暂存代表处；四、广布传单于各府州县，以期一律举行决议后，摇铃散会。十七日，各校代表均有报告书到该校，所有各同学均同声认可，慷慨解囊，并热心提倡，以期普及全省。十八日，该校以简明办法，日前固已议决，其有详细办法尚未议决者，约有数端，遂拟议案若干条，陈达各校议覆，俾公决施行，以持久远。其传单约分二种，分寄各州县及各省大学校者，均附简章，而分布绅商各界者，则请其极力提倡，以冀一律担任。已由该校公拟付刊，不日将分布各界矣。至该堂齐夫厨役跟丁人等，闻亦发起一会，大约每日每人二文，以尽国民一分子之义务，其认筹海军捐之议案，容后续录。

（录自《广益丛报》1910年第223期）

东沙岛案已了结

粤省善后局现将收回东沙岛物业价银十三万元，在局存铜币售价专款内腾挪筹足，出具凭单，呈缴督院并议，以此项挪款由关藩运厘等库匀筹拨还等情，详请批示。奉批据详已悉，候将缴到收回东沙岛物业价银十三万元，官银钱局凭单一纸，照送日本领事查收，转给日商西泽，具领完案。至此次腾挪应付之款，应准如议，由关藩运厘等库分筹拨还，并候札行布政、盐运两司关务处厘务局遵照办理，仰即知照。随由袁督将该项照送日领事，给领完案，其照会略谓，案照东沙岛地方及所存物业，现经委员王仁棠等，偕同贵国副领事官前往点收清楚，所有应给日商西泽物业价，除扣出该日商应完税项，及应补中国渔户损失，共银三万元外，实应给该日商龙毫银十三万元，兹出具广东官银钱局凭单一纸，照送贵总领事官查收，希即转给西泽，只领完案，仍请将收到银单见覆，并饬西泽具收银字样送回备案为荷云。

（录自《广益丛报》1910年第223期）

每饭不忘之海军费

皖省库储异常支绌，现又认筹海军经费，财力不胜其苦。顷闻司局核议，拟仿照赣省成案，加抽豆麦米谷酒等项税厘，凡运载出境者，粮食每石加捐一百文，高粱每石加捐五十文，藉资海军费之补助，已由藩司申请朱抚查核矣。

（录自《广益丛报》1910年第224期）

监国谕定海军成立年限

日前摄政王召见军机时，筹议兴办海军事宜，谕令限于三年内一律成立，五年之后大加扩充。

（录自《广益丛报》1910年第226期）

关于海军设部之筹议

海军部原有今年设立之议，自洵贝勒回京后，屡在摄政王，前筹商组织专部办法，并详陈各国规模，约计常年经费，至省亦须二百四五十万之谱，而建署开办之款，尤所费不赀，日来与泽尚筹商，以现在财政困乏，殊难着手，已决议暂从缓办，惟至迟必须于宣统五年以前设立完全云。又日前摄政王，复与洵贝勒筹商海军事宜，贝勒面奏，以中央海军部，既暂行缓设，拟请在上海先设海军衙门，由海军大臣一人常驻，以便就近筹画整顿海军之一切重要事宜，其权限责任与海军处等，异日中央海军部成立时，可否裁撤更动之处，临时再议。闻此议业经允许。

（录自《广益丛报》1910年第226期）

设立海军筹办处

浙抚曾中丞顷准筹办海军大臣咨开，现值筹办海军之际，凡购舰、开港、运炮、设坞，虽均由筹办海军处酌订计画，派员分往举办，而各省对于扩充海军事项，各有专责，教育员弁、练习兵士、征募海军、调查海防等事项尚多，非派任军港等员，所能兼及，自应于各省分酌设海军筹办处，派员分办各事，庶海陆军政不相牵混，而各省原有水师事宜，及新办海军计画一并统归新设处，所以规画一而免贻误。

（录自《广益丛报》1910年第226期）

禀请刊发海军捐各界钤记

皖省官绅商军学警各界，去冬组织爱国海军义捐会，业已筹议创设成立，其详晰规则、认捐办法，均属异常妥帖，惟经理会务一切事宜，来往公牍非刊发钤记不足以昭信守。顷闻皖绅赵曾重已饬匠分别刊刻，官绅军学商警钤记各颗摹呈式样，禀请皖抚批准立案矣。

（录自《广益丛报》1910年第230期）

护督对于海军经费之棘手

海军经费，湖北认定开办一百二十万两，常年二十万两，上年即应解开办、常年经费五十万，刻尚不敷银十八万两，昨经海军处电催，护督查鄂省库帑奇绌，无从搜括，因拟在洋关税款盈余项下拨解，作为正开支，咨请度支部核夺。讵旋奉部覆，湖北关税应归边省练饷之用，万难照拨，因是护督杨俊帅连日与司道会议，竟无处可以设法腾挪，甚形棘手云。

（录自《广益丛报》1910年第230期）

海军最近之办法

闻海军大臣近与各军机迭次会商关于海军要政，办法有三：（一）请明降谕旨提倡直省及海外华侨海军捐，并优定奖叙，以示鼓励；（二）将福建船厂大加整顿，并将沿海江旧有之巡洋舰一律修改；（三）在天津设立海军机器总厂，从事制造，并设立学堂，以期广储将才。各大臣均极认可，不日即拟奏请实行。

（录自《广益丛报》1910年第233期）

留学生将入外国陆海军大学之先声

各国海陆军大学向不准外国人留学，此次涛贝勒考察过日，该国参谋本部特允中国海陆军留学生得入该国海陆军大学，与日本学生同班听讲，不守秘密。美德法三国闻此消息，亦愿中国派海陆军各学生前往，只须考其程度能在各该国海陆军大学直接听讲即可，准其一体肄业，断不让日人专于前。吾国苟能乘此机会，于海陆军各学生中择其程度较优、品行高尚者，悉数派各该国潜心学习，将来学成归国，不但可以无负各国特别优待之意，于中国陆海军前途，其庶有益乎？敬拭目以观其后。

（录自《广益丛报》1910年第234期）

海军定购德船之原因

海军处定船一事，现亦经查明，前向英厂定购实只一艘，价二十万零四千磅。又洵郡王至德时，有汉堡某船厂之经手人海军副将亚克斯导游各厂，现在来京，洵郡王以该副将之勤，特加优礼，即托其订该厂练船一艘，价二十一万磅，据该副将云，因为将来生意起见，故此次格外克己云。

（录自《广益丛报》1910年第235期）

海军大臣被参消息

政界近息：日前有某御史，曾上封奏闻系参劾海军大臣，自受命以来，已将一年，于筹办海军各事，除调查外毫无实在成绩。海军为国家命脉，若任其常此敷衍，恐将来必至贻误大局等语。原折并未宣布，已交该大臣等自行阅看。

（录自《广益丛报》1910年第236期）

官界续开海军捐公会记

安徽官界海军义捐，曾早经组织成立，前于三月中旬在安庆府署开会一次，所捐尚称踊跃，现已陆续收到捐款有三千余元，均息存银行备用。惟该会查有未捐之款，犹待提倡，故于六月初四日下午二句钟，仍在府署事务所再行开会，以期政界诸员，届期莅会，而维公益云。

（录自《广益丛报》1910年第240期）

一万金之海军署地基

海军大臣勘定公爵毓祥府第，堪作海军署之用，决定请旨赏给该爵银一万两，令其另建，俟迁移后，即由海军处派员监察改建。

（录自《广益丛报》1910年第241期）

议定海军学堂先开三处

海军学堂现议定先开三处：一北京，二烟台，三象山。并闻已决定以象山为海军总港。

（录自《广益丛报》1910年第241期）

海军处派员测勘海岛

京函云：测勘领海界内之各岛屿，前次外部曾有此议，未及实行，兹闻海军大臣会议，拟由本处特派专员赴领海各处，详加勘测，绘具图说，树立石铁标志，标明距离海岸之里数，以便将来随时饬派军舰巡视而重海权。并闻已拟派本处运筹司测海科长招瑞声总理其事。

（录自《广益丛报》1910年第243期）

洵贝勒拟戎服出洋

前闻海军大臣洵邸，曾与萨鼎铭军门核议，以前次出洋因着华服，颇为欧人所腹诽，此行若仍如是，恐又不免为彼轻视，且亦不足以壮我之军威。我辈既属海军人员，身着军服亦是正当之办法，拟此后即着军衣前往。闻萨军门亦以为然，昨已通饬各随员一律遵照矣。

（录自《广益丛报》1910年第244期）

拨内帑赤金三十万创办海军

监国昨在三所面谕诸王大臣谓，前议拨内帑创办海军，已两次奏请皇太后训示，今拟拨赤金三十万两，作为海军的款，其余无论尚亏若干，均归度支部筹措云云。

（录自《广益丛报》1910年第244期）

海军处培植要塞人才

海军处以海军学堂决计先立四处，以植基础，已咨北洋大臣，先在天津开办。惟沿海各要塞，关系最重，各国于海军防御地线，均由陆海军部统之，自应于海军学堂内，附设要塞学专科，凡港河之纷歧，岛屿之形势，何处宜设伏可占优胜，何地宜筑垒可扼全局，俾得实地练习，平日侦探，以期养成要塞学普通人才。闻已通咨沿海各省切实筹办矣。

（录自《广益丛报》1910年第244期）

关于兴复海军参折之述闻

传闻有都察院某御史，以朝廷不惜巨款兴复海军，此事关系重大，若竟委诸一二亲贵，素无海军智识及阅历之人办理，诚恐糜费巨款，毫无把握，殊非朝廷励精图强之本意，拟奏请将某亲贵更调，另简大员接办，切实整顿，以免贻误。来函如是，确否未知。

（录自《广益丛报》1910年第255期）

内河水师改良先声

闻海军处以内河各水师日形腐败，不足备巡防之用，而长江一带尤为重要，现值程允和军门调授长江水师提督，亟应先清内顾藉作外援之助，拟先从长江水师大加改良。凡从前笨重船械，一律改用浅水小轮，安置机关炮位，游弋沿江海各水面，其港汊纷歧之处，仍酌留坚利木质炮船数十只，专备巡缉，庶期内外联络，迅赴戎机。惟商之度支部，以款巨难筹为辞，现拟将长江水师暨内河各情形先行电询程军门，俟咨报后再行妥议改良新制，一面即筹画专款，以资整顿。

（录自《广益丛报》1910年第255期）

国风报

我国海军现状

海　客

甲午以来，我国海军，扫地荡尽，中间屡议兴复，辄以经费过巨，事遂中辍。

今上嗣极之初，特设海军处，命洵郡王总其事。洵邸亲巡江海各省，察阅要隘，审择军港，旋复远涉重洋周历列国，将欲取先进之规模，为我图强之根本。盖深知处武装和平之世，非有强盛之海军，则不足以固吾圉而扬国威也。孙子不云乎，知彼知己，百战百胜。夫不知彼犹不足以操胜算，况并己之所有而不知，则可危孰甚矣。爰调查吾国现有之海军，列为左表，以备我国民省览焉。

我国海军现在之战斗力：

部属	○印现役将卒所坐乘者 ×印在海上战斗力殆无者	舰种	舰名	排水量	速力	舰龄	备考
北洋水师	○	巡洋舰	海圻	四三〇〇	二四	一二	
	○	巡洋舰	海容	二九五〇	一九.五	一三	
	○	巡洋舰	海筹	二九五〇	一九.五	一三	
	○	巡洋舰	海琛	二九五〇	一九.五	一二	
	○	巡洋舰	通济	一九〇〇	一五	一五	生徒练习船

（续表）

部属	○印现役将卒所坐乘者 ×印在海上战斗力殆无者	舰种	舰名	排水量	速力	舰龄	备考
北洋水师	×	炮舰	泰安	一二五〇	一〇	二四	洵邸调查谓修缮后堪战斗之用
	×	炮舰	镇海	九五〇	九	三八	同前专任输送
	○	水雷炮舰	飞鹰	八五〇	二二.一	一三	
	×	水雷炮舰	飞云	未详	未详	未详	专任输送不备军器洵邸调查谓堪海防之用
南洋水师	○	巡洋舰	镜清	二一〇〇	一四	二三	在广东
	○	巡洋舰	南琛	一九〇五	一四	二七	
	○	巡洋舰	保民	一五〇〇	一四	二六	
	○	炮舰	登瀛洲	一二八五	一〇	三五	专任输送洵邸调查谓修缮后能堪战斗之用
	○	水雷炮舰	建威	八七一	二三	一〇	
	○	水雷炮舰	建安	八七一	二三	一〇	
	×	炮舰	靖远	五八七	一〇	三八	洵邸调查谓堪海防之用
	○	炮舰	策电	四〇〇	九	三三	
	×	炮舰	钧和	三五四	不详	二八	同前
	×	炮舰	飞龙	三五〇	不详	不详	同前税关所属
	×	炮舰	金瓯	一九五	不详	二八	同前
	×	炮舰	并徽	五三二	不详	三〇	同前税关所属
	×	水雷艇	安放	未详	未详	未详	
	○	一等水雷艇	辰	一二〇	二四	一五	南京水师学堂所属
	○	一等水雷艇	宿	一二〇	二四	一五	同前
	○	一等水雷艇	列	一二〇	二三	一五	同前
	○	一等水雷艇	张	一二〇	二三	一五	同前

（续表）

部属	○印现役将卒所坐乘者 ×印在海上战斗力殆无者	舰种	舰名	排水量	速力	舰龄	备考
南洋水师	○	二等水雷艇	湖鹏	九八	二三.三	三	
	○	二等水雷艇	湖鹗	九八	二三.三	三	
	○	二等水雷艇	湖隼	九八	二三.三	三	
	○	二等水雷艇	湖燕	九八	二二.三	三	
	○	炮舰	江元	五二五	一四.七	五	洵邸调查谓不堪战斗之用
	○	炮舰	江亨	五二五	一四.七	三	
	○	炮舰	江利	五二五	一四.七	三	
	○	炮舰	江贞	五二五	一四.七	三	
南洋水师湖北分队	不明	炮舰	测海	七三〇	一二.五	未详	旧式舰，洵邸调查谓堪海防之用
	不明	炮舰	楚材	九五〇	一四	未详	旧式舰，洵邸调查谓修缮后能堪战斗之用
	不明	炮舰	楚泰	七五〇	一三	三	洵邸调查谓不堪战斗之用
	不明	炮舰	楚同	七五〇	一三	三	同前
	不明	炮舰	楚有	七五〇	一四	三	同前
	不明	炮舰	楚谦	七五〇	一三	三	同前
	不明	炮舰	楚豫	七五〇	一三	三	
	不明	炮舰	楚观	七五〇	一三	三	洵邸调查谓不堪战斗之用
福建水师	×	运送船兼报知舰	琛航	一四五〇	九	三七	在广东洵邸调查谓堪战斗之用
	×	运送船兼报知舰	元凯	一二五八	一〇	三五	在宁波洵邸调查谓堪海防之用
	×	运送船兼报知舰	超武	一二〇九	一一	三二	洵邸调查谓堪海防之用
	×	炮舰	靖海	五七八	未详	三八	同前在福州马尾

部属	○印现役将卒所坐乘者 ×印在海上战斗力殁无者	舰种	舰名	排水量	速力	舰龄	备考
广东水师	×	运送船兼报知舰	伏波	一二六〇	一〇	四〇	洵邸调查谓堪战斗之用
	×	炮舰	蓬洲海	八〇〇	未详	四三	洵邸调查谓堪海防之用
	×	炮舰	广玉	六〇〇	一二.五	一九	同前
	×	炮舰	广金	六〇〇	一二.五	二〇	同前
	×	河用炮舰	龙骧	一〇〇	一〇	三	为提督坐乘者，虽为新舰，然吃水甚浅，仅足航行江河耳
	×	炮舰	海镜清	四五〇	未详	二九	
	×	炮舰	镇涛	四五〇	七	四三	
	×	炮舰	广庚	五六〇	一一	二三	洵邸调查谓堪海防之用
	×	炮舰	广戊	五六〇	一〇.三	二三	同前
	×	炮舰	广巳	五六〇	一〇.三	二三	
	×	炮舰	安澜	三五〇	七	九三	老朽船
	×	炮舰	海东雄	三五〇	八	二九	
	×	炮舰	海长清	五〇〇	一〇.四	三九	
	×	炮舰	绥靖	三五〇	六.五	三九	
	×	炮舰	广元	三〇〇	七	二四	
	×	炮舰	广亨	三〇〇	七	二四	
	×	炮舰	广利	三〇〇	七	二四	
	×	炮舰	广贞	三〇〇	七	二四	
	×	炮舰	广镜	三〇〇	未详	未详	
	×	炮舰	广璧	未详	未详	未详	洵邸调查谓不堪用
	×	水雷艇	雷龙	五〇	一八	二八	
	×	水雷艇	雷虎	五〇	一八	未详	

（续表）

部属	○印现役将卒所坐乘者 ×印在海上战斗力殒无者	舰种	舰名	排水量	速力	舰龄	备考
广东水师	×	旧式小水雷艇	雷乾	二六	未详	未详	
	×	同	雷圪	二六	未详	未详	
	×	同	雷兑	二六	未详	未详	
	×	同	雷离	二六	未详	未详	
	×	同	雷中	二六	未详	未详	
	×	同	雷艮	二六	未详	未详	
	×	同	雷坤	二六	未详	未详	
	×	同	雷巽	二六	未详	未详	
	×	同	雷震	二六	未详	未详	

以上所举各属舰队之外尚有事务处、水师营、造械厂、学校、船渠、炮台等兹更举其略列表于左：

事务	海军处（北京） 筹办海军大臣郡王载洵 筹办海军大臣萨镇冰 海军处正使谭学衡
	海军事务处（上海） 海军提督萨镇冰　参谋官一名　副官一名（大尉）　守备一名　机关监一名　主计长一名　主计官一名　秘书官一名　秘书官补三名　军医一名
海兵营	广东鱼雷营（黄浦） 南京鱼雷营（南京） 烟台海军练习营（芝罘）
造械所造船所	江南机器局（上海）聘用德国技师掌理造船造械造机器等 马尾船厂（福州） 广东兵械厂（广东）掌理制造小铳 广东火药制造所（广东） 汉阳枪炮局（汉阳）掌理制造枪炮
学校	江南水师学堂（南京）参将、游击、都司、把总各一名，机关监三名，候补生一名 烟台海军学堂（芝罘）游击、都司各一名，一等机关士二名，千总四名，把总三名 广东海军学堂（黄浦）

（续表）

船渠	广东船坞（黄浦） 江南船坞（上海） 马尾船坞（福州）
炮台	扬子江、江阴、珠山、福建闽江、广东珠江河口诸炮台，防备稍为完善。 其他诸炮台则不过以为防备海贼而已

（录自《国风报》1910年第1卷第2期）

海军处重订各司职掌

筹办海军处前暂设第一、第二、第三、第四四司，嗣添医务司。现洵贝勒以办理诸务，渐有端绪，各司名目职掌，应详加厘订，以符名实。所有原设第一司，拟名曰军制司，掌海军规制、考绩、驾驶、器械、轮机等项事宜；第二司拟名曰军政司，掌修造船舰、建筑工程等项事宜；第三司拟名曰军学司，掌海军教育、训练、谋略等项事宜；第四司拟名曰军防司，掌铨衡各省水师将弁并侦缉等项事宜。医务司拟名曰军医司，掌海军卫生、疗伤、医药及军医教育等项事宜。参赞厅内原设两司，一为秘书司，今拟名曰军枢司，掌全处人员升迁、调补差缺、机密公牍函电及承发文件等项事宜；一为庶务司，今拟名曰军储司，掌海军经费暨服装军粮等项事宜。此两司原拟专办署内一切文牍庶务，故以之隶属参赞厅。兹因机要事件，日益繁多，各舰队煤粮服用亦须筹画，亟宜分别拨归该两司经理，与从前专办署内事件者不同，毋庸设于厅内，俾与各司一律分任职掌。惟一二三三等参谋官仍照留厅，以资佐理。此外尚有海军军事裁判、风纪法律等项事宜，另设专司，名曰军法司，以掌其事。

（录自《国风报》1910年第1卷第9期）

整顿水师

海军大臣以整顿水师，于兴复海军，大有关系，所拟整顿之法：一、凡关于水师之专门学堂、讲武堂、制造局，及添置军械、军装各事，均归海军处直接管理；二、凡关于水师之经费，必须实行清理。各省水师经常费若干，临时费若干，廉俸薪饷若干，及前所支销之数，一律造成清册报告呈核；三、凡各省之水师官缺，如提督、总兵、副将以至千总等员，皆须大加更改，其所属水师管（官）兵之数，均饬各省详报，分别留汰。

（录自《国风报》1910年第1卷第13期）

编译陆海军书报

军谘处本为高级机关，专司全国军法，其性质略与西洋各国之参谋部相同，只以独立未久，故一切规制，尚未组织完备。该处堂官为灌输军学起见，近已与陆海军部划分权限，凡高等军用书籍版权，均归该处第五厅编译专科，所有军事官报，亦由该厅刊印。至海陆军所设之编译局，则只准刷印普通军学书报，以清界限。如有私家著述，亦须呈由该处大臣审定，方许刊行。

（录自《国风报》1910年第1卷第19期）

筹办海军处会奏拟订海军部暂行官制大纲列表呈览折（附表）

奏为拟订海军部暂行官制大纲列表恭呈圣鉴事。窃海军部官制业经筹办海军事务处拟请早日厘订奏蒙谕允在案。伏查海军部为全国海军军政总汇之区，其长官之责任，既重事权，即宜专一，拟请设大臣一员，以总其成，并设副大臣一员，以助之。所有筹办海军事务处原设海军大臣二员，参赞一员，即应一并裁撤。其余各司科，亦应酌量变通，重加厘订。兹谨列表恭呈御览。如蒙谕允拟请将海军部大臣及副大臣员缺，迅赐简授，并恳明降谕旨，责令该大臣等筹画一切海军事宜，以规进步而保海权。至各司科应设科员以次各员额暨一切详细章程，应由新授大臣等会商宪政编查馆，随时另案奏明，请旨办理。又，查日本官制，于陆军省之外另设陆军参谋本部，于海军省之外另设海军军令部，此两部皆掌管关于国防用兵事务，同隶于其天皇之下，不相统属。惟海军军令部之设，欧美各国除德国略与相同外，其余各国皆无此制。现在我国海军方始萌芽，应行筹办之事虽多，而规模尚待推广，所有海军军令部事宜，应否从缓，另设专署管理，抑由海军部暂行兼办，以节糜费而昭简捷之处，伏候圣裁。所有拟订海军部暂行官制大纲，奏请钦定缘由谨恭折会陈，伏乞皇上圣鉴训示。再，此折系筹办海军事务处主稿会同宪政编查馆办理，合并陈明谨奏。

谨拟海军部暂行官制大纲表

大臣一员 副大臣一员	参谋官若干员 参事官若干员 秘书官若干员			
军制司	司长一员　司副一员		军政司	司长一员　司副一员
	制度科 考核科 器械科 驾驶科 轮机科	设科长五员，科员若干员，录事若干员		制造科 建筑科	设科长二员，科员若干员，艺师艺士若干员，录事若干员
军学司	司长一员　司副一员		军枢司	司长一员　司副一员
	教育科 训练科 谋略科 调查科 编译科	设科长五员，科员若干员，录事若干员		奏咨科 典章科 承发科	设科长三员，科员若干员，录事若干员
军储司	司长一员　司副一员		军防司	司长一员　司副一员
	收支科 储备科 庶务科	设科长三员，科员若干员，录事若干员		侦测科 铨衡科	设科长二员，科员若干员，录事若干员
军法司	司长一员　司副一员		军医司	司长一员　司副一员
		设司法官若干员，录事若干员		医务科 卫生科	设科长二员，科员若干员，录事若干员
主计处	计长一员　副计长一员		附记	一、军制司所办袭廕事宜应划归内阁，其未划归以前仍暂由该司办理 二、旧设之宪政筹备处应暂设 三、旧设之统计局改为统计科，归入新设之主计处办理 四、军法司仍不分科
	会计科 统计科	设科长二员，科员若干员，录事若干员			

（录自《国风报》1910年第 1 卷第 31 期）

重兴海军之大计划

海军部大臣洵邸，昨与海军提督萨军门会商，整顿军舰事宜，拟将各省军舰，如北洋之"海圻""海容""海筹""海琛""通济""飞鹰"，南洋之"镜清""南琛""保民""建安"，闽江之"琛航"，粤东之"伏波"共十二艘，及南洋之"辰""宿""列""张""军""鄂""鹏""燕"水鱼雷艇八只，广东水鱼雷艇八只，北洋"泰安""镇海"，南洋"登瀛洲""楚材"，皆须修理，尚堪适用。又北洋之"飞云"，南洋之"测海""靖清""策电""钧和""飞虎""金瓯"，福建之"元凯""越武""靖海"，广东之"蓬洲""广海""广金""广玉""广庚""广戊"，共二十艘，可供舰队内海防之调遣。余如"江元""楚泰""楚谦""楚同""楚有""楚观""安放"七艘，均不能入海军防队之用。核计支配，北洋巡洋舰五艘，炮舰二艘，水雷炮舰一艘，福建报知舰三艘，炮舰一艘，南洋巡洋舰三艘，炮舰九艘，水雷炮舰二艘，水雷艇九艘，广东报知舰一艘，水雷艇十艘，炮舰八艘。惟各该舰均须一律修补齐整，并添造炮舰若干，巡洋舰若干，重要军舰若干，俟议妥后，一并奏明办理。又以各省巡防舰队，自甲午裁撤后，迄已有年，旧日宿将，大半凋零。虽有一二，亦不易召集，必须从新训练。

（录自《国风报》1910年第1卷第32期）

振兴海军之大计划

吾国现在海军，合各地所有军舰之数计之，不过二等巡洋舰一艘，三等巡洋舰七艘，水雷炮舰二艘，炮舰三十艘，雷艇二十艘，共六十八艘，总排水量，不出四万五千七十吨，故此次创设海军部，亦仅能就南北两洋，及广东长江水师旧有之规模，联成一气，以为兴复海军之基础。现闻该部对于前途一切计划，极为远大，欲在七年以内（宣统元年至宣统七年），建造一等战舰八艘，各等巡洋舰二十余艘，各种炮舰二十艘，及第一、第二水雷艇队各若干只，并就全国设置四大军港，以构成二十五万吨内外之海军势力。一切经费，约需一亿五千八百四十万两。军港地点，正在选择之中，大约南北两洋，分设三港，其浙江象山一港，则早经决定。惟此项设备总费，甚属不资。就旧有之艇舰，及一切官署学校而论，由宣统三年，以至七年，每年经常费，虽不过二千五百二十二万二千六百七十九两，而新海军费（即临时费），宣统三年，需三千六百二十四万五千九百二十五两，四年需三千八百七十一万千八百五十

167

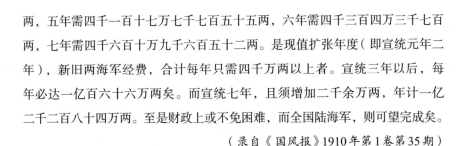

两，五年需四千一百十七万七千七百五十五两，六年需四千三百四万三千七百两，七年需四千六百十万九千六百五十二两。是现值扩张年度（即宣统元年二年），新旧两海军经费，合计每年只需四千万两以上者。宣统三年以后，每年必达一亿百六十六万两矣。而宣统七年，且须增加二千余万两，年计一亿二千二百八十四万两。至是财政上或不免困难，而全国陆海军，则可望完成矣。

（录自《国风报》1910年第1卷第35期）

河南白话科学报

会议变通水师收标法

陆军部铁尚书，以为长江水师向例不收外来水师人员，现在正当整顿海军的时候，不得不变通办法，以便招致人才。特与左右侍郎会议，拟令各省水师候补，副将以下，守备以上，嗣后如有情愿投效长江水师，归班序补的，准其由长江水师提督，考验合格，再行奏明归长江水师班序补，以示变通，而易整顿。

（录自《河南白话科学报》1909年第37期）

华商联合报

政府会议兴复海军

兴复海军事，政府已议过两次，均由肃邸主议，并即公推肃邸拟稿入奏，详陈海军办法。摄政王阅折后，甚韪其议，当即召见，密对良久，复召庆邸进内，又密对良久，将筹办海军之旨拟定，即令肃邸退出，各枢臣始进。闻摄政王于此事甚为注意，有务于三年内办有基础等语。

（录自《华商联合报》1909 年第 1 期）

国民海军补助会简章

第一章　会名

第一条　本会会名，遵照十二月初八晚公议，定曰国民海军补助会。

第二章　宗旨

第二条　款项愈多愈妙。

第三条　此项战舰，拟请政府定章，平时专为保护华侨之用。

第三章　会所

第四条　本会不专设会所，即以各埠商会，为总会所，各埠学堂会馆为分会所，如该埠并无商会学堂会馆，凡有热诚志士，乐为提倡，亦可就其铺店，或居家为分会所。

第四章　职员

第五条　十二月初八晚在会全体，所有题名赞成者，一律作为发起人，此后凡有捐款自一千盾以上者，亦推为发起人。

第六条　就发起人中，投票公举总理一员，主持本会一切事务；举副总理一员，襄助总理主持一切事务；举财政一员，管理款项出入事务；举稽核四员，逐月稽查本会款项及一切事务；举干事几员，专任劝导事务。

第五章　经费

第七条　本会既不设专所，故不必别筹开办常年等经费，如用人办事时，稍有需用，即在捐款存息项下酌提，仍须格外撙节，不得虚糜。

第六章　会期

第八条　本会会期自宣统元年起，以五年为限。

第七章　捐例

第九条　特别捐，不拘次数，不拘时日，自若干盾起，随人自愿。

第十条　普通捐，每月一次，不拘多寡，随人自由。

第十一条　以上二项可由各人自择一项认捐，其有兼认者，本会尤当特别揄扬。

第十二条　凡捐款自一千盾以上者，当请将其小影悬挂船中，以作纪念。

第八章

第十三条　特别捐巨款，按作五年摊还，每月初一交缴一次，如有自愿一齐缴足者，本会当特别揄扬。

第十四条　普通捐，每年按月缴收。

第十五条　收单须经正总理盖印，副总理押号，转交财政员盖印，然后发给，否则不能作准。

第九章　存放

第十六条　财政逐月所收普通、特别各捐款，数逾五百盾者，即时交银行生息，未逾五百盾者，暂存财政处。

第十七条　本会须与储款之银行立约，如支用所储之银，无论多寡，必须稽核四员一齐画押，方可交出。

第十章　立案

第十八条　本会现经商准王参赞，将宗旨、办法、章程，及业经倡捐者，禀请陆公使先行鉴核立案。

第十九条　所有捐款及其衔名，按月登报，并张贴清单于总会、分会门首，以征信实。

第二十条　每年终汇报驻和公使，倘有独捐巨款，在五万盾以上者，随时酌核办理，并先特别揄扬。

第二十一条　本会简章，拟暂试办，若又未尽妥洽，尤当随时增改，以求完全无弊。

（录自《华商联合报》1909年第3期）

国民海军补助会通告书

群雄竞强之世，无兵力不足以语和平，故海牙两次大会，名为维持和平，而所议者，皆海陆军事，欲减少兵备，其结果转令各国增兵造船。我中国有鉴于此，遂有规复海军之议，经费则由各省均摊，固圉之计，诚莫要于此。爪哇地处南洋，我邦人之侨斯岛者，殆三十万，隶彼法权之下，纳税在欧人上，而禁例綦严，则土人之不若，蔑视我邦人，莫有如此之甚者。窃尝究其敢于蔑视之原因，殊为复杂，而我邦人之无团体，自私自利，昧于国家大计，为重要之一端，某窃耻之。伏念纳税当兵，本国民之义务，我侨旅民，去祖国日久，曾未足语于斯，虽各省偏灾，辄为筹款协济，然此属于慈善上事，未可谓国民义务，仅此区区已也。频年以来，朝廷廑念旅民，或遣官吏，或派兵船，所以抚慰之者弥至，顾我国民，未闻为国家效万一之力，不知早自为谋，是乌乎可。某等窃不自量，拟立一会，名曰国民海军补助会。盖自中朝规复海军之议起，本已怦怦于心，拟设法稍尽国民之责。兹复承王参赞谆谆指导，此意益决，即拟乘参赞在泗之时，为本会发起之日，募集捐款，以为我帝国海军经费之补助，并藉为参赞此行之纪念。捐款之法，分为两宗，一为特别捐，一为普通捐，不拘年月，不限数目，量力输将，多多益善，各从所愿，不定为例。普通捐则以五年为期，每月以若干盾为限，贵持以恒，不必过多。凡我国民，谅有同志，如荷赞成，则各埠捐款，即请各位同志，各尽义务，分任斯事。认捐诸君，除特别捐，随时登录簿册，外其捐普通捐者，则先题鸿名，或由函告，或自承认，从某年某月起，以后按月缴款，或由经理人往收，收到款项，无论特别、普通，皆由经理给予证书，随收随给，逐月收款若干，月终报告一次，张贴通衢，或商会、学堂、会馆，及经理人大门左右，或登各处报纸，年终则汇报驻和公使，转咨陆军部度支部，并报农工商部存案。至款项收到之后，暂时应交银行，或殷实铺户（最好存中国度支部银行）存储，俟奉到明文提取时，再行汇缴，所有捐款簿册，并收款证书，及办法章程，应由公同议定，以期一律。此等簿册证书，颁发之时，各经理人，应担其责任。此筹款之大略也。惟捐款集有成数以后，如不足购置一舰，自不必论，倘集数较巨，足购军舰二三艘，则拟请政府，明定章程，所有此项战舰，应专为保护华侨之用，终年周巡华侨地方，以扬我国威，而壮我民气，是否有当，务请诸君教正，并请赞成诸君，各先题名，俾可为同人引导，不胜跂幸。文庙董事代表吴河水，友德会馆代表张石玉，坤甸中华商务总会代表欲来乏船电称赞成，峇厘中华商务总会代表陈瑞村、叶先英、庄廷凤，梭罗中华商务总会代表张先兴，三宝垄中华商务总会代表郑丰盛，马厥猷巴达维亚中华商务总会代表翁秀章、胡先情，泗水中华商务总会代表李双辉、蒋报料，日惹中华商务总会代表郭祯祥、张廷序，渤良安中华商务总会代表郭祯祥，安班澜中华商务总会代表洪学枨，望加锡中华商务总会代表欲来不及船期电称依议赞成，爪哇中华学务总会代表陈显源，谏义里中华学堂代表徐博兴等公议发起。

（录自《华商联合报》1909年第3期）

国民海军补助会初次特别捐芳名录

徐博兴	捐银壹万盾正	李炳耀（即双辉）	捐银贰千盾正
张石玉	捐银叁千盾正	蒋报料	捐银贰千盾正
洪学枨	捐银壹千盾正	卢厥德	捐银壹千盾正
卢春林	捐银壹千盾正	郑君兴	捐银壹千五百盾正
周文墨	捐银壹千盾正	林本金	捐银壹千盾正

| 杨世远 | 捐银壹千盾正 | 郑坚成 | 捐银壹千盾正 |
| 黄江源 | 捐银壹千盾正 | 陈清连 | 捐银壹千盾正 |

（录自《华商联合报》1909年第3期）

侨民欢迎祖国派往军舰之特闻

旧金山庆典，中国政府已派军舰往贺，该埠华侨闻信，异常欢跃，咸谓旧金山港内，实第一次有龙旗军舰驶至，故自华侨一方面观之，其荣耀实非小可云。

记者曰：我国军舰，自甲午、马江一役，久成广陵散矣。今当海军创始，侨民瞥睹龙旗军舰，悲昔日之衰颓，希将来之幸福，宜其踊跃欢迎也，特不识继此以后，我政府果能任保护之责，慰侨民之望否？

（录自《华商联合报》1909年第13期）

海军学生考试之注意

海军处接到南洋大臣张安圃制军咨报，以南洋海军学堂管轮学生十五名，业于上年考试毕业，遵照新章，应送海军大臣覆考，以便分别奏请奖励。兹闻洵邸以现当筹备海军之发轫，亟宜物色人才，以备组织第一舰队之用，此项学生，所有考试，均须特别监临，如果合格，即当尽先补用云。

按曰：彼曰奏请奖励，此曰尽先补用，例行公事，如此而已。所谓特别监临，如果合格云云者，皆空言已耳。

（录自《华商联合报》1910年第5期）

留英海军学生升学

南京函云：张督准出使英国大臣李咨，准筹办海军事务处电开，留英舰队见习生奚定谟等八名，将届二年期满，希与英海部磋商，能于西十月前入格林回治学校为佳，如确有不合格者，希饬回国供差等因。查前据奚定谟等禀请期满入校各情，早经咨准前南洋大臣端，并照会英外部，转商海部在案。兹准英外部文称，留学海军课程一节，业经海部照准，即按照前次吴振南等六人，入格林里次皇家大学办法，于该堂另设特班，课毕再至鲍特司密夫，接习炮法，所有奚定谟等八名，连同夏孙鹏一名，一并于西十月一号（中历八月十八日）以后，入堂开课，并开列应用各费前来，到本大臣准此，除照复英外部，并分饬各该生遵照外，合照译英外部来文，附印原文，咨会贵大臣查照可也。江督即转行海军学堂财政局，遵照办理。（英外部原文译如下）为照复事，案查七月七号，贵大臣所称，现在英国海军留学之中国学生，于船课毕业后，可否准其接学海军各课程，此事业经海部大臣照准，本大臣特行奉告。海部现拟据照一千九百零七年十月间，中国海军学生六人，进格林里次皇家大学办法，为该生等在该堂立一特别课程，约以九个月为期，学毕以后，前赴鲍特司密夫，接学本国海军副士官所学之炮法课程。以上各节，如合中政府之意，本国海部即为筹备一切。俾现在本国内海地中海各舰队留学诸生，得于十月一号以后可以从速进堂，该堂于十月一号开课，该生等名姓开列如下：奚定谟、孟慕超、佘振兴、刘永诰、吕德元、温树德、任光宇、沈奎（此人已撤回）、夏孙鹏。海部大臣以为该生等船课毕业后，即应升授海军副士官，一与前案办法相同。其应付之学费等项，当照前次毕业之中国海军副士官允准开支之数，如数照发，其数列下：全期学费三十磅，本人零费每月十五磅，第一年军衣费五十磅，以后每年二十五磅，书籍仪器费每年五磅。此外所需川资，亦须另给。此次有六生由地中海舰队回至伦敦，既无顺便兵轮可搭，其所需来伦川资，即应另外开支。该员等务于该堂开课后，从速到堂。以上所拟各节，中政府可否允行，海部大臣，深望早日见复，须至照会者。

邋庵曰：观英外部与海部大臣之照会，诚诚恳恳，似亦真为我国学生计者，虽然亦视我学生之能力学否耳。列强竞争，互相猜忌，言甘心苦，势所必然。勉哉诸生，幸勿如留日学生之贻人口实也。须知今日兴复海军之举，非财政无以行事，非人才更无以奏功。政府知当务之为急，乃不惜岁糜巨款，冀养成有用之才，他日海军之成败，将于此觇之。若但曰吾将博卒业文凭，为返国后求差使、谋富贵而已，彼学费三十磅、零费十五磅、军衣费五十磅之赀，不几尽掷黄金于虚牝耶。

（录自《华商联合报》1910年第7期）

海军学堂分设纪事

海军学堂，现议定先开三处：一北京，二烟台，三象山。并闻已决定以象山为海军总港。

遯庵曰：海军为今日急当兴办之事，殆成为举国一致之舆论矣。嗟乎！吾国曩者未尝无海军也，有海军而转以予敌，非海军之不足恃，海军人才之不足恃也。故论者谓今日言兴海军，不特苦于经费之难筹，即使有财，亦不能率尔从事，须先兴海军之学校，培海军之人才，挟十年生聚，十年教训之功，而后可以有效，否则甲午覆辙，有至再至三而已矣。

（录自《华商联合报》1910年第13期）

画图新报

造船行海

南亚美利加之拉巴拉他国，新于英国定造大兵船一艘，俟造成，即派兵弁管驾，并游历法意德土希各国，沿地中海，过苏彝士河，至南洋各岛游历，兼习水道也。

（录自《画图新报》1881年第2卷第1期）

水师观剧

中国海琛轮船，即至英国驾所造之铁甲船回华者也，今有某戏园特请船中水手等观剧，故即排队前往，英人见之，多赞中国水手之雄壮。

（录自《画图新报》1881年第2卷第1期）

兵船游历

日本神户新闻纸言：中朝行文驻扎该处之领事官，谓中国不久将有一兵船，驶至日本内河，以资游历焉。

（录自《画图新报》1882年第3卷第8期）

军门出巡

　　北洋水师提督丁禹廷军门，乘坐怀远兵船，前赴广东，谒见曾制军，商办事务，然后巡历越南各险要而回上海。军门之于王事，亦可谓勤劳鞅掌矣。

（录自《画图新报》1882年第3卷第8期）

集成报

雷船周游

南洋大臣辖下有辰、宿、列、张鱼雷船四艘，去冬刘岘帅奏派出洋，游历欧美各邦，习练驾驶，并觇泰西形势，奉旨交总理各国事务衙门议奏。议准后，以严冬未便展轮，仅扎长江上下往来。春来，该四船乃定三月初旬起程，绕道闽粤，至南阳各岛，经新加坡、麻六甲、新旧金山，转至英美的法各国。（录《博闻报》）

（录自《集成报》1887年第1期）

海军筹费

中朝创建海军，经费不赀，每年饷粮，需四百万两之多，中东一役，悉付东流。现海军虽撤，不日仍须复举，故各省饷银，仍按期运解。粤海关约每岁征银三十万两，统粤海、潮、琼、北海四关洋药税银三十万两，九龙、拱北两关洋药税银三十万两，有截留本省者，有拨留南北洋兵饷者，其余均分批解运户部云。（录《福报》）

（录自《集成报》1887年第1期）

海军再振

中朝自与日本战后，君臣上下，靡不以讲求西法，鼓舞人才，预备军械为整顿海军之计，客冬向美国定造钢甲二艘，各重四千五百吨，每一下钟，行二十四海里，每艘需银二百五十万两，以十八阅月为期。又向德国定造鱼雷船四艘，各重二百二十吨，每一下钟，行三十二海里，每艘需银三十四万，以十三阅月为期。俟办有成效，陆续再添至二十三四艘为度，以林君国祥前往英国，监理其事。又派辅理十人，均归林君管辖，奉旨后，于正月初三日，已抵槟榔屿云。（录《叻报》）

（录自《集成报》1897年第1期）

海军新政

天津守旅兵船，现有飞鹰、飞霆、福靖、复济诸名，惟飞鹰、飞霆二铁舰，去年购自英、德二国，飞鹰管驾为李梅臣副戎，飞霆管驾为刘子颖副戎。每日八点时，二管驾亲自督操，或演阵图，或试巨炮，或验鱼雷。至下午一点钟，教习学生水手，排队往炮场打靶。夜间或操火烧，或射火箭云。至北洋前向德国定造大战舰四号，秋间可竣工，驶回中国，以便凑成一军云。（录《新闻报》）

（录自《集成报》1897年第3期）

水师难恃

英人名麦格息唔，新制一利器，曰空中鱼雷，此器一出，可使巨万吨战舰，一轰而尽，全队雄舰皆化为乌有，数年之后，攻战之局，必为之一变矣。夫鱼雷行于水底，水流潮汐，皆有阻力，致令一轰之执，远不及一英里，若行于空气中，则可以炸药一吨，轰致九英里之遥，随所向而无不如志也。只以一小艇，载二十四寸口径炮，或鱼雷管一行于空中，足以焚敌舰于九英里内，猛厉若此，且其值甚廉。据麦君云，以一大铁舰之值，可造空中鱼雷艇百，费节用宏，莫此为

甚。有心人凭轼之余，不禁怦然而有动于中也。（译《温故报》，录《时务报》）

慎重水师

皇上于八月二十日，驾诣颐和园皇太后驾前请安，并阅水师外学堂操演，先由内务府传知苏拉等，于十八日以前，敬谨预排，以昭慎重云。（《苏报》）

慎固江防

南洋大臣刘岘帅自德占胶澳后，熟揣他国，亦有尤而效之接踵而起之意。江省扼南洋之要冲，地方富庶，物产裕饶，尤为他属所注意。濒江沿海，港口纷歧，若不预行严防，外侮卒然而来，不独全省可虞，即湘鄂亦失所屏蔽，长江上下各省莫不可危。先事豫防，运筹周密，曾于去冬，电请长江提督黄芍岩宫保来省会商，以吴淞口第一要防属之，宫保亦慨然引为己任，原约暂返太平节署，稍将公务料量，即率所部前赴吴淞。岘帅当拟调皖南镇李寿亭总戎，权任松提，率带重兵，驻扎松江，与宫保大军，相为犄角。又檄大同镇刘华轩总戎，统领亲兵全军，并衡字水军，与苏松镇陈总戎所统之南洋兵轮，游弋长江，以为宫保之策应。中协王友协城守协杨镜岩两协戎，并委以驻守省垣之责。而松江提督谭青岩宫保，忘家报国，不遽引归，试灯节近，荣戟遥临，岘帅延见之余，勉以严慎松防，不容刻弛，谭宫保遂即返旆还松。兹又探闻南洋大臣衙门，近日连接北洋密电，日复数次，辕中电报房、报生、翻译生朝夕从公，应接不暇。岘帅不时传见。江宁藩司及支应筹防军械、洋务、营务各道员，筹谋机密，并飞檄狼山、福山各总镇，勤慎操防，以固吾圉。惟因黄宫保现尚驻节太平，未即总统师干，远莅吴淞防次，于是专电节署，重申前约。顷又派崇安轮船，往迎节麾，促令早临防次，俾第一道紧要门户，锁钥深严，而后崇明、江阴、京口之重重门户，乃得相继固守云。（录《新闻报》）

江西官报

统领江西内河水师巡警右军坿生任福黎创办水师学堂禀批

敬禀者，窃标下自奉札委接统右军以来，朝夕兢兢，惟恐不称，日夜淬历，破除积习，思欲整顿三军，肃清湖面，以为一旦有事，足以出兵根本，上报大帅之知，下塞斯民之望，敬为我宪台陈之。窃以治军之道，得才为先，求才之端，培养为急。然求才难，求于治军尤难。求治水军之才，较治陆军之才则又难。求治承平水军之才，较治战阵水军之才则更难。何也？中兴之时，名臣硕将，方轨接轸，连翼奋袂，相继而起，而水师之中，独推彭杨。然考求先达绪论，则以彭杨水师，未尽其极。此水军之才，难于陆军者，一也。交锋对垒，追亡逐北，猛勇者胜，懦怯者败，当此之时，使贪使诈，使愚使慑，亏贼贱徒，俘囚亡命，皆可以属一战之任。至于承平彬彬礼让，轻裘袭带，士夫倡和，排难解纷，心灵口捷，一旦有事便须短衣赤足，暴露风日，僵饿移时，独立不衰。当此之时，文失之弱，武失之暴，此承平之才，难于战阵者，又一也。标下自以菲材，过膺明遇，思惟陆军之中，难胜一校之任，骤居水师之内，忝统三军之职，力小任重，覆𫗧时虞，辜负宪恩，堕坏士气，此所为每一念及，涕泣沾襟者也。便欲奋不顾身，仰图报称，成败利钝，非所逆睹，是以矢尽心力，勉竭驽骀，熟筹整顿之方，先求储才之地，敢请更仆毕献其愚。窃惟水师以熟习水性为主，风涛沙线，备识窾窍，方足胜督率之任。长江定制，由桨勇而洊升头舵，由头舵而洊膺哨官，陆营之员，不能借补水缺，此其限制綦严，用意深远者也。江西内河水师，当其初立，未知何如。至于近日，疲顽已极，以差缺为调剂，以克减为固然，更一哨官，动费数百，满船兵额，不到五六，其所放者，非由荐托而来，即属谀媚而得，狼吞虎噬，吸髓存皮，纨绔乳臭，颠白倒黑以至奇才沉抑，军气丧堕，士卒怨愤，民人讪笑，空存水师之名，而无振作之实。宪台奏除顶脚，扫荡廓清，如拨云雾，俾见天日。三军之士，初闻此言，拜蹈称庆。标下接统以来，宣布威德，播扬仁风，更觉奋励激昂，慷慨起舞，人人有奋兴之心，时时有图报之志，若复假以岁月，则必成效可期。故标下前看操时，在舵工中挑选沈挚劲悍者数名，予以候哨，然厚重少文，未能遽放调置左右，诲以道理，俾其胸中豁然朗然，畀以哨差，庶无贻误。又见诸桨勇中年力强壮，枪技娴熟者，亦复有人，若不拔之行闲，群士何以兴起，用是亟予奖励。建设学堂，每哨拔取一人，在堂肄业。先挑取二十四名，其全体教习，则中营第三号刘哨保庆，该员前在天津武备学堂卒业，于画图洋操，均所熟悉。体操瞄准，则派童生任孝延指示，该童生系标下胞侄，随带在营，由湖北武备学堂出身，前充江阴南菁高等学堂体操教习，经标下调来，于英文算学，均有把握。其督查全堂事务，则派本军巡员谭典。其稽查学生出外游荡，则派左营第八号哨官，现护瑞洪下卡，姚哨桂馨兼充，该员等人俱老成笃实，堪以督率，均系营中之人，兼办学堂之事，概无薪水。学生则仍营中勇目，亦无膏火，其堂中使用之人，则以刘哨保庆之舢板勇丁，分布各役，仍留三勇守船，有事亦堪驾驶。其练船则以两军余弃舢板一号，现在卑军，暂以充之轮环掉驶，所费者，不过租屋、置器、书籍、纸笔、灯油、茶水、奖赏等项，樽节合宜，每岁二三百元，亦可敷衍。查卑军所辖船只，自长龙以下，共四十五号，其护盐厘卡者，凡二十二号，厘卡津贴，每节照规约有四元。盐卡每月则更加多，通盘筹算，每年可得三四百元，向章归本官收用，名为调剂，往往因此攒缘，今拟提归学堂，化私为公，于官箴学务，均有起色，如或不足，则由标下助之，断不可苛派营哨分文。查前统领钱道德培，于每船调兵二名归老营教练，此以兵充学生，用意略同，而将来造成，仍归水师酌用，或者其效更大。至于训练宗旨，则以正人心、严纪律为主，孟子所谓修其孝悌忠信，与戚南塘束伍诸法，相辅而行。其余在船之勇，仍著该管营哨各官，认真训练，于汤桨、掇枪、杂技、识字，逐日练习，定为课程，月有稽查，优者奖励，劣者责饬。俟各学生卒业之后，仍发回本船教习一二年后，如荼如火，自必彬彬可观矣。今已于本月十五日开学之后，标下随时考察，诸生皆能发奋肄业，谨将大概情形先行禀明，其余详悉章程，俟大定后，再行具禀，是否有当，理合禀请宪台俯赐裁夺，批示祗遵，抚批据禀已悉，该军创办水师学堂，每岁所费二三百元，拟将盐厘两卡津贴，提归学堂，如或不足，则由该统领助之，事尚可行，应即照准，余亦如所议办理。至绥靖河道，保护行旅，亦为水师要务，并应查照原定巡警章程，认真办理，以期两全兼顾，派办政事处核明转饬遵照，仍移将详细章程禀候察核。该统领陈义甚高，所见甚远，窃愿驾彭杨而上之，本署院有厚望焉。此致禀钞发。

（录自《江西官报》1904年第14期）

筹办水师实习学堂

南北洋海军舰队，自经萨总统会同南北洋大臣，悉心筹酌，颇有规复旧制，推广新队之成算，其在南北洋肄习海军之学生，亦间有将次毕业者，亟须添设水师实习学堂，以备海军卒业学生，选入实习舰队之用。南北洋海军萨总统，因于日前分咨南北洋大臣，请筹巨赀，在上海添设水师实习学堂，以备毕业学生之实习，闻南洋大臣接咨后，已电致北洋大臣，一体筹措，藉应要需矣。

（录自《江西官报》1905年第33期）

拟筹海军捐款

近有日本留学生等纠合同志，创立补助兴复海军社，刊印劝谕海军捐启，招募款项，以充恢复海军之的款。现直督袁宫保已电商政府，亦拟仿照国民捐办法，俟集有款项，先设立海军学堂，以为兴复海军基础，并闻已电商张宫保、周玉帅，参酌办理云。

（录自《江西官报》1906年第20期）

海军部奏划归内阁袭荫封赠事宜折

奏为划归内阁袭荫封赠事宜，恭折具奏仰祈圣鉴事。窃查前经奏定臣部暂行官制职掌事宜，内称水师人员袭荫封赠事宜，应俟新内阁成立后划归办理等因，业经奏蒙允准在案。内阁现已成立，且查会奏酌拟内阁属官官制，已将袭荫封赠事项规定在内，自应钦遵办理。臣等督饬承办员司，将封荫袭职文卷逐件检齐，分别造具清册，一并咨行内阁接收管理。此外，如有未尽事宜，容臣等查明，随时酌核办理，所有臣部袭荫封赠事项案卷，划归内阁办理缘由谨恭折具奏，伏乞皇上圣鉴，谨奏。

（录自《江西官报》1911年第5期）

教会新报

福州制造局轮船下水

西历正月十八日福州西字新报云：福州制造局所造第十四号火轮船，于十二月初一日（即西历正月十八日）下水，其船与十三号大小样式相同。夫下水之前，先祭江神天后，其祭江神，即在船尾用猪两头、山羊两只、蜡烛三对，派有两人伺候祭礼。前任江西抚台沈公葆桢行礼，傍有赞礼生唱赞，又将此祭物移供船首，祭奉天后，然后据称奏明此船起名"琛航"。诸事已毕，方行起椿，开其机关，然后下水，颇为平安，亦如上海制造局六号轮船得水之时，共相欢贺云。

（录自《教会新报》1873年第272期）

教育杂志

陆军部海军处核定管理留学外国海陆军学生划一章程

计开：

一、派在西洋留学各生，照章各专派监督一员，常驻该处，管带全国海陆军生留学事。

二、留学海陆军生之品行精神学业程度，均责成该监督，商承本国公使，查察办理，应置之躬行学程精神簿，亦照例由该监督注载，考察各生之行为性质，习业成绩表，仍分别重要普通事件，重要，随时汇报部处，普通，毕业归国时汇报。

三、监督任出校出队之查察，不涉校队内各事。校队内事，归校队各长指挥，监督仍考其成绩，惟学生入学时，由监督带同前往，毕业时，由监督亲到会验。余如派送学生留学，携同毕业归国，及考验录用各事，均照另订专章办理。

四、监督管理学生在校队外权限，具列如左：

子、按照学生所入之某军队、某舰队练习，应预定各种额数。

丑、按额预备学习各种学校，及练习军队舰应用之各项衣装。

寅、照料学生疾病医治，安置久病不愈之学生，及抱病学生，转地疗养处所与其费用，查记学生病期，暨退学时日。

卯、学生有不受禁令，不端品行，致违犯退学各事，统归管理。

辰、学生因学程不足退学，或转入别项学校，各宜记载。

巳、照料退学各生回国之川资，及监送回国上船事项。

午、查察各学生有无在外聚会，及充当各职耽误课程事项，并按所犯轻重，分别究治。

未、星期假日，招集诸生会于寓处，规正劝导。

申、遇年节，带同赴公使馆行礼。

酉、商承公使与该国政府增减学生练习见习各事，并定出队日期。

戌、管理学生留队，及愿入他校，汇同报部商办各事。

亥、管理学生学费旅费，衣装公费月费事。

五、照料学生在校内事项范围如左：

甲、询查各学生在校内，及在练习队舰内，所得学级分数程度资格，随时记载。

乙、查察各学生，是否受校长及队舰司令长之指挥。

丙、无论入何项学校，其一切课程规矩，须由监督督察，悉遵该校定章，不准擅请增减。

丁、督令各学生，于暑假时，随同该校率领往各处避暑。

戊、于各学生中，选派校内值日学生，轮流记述校内讲学事项，至星期日，汇开记事部呈核。

己、督令学生，按日在校队内习业，不准擅请退学，及私行回国。

庚、汇管学生因校内事准禀呈部处公使禀件。

辛、照料学生，因病耽延，不能合班受教分期补习事。

（录自《教育杂志》1909年第1卷第11期）

湖北海军学堂定期开学

湖北创办海军学堂，经监督温朝饴大令，于彭杨祠内，改修操场校舍，业已一律竣工，所有应用军器，亦已购齐，管教人员，均经委定。前日会同张虎臣军门，将汉阳兵工厂内附设之海军班，陆军学堂内附设之驾驶班，及鱼雷舰队各学生，严加考试，取定合格学兵一百六十名。闻温监督已禀明护督，示期本月二十日行开学礼，即日开堂授课。

（录自《教育杂志》1909年第1卷第13期）

学界海军捐汇志

北洋大学堂学生水崇逊等，昨以中国时事孔亟，国步日艰，非振兴海军，不能为自强之计，特联合学界，拟具简章，请以日省五文零用，作为海军经费之捐，禀请傅提学核示遵办，当蒙提学批示奖励，并谕以力矢持久，勿蹈事过即忘之辙，转致贻人讥笑云。

又京师殖边学堂，学生早议筹款协助海军经费，原拟每月捐洋若干，惟恐所集有限，兹由发起诸君提议，将每人入学之保证金十元，全数拨充此项经费，赞成者甚多，闻此举可集五六千金之数。

（录自《教育杂志》1910年第2卷第1期）

留日海军学生新纪念

东京函云：中国海军学生留学商船学校者，约五百余人，本月初旬卒业，计二十八人，刻已由公使保送入日本炮船学校，此为中国海军学生入日本海军之发轫。

（录自《教育杂志》1910年第2卷第4期）

西泽暗屿

日本人西泽某，在南洋基隆港贸易有年，率其同志百二十余人，从事探险事业。丁未秋间，在北纬二十度四十二分三杪，东纬百十六度四十二分十四杪附近，即澳门与斐律宾之间太平洋上，发现一无人岛，周围六百里，岛中磷矿、海滨鱼产均甚富，贝壳类亦多。西泽乃采集磷矿石百余吨，及贝壳类三十余斤，欢欣而回，即命此岛曰"西泽暗屿"。

我国沿海辽阔，大小岛屿不知凡几，大抵荒而不治，若西泽者，固大有人在，可不惧乎？

（录自《教育杂志》1910年第2卷第4期）

选送海军留学生

洵贝勒电致奉直江鄂粤五省总督，饬即遴选程度尚优，堪以留学海军之学生一百五十名，送京考试，以备派送。闻此项留学生，考试时于一切程度资格年龄身材，均格外认真，派送英德法各一百名。

（录自《教育杂志》1910年第2卷第4期）

大东沙岛

大东沙岛者，即向时日报所称西泽发现之无人岛，而为我国与日本己酉年交涉史之一端也。其时中外各报，备详其事，吾更撮其大要记之。

地理：大东沙岛，在广东汕头正南，向属碣石镇，孤悬海外，北距惠州甲子门约百二十海里，东北距汕头约百四十海里，西北距香港约百七十海里。东北、西北两端凸出，中成凹状，高出海面四十余尺，地质纯系积沙，有大沙环其四周，此沙岛之所以名也。

历史：是岛向为闽粤渔户营业之所，由来已久。岛上有大王庙，为各渔户所公立，沿海渔船，不下数百艘，而在此捞海采矿之小艇，亦不可胜数。从前英人蒲拉打士曾航海至此，西图即以蒲拉打士名之，英书亦言中国人至此捕鱼，已不知若干年。及丁未夏秋间，住台湾基隆港之日商西泽吉次等，前往该岛，拆毁大王庙，驱逐渔户，自立木牌，大书明治四十年八月立，并以发现无人岛，称为西泽暗屿，通报本国，中日交涉自此始。

交涉：政府闻西泽强占东沙岛，屡电广东南洋派员调查，由广东洋务局，与日本领事，起强硬之争执，并示以种种确据。日本始认为我国领土，惟以西泽在岛经营两年，置有产业，索款赔偿。己酉五月，广东洋务局员魏瀚，与日本领事濑川及西泽，同往岛中，踏勘一切。日人索偿日银六十万元，我国索偿拆庙及财产费亦巨，日人旋减至十六万元，于此数内划扣三万元，以偿我国渔户财产，遂于己酉九月间，签约结案。

呜呼！以明明属我之地，而称之曰向无所属，明明有渔户有产业之地，而诬之曰无人岛，犹大张其词，以哥伦布自拟。信如是，二十世纪之哥伦布，当可车载斗量矣。

按：此节原与前期所登《西泽暗屿》相连，因计算页数抽除稿件，一时失检，致前后期相间，特附白于此。

（录自《教育杂志》1910年第2卷第5期）

斥革海军贵胄全班学生

烟台水师学堂，曾由海军大臣洵贝勒遴选八旗宗室子弟二十余人，前往肄业。嗣因该学生到堂后，自恃懿亲，轻视同学，各学生亦以该生等成绩均出人下，不甘与伍。一日，宗室学生在操场练习盘杠等技，遽从高堕地，呼痛不止，于是在场同学不免失笑，宗室各学生引为奇辱，相约退校回京。洵贝勒接见该学生时，稍加申斥，劝其仍行回校，该生等不服劝谕，出言顶撞，洵贝勒大怒，遂将二十学生一律开除，并不准再入他项学校。

（录自《教育杂志》1910年第2卷第7期）

北洋先开海军大学之计画

海军大臣洵贝勒，日前电商北洋大臣陈制军，决在北洋先设海军大学，其地址是否大沽口、芝罘岛，以何处为宜，请即详查电复云云。闻陈制军以大沽口现在重修旧日船坞，尚拟大加扩充且可备将来临时军港，不如芝罘港地势较占优胜。况该处原有海军学堂，稍事修葺，即可备用。闻已电商海军处派员详查，以便核办。

（录自《教育杂志》1910年第2卷第9期）

建设海军大学之地址

海军大臣云，案照军机王大臣，前经议就昆明池岸，建设海军大学校地址，现复会同军机王大臣，再行提议。金以该处系游幸重地，未便建设，兹商定改在三山附近傍河择地修筑。惟此项经费，所需甚巨，拟暂向度支部筹拨银二十万两，以期迅速开工云。

（录自《教育杂志》1910年第2卷第12期）

海军小学之先声

闻海军处近息，海军大臣，本有拟于今春筹办各处海军小学之议，嗣以财力支绌，及尚有考查各政，未遑筹办。现洵贝勒及萨军门，极为注重此事，已饬交该处迅即筹订章程，拟决于明春江浙直奉粤鄂鲁闽各省，一律成立，并拟特派员与各该督抚会筹一切办法云。

（录自《教育杂志》1910年第2卷第12期）

教育杂志（天津）

铁尚书送水师学生东渡之演说

呜呼！我国今日尚得谓有海军乎哉，一旦海疆有事，恐束手无策耳，此遣派水师学生游学日本之主义，所由发起也。惟是选派之时，须择其身材魁伟者，品行端方者，学有成绩不染嗜好者，无浮嚣之质性，有爱国之思想者，朴实耐劳，振尚武之精神者，一一合格，然后甄录之，以备整顿水师之材料，而为中国海军前途之向导，用成中国自强之一大纪念。举凉血动物东方病夫之原质，一朝而变为雄强英鸷之国民，共保我黄炎之华胄，不至沦胥而澌灭，非诸生是赖，其谁与归？呜呼！诸生勉乎哉！抑更有为诸生告者。日本维新以来，不过数十年寒暑，急起直追，一跃而跻于世界强盛之国，遂为东亚增历史之光荣，何其伟也！我国号为知觉最早之国，而事事瞠乎其后，吾耻之，吾国民耻之，吾四万万之同胞当共耻之，即数千年古圣先贤，在天之灵，亦无不耻之。欲雪斯耻，惟于诸生有厚望焉，诸生共勉乎哉！更有一药石之言，不得不为诸生告者。夫今日之留学于日本者，不为不居多数，其间孟晋向学，不失学人之资格，而可为将来新国民之特色者，固不乏人。其腐败之学生，习气甚重，罔守规则，徒荒岁月，贻笑东瀛，为我国学界之污点者，亦时有所闻，而惟各省派去之官学生为尤甚。我国官习之顽劣，岂罄竹所能书。至远历外洋，而仍囿于习俗，不能进步改良，以贻我邦国羞，亦可痛矣。呜呼！诸生幸为国自爱。今日之学生，即将来作中国之主人翁也，不宜妄自菲薄，致误前途之远大，诸生其有意乎？更有一言可为诸生勉者，吾人之游学日本，非徒取以为名高而已，则将悉心研究，以为卒业归国实行之基础，而往往只具形式，未得精神，略解和文，奇才自命，间通东语，祖国已忘。曾亦思国家岁费巨帑而无补益于万一，人纵不言，我独不愧于心乎！且又不免为东邻所齿冷也。呜呼！时局艰难，隐忧方剧，前车既覆，来轸方遒，优胜劣败之舞台，实今日天演之公理，中国前途存亡安危，在兹一役。呜呼！诸生勉乎哉！（录《津报》）

[录自《教育杂志》（天津）1906年第21期]

湖北议设水师学堂

汉阳镇标暨襄河荆河水师，久有改良之说，惟该弁兵等久在帆船，于轮驾测绘，非其所长，当道拟在汉口设水师学堂，专练在标年壮弁兵，为将来川崎船厂所造备艇之用，刻正札饬江汉关道，妥筹经费开办云。（录《北京日报》）

[录自《教育杂志》（天津）1906年第21期]

水师学堂选派学生出洋

（南京）两江总督准练兵处来咨，应驻日杨大臣之请，选派水师学生赴日本学习海军，日政府每年允许收录七十人，除由日本成城学校留学生十五名派往学习外，其余五十五名，由练兵处酌定，先由沿江沿海省份派送，明年则送内地，计直隶山东匀派二十六名，宁苏皖赣匀派十四名，浙江福建五名，广东五名，两湖五名。其宁苏皖赣应送十四名，江督奉文后，先行酌定额数，以免争执。又因皖赣无水师学堂，所以宁苏多派，皖赣少派，计宁苏派送八名，皖赣各派三名，除由赣省送来二名外，其余皆取材水师学堂，以期程度合格，洵属正办。惟是水师学堂，驾驶管轮两头班学生，共二十一名，除照派应送十二名外，尚余宁苏派遣二名，及外省限于省额，不能仰邀派送者七名，统计九名程度均属合格，而各生又有志向学，向隅徒抱，实堪惋惜。复经该堂监督蒋锡彤游戎，禀请江督设法栽培，蒙允一起附送备考，听候练兵处酌夺。兹于十一月十二日附轮西上，取道汉皋，由铁路北上。蒋监督又以学生年少远行，沿途无人照料，势有未便，又请江督委派该堂庶务长黄令裳治带领前往，以期周妥。先于十一日设筵祖饯，往送江干，面勖各生，以努力用功，蔚为利器，为异日重振海军基础，而收自强效果等语。该监督爱惜人才，培养后进，维持调护，无微不至，可谓热心教育者矣。学生应派者十二人，为奚定谟、孟慕超、徐世昌、何兆湘、吴志馨、沈奎、张鹏、陈士珩、吕德元、王开元、刘长敏、卢同济，合之赣省送来二名，黄裘、雷宾，统计十四人。附送备考者九人，为林秉镛、杨庆贞、吴秉成、周作人、李世英、魏春泉、王树泰、柯樵、李国俊。（录《时文》）

[录自《教育杂志》(天津) 1906 年第 22 期]

经世报

苏厂船工

今年上半年，苏格兰造船厂造成之船，总计其吨位不过十五万九千四百五十吨，去年上半年，则有二十万一千二百九十二吨，前年是时亦有十九万一千八百三十吨。据闻厂中每月定造之船未曾大减，工作亦非不勤，所造船之吨位，竟不得与前二年比者，盖以厂中未竣工之大兵船，不少船大则需工必多，非急切可成。西六月造成之船，共计吨数有三万一千九百六十三吨，而是月内订定合同所欲造之新船，竟共有四万吨，其中有日本所欲造之头等炮台船一艘，中国招商局所欲造之轮船六艘，各三千吨。

（录自《经世报》1897年第8期）

倭添水师

日本增添水师，多造船只，计在英国爱尔斯位克一厂，造船五艘，即头等炮台船一艘，载重一万五千余吨；头等铁甲巡船二艘，不日即可下水。又等是之船一艘，近日始定造。此三者，皆载重九千余吨，盖小炮台船也。更有二等巡船一艘，业已下水，惟汽机等尚未装配，以机匠罢工，无人装配故也。又在英国达迷塞与曹姆生两船厂，造头等炮台船二艘，业已动工，亦以机匠罢工，工程因之迟缓。此等大船之外，又在曹尼克老夫与耶罗两厂家，各定造灭水雷船之船四艘，此皆在英国造者。在德国则定造头等铁甲巡船一艘，与在英国所造者同，惟载重九千吨，为稍异耳。更造头二各等水雷船数艘，此造于德国者也。所欲向法国定造者，当与在德国造者同，即九千吨之头等铁甲巡船一艘，水雷船数艘。若在美国，则已定造二等巡船二艘，与在英所造之二等巡船同。此日本所增之船数，一旦造竣，则日本水师，大足畏云。（译《英华邮报》西十月初八日）

（录自《经世报》1897年第16期）

美足水师

美国议院议筹美洋四十二兆元，以为添备水师增造炮台之用，计现所造之船只，已需费八兆元，造无烟火药，需费一兆元，造旱船坞，需费十一兆元，此不独欲与他国水师兵力，并驾齐驱，亦以此时墨洲水师未足，不得不为扩充之计也。（译《英华邮报》西九月廿四日）

（录自《经世报》1897年第16期）

俄重水师

俄国核定俄银六京八兆零五万五千四百二十罗布，为明年水师费用。此外，更有六兆罗布，为增造船只之用，一京五兆五亿为增拓珲春海口之需。其中，以三兆罗布，改大珲春之船坞，所有俄国波罗的海上利保（海口名）船坞，名阿立山大，亦事兴筑，一俟工竣，所有克郎大脱大半水师兵船可以分驻矣。（译《英华邮报》西十月初八日）

（录自《经世报》1897年第16期）

英海防新法

英国南方各海口筹防之法，盖择海口狭处，用木横亘水中，以防水雷进攻，更泊以旧炮船一艘，无事则用水师退后老兵，管理船务，有事则易以水师额兵，以资得力。按筹备海防，二年前业已计及，今始得海部审定是法云。

（译《英华捷报》西九月十七日）

美国人重视日本水师

美国报中，载有美国人葛兰姆之说曰：日本水师日求精足，试与他国比较，仅不及英，已胜于法，更在德国之上，若俄若美，皆瞠乎在后。所造之新船式样极新，造法极妙，用煤省而得力多，毫无遗憾，可谓难得。日本得此，果欲何为？其欲首先敌美乎？非也。有大权于太平洋，日本所欲与之抗衡者，俄罗斯也。俄之西伯里亚铁路一成，则其国政所施，商务所及，即成为太平洋之大国，日本朝野上下，又欲为东方独掌海权之雄国，吕宋群岛，在在可危，未始非倭人之所欲得而甘心，是则俄与美将何以备日本。两国水师，可不求其足乎？然犹未也。三年之内，日本于太平洋，力足与俄敌，如不敌俄，亦足以与美敌，若十年之内，更足与俄美两国为敌，所向如志，大局不将为之一变乎？（译《英华邮报》西十月廿三日）

中国宜整顿水师

英人蒲尔格近著一书，曰《百年新纪》，内有一篇，曰：东方病人，其中谓欧洲人视中国，于意有三：西历一千八百七十年止，洋人之在中国者，皆谓矿产极夥，而国政之坏，自内彻外，颓废自甘，一也。自国中粤匪，一律平靖，新疆克复，足见中国力量。至西历一千八百九十四年，中日之役，竟为日本小国所败，一蹶不振，二也。今皆以中国为无力无势，只以俄罗斯之助，得复所失之辽东大地，今其危急情形，大半由于不用英员朗君，而于其所练之精强水师，后又视为无足重轻。今为中国计，惟有整顿水师，条理秩然，无所亏缺，更善用英员以尽其长，如日本之用西人也，三也。（译《英华政报》西十月廿二日）

日报纪各国东方水师

中日战后，欧洲各国大增其东方水师，英与俄为尤甚，日本见之，新闻纸中已屡著论说纪其事矣。有一大报名《日本报》者，有云当与中国开战时，各国东方水师，英仅有船十九艘（压水力四万二千吨），俄仅有船十艘（压水力二万五千吨），今俄则有船十六艘（压水力五万五千吨），英则增至二十六艘（压水力六万四千吨），且尚加增不已。未几，英在中国海面即将有战船二十九艘（压水力十万零九千吨）。闻俄国于年内亦于中国海面再增其水师，其船可有十九艘（压水力七万五千吨）。英更于香港增大其船坞，以新加坡为其东方水师第二重镇，今新加坡已有一大船坞，或不止此一坞。俄国则不惜其财力，重守珲春，夏间彼处船坞已成，又欲船只常年便于出入，乃于中国或在高丽，冀得一屯泊水师之处，或能如愿以偿乎。若法若德，又皆大增其水师。美国之并哈哇伊，更使德于北太平洋多泊师船，增其兵力，纷纷扰扰，各不相下。此尚兵之世，非息争之世也，武备废弛者，其亦知所从事乎，云云。（译英国《泰晤士报》西十一月初五日）

（录自《经世报》1897年第16期）

法国水师兵费

法国筹定明年水师兵费，法银二垓六京五兆二亿七万三千佛郎，视今年多二京零二亿六万一千佛郎。此后九年之内，所造船只一项，计须七垓二京一兆八亿一万五千佛郎，即每年中数约九京佛郎。惟一千九百零一年内，须用一垓二京，其余八年所用之中数，视前六年，每年不过多二兆佛郎，至一千八百九十八、九十九、一千九百年三年中，修船之费，须二京零三亿八万一千佛郎。以弼寿他（城名，在阿非利加之突尼斯）为水师重镇，须法银一兆。明年哥尔塞牙（岛名）、阿尔及耳（国名，在阿非利加，法属地）、代楷（在阿非利加之塞内冈比亚）三处各要工，须费一兆四亿八万九千佛郎。一千八百九十八年内，造船之费，须一垓零二兆佛郎，修船之费，须三京佛郎。

法议员寇才古，谓法船太少，其中有行驶太迟之船，且船式过于参差，几于各不相同，造费亦太巨，造时亦太久。造费之巨，视在英多百分之二十或二十五。法国巡船之数，远逊英国，英有巡船一百九十五艘，造未竣者四十二艘，法则巡船仅四十六搜，造未竣者十六艘。船之速率，亦宜加多云。（译英国《泰晤士报》西十一月初五日）

（录自《经世报》1897年第16期）

俄国水师强盛情形

俄国整顿水师，视为急务，波罗的海、黑海各大口，皆欲设水师幼学堂，国家与民间皆助以经费。近年来，俄国水师日臻强盛，时增新船，急需员弁，故设学造就，以广其用。今弟以黑海俄国兵船而言，有头等炮台船六艘，头等巡船称是较小之船不计，更有水师义兵快巡船十五艘，俄国南北公司船倍之，此皆专造以合于运兵运军械之用者也。（译《英华政报》西十月廿九日）

（译录自《经世报》1897年第16期）

竞业旬报

重兴海军

日本伏见亲王来东，向袁世凯、庆亲王及各军机，劝再把海军设立。政府说是没得款项可筹，袁世凯说是各省水师积弊已深，徒费巨款，何妨把这有用的款，设法整顿，从新编制，选些熟悉海军的留学生，分别录用，请派大臣督办。至海军的根据地，亟宜择定。庆亲王亦以为然。现在政府想派员到各省调查水师，然后商量海军的办法，从今以后，中国或者可望重兴海军吗？

（录自《竞业旬报》1906 年第 3 期）

海军拟分四支

陆军部规画海军，拟分为四大支：一渤海，二辽海，三浙海，四粤海。渤海以荣成湾为军港，辽海以赵山列岛为军港，浙海以舟山象山列岛为军港，粤海以北海湾为军港。

（录自《竞业旬报》1907 年第 10 期）

海军计划

恢复海军之举，以八年为期，其地点，以广东为南军，北洋为北军，南洋为中军。其军港，渤海则荣成湾，辽海则赵山列岛，浙海则舟山列岛，粤海则榆林港。惟编制之法，尚未议定。日前，陆军部尚书已电出使英、美、德、法、日本各星使，调查各该国海军编制，以便参酌编定云。

（录自《竞业旬报》1908年第21期）

觉民报

布置江防

　　江西臬司陈雨人廉访，系陈军门国瑞的侄子，熟谙韬略，抚台松鹤龄中丞，狠为倚重他，既委他经理营务，又委他办理江防。廉访即于上月十七日，亲到彭泽马当山地方，查明那地形江势，布置了水陆江防。廉访心中，务令长江中假险要，坚固如金城汤池一般，江西省第一个门户，恃如屏障云。

（录自《觉民报》1899年第10期）

科济学堂报

水师更议

东洋信言，日本各廷臣现将前定增广水师章程更补，一切现已定议，先将第一军头等巡船四艘增重墩数，每艘由七千墩增至九千墩，并将水线下之铁甲增厚。其第二军头等巡船两艘亦将规模更改。一切新章既定，日本不久将有钢甲巡船八艘，每艘册注九千墩。另有大铁舰四艘，每艘一万四千墩。似此整顿海军，日人其将复有事于东方乎？录正月十一日《申报》。

（录自《科济学堂报》1897年第3期）

水师军费

西历一千八百九十五年至一千八百九十六年，各国水师军费开列于后：英国水师军费一千八百七十万零一千磅英银，法国一千八百十一万四千六百四十八磅英银，俄国六百一十万零二千六百一十二磅英银，美国五百零七万三千三百六十五磅英银，德国四百八十一万五千一百二十五磅英银，意大利国三百七十一万三千五百六十九磅英银，日本亦增至一百一十二万七千九百七十四磅英银。录西十一月伦敦《邮报》。

（录自《科济学堂报》1897年第11期）

整顿水师

东京报云：水师者今日之要，图欲振国势而威列邦，舍此别无他策，故整顿水师为言时务者第一义。东京水师学校现添传学生四十九名，原额二百七十三名，除请假告退者，尚余二百四十一名，其中才堪造就、学艺精通者，实不乏人，已膺保都司者四十一名，大副者八十名，机器师者十一名，帮机器师者四十九名，均经派在船练习，以资阅历。日本兵燹以后，所有水师员弁尤为器重，于海防事宜，亦极讲求，其膺不次之。迁者百有七十余人，学校陆续添设者二十余处，并闻各学校按年添传学生一百名。当一千八百九十四年统计，日本船只仅载重二十一万二千九百二十五吨，现则增至三十三万九千七百二十四吨，本年又仿泰西式，建造轮船七百四十五艘、帆船七百二十二艘。录西十二月《日本邮报》。

（录自《科济学堂报》1897年第11期）

新设水师会议司

意国君主饬谕设立水师提督会议司，事有五端：一妥筹备战之法；二扩充水师及讲求海防事宜；三妥立整顿水师章程；四讲求造船之法；五详订水师官员升迁调章程。该司每年至少须会议三次，或在海军部，或在水师衙门，总候海军部大臣批示遵行。现经海军部议定，嗣后水师大操，即派会议司领袖水师提督充当总统，并考查水师各队官员勤惰，兼管各船厂工料事宜。录德国《三日军报》。

（录自《科济学堂报》1897年第16期）

孔圣会星期报

筹备海军之近状

（北京）海军处现只设（机要）（船政）（运筹）三司，闻海军大臣载洵，以海军部虽一时暂从缓立，然所有应筹海军各事，甚属繁颐，拟再行添设（军学）（建筑）（会计）三司，以分责任，而期完善，惟须先行物色相当胜任人员，方能奏请云。

（录自《孔圣会星期报》1910年第106期）

丽泽随笔

海军处之会议

洵邸合数大臣，会议海军七事：（一）奏设海军顾问官；（二）为筑修军港之方略；（三）为订购军舰；（四）为与各国商订领海公海行驶专约；（五）为建设海军学堂及制造学堂；（六）为与军谘处划分海军各政之权限；（七）为动用海军开办费之限制。

（录自《丽泽随笔》1910年第1卷第2期）

建立海军小学

国之能存在民，民之可用在武，故今日时势，非通国尚武，不能为国，然必自学堂起，方有把握。又必因人之近水近陆量其才而为之，更易收效。近日海军学电直隶、山东、福建、广东四省，现本年内筹设海军小学堂，不许迟延，认真实行。这四省皆居海边，为此自然靠实，中国海军小学之立，此其起点。

（录自《丽泽随笔》1910年第1卷第3期）

海军征兵之区分

海军处电沿海各省，略谓：筹办海军，最为要图，兹事体大，凡百待举，除购舰辟港，置械设场四大端外，莫先布置海防，调查疆域，测量沙线各事，尤以征集水兵为最要之端。前经本处派员，详查沿海各属居民，一般风俗习惯各事，以便分划海军征兵管区。现拟定分划海军各区，总分四大区，计开：北洋为一区（即山东、直隶），南洋为一区（即浙江），闽洋为一区（即福建），粤洋为一区（即广东）。每区域内，又分上下路，每设征兵局所，管理预备征集水兵各事。呜呼！贼来闭门，犹可自卫，惟在门内之设施如何耳。

（录自《丽泽随笔》1910年第1卷第15期）

鹭江报

南北洋水师归并述闻

探闻南北洋大臣张宫保拟将南洋水师各兵舰归并北洋，由北洋海军统领萨镇冰军门管辖，一俟奏闻谕允，即当归并矣。至去年裁撤之舰，前欲拍卖，今已作为罢论，拟请萨统领仍分别挑选修用云。

（录自《鹭江报》1903年第24期）

创设海军同盟会

英国海军同盟会评议员兼名誉书记爱唔维阿多氏，因该会前拟于英领各殖民地设立海军同盟分会，故特周游四方，竭力劝导。日前道出日本邀同驻日英使为座长，决议于日本设立分会，公举该使为支会会长。是日，日本人与会者有海军大佐金泉君、海军中佐布目君，而驻横滨英领事柏那君、英公使馆书记官巴克来君，亦预会焉。

（录自《鹭江报》1903年第30期）

水师纪盛

英国商务日兴，揽尽欧亚利权，在于水师威力足以雄视海上，而诸大强国顿绝窥伺之心。据英国报所论，英届千九百零六年将有头等战舰五十二艘，俄法合计有四十二艘，德国有十八艘。如德与俄法联盟，则英国战舰较之只少八艘；如德英联盟，则俄法战舰少二十八艘，英可长享和平之局矣。然英之人民尚多顾虑，略谓德今虽决胜英，其心非可深信，苟萌异志，合俄法而与英为难，强敌外侮或有兵力不足，何以御三国乎？为今计之何，宜多添战舰精练水师，以为将来之防范也，英人之谋远哉。

（录自《鹭江报》1903年第30期）

海军近事

北洋海军统领萨鼎铭军门奉简广东南澳镇总兵，所遗满军统领，袁宫保即令海天兵舰管带刘冠雄副戎任。通济舰现因锅炉损坏，由该舰管带禀明袁宫保，驶往福州马江船厂修理，昨已至沪，月杪即开驶赴闽云。

（录自《鹭江报》1903年第43期）

琛航隶粤

船政琛航轮船鬻于粤省，经该省善后局宪筹款，交到福州船政厂代修，并派委提标中营守备刘义宽来闽监工，谕令将船上所有车副水手名额及按月薪银，开列清单，俟该船修竣之时，一并领回核办云。

（录自《鹭江报》1903年第47期）

琛航赴粤

船厂琛航官轮让鬻于粤省，即由闽厂雇工修理。日前粤督来电谓：军需紧急，该轮须克日修竣，赶回供差，不可贻误。新会办魏大臣立即札饬各厂所加工赶修，日昨闻已修理完竣，饬交管驾官展轮赴粤矣。

（录自《鹭江报》1903年第50期）

海天军舰沉没

北洋海军巡船名海天者，在伊利葛岛沉没，此上海初十日三点钟电也。该舰与海圻同式，前在依奴士域厂建造，重四千三百吨，机器抵马力一万七千匹，每点钟能行二十海里，船中配八寸径大炮二尊，七寸径炮十尊，三寸径炮十二尊，水雷筒五个，弁兵夫役三百七十四名，乃北洋海军之第一巨舰也。按伊利葛岛在高丽湾之西境，距青泥洼五十咪地，其沉没之故，则以误搁海岸，大约船身业已全坏云。

（录自《鹭江报》1904年第64期）

谋捞海天兵船

北洋海天兵船前在大戤山洋面触礁，嗣由该管带刘某托某船厂西人设法捞救，讵费款已巨，仍不能起出，刘某现仍在彼处看守，其余兵弁水手均已他往。近由北洋统领萨镇冰军门北上禀明袁宫保后，复于前日回南，至彼察勘云。

（录自《鹭江报》1904年第69期）

整顿海军之筹议

中国海军久未整顿，兹有某大员拟仿西国设海军部，以为规复防海之制，奏稿甫呈，练兵处咸赞成之，谅不日定可实行举办云。

（录自《鹭江报》1904年第79期）

魏瀚去而船政亦荒

船政前后学堂经沈文肃公创设，规制谨严，近以经费支绌渐不如前，去岁魏京卿会办船政，力求整顿，前后学堂绘事院艺圃等处，以为船政根本之地，不可不为注意，故于续订各法员合同，内有停聘两堂洋教习各一员之议，冀复旧规。乃魏既去，而此议亦寝。今船政之荒，倍于昔日，殊令人为之惋惜也。

（录自《鹭江报》1904年第81期）

海军部设立之不果

伦贝子召见时奏请恢复海军，设立海军部一节已志前报，经有旨令其筹画章程，兹闻政府以帑藏支绌，筹款不易，故尚迟迟不果云。

（录自《鹭江报》1904年第83期）

北洋海军之调查

近政府颇注意海军，拟购军舰以增势力，经北洋大臣饬海军统领萨军门查报北洋军舰实数，计巡洋舰十五艘，合三万五千四百吨；炮舰十三艘，合一万二千三百吨；水雷艇八十艘，合二千三百吨；运送船五艘，合四千五百吨。俟筹有的款，即当添购各舰。

（录自《鹭江报》1904年第87期）

内阁官报

湖广总督瑞澂长江水师提督程允和
会奏长江水师人员出缺拣员升补折（并单）

奏为湖广所辖长江水师人员因事出缺拣员升补照章声明请旨定夺，恭折仰祈圣鉴事。窃查长江水师各员出缺，向系开单会奏请补在案，兹查长江水师所出之岳标都司员缺，经臣允和遴选，资格较深、熟悉水师之王得贵请补，该员系由已经升补官阶，递请升转，相应照章声明，可否准其升补，恭候钦定。如蒙谕允，俟接准部复给咨送部引见，以符定制，除饬取该员履历咨部外，谨会同两江总督臣张人骏合词恭折开单具陈，伏乞皇上圣鉴，谨奏。宣统三年八月十一日奉。

朱批：海军部议奏单并发，钦此。

谨将湖广所辖长江水师人员因事出缺拣员请补缮，具清单恭呈御览，计开：陆溪营左哨都司潘铭调补遗缺，查有提标中营后哨守备王得贵，朴实耐劳、办事认真，堪以升补，以上一员系由已经升补官阶，递请升转，可否准其升补，恭候钦定。宣统三年八月十一日奉。

朱批：览，钦此。

（录自《内阁官报》1911年第46期）

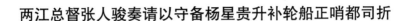

两江总督张人骏奏请以守备杨星贵升补轮船正哨都司折

奏为拣员请补水师都司员缺恭折仰祈圣鉴事。窃江南提标外海水师南汇营轮船正哨都司李公智开缺遗缺，接准部咨，系新章第一轮第一缺，轮用尽先人员行令拣补等。因臣查是缺都司驻扎吴淞海口，有轮巡洋面督率操防之责，非营伍谙练熟悉情形之员，弗克胜任。现在江苏水师并无尽先人员，预保卓异亦属无人，自应照章过班，以寻常应升人员抵补。谨查有补用都司，该营二号艇船正哨守备杨星贵，现年六十三岁，湖南长沙县人，由武童投入内江水师，历随转仗，荐保蓝翎把总，历补海门营外委把总，递升千总，各缺嗣于苏省海运案内出，力保奖补用守备，光绪二十五年，经前督臣刘坤一奏请，补授外海水师南汇营二号艇船正哨守备员缺，经部议准遵例入都引，见奉部颁给札付只领赴任，复于二十六年分苏省海运案内出，力保以都司补用，钦奉。谕旨允准转行，钦遵各在案该员久带师船，人亦勤，果历俸已满，叠委署理水师各营都司员缺，措置均能裕如，年虽六十三岁，精力称强健，以之升补是缺都司，洵堪胜任，与例亦属相符合无，仰恳天恩俯准，以江南外海水师南汇营二号艇船正哨守备杨星贵，升补该营轮船正哨都司员缺，实于水师营伍均有裨益。如蒙谕允，俟部复至日，即行给咨送部引见，以符定制，除将该员履历咨送海军部查核外，谨会同江南提督臣刘光才恭折具奏，伏乞皇上圣鉴训示。再所遗南汇营二号艇船正哨守备员缺，江省现有应补人员应请扣留，由臣另行拣补合并陈明，谨奏。宣统三年八月十一日奉。

朱批：海军部议奏，钦此。

（录自《内阁官报》1911 年第 46 期）

南　报

订造中国军舰

美国炼钢厂副总理司哇白君与中国海军大臣订造军舰。

（录自《南报》1910年第3期）

海军学堂

海军速成学堂近在上海县城小南门外购地建造。

（录自《南报》1910年第3期）

订购军舰

洵贝勒向旧金山铁工厂订购战舰两艘，计一千五百万元。

（录自《南报》1910年第3期）

南洋兵事杂志

海军部官制草案

第一条　海军部管理海军政务，统辖海军人员。

第二条　海军部大臣一人，总理本部属主管事务，担负责任，为全部之长官。

第三条　海军部左右副大臣各一人，左副大臣掌考查本部重要事务，及稽核各司人员功过；右副大臣掌订议本部章程，及审议重要事务，均赞助大臣整理部务，分辖本部各司监督司科各员。

第四条　海军部大臣，于本部重要事务，可随同内阁总理大臣左右副大臣入对，并得请开阁议，如遇有紧要事件，可自请入对。

第五条　海军部大臣，遇有事故，由左副大臣代行。

第六条　海军部大臣，于本部主管事务，会同左右副大臣具奏。

第七条　各水师学堂及关涉海军之厂坞，均归海军部监督。

第八条　海军部大臣，于本部与在京各衙门及各省将军督抚有关涉事件，可分别咨行办理。

第九条　海军制度，及一切应时增改变通事宜，统由海军部商明军谘府，咨送阁议，奏请钦定，并有检核厘正海军事宜之权。

第十条　海军部任职补官升调各事，皆由海军部考验核定，分别奏咨办理。

第十一条　海军部分设九司，每司设司丞一人，掌管本司事务。

一、军枢司掌管事务如左：

关于本部开补官缺、考绩及文牍、档案、庶务及收支事项。

二、军制司掌管事务如左：

关于海军编制、纪律、礼仪、服制、旗章及舰政等事项。

三、军训司掌管事务如左：

关于海军教育训练及编译兵法、战史等事项。

四、军籍司掌管事务如左：

关于海军人员升转进退及各项事故之注册、存案等事项。

五、军储司掌管事务如左：

关于经理海军款项、粮饷、服装、器械及公置财产什物并军储官之教育等事项。

六、军防司掌管事务如左：

关于建筑军港要塞等事项。

七、军医司掌管事务如左：

关于海军卫生医务及医官之教育等事项。

八、军法司掌管事务如左：

关于海军人员之审判及监狱等事项。

九、军导司掌管事务如左：

关于海军测候、测量等事项。

第十二条　海军部各司，应按事之繁简，分设各科，每科置科长一人，掌理科务，并酌设一、二、三等科员，一、二等股员，各若干人，襄同办理。并于军枢司，设秘书官、副官、书记官、会计官各若干员，分管各项事务，并于军储、军防、军导三司，分设艺师、艺士各若干员，管理海军工程测绘等事项。

第十三条　海军部各科，设一、二、三等录事若干人，缮写文件，料理庶务。

第十四条　海军部大臣、左右副大臣，恭候特简，各司司丞，由本部大臣，商同左右副大臣，每司各选拟才资相当者二、三人，开单请旨简授。

第十五条　海军部各科科长、科员，军枢司之秘书官、副官、会计官及军枢、军防、军导三司之艺师，均由本部大臣，商同左右副大臣，拟定相当人员，带领引见请旨补授。

第十六条　海军部奏补以上各职，应全用海军出身人员。

第十七条　海军部一、二等股员、艺士、录事，由本部大臣，商同左右副大臣，遴选劄补。

第十八条　海军部请简奏补劄补各员，有应行惩处或罢斥者，由本部大臣，商同左右副大臣，定议后，分别奏咨参撤。

第十九条　海军及海军本署，与所辖各项应支经费，由本部于每年九月议定数目，送阁核准，奏请饬下财政部照拨。

第二十条　海军部设官详细章程及廉俸等项，应俟奉旨简定海军部大臣后，即由该大臣酌拟咨送阁议，请旨裁定。

第二十一条　海军部未开设之前，所有海军事务，暂归陆军部附设之海军处管理，其海军处章程，由陆军部奏定之。

第二十二条　海军部职官表，比照陆军部定之。

（录自《南洋兵事杂志》1906年第5期）

拟派萨镇冰为海军谘议官

陆军部前调萨镇冰统领办理海军事宜，现悉该部欲派为本部头等海军谘议官，业已电商北洋大臣。

（录自《南洋兵事杂志》1907年第6期）

议定海军分三纲办法

海军拟分海防、江防、河防三纲办法，现已由陆军部铁尚书议准照办。

（录自《南洋兵事杂志》1907年第6期）

醇邸伦贝子出洋查察海军消息

政府拟派醇亲王伦贝子，赴各国查察海军事务，以为创设海军部张本。

（录自《南洋兵事杂志》1907年第6期）

端午帅拟办水师学堂

两江端午帅电告陆军部，拟开办长江水师学堂，俟章程就绪，再为详告。

（录自《南洋兵事杂志》1907年第6期）

派员调查军港

陆军部派定王士珍，调查象山、舟山军港。

（录自《南洋兵事杂志》1907年第6期）

鄂督赞成设立海军大学

政府电商鄂督，设立江宁、直隶、湖北、山东四省海军大学，已经香帅电覆赞成。按此条当与前条设立六省海军大学校参观。

（录自《南洋兵事杂志》1907年第6期）

海军笔译需材

海军处正副使禀承堂宪，仿照陆军编译局成例，别设海军编译局，纂译欧美海军各项书籍。当即督率各科长从长会议，佥以舰队之机械，军伍之制度，各国皆新定名词，但在普通译员，未具海军学识，必致涂鸦草草，贻误将来。现拟电呈洵贝勒、萨军门并各国驻使，顺便察访精谙各国文法，兼具有海军学识之人才，咨送到处，以凭录用。

（录自《南洋兵事杂志》1907年第6期）

海军军港择定四处

陆军部已将海军各官制拟妥，议定分作四路海军，择定险要，修建军港。

一在渤海之荣成湾，以直隶、山东属之；一在辽海之赵山列岛，以辽东半岛属之；一在浙海之舟山、象山列岛，以江苏、浙江、福建属之；其长江仍归南洋水师管辖。现正与政府商议，奏调知兵大员矣。

（录自《南洋兵事杂志》1907年第6期）

萨军门有派出洋调查海军消息

闻陆军部近与政府商酌，以海军事宜，未能实行组织，暂归本部兼管，但现在不妨将海军事宜，调查办法，以为将来兴办海军之基。拟奏请调派萨军门镇冰来京，入部襄办，并拟派该军门出洋调查云。

又闻政府议定，以山东荣成湾为海军港，正在调查一切。

（录自《南洋兵事杂志》1907年第6期）

设立海军大学校

陆军部尚书铁良，近与政府王大臣会议，拟兴复海军，将在南北洋及两湖、两广、福建、山东六处，设立海军大学校，已令该部海军司制定章程，且将聘日本及英国之武员，以为教习云。

（录自《南洋兵事杂志》1907年第6期）

新制军舰落成

鄂省前在神户、川崎造船所，定造水雷艇湖鹏、湖鹗、湖隼、湖燕四艘。湖鹏、湖鹗两艘，业已竣工，实行演驶，成绩颇佳，预定每点钟之速力，能行驶二十三海里，现竟能行驶二十三海里又十分之三。四艘均系一式，其构造如左：

长英尺一百二十尺七寸，阔十六尺二寸，深六尺八寸，备炮四十七生的迈当快炮两门，十四寸水雷管三门，总吨数九十六吨。

该造船所又为鄂省建造炮舰，楚泰、楚同、楚有三艘，亦已试演各炮，成绩亦佳，豫定正月初八日，由神户起驶云。

拟派贵胄学生出洋留学海军

陆军部近与宗人府议定，由贵胄学堂选派甲班学生，分赴各国，留学海军，以为将来兴海军地步。闻此事庆邸颇为赞成，定于二月内实行。

拟派员校阅水师

闻陆军部拟于春间，奏请派员，前往各省校阅水师，以为振兴海军之豫备。

鄂督电请添造兵轮

鄂督电告政府，谓前在日本川崎船厂所造兵轮三艘，业已验收，分派扬子江一带巡逻，现海军问题颇当注意，请饬两江督臣筹集巨款，亦赴日本定造数艘，以济海军之用，二三年后兵船既多，则上下江联络一气，乃能得力。现政府已电询各省督抚，每年能筹若干经费，以充海军经费矣。

改编全浙水师

督练公所前奉抚饬，会议改编全浙水师一节，现已议妥，计杭嘉湖三府编列十一队，浙东钱江编列一队，瓯江编列一队，统计编列十三队。昨已将章程规则，呈请核办。

拟设海军公所

政府于海军一事，近已决意先将船厂地方认定，以为基础。陆军部铁尚书拟请于部内设立海军公所，奏调萨军门入京，襄办一切，其余佐理人员，概用海军学生，并水师各学堂学生。曾函商袁宫保查明从前水师学生，现存若干。

（录自《南洋兵事杂志》1907年第8期）

建议兴复海军计划

政府某大臣建议，兴复海军，必先造战船，若向外洋工厂定购，利权外溢，不如于福建马尾船厂，专派大臣驻厂督造云云。

（录自《南洋兵事杂志》1907年第9期）

学习海军之允许

北京专电，闻英国已允我国派生前往，学习海军专门学问。

（录自《南洋兵事杂志》1907年第9期）

水师改为巡警之传闻

长江水师近极腐败，与原定章程不符，闻端午帅拟改为巡警水师，并添设轮船八艘，分布各口以资防堵。所有岳州、汉阳、湖口、瓜洲四镇，一律裁撤，统归长江提督管辖。并闻江督业已会同鄂督具奏咨部，一俟奉到部覆，即行实行云。

（录自《南洋兵事杂志》1907年第9期）

宪兵兼辖海军

省垣宪兵，现正扩充权限，惟只就陆军一面，恢拓区域，计划管理之办法。顷江督以下关商埠，时有南北洋兵轮、差轮、运船往来停泊，兵士、水手不时登岸，难免无兵民交涉事件，爰特移请海军总统萨军门，通饬所属，嗣后海军中无论将弁兵役，悉应受宪兵之约束，以免肇事而重军纪云。

（录自《南洋兵事杂志》1907年第10期）

编列海军军港表

陆军部编撰海军军港表，现又列入长江之九围墩、浙江镇海之健跳所、福建福州之罗星塔、广东之大鹏峡、柘林澳，七洲洋等处。

（录自《南洋兵事杂志》1907年第11期）

筹拟兴复海军经费

陆军部近将兴复海军，常年需银一千二百万两，闻议此项经费，仍责令各省督抚筹解。

（录自《南洋兵事杂志》1907年第11期）

政府筹立海军大学

政府提议设立海军大学，其地基即就旧日练兵处改建，所有总办监督各缺，一俟简擢得人，尚拟请旨特放云。

（录自《南洋兵事杂志》1907年第11期）

政府决计以舟山为海军根据地

政府因欲重建海军，须先勘定军港，去年已议有军港四处：一山东荣成湾、一浙江象山、一浙江舟山、一广东北海湾，均堪作海军根据地。当时已电饬南北洋水师总统萨军门镇冰，详细查勘。四处虽均可建筑军港，究以何处为最，军门奉电后，即派水师帮统某镇军，率同水师人员，分往以上各处实地测量，业已竣事。闻四处之中，以舟山最为相宜，该地山峰屏蔽，水势回环，既可避风，而门户尤觉严紧，港内地势宽阔，水量宏深，既可收容大枝海军，即达两万吨之战舰，出入亦毫无阻碍。山上建设炮台，前后皆能照顾。又港之中心，有沙碛淤成之高地一区，面积约一千数百里（按开方宽广约四十里），足可建设船厂、制造局、海军学堂、海军公所等项，实为屯扎海军不可多得之军港。虽荣成湾、象山、北海湾皆不无可取，然较之舟山则皆不能及。况沿海各省，是地居中，上下开驶，运动尤觉灵通，现已由萨军门绘图具说，并详陈办法若干条，禀覆政府，业与陆军部屡次会商，决计以该地为重建海军之起点，并电商南北洋大臣，亦极力赞成，故组织海军，定以舟山为根据地云。

（录自《南洋兵事杂志》1907年第11期）

海军扩张议案之要旨

四月十三日《东京日日新闻》云：中国当局新近拟定之海军扩张议案，已得两宫之嘉许，其大旨如左：

一、选定海军根据地；

二、命各省预备费用，向各国购买军舰；

三、选拔武备学生，分往各国著名制造厂，学习制造军舰兵器；

四、在天津、上海、广东、汉口等处，设立大制造厂；

五、先命南北洋大臣增练海军；

六、指定富有之矿山，为永归海军经营之事业。

（录自《南洋兵事杂志》1907年第12期）

商船学生改习海军

陆军部议令前年练兵处所派留日商船学校学生，改习海军。

（录自《南洋兵事杂志》1907年第12期）

提议培养海军人材

南北洋海军统领萨镇冰军门，提议恢复南北洋水师学堂，培养海军人才，以备委用。

（录自《南洋兵事杂志》1907年第12期）

募公债为海军经费

泽公铁良决议募集公债，为恢复海军经费，将于日内由度支陆军两部，会衔具奏。

（录自《南洋兵事杂志》1907年第12期）

三督协办海军事宜

政府电致袁、张、端三督，责令同陆军部办理海军事宜。

（录自《南洋兵事杂志》1907年第12期）

议改练兵处为海军大学

练兵处议改为海军大学，现已由陆军部筹备款项。

（录自《南洋兵事杂志》1907年第12期）

南北洋协筹长江战舰经费

陆军部铁尚书日前会晤庆王时，议及长江一带，非添练水师，置备战舰，不足以资控扼。前曾与寿王两侍郎筹商，拟在日本船厂定造各式战舰十余只，分驻长江南北，以备遇有缓急，得以呼唤灵通，保护得力，嗣以款项无从筹措，所议未果，现可否电商南北洋大臣，著准帮同筹集巨款，以便本部得与直接向日本船厂定购等语，闻庆邸深为赞诺，翌日即面奏。

（录自《南洋兵事杂志》1907年第12期）

北洋海军三等忠魂论（选录）

卧虎山人

魏叔子曰："古今死难之臣，当作三等观。从容就义、视死如归者，上也；意气愤激、一往蹈之者，次也；平居无鞠躬尽瘁之心，及临事顾名思义，不得已而以一死塞责者，又其次也。"读叔子论，观甲午之役，则北洋死难诸君，当以杨用霖为巨擘。杨用霖，字雨臣，一海军游击耳，镇远副管驾耳，职在提镇副参将之下，任在致、靖、经、来管驾官之后，是皆可以后于人而死也。且泰西战律，临阵被围，至势穷力竭，迫而求降，原有为士卒乞命之说，如是，则用霖更可藉辞不死矣，乃当降书画诺。倭兵进口之会，军中皆报恶无地，独用霖谈笑自若，饮酒悲歌，左右见其情形陡异，密闲之，用霖以事遣去，俄闻枪声作，比趋视，则用霖拥洋橙假寐，而枪在右手，鼻双孔血如注。呜呼！盖以枪自击，而子入脑根矣。夫夫也，视死如归，非所谓从容就义者耶。倭官到船，审其状，欷歔叹息，咸向免冠致敬，祭之如仪，拍相驰寄东京，为题其事之颠末。伟哉雨臣，为义捐躯，虽不见知于吾国，而尚起敬于敌人，播扬于欧亚，不必死而死，其死亦足豪矣。用霖以一诸生，受左翼总兵林泰曾之知，擢为镇远副带，授海军游击，躯不及晏婴，力不过韩信，平居辄见侮于同侪，而林公则以国士待之，林公之知人，固独具双眼也。用霖感林公知，愈益勤奋，凡有裨大局之事，皆不避嫌怨，力任其难。当林公伤于阵，用霖升之下舱，独力主持，镇静不乱，往来枪林弹雨中，筹度机宜，曲全林公名望，知己之报，义固宜然，及其临阵也，自午至酉，酣战六点钟乃罢。各国水师作壁上观者，皆称自有海战之第一持久。镇远一船，中弹大小三百余处，而犹驰骋裕如，固赖船甲坚厚，抑亦用霖驾驭得法，乃能保船而不没也。一船之价，敌于一城，从古城破人亡，固不若坚持苦守者之冀可挽全，然城破尚有恢复之日，船沉终无补救之方，故水师之战，不以愤激与船俱亡者为有功，而以能奋击而又能保船者膺上赏，是则保全镇远片轮，不以激烈偾事，足以见用霖之才耳。全军归威海后，镇远误触暗礁，管带林公，见危授命，丁提督檄用霖权其乏，在无事时，人固求之不可得，而濒危之际，无有不避艰辛者。用霖毅然任之，其勇往得之天授者。迨威海困于敌，激励将士，誓以死守，形神骨立，不解甲者数月，鞠躬尽瘁之忱，洵足为天下效忠者劝。及丁、刘乞降，用霖虽愤不能平，然知其不可谏而不谏，其智尤不可及也。降成，提督丁汝昌、总部刘步蟾，皆不及签押而死，例用署左翼总兵杨用霖签押，用霖坚不署名，不署名则降不成，倭必歼我残军而后已，兵卒环泣跪求，用霖潸然曰："是可辱也，孰不可辱也。"既而凄然曰："事已至此，吾亦何忍以一己微名，坐视坑戮吾士卒，涂炭吾生灵乎，乃揾涕署之，愿以一死任咎。"此其杀身成仁，更为人所难能。嗟嗟，杨公之贤，海军人士知之，海内士未之知也。海军人士，或知公之忠勇，而必不及知公之才智；或及知公之才智，而必不及知公之仁义。余则佩公平日不惑不忧不惧，知公智仁勇流贯胸中，固宜发为义士，为忠臣，为大才良将也。夫以海军人士，尚且不能尽知乎公，无怪夫天下局外之人不知公之贤也。即有知者，亦不能道其所以贤者。余也不忍公之湮没无闻，纪公之实，为公告天下万世，而公亦可以无憾也已。致远管带邓正卿名世昌，殉大东沟难，特旨优恤，赠少保，谥壮节，世袭罔替，邀此旷典，同侪荣之，海内好名之士，罔不想象其人，而乐道其战绩。噫嘻邓公，何幸如之，何幸如之！邓公粤产也，入船政学堂，习水师艺，洊升北洋管带官，获交于丁禹廷军门，结为昆季，旋擢海军副将，管带致远战舰。北洋一切规模，仿用英水师成法，海军提督，有统辖全军之责，不寄以带船之任，总镇以下，则以船为缺，镇远、定远头等战舰，以总兵任之，致远、济远、靖远、经远、来远二等战舰，以副将任之，邓居五将首。凡充海军将领者，必由学堂出身，视资格浅深，为补缺后先，不能稍有躐等也。船政设自闽省，初招学生，闽人居其七，粤人居其三，故所出海军将领，亦以闽人居多，不知者以为李相奏定海军，独私闽人，其实营制既定，不能不用闽人耳。伏念船政前辈诸生，均能以技艺求自立，惜少读孔孟书，未明胞与之义，故闽粤生徒，各分党类，同类之中，又复互相嫌忌，庞孙苏张，情性不等，而最狠毒者刘步蟾，最无耻者林国祥，余尚顾全大体。其贤达有志略，由水师武备，进而求经国文章，则以严公复、罗公丰禄为卓卓。邓世昌于曹伍中，特平等才耳，论资格犹在叶祖珪、方伯谦、林永升、邱宝仁、黄建勋之后，其能出人头地者，盖赖丁汝昌狙忌闽人，特援为左右手。然邓藉此进阶则有之，实未敢与丁朋比为奸也。甲午之役，我军以定、镇、致、靖、经、来、济，超、扬及广甲、广丙等十一艘，出队遇敌，倭之铁甲快船，亦十余艘，分两翼包抄而来，我军亦分两翼应之。交击辰许，胜负未分，倭军快船行驶捷，而不及我之坚厚，故受伤尤多。彼审势难于取胜，拨队暂退，非怯而逃也，特为保船起见，恐伤重无以为继，故退以待后援耳。邓世昌不明此意，以为敌败矣，鼓轮长驱，倭军望见致远离队独出，有机可乘，任其逼近，暗放鱼雷，从水底轰击，以数千百吨之船，石破天惊，顷刻瓦解，阖船无一存者。致远既没，诸舰胆寒，而督队之船，又无定令，全军骚动，人自为战，倭人见我阵法错乱，心气益壮，合围而进，继以后队，坚甲快炮，策应环攻，而我师安能不败哉。于是超、扬二船，冲散在左，相继烧焚；经远一船，被窜在右，亦中鱼雷而沉；所藉定、镇两舰，船身坚固，中炮数百处，不能贯甲；靖、来二船，受伤已甚，幸赖叶祖珪、刘冠雄、邱宝仁、张哲仁等，深明战法，能奋击又能保船，不为敌所掠，良足多矣。是役也，致远若不先行离队，自蹈危机，则敌无间可乘，我军何至胆崩旗乱，故识者以大东沟一败，归咎于邓世昌冒昧唐突，致误大局。魏叔子所称意气愤激，一往蹈之者，非其人欤？嗟哉正卿，奋迅前驱，未尝非仗义也，未尝非效忠也，而惜其小有才，未闻君子之大道也。大道惟何？曰智、曰仁、曰勇，正卿所以逊雨臣一筹者，盖自以为不惑、不忧、不惧，而不知其贻误匪浅矣。当时丁汝昌亦心知而深责之，特以与己有手足情，既没于阵，掩其迹以欺朝廷，饰其功，以邀旷典，是故当时海内之士，知有邓世昌，不知有杨用霖，更不知海军始末致败之由、乞降之隐耳。海军之权，操于丁、刘，愿降之意，亦出丁、刘，驯至事势不可收拾，顾名思义，仰药自尽。揆其平日居心行事，挟隙而杀方伯谦，营私不戮吴敬荣，一死岂足蔽辜？明季彭躬菴先生有言，近世智忠、伪忠之辈最多，此辈苟可以生，则图一生受享，或必不得已而死，则以一死塞责，盖成则以君国为富贵，败则以忠义为名利，如丁如刘，即此之谓。夫以邓世昌意气愤激而致死，虽不如杨用霖从容就义而死，较之丁汝昌、刘步蟾不得已而以死塞责者亦差胜耳。死有重于泰山者，有轻于鸿毛者，用霖一死，独千古矣，不才平情论事，于诸将何毁何誉，倘谓誉人所毁，毁人所誉，是将拂人之性，而忍以欺人者欺天乎？夫何敢。

（录自《南洋兵事杂志》1907年第13期）

筹画江防大纲

赣抚冯中丞覆奏筹画江防事宜大纲，计分六条：

一、改良署政，严查会党；二、稽查轮船；三、稽查民船；四、整顿巡防；五、添置兵舰；六、设立侦探队。

（录自《南洋兵事杂志》1907年第13期）

江督端咨送海军学生赴部考验文

为咨送事，窃照本大臣前署两江篆时，因时局艰危，需才尤急，当经商请英领事转商英国水师提督，允准选送中国水师学生，交驻沪英国水师总兵，分派各船学习，即饬江南水师学堂洋教习挑选合格学生，沈樑、吴振南、蔡朝栋、王光熊、朱天森、方佑生六名，于光绪三十年冬间，送往驻沪英国水师总兵分派各船学习，限期以两年为度，限满由英总兵秉公考试，给予切实文凭，以便回华考验，咨送练兵处严加考试，如与文凭相符，自应奏请优予出身，以示鼓励。倘有考不及格，及与所得文凭不符，应勒令再上练船补习船课，总期学业有成，不致浅尝辄止。业经奏咨在案，嗣于三十一年三月间，周署大臣接见英国水师兵船管驾官，奉水师提督来电准，再派学生四人到船练习，咨商总理南北洋海军事务叶军门，就南北洋各船中，挑选有志上进之学生，李国棠、许建廷、林国庚、毛仲方四名，于是年四月间，送赴英兵舰学习。三十二年九月间，本大臣因乘海军营务处洋员戴理尔回国之便，札饬转向英海军商允，由中国咨送兵官，在海军兵轮学习，并许咨送学生，入海军大学堂学习。本年四月间，准总理南北洋海军事务萨军门文开，准英提督函，海军部已允贵国学生六人，入海军学校学习，该生能否赶于西四月开课，抑俟西十月开课。当复以西四月为期太迫，应俟西十月入校。此先后派赴英兵舰学习学生十人，及续商英海军部复准学生六人，入海军学校学习之情形也。现前派十人，均先后毕业回国，由总统驻华英国舰队海军提督给予文凭，除在前学生内挑选五名，连同另选一名，届期送往英国海军学校肄业，俟毕业回华，另行咨送考试外，尚余学生五人，自应照案送京考验，以觇学业，相应开具各学生姓名、年岁、籍贯清单咨送，为此咨呈贵部，谨请查照，希即核明前咨练兵处成案，迅赐考试，酌予奖励，并祈示复施行，须至咨呈者。

谨将南洋派往英兵舰学习毕业学生送京考试五人姓名、年岁、籍贯开单呈核。

计开：

沈樑，年二十九岁，江苏苏州府长洲县人；

蔡朝栋，年二十八岁，江苏江宁府江宁县人；

方佑生，年二十七岁，江苏江宁府上元县人；

王光熊，年二十八岁，江苏江宁府江宁县人；

李国棠，年二十二岁，广东嘉应州人。

（录自《南洋兵事杂志》1907年第13期）

海军处议暂设三司

副使谭学衡议，海军处暂设三司，曰机要司、船政司、运筹司。

（录自《南洋兵事杂志》1907年第13期）

江督札员统带长江舰队

江督端午帅以长江一带，伏莽素多，近更有逆党阴谋煽惑，行踪诡秘，私运军火，勾结会匪，希图倡乱。沿江港汊纷歧，民帆鱼划，匪徒资以出没，防不胜防。因商明北洋大臣，暨南北洋各师统领，调派辰、宿、列、张鱼雷艇四艘，南琛兵轮一艘，专备金陵上下游梭巡察缉之用。遴委四川补用道余观察大鸿，统带长江舰队，饬令督率各舰，于沿江港汊往来船只，认真巡逻，多设侦探，遇有形迹可疑之人，舟中货物，即行检查盘诘，如实系作客平民，应即放行，勿稍留难。若查有为匪实据，搜有军装火药等项，登时拿获禀解审办。余观察接差后，深恐长江上下游境地绵长，特移沿江各关道，严饬所属随时巡查，互通声援，以资周密而严防范云。

（录自《南洋兵事杂志》1907年第13期）

拟设五省海军学堂

督宪张相国拟将武普通学堂，改为五省海军学堂，一切章程，均已议定，所需经费，应由湖南、四川、云南、贵州、湖北五省摊派等因。昨已通电各省督抚速行电复，以便奏明从速开办，而造人才云。

（录自《南洋兵事杂志》1907年第13期）

咨查海军人员

胡督接陆军部来电，现在决议兴复海军，需才甚亟，相应电请贵督迅即查明粤省海军得力人员（须由学堂毕业之员），分别据实电复，以凭核办。当由胡督详细查明海军人员刘义宽、张斌元、邱宝仁等十余员衔名职守，电覆查核。

（录自《南洋兵事杂志》1907年第13期）

陆军部奏预保丞参及军谘海军两处正副使人员折

管理陆军部事务和硕庆亲王奕劻等跪奏，为预保堪胜陆军部丞参，及军谘、海军两处正副使人员，听候记名简派，恭折仰祈圣鉴事。光绪三十三年二月初九日，奉上谕，各衙门丞参，前经降旨，饬令该堂官于试验得力人员，出具切实考语，预行保荐，乃各部有奏请先派行走者，有声明员缺，径行开单请简者，虽非指名奏补，办理究未一律，嗣后著懔遵前旨，预行保荐，听候记名，由军机处开单请简，以昭慎重，钦此钦遵在案。又本年臣部奏定官制内开，军谘处、海军处均设正副使各一员，正使拟由陆军部堂官，遴选相当人员，比照丞参原缺例奏请派充等语。查臣部官制，承政厅应设左右丞二员，参议厅应设左右参议二员，总司阃署及各军队学堂事宜，军谘处正副使，膺赞画戎机之任，海军处正副使，管理全国海军政务，员缺均极重要，亟应慎选相当之员，分任责成，方于事机有裨。现在臣部办事规则渐定，佐理需人，自应一并钦遵谕旨，于试验得力人员，预保听候简派。兹专就原在练兵处兵部人员，办事确系得力，知之有素者，考其资序，据其成绩，择优预保，共计十四员。凡未在部及到部未久之员，概不与选，所冀驾轻就熟，得为指臂相助之资，庶几核实循名，上副详慎用人之意，谨将所保各员开列简明履历，出具切实考语，缮具清单，恭呈御览，可否交军机处记名以备简派之处，伏候圣裁，所有遵旨，预保堪胜丞参，及正副使各员缘由，谨缮折具陈，伏乞皇太后、皇上圣鉴训示，谨奏。谨将预保堪胜丞参及军谘、海军两处人员，列开简明履历，出具切实考语，敬缮清单，恭呈御览。

计开：

副都统衔，署正黄旗蒙古副都统，分省补用道冯国璋，由附生在天津武备学堂毕业，嗣赴日本考求兵学，并在武卫右军带领营队，历保道员，充保定陆军学堂督办、练兵处军令司副使。该员先后在军队学堂念余年，声绩夙著，现充原设练兵处军学司正使，贵胄学堂总办，才猷卓越，措置裕如。

副都统衔，直隶候补道姚锡光，由举人历任州县，曾在天津充武备学堂教习多年，并赴日本考求军事。该员究心武学，并熟悉边塞情形，上年臣部未经归并，委令接办原设练兵处提调事宜，才识阔通，措施允当。

内阁即补侍读朱彭寿，由举人内阁中书保以侍读即补，中式进士，仍归原班。该员在京供职十余年，自设立练兵处，即经派充文案委员，承办紧要文牍，资劳并著，现在办理原设练兵处提调事宜，心精力果，规画得宜。

军机处存记、丁忧候选道许秉琦，由荫生以主事用，签分兵部，中式举人，历充职方等司总办，嗣捐道员离署，派充练兵处文案委员，上年六月丁忧回籍，现经调部当差。查本年五月间臣部具奏，以部中办理军事，嗣后丁忧汉员，拟请援照旗员及武职在营例，百日之后，仍令素服办事等因，仰蒙谕允在案。该员前在兵部十余年，嗣在练兵处当差有年，承办一切，均极妥协。现在派充帮办原设练兵处提调事宜，才识明练，措注精详，如蒙简用，拟请作为署理。

陆军部员外郎庆蕃，由荫生以主事用，签分兵部，累补武选司员外郎，充武选司掌印，派办处总办，兵学馆提调。该员在部将及二十年，操履谨严，熟悉部务。

陆军部郎中锡嘏，由监生以员外郎签分兵部，嗣补车驾司马郎中，充职方司掌印。该员器识明通，娴习例案。

陆军部郎中达春，由监生以笔帖式签分兵部，累补员外郎，充司务厅掌印，三十二年，京察一等，本年题升郎中。该员持躬谨饬，办事细心。

军机处存记、四川候补道沈翊清，由举人轻车都尉，历保道员，前经川闽两省总督派赴日本，阅视兵操学制，并带领学生出洋，嗣充练兵处文案委员，兼理陆军学生学务。该员安详笃实，勤奋有为。

浙江布政使信勤，由兵部郎中武库等司掌印，保列京察一等，记名以道府用，简授广东雷琼遗缺道，补授高廉道，调补雷琼道，升授广东盐运使，现在浙江布政使。该员前在部多年，遇事能持大体，于兵事素肯讲求，洵属才猷练达，为守兼优。

安徽凤颖六泗道玉山，由生员以笔帖式签分兵部，累补郎中，历充职方、武库两司掌印，三十二年，京察一等，记名以道府用，本年简授直隶保定府遗缺知府。该员前在兵部将及二十年，稳练老成，实心任事。

原设练兵处军学司副使良弼，由陆军学生在日本士官学校毕业，自练兵处开办，即调京当差，派充军学司编译科监督，旋经升充该司副使，兵学夙娴，从公勤奋，惟该员尚未服阕，如蒙简用，拟请照章作为署理。

原设练兵处军令司副使、署副使哈汉章，由陆军学生在日本士官学校毕业，充湖北武备学堂教员，调充练兵处军令司运筹科监督，旋经派署该司副使，讲求武略，办事精勤。

候补道，民政部郎中谭学衡，由广东水师学生，经北洋大臣考送出洋练习毕业，历充南北洋兵舰管带等官，嗣改文职，以知县捐升道员，旋补民政部郎中，充练兵处水师科监督、贵胄学堂监督。该员于海军事宜，阅历有素，精敏朴实，办事认真。

（录自《南洋兵事杂志》1907年第13期）

长江水师改用新炮

长江水师炮艇，前经程提督文炳在鄂会商中堂，议定一律改用后膛炮，即在鄂省兵工厂减价二成购买，分布应用，当由中堂札饬兵工厂遵照。刻下程军门已谕各镇营将应需炮位数目，一体造报，咨请鄂厂即行制造。

（录自《南洋兵事杂志》1907年第14期）

汇录兴复海军之计画

闻陆军部堂宪迭经会议振兴海军事宜，已拟先行电致各省督抚，饬速商之各该省水师提督，迅即查明水师营，究竟何处可筑营垒，何处安设炮台要隘，何处应添驻兵，一一体察情形，赶速咨部查核，以凭逐渐办理。

又闻铁尚书请筹费千五百万，先行置办巡洋舰，以立海军基址，现由军机处、度支部、陆军部会议，尚未决定。

又各堂宪近议振兴海军，决定购备战斗舰数艘，装甲巡洋舰三艘，炮舰十只，驱逐舰十只，并电沿海各省督抚妥勘海军根据地，整顿现时水师营伍，实可逐渐推广，而壮声威。

（录自《南洋兵事杂志》1907年第14期）

添设海军经理科

张中堂去鄂前数日，以鄂省近年购备兵船多艘，为长江上游练习水军根本，将来驾驶管理，在在需材，不能永远借材异地，特饬陆军小学堂附设海军班六十名，以旧班学生年幼者选充，附设经理班六十名，以备取其年长者挑补，饬令该堂迅即开办。

（录自《南洋兵事杂志》1907年第14期）

部议派员覆查三都澳军港

陆军部前议在三都澳设立军港，曾咨闽督调查地势情形，现据覆称，三都澳内，岛屿林立，环绕千里，南通北粤，北达津沪，为天然绝妙军港，可供海军根据之用，应派员覆查以决办法等语。陆军部现拟派员前往测勘，如果属实，决意在该地设立军港。

（录自《南洋兵事杂志》1907年第15期）

政府覆派军舰巡视南洋

政府前派海容、海筹两舰，巡视南洋各岛，仅抵西贡，适值飓风，因而折回，华侨大为失望。此次覆派海圻、海容二舰南行，定于九月二十日由上海放洋，政府所派抚慰华侨之杨杏城侍郎，亦附舰前往，其预定行程，系由上海而香港，而小吕宋，而西贡，入盘谷，至新加坡，下爪哇、巴他斐亚、苏拉比亚等埠，复至新加坡，入槟榔屿，送杨侍郎登陆赴欧，复出新加坡，由小吕宋及香港回国。其行期约须两个月云。

（录自《南洋兵事杂志》1907年第15期）

查复象山堪筑军港

政府前与陆军部堂宪会议，饬查修筑象山湾作为军港一事，据浙抚冯电复略云，查象山一港，绵长八十里，口宽三十里，水深四五尺不等，处处可以泊船。西湖内港可以筑墙，离象山县城不过十余里，两岸高山屹峙，诚为天然避风绝好之军港。况北岸大松横小墙下潭等处，均可建筑明暗炮台。陆路通至宁波，不过六七十里；南岸亦可达至宁海石浦一带，俱不过数十里。若于该处修筑军港，实可立海军万年之基业云。

（录自《南洋兵事杂志》1908年第18期）

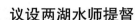

议设两湖水师提督

据政界人言，张中堂前在鄂督任内，曾有添设两湖水师提督之议，近又与政府诸公提议此事，且谓湖湘之间，河港纷歧，形势险要，且湖北境地，为轮船汽车之中心点，交通利便，防范宜严，更兼近年枭票各匪，多在长江匿迹，汉口实当其冲，而长江水师提督，及汉阳、瓜洲、湖口各镇总兵，均相距甚远，兼顾实难，应设两湖水师提督一缺，常川驻扎汉口，以冀严密而重巡防。

（录自《南洋兵事杂志》1908年第18期）

陆军部分咨各省筹画兴办海军事

陆军部前因设立海军处，迭将应行整顿海军事宜，再三筹议，并分别电咨各省，商办军舰军港经费各项。兹悉近日陆军部，已将扩充海军经费，详细酌定，计分两大项：一开办经费，由部中与度支部详商，设法筹提的款一千万，以为添造军舰、开辟军港之需；一常年经费，由各省指款摊认，其沿海各省，应设法筹办海军应需款项，仍由附近内地各省，摊款协助。所有扩充海军事宜，拟分为三大舰队：一北洋舰队，一南洋舰队（鄂浙各处散驻兵舰附属于其中），一粤洋舰队（闽海各兵舰附属之）。每一舰队，暂应备大战斗舰一艘，头等巡洋舰一二艘，二等巡洋舰四五艘，三等巡洋舰五六艘，四等巡洋舰以及炮舰、运送报知舰、灭水雷舰、水雷母船等各若干艘。又每处各编成水鱼雷艇二队，并又另备潜行艇一二艘，以为军中利器。每一舰队，设海军提督一员，统率各兵舰随时巡游练习，即以粤洋榆林港为第一海军区军港，以三门湾及舟山为第二海军区军港，以烟台及津沽为第三海军区军港。又以南洋舰队为海军中央，与北洋、粤洋之舰队首尾联络，即设海军大员，居中以调度三路舰队。至应需之水兵，则酌仿各国征兵方法，另定专章，分别教育、练习两项办理。其余一切舰队，如何添置、归并、分配、统辖各事宜，俟妥定办法，并由宪政编查馆酌定海军官制，即当设立专部，咨明各省实行组织等情。昨已经部中将最近计画扩充海军各情，分咨各省矣。

（录自《南洋兵事杂志》1908年第21期）

会议速办海军

陆军部会议：海牙万国保和会，因我国无海军故，多方疑难阻挠，转瞬八年，又值下期开会，务须于期内速将海军办成。

（录自《南洋兵事杂志》1908年第23期）

筹设海军制造厂

闻陆军部现已议定创设制造厂四处，制造一切海军应需各物品，其开办秩序，则拟先于南北洋同时建设两厂，次再于闽浙添设一厂，再次则于两粤添设一处，徐图扩充，切实举办，庶于海军大有裨益云。又闻陆军部现已将各省堪充海军军港之地势，详加查勘，饬令海军处绘成详图，并编定港坞范围表，以便再加审慎，进呈御览云。

（录自《南洋兵事杂志》1908年第27期）

提议海军章程

日前枢府，提议海军章程，拟将光绪三十四年奏定章程内各条，审度增删，作为草稿，俟出使各国公使，将各国新海军章程送到后，再行参合议定。

（录自《南洋兵事杂志》1908年第27期）

拟派萨镇冰为海军谘议官

陆军部前调萨镇冰统领办理海军事宜，现悉该部欲派为本部头等海军谘议官，业已电商北洋大臣。

（录自《南洋兵事杂志》1909年第6期）

议定海军分三纲办法

海军拟分海防、江防、河防三纲办法，现已由陆军部铁尚书议准照办。

（录自《南洋兵事杂志》1909年第6期）

醇邸伦贝子出洋查察海军消息

政府拟派醇亲王伦贝子，赴各国查察海军事务，以为创设海军部张本。

（录自《南洋兵事杂志》1909年第6期）

饬议编制舰队及简易船坞

鄂督陈小帅札饬局处，会议编制舰队，及设立船坞文云：照得鄂省战舰、雷艇，前经温令朝诒禀陈长江巡阅章程，及操课各图表，当经本部堂详加核定，通饬遵照在案。嗣因国有大故，兼值皖匪谋变，各兵舰分派弹压，各有责成，因此前定巡江章程，至今尚未能实行。兹本部堂覆加检阅，觉前定章程，尚有应斟酌之处。查长江上下游二千余里，节节重要，防务极繁，从前购置舰艇，本不专为巩固鄂防而设，是以每遇邻省有事，往往派舰出防，以资镇慑。现在匪党遍于江界，暗伏潜滋，若仅恃旧有水师，深恐不足济用，兹拟大加整顿，将鄂省所有舰艇，编立一舰队，特派统领官一员，以专责成，平时操课巡防，各守其境，如遇长江各处有事，即与南洋兵舰，不分畛域，彼此策应，庶指挥较捷，呼应能灵，此系急要之图，自应赶紧办理。查温令朝诒熟习水师，深明驾驶，应即销除经理名目，改为湖北队舰统领官，以重事权，惟兹事体大，不厌详求，必须通盘规画，妥筹办理。既编舰队，则每年岁修，亦宜筹及，若每次开赴上海修理，实属周折糜费。前曾提议在汉口开设船坞，当以费重难行而止，究竟能否先设一简易适用之船坞，以便岁修，亦应提议。应饬督练三处、张统制、黎协统、北营务处、北善后局、温令朝诒，刻日会同详细商订，将前定巡江章程，细加核正，另拟一舰队编制办法，详候核查，以凭咨部立案，各委员等务即悉心商榷，毋稍迟延云云。

（录自《南洋兵事杂志》1909年第30期）

分划筹办海军之权限

筹办海军大臣，现分定权限：泽公筹款；肃邸规画章程及一切办法；铁尚书整顿旧水师，并管陆海两军相关各事；萨提督整顿闽沪船厂，及将来教练等事。

（录自《南洋兵事杂志》1909年第31期）

培植海军人才之预备

筹办海军各王大臣，以沿海要塞，关系最重，各国于海军防御地线，均由海陆军部统之，自应于海军学堂内，附设要塞学专科，凡港汊之纷歧，岛屿之形势，何处宜设伏，可占优胜，何地宜筑垒，可扼全局，俾得实地练习平日侦探，以期养成要塞学普通人员。闻已通咨沿海各省，切实筹办矣。

（录自《南洋兵事杂志》1909年第31期）

海军学生参观日舰

日本南清第三舰队战斗舰音羽号，现停泊于汉口日界江面，昨初七日陆军特别学堂海军班诸生，由教员日海军少佐相羽恒三氏，率诸生乘汽艇至该舰参观一切。时风雾大作，江少行船，音羽舰长海军大佐秋山真之君，当导诸生至前后舰桥司令塔，及士官室、机器舱各处，将罗针航海灯，暨大小炮位，实施诸学术，一一指验，复演攻敌、救火、操炮各法。诸生参观毕，齐集舰长室，秋小君享以茶点，各致颂词，遂乘轮回堂。

（录自《南洋兵事杂志》1909年第33期）

江南水师学生奏准奖给

陆军部准江督咨送江南水师学堂举行第五届考取驾驶堂课毕业生十三名，请加考试分别奏奖，当即督饬海军处分科考校，核定分数，区别等第，计平均分数在八成以上者一名，六成五以上者五名，五成以上者七名，特援照练兵处成案，具折奏请奖给把总衔名，并分别酌给五六品顶戴，已于上月十七日奉旨依议，钦此。

（录自《南洋兵事杂志》1909年第33期）

义勇舰队之组织

南洋华侨，热心捐助海军经费，筹办海军，各大臣以该华侨等身处异乡，眷怀祖国，深堪嘉尚，惟恐财力微薄，于事无济，拟令将所愿捐之款，悉数购备商船，来往中外各大埠，即以所获余利，逐年添制军舰，编成义勇舰队，平时则以运载客货，战时则以作战斗之用，洵一举而两善备焉。

（录自《南洋兵事杂志》1909年第33期）

电催速报水师清册

陆军部堂宪，日前会商海军大臣，以本年二月曾通咨各省将沿江沿海各项水师编制，及所有兵饷船式，兵弁经费，限三个月内编列清册报部，现已逾限，应速行查核，如有尚未呈报，及呈报不实者，速即分别电催，以便查核。

（录自《南洋兵事杂志》1909年第34期）

教练处、水师学堂会详更改水师学堂名称文

为详请事，窃查水师学堂光绪十六年开办，一切章程规条名称，均系仿照天津水师学堂定制办理，名曰"江南水师学堂"。三十一年三月，南北洋归并

时，超英奉委接办堂务，奉饬先将堂员名称更改，故易"总办"为"监督"，提调以下各员司，均改名称。及超英到差后，其中有应行变更者，已逐渐改良，随时详咨有案。惟学堂关防，仍照"总办"字样，未请换发。现值兴复海军之际，学堂为根本之地，凡属应行改革者，当再斟酌损益，以期尽善，是以前奉宪檄，饬将水师学堂章程办法，当参仿德意各国海军制度办法，并以水师学堂名目，本旧时相沿，尚嫌未当。中国向日有水师，各国亦有水兵练船，皆义取狭小，不及海军之广大。现值兴复海军规则，培植海军人材，上下内外，耳目一新，取义命名，似宜改海军名称。则面目变换，精神亦易于振刷，顾名思义，所关良非浅鲜。兹事重要，应即札由教练处总办候补道陈道琪前往该堂，会同该堂监督，斟酌改良，以期尽善。除札饬该处遵照前往查明外，札堂遵照，迅速会同查复等因。奉此，仰见宪台尽虑周详，筹划尽善，莫名钦佩，职道等自当会商妥善，详候核示遵行。伏查东西各国海军学堂，均取名曰"海军学校"，并无水师学堂名目，中国自福建船政开办后，继起者为广东、天津两处，均命名曰"水师学堂"，江南亦因之则效，相沿既久，均未议及更改。现值大部正议筹复海军，其学堂章程办法，将来似应有划一章程，颁发各省，以资遵守。至学堂应改名目，自应遵照宪谕，先行提办，改为南洋海军学堂，并请换发关防一颗，文曰"监督南洋海军学堂关防"，应请饬下财政局查照刊刻，一俟刊就，颁发到堂，再将原发关防，另案呈缴，以资信守而副名实。除俟新关防刊发启用，再行另案详情奏咨外，所有遵饬会议更改水师学堂名目，并请换发关防缘由，理合会衔具文详请，仰祈宪台鉴核，批示祗遵，为此呈乞照详施行。

（录自《南洋兵事杂志》1909年第34期）

海军之雏形谈

《泰晤士报》云：近日海军王大臣筹议兴复海军，将情形分咨各处，其大略舰队分为南北二大队，凡自苏界以上，属北洋舰队管领。每一舰队设提督大员一，旗舰一只，头等战舰四只，二等巡洋舰暂备八只，三四等巡洋舰共备十只，灭水雷舰一二只，通信舰共三四只，炮舰十余只，水雷、鱼雷舰各三四十只，每战舰统以水师镇协大员，每巡洋舰统以水师参游都司人员，均各就所统之舰为旗舰，每十余只为一队，合三四队为一军，现正妥议舰制，俟决定后即行会奏。

（录自《南洋兵事杂志》1909年第34期）

三都澳辟为军港之要闻

日前筹办海军王大臣会议，以闽省沿海以马尾背山面水，旷宇天然，江口两岸，炮台险固，我国军港中主权未失者，惟此而已。至于三都澳，湾阔水深，四山环拱，港口巩固，久为外人所垂涎，当开埠时，曾诏饬划留船坞地，庚子乱后，其议始寝。今恢复海军，该港形势天然，兴筑必易，将来奏派大员查勘七省沿海险要，于该处尤当注意云。

（录自《南洋兵事杂志》1909年第34期）

电商扩充留英海军学额

枢府因英国海军省允中国海军学生三十名，收入训练舰队，未免范围太隘，际此兴复海军时代，拟派贵胄出洋留学海军，以造人才而备任使，自非扩充额数，不足供异日扩张海军之盛举，特电驻英李使转商英政府，准中国多派学生入英海军各队，肄习一切。

（录自《南洋兵事杂志》1909年第35期）

决定建设海军制造场

海军大臣日前提议，现在筹办海军制造事宜，亟须熟娴海军制造品人才，以备任使，除咨会陆军部电催出使各国大臣，迅速物色此项华侨，且确系华籍，准保送来部，破格录用外，并决定从萨大臣之议，在天津建设海军制造场，因近京师，易于稽查，且临海口，便于转运。已商请端制军莅任后，切实查勘，地势务宜宽敞，以便奏请筹设，俾挽利权而重军需云。

（录自《南洋兵事杂志》1909年第35期）

调查水师官兵实数

陆军部以长江水师共二十二营，自彭刚直公提倡以来，所订章程，足臻完备，其间官兵缺额甚多，为部所闻，特派员前往长江将水师各营，详细调查。前已查明确实数目告部，计官长自提督以下共有七百五十三员，兵有一万一千六十四名。以上系确实报告官兵实数云。

（录自《南洋兵事杂志》1909年第35期）

海军处添派科员

海军处筹办大臣，现将筹办事宜，办理已有端倪，所有科学掌管事宜，皆已派定。自各筹办大臣以下，正使一缺，尚虚其位，副使谭学衡。机要科科长郑汝成，制度科科长郑祖彝，筹械科科长荣志，驾驶科科长吴纳礼，轮机科科长徐兴仓，船政司司长程璧光。一等考功官刘国桢，二等考功官汤廷光、何嘉兰，三等考功官吴毓麟。运筹司司长林葆纶，该司另设三科，谋略科科长施作霖，教务科科长彭彝昌，测海科科长赵瑞声。现经筹办大臣因人员不敷任用，又调派翰林院之蒋式方、冯恕等十二员，襄理一切筹办事宜。海军处衙署，即在顺治门内石驸马大街路南云。

（录自《南洋兵事杂志》1909年第35期）

海军学生出洋日期

闻学部、陆军部各堂，日前与枢府诸王大臣会同议商，拟定留学生员出洋日期，以便分班自行筹备。大略学部所定自七月二十日起，派遣留美及工业实业各专门学生出洋，陆军部所定于八月初，派遣德国留学枪炮、医术各专门学生出洋。其留学海军者，须八月杪九月初，方能出洋，已由外部先行咨照各公使云。

（录自《南洋兵事杂志》1909年第35期）

军谘处及海军大臣关防

政府以嗣后军谘处及海军大臣，与京外各衙门往来要件甚多，若无钤用关防，不足以昭信守，拟奏请由礼部先行铸造军谘处及海军大臣之暂用关防两颗，以便行用，俟军谘府、海军部成立后，再行另铸新印。

（录自《南洋兵事杂志》1909年第35期）

萨大臣筹办海军近信

海军处办事大臣，筹议兴办海军，早已商有办法，嗣奉谕加派洵贝勒、萨提督为筹办海军大臣。曾于日前在海军处会同详议，照原奏入手办法，由两大臣分往南北洋各处，筹议开办，现已将所订大要，分电各省，其大致谓：第一、查察各省现存兵舰；第二、筹办海军经费；第三、振兴海军教育；第四查察各省路港。并悉萨大臣奉谕后，准于本月中旬出京，先至上海，俟与新任江督张制军、新任粤督袁制军会商后，乃乘海容兵舰南下，先至粤省查察，次至闽省浙省，南北洋各处。并闻所筹海军教育一事，有拟将广东鱼雷学堂、闽省水师学堂、南洋水师学堂、北洋水师学堂，改为海军高等四大学堂，内分十余专科，推广学额，至一二百名云。

（录自《南洋兵事杂志》1909年第35期）

裁减练兵充水师饷项

提台王聘帅将陆军辎重减余船只，改编巡防水师，每年共需薪饷四千余两，一切修船等费，尚不在内。聘帅因江北财力，只有此数，无可腾挪，当查江北旧有练兵三百名、官弁四员，分派各署局供奔走之役。在署局虽不能无差遣之人，然以三百名计之，未免太多，昨特奏请将此项练兵裁去一百五十名，官弁裁去二名，每年节省马乾等银一百七十余两，饷钱八千余千，以之抵补新设师船官弁薪饷之需，即以六月为实行裁汰之期云。

（录自《南洋兵事杂志》1909年第36期）

度支部对于海军经费之计画

度支部各堂会筹海军经费，已非一次，而终不能得完善之计画。近闻泽公与庆邸会商，议将筹款之方法，分为三种：（一）十之四归各省摊派；（二）十之三由外省大宗定款中指拨；（三）十之三归各省人民及旅外华侨捐助。凡捐款者，按其数之多寡，酌令遣派子弟入海军学堂肄业，其自愿投效者，则按所捐之款，苟足购造极小军舰一艘，即奏请御赐匾额，并优诏褒奖。闻庆邸深然其说，拟不日即与萨军门商议取决，奏请恩施云。

（录自《南洋兵事杂志》1909年第36期）

鄂督饬添水师一营

鄂督陈制军，近因荆襄水师，原系七营，其责任在保护治安，前统领姜道思治，屡经条陈整顿，均因款项支绌，未能如法举办，而姜道早有退志，故改委杜道俞接充。昨日札饬杜道，略谓该军积习相沿，弊端百出，亟宜竭力改良，以肃防务。且内河一带，匪党潜滋，分驻巡船，相隔太远，军情散漫，恐难得方，宜添募壮丁，教练成军，编成新军一营，勘明地势险要，分泊防守，俾资镇慑，所需造船置械饷款，迅速开单呈核，以便筹拨云。

（录自《南洋兵事杂志》1909年第36期）

海军处人员薪水

海军处各司人员，大致派定，闻司长薪水二百两，司副一百六十两，科长一百两，一等科员八十两，二等科员六十两，三等科员四十两云。

（录自《南洋兵事杂志》1909年第36期）

海军处官制奏定

筹办海军处大臣，目前上一封奏，系定海军官制，大臣以下，设参赞一人，分五司：一秘书司、一运筹司、一船政司、一器械司、一庶务司，已奉旨依议。

海军处章程之入奏

前纪筹办海军大臣洵贝勒、萨镇冰军门，编订海军处章程一节，现该大臣等将筹画海军大臣肃邸所筹画之各项事宜，及从前之海军处草定各章程，参酌增删，妥慎编定，昨已入奏呈览，该大臣以所筹办之海军处，其内容设立六司：（一）运筹司；（二）船政司；（三）机要司；（四）秘书司；（五）庶务司；（六）军医司。每司内尚分设数科，职掌管辖事宜。

海军大臣同时考查海军之原因

海军处洵萨两大臣，于初九日请训，前往各省考查海军事宜，兹悉其原因，海军处创议之初，一切要端均待整理。本处两大臣，未便同时出京，萨提督原拟一人亲往各省周历一次，以便勘定军港，建设海军根据地，而洵贝勒亦愿同往，藉资阅历，故海军处一切事务，暂由谭学衡参赞会议代办，遇有重要事件，再行电商，以昭慎重。两大臣因于请训后先赴天津，考查北洋一切事宜，闻将来考查各省海军处，拟将直江闽广所有军舰，择其精良者，先编一队，使其沿海巡防，以保海权线界而立基础。其余各式军舰，分归海疆各省，使其驻守防御，或作练习军舰，专备学员实习。至内江各水师，既划归海军处管辖，亦应联络，以资整顿而壮声援。拟一半扼路驻守，专任防御，一半分定汛地，专任稽查。一切划清权限办法，并闻均于此次考查时，分配改编，为兴复海军之先导云。

洵贝勒萨军门巡阅军港

摄政王今日召见洵贝子、萨军门，谕令速往察阅三门海湾，是否能作海军根据地。浙抚增中丞亦接政府电，令至象山会齐，随节阅看中国水师。洵贝子阅毕，即行放洋至日本欧美诸洲，考察海军。闻贝子、萨军门明日离京乘巡洋舰海清抵沪云。

（录自《南洋兵事杂志》1909年第36期）

天津设立海军学堂之先声

海军大臣为预储海军人才起见，拟在天津先设海军学堂，以植基础。日内即派员调查前北洋水师学堂地址，以便扩充办理，并同拟派北洋大学堂监督王令邵廉为总教习云。

（录自《南洋兵事杂志》1909年第36期）

陆军部奏遵将军谘处海军处事宜文卷定期移交折

奏为遵将军谘处、海军处事宜文卷定期移交，恭折仰祈圣鉴事。本年五月二十八日，钦奉朱谕，前经宪政编查馆奏定宪法大纲，内载统率陆海军之权操之自上等语，已奉先朝谕旨颁行，朕今钦遵遗训，兹特明白宣示，即依宪法大纲内所载，朕为大清帝国统率陆海军大元帅，并敬符我太祖太宗肇基鸿业，亲总六师之制，以振我军人尚武图强之心，并著先行专设军谘处，赞佐朕躬通筹全国陆海各军事宜，即著贝勒毓朗管理军谘处事务，惟朕现在冲龄典学之时，尚未亲裁大政，所有朕躬亲任大清帝国统率陆海军大元帅之一切权任事宜，于未亲政以前，暂由监国摄政王代理，以合宪法。至一切如何定拟筹办事宜，即著军谘处随时妥酌奏请施行，将此通谕臣民知之，钦此。又钦奉朱谕，著派郡王衔贝勒载洵、提督萨镇冰充筹办海军大臣，俟有成效，再候谕旨。此次遵筹海军基础王大臣所奏入手办法，请另派大臣办理，原折著抄给阅看，钦此。又

247

二十九日，钦奉朱谕，朕适览从前所拟官制草案，将来设立军谘府时，系特简大臣二员。昨日降旨先行专设军谘处，自应简派大臣二员管理，以期筹备完密，著添派郡王衔贝勒载涛管理军谘处事务，俟以后厘定军谘府官制时，再候谕旨，钦此。仰见朝廷尚武图强，明定责成之至意，钦服莫名，遵即督饬臣部暂设之两处人员，各将应办事宜，一应文卷，及原定章制，在事人员衔名职掌，详晰开列清单，业经分咨管理军谘处大臣、筹办海军大臣，定期接收在案，嗣后臣部与军谘处及海军事宜相关涉者，应如何划分权限，联络交济，容由臣等与管理军谘处大臣、筹办海军大臣，详细会商奏明，请旨办理。所有定期移交军谘处、海军处事宜文卷各缘由，恭折奏闻，伏乞皇上圣鉴，谨奏。宣统元年六月初五日，奉旨：知道了，钦此。

（录自《南洋兵事杂志》1909年第36期）

海军处将设编译局

海军处各科员，协筹振兴海军规模，多采自东西各国，近已选购海军书籍多种，须仿照陆军部编译局办法，设立海军书籍编译局，闻俟禀准洵贝勒，即将从事迻译，用收兼听并观之益。

（录自《南洋兵事杂志》1909年第37期）

海军处咨调人员名单

筹办海军处前准陆军部咨送前海军处人员，业已逐加考察，分别去留，惟以海军既设专处，事务较繁，所留各员，不敷分派，复就京外各项人员，陆续调用。兹将各员衔名录下：

（奏调京外人员）裁缺国子监学政举人蒋志达、法部候补郎中拔贡孔繁裕、分省试用县丞海军毕业生吕富永、花翎员外郎衔陆军部主事冯汝玠、花翎四品衔内城地方审判厅民科推事赵福涛、花翎员外郎衔农工商部七品小京官商科举人李振铎、花翎五品衔礼部遇缺即补主事文炳、厢黄旗满洲骁骑校会典馆誊录官延续、内务府候补笔帖式长柱、民政部内城巡警总厅八品警官增续、员外郎升衔礼部笔帖式贡生闻韶、县丞职衔孙庆远、州同职衔实业毕业生史应棣、县丞职衔附生张春泽、四品衔直隶候补直隶州知州监生缪钦臣、州同职衔李宝符、州同职衔英嵩福。

（奏留前海军处人员）花翎尽先补用参将留英海军毕业生郑汝成、陆军部主事留英海军毕业生林葆纶、前北洋海军中军右营千总留英海军毕业生徐兴仓、补用守备海军毕业生施作霖、候选州同海军毕业生招瑞生、补用千总留习英舰海军毕业生沈樑、补用千总留习英舰海军毕业生王光熊、候补县丞海军毕业生何嘉兰、尽先把总海军毕业生吴毓麟、补用千总留习英舰海军毕业生方佑生、海军毕业生罗则均、候选知县海军毕业生来珣、分省补用通判举人杨凤藻、海军毕业生李光、候选布经历优附监生王翰、陆军部主事何蕃荫、陆军部主事举人林鳌、陆军部协军校陆军毕业生仇宝璿、陆军部副军校陆军毕业生孙同镐、不论双单月尽先选用知县举人唐运汉、布理问衔贡生沈和敬、州同职衔李荣照、附生王国观、附生崔炳翰、廪生吴守诚、附生车以庸、领催瑞捷、贡生开霁。

（录自《南洋兵事杂志》1909 年第 37 期）

海军处咨行各省派员测绘海图之续闻

海军处办理清划海线事宜，经将筹办各情，分咨各省，略称：洵、萨两大臣，奉派查办海军事，所有应行清划海线，如北洋、南洋、闽洋、粤洋一带，均归查勘，应在各省调派熟悉洋面人员，随同指点一切。其粤洋与越南领海交界地方，又闽洋与台湾领海交界地方，又北洋与朝鲜领海交界地方，尤须认真清划，俟查明绘图申报后，由海军处大臣会议核定云。

（录自《南洋兵事杂志》1909 年第 37 期）

海军处咨行严定管理水师权限

筹办海军处，近将议定划一管理各省水师事项，分咨各省。所有管理水师权限：一、改订水师官制，其旧有水师官缺，如提督、总兵、副将、参将、游击、都司、守备、千总等，某缺设于沿海某地，或有巡洋责成，或有海防专任，其所属水师营兵若干，均由各省于本年内详查列报，以便汇核分别酌定裁留；一、清理水师财政，凡各省水师，向设若干扒船，管理沿海、沿江某处缉捕，其所额支缉捕经费若干，又一切廉俸薪饷公费若干，现年支给若干，旧岁支销若干，均须按列清册，统于年内具报。至水师缉捕，其有临时特别建设置备各项费用，仍应由各省随时报告到处，查核备案；一、整理水师设备，凡关于水师之专门学堂、讲武堂、制造局厂、贮煤贮械局厂，以添置军装、军械各事，均统归处中直接管理，其有咨商核查事项，须俟核定后，始行遵照办理。

（录自《南洋兵事杂志》1909年第37期）

海军大臣到鄂

海军大臣洵贝勒、萨提督于初十日到鄂，鄂督陈制台即传知司道及局所水陆各营，一律预备迎迓，择定武昌两栈，汉口熙泰昌茶栈间壁三层楼大洋房两所为行辕。

（录自《南洋兵事杂志》1909年第37期）

海军大臣过芜

海军大臣洵贝勒、萨军门，乘海容兵舰，江督张乘南琛兵舰，同于初八上午九句钟到芜，下碇江干，地方文武印员各员，均各乘小轮诣海军大臣兵舰，及张制台兵舰谒见。至一句钟海军大臣命起碇上驶，皖抚朱军门程亦相继开轮尾随，江督张仍乘南琛舰回宁。

（录自《南洋兵事杂志》1909年第37期）

海军大臣莅宁记

海军洵、萨两大臣察阅江阴军港时，江督出境迎接，于初六夜四句钟，偕同两大臣乘江元兵轮抵下关，宁藩司先期派员办差，即假八旗会馆为行辕，次日莅莫愁湖，即赴南门外雨花台阅看炮台，旋至公园少憩，傍晚即登轮启节，更赴安庆、汉口一带。

（录自《南洋兵事杂志》1909年第37期）

海军调查记

海军大臣洵贝勒拟以整顿各省水师，为兴复海军之入手办法，分饬沿海督抚详细调查，列表造报，刻以后先报齐，其表如下：

北洋水师：巡洋舰五只、炮舰二只、水雷炮舰一只，合计八只。

南洋水师：巡洋舰三只、炮舰九只、水雷炮舰二只、河用炮舰十只、水雷艇九只，合计三十（三）只。

福建水师：报知舰三只、炮舰一只，合计四只。

广东水师：报知舰一只、炮舰十七只、河用炮舰一只、水雷艇十一只，合计三十只。

（录自《南洋兵事杂志》1909年第37期）

监国筹办海军之定见

日前，摄政王交谕军机，略谓现在臣工，每有因海军筹款维艰，奏请暂行从缓举办者，殊不知海军为国家命脉，上奉两圣之遗旨，下慰兆民之切望，予已决计，无论如何，即令朝廷减衣节食，亦必赶先筹办，将来尚拟明宣谕旨，以示此举之绝少迟疑云。

（录自《南洋兵事杂志》1909年第37期）

粤商报效海军巨款

嘉应张煜南为南洋富商，迭经报效巨款，特赏头品顶戴，候补四品京堂。初六日洵邸由省返港时，复具呈愿报效海军经费二十万元，洵邸得呈后大喜，立命传张煜南并其子道员张步青，至船谒见，奖许再三，谓似此忠义可嘉，本爵大臣回京后，定当奏请朝廷破格酬庸，以为华侨爱国者劝云。

（录自《南洋兵事杂志》1909年第37期）

浙抚奏海军基础办法

浙抚接准海军大臣奏遵筹海军基础办法，并黏订印花章程两条，摘抄原奏，业由曾中丞饬司转札各属一体钦遵。兹将原折摘录如下：

一、辟建军港。查浙江象山港最占优胜，久为外人所垂涎，宜从速辟作军港，分设海军公所、演武厅、操场、港务厅、军械库、修械厂、储煤厂、医院、灯楼、旗台、铁石码头，次第兴修，务求工坚料实，此为目前屯泊军舰起见，是以仅择万不容缓者，先拟举办。至港内创筑船坞炮台，均需款甚巨，刻下限于财力，未能议及，俟将来款项稍裕，力能增添舰队，再议展拓，届时筹拟奏明办理。

二、筹办学堂。各学堂挑选学生，应仿照陆军成案，按省份定额数，以免省界畛域。

（录自《南洋兵事杂志》1909年第37期）

咨定陆海军管理炮台责成权限

陆军部近以筑造炮台，陆海两军，均有应行防护责任，因即酌定陆路内地及边界要塞炮台，为责成陆军防守之完全性质；各海军港内外口道炮台，为责成海军保守之唯一性质。现在海军事务，已由本部划出，另设筹办海军处，专派大员办理，并分定权限，所有各省关于陆军事项，统归本部经营。又各省关于水师各种事项，则悉由海军处专办，以后各处应设炮台，自应按照上开两项，分由部处责成经理，两不相混。惟各炮台中尚有各海口炮台，陆海两军，须互担责任者，内计重要海口大沽、烟台、吴淞、长江、海门、福州、虎门等八处。又各海口二十余处，如各海口处所，海军处拟在该处建筑军港，及向归水师管理者，自应全归海军办理，否则须先在重要口道，一律修筑炮台，余外酌量情形添筑，由陆海两军互担内外防守责任。至应如何勘查测定，限期建筑，应俟此次查察竣事后，即由部处会订责任办法，奏定切实遵行。其各海口已经设置炮台处所，一切调查统计改良报告事宜，应由各省照章咨送部处核办，现已将筹查建筑责成办法，分咨各省，即由该省大吏转行各处遵照云。

（录自《南洋兵事杂志》1909年第37期）

海军筹设三等学堂

海军大臣现在筹议设立海军学校，分为三等：（一）海军初等学校；（二）海军中等学校；（三）海军大学校。在初等卒业者升入中等，再由中等升入大学，现在甫行设立时，先设初等中等，以期循序渐进云。

（录自《南洋兵事杂志》1909年第38期）

提倡海军捐款

监国以海军经费未足，决意提倡海军捐，拟出醇贤亲王遗蓄金充助捐款，为臣民先。

（录自《南洋兵事杂志》1909年第38期）

筹复海军议

窃维一国之大，必有与立。欲立之以兵，必先立之以农工商，此商鞅所以言垦地，贾生所以明本计也。顾时至今日，各国竞强，世风尚武，战舰争新，铁轨四达，兵力所逮，瞬息千里。国际交涉，时形其危，于此而不实行征兵，扩张陆军，恐无以尊国权而保领土。德、日先陆后海，良有以也，然今兹之中国，仅能扩张陆军，而不辅以海军，恐海权渐失，而国权以之替矣，保护不及，而商力以之微矣。溯咸同之交，为我国建立海军之嚆矢，朝购炮舰，夕设厂校，枝节骈指，费巨效绌，无待言矣。前车已覆，来轨方遒，不慎厥初，鲜克善后。读近世兴国之历史，考措施军政之次第，海军之有关于庙堂政策、国家财赋、学校人材者，如辅车之不可离，抑复明甚。我国家惩前毖后，宵旰忧

253

劳，锐意兴复海军，日者又奉明谕，皇上亲为陆海军大元帅，并派重臣考察军港，则中国之海军，自此或可争雄于世界。顾各国之办海军，其需费皆视国之税额、民之生计，名为保护殖民，拓充商务，实则仍以农工商之力，保全海军，其精旨眇虑，诚与商鞅之言垦地，贾生之明本计，不相背舛。中国现当振兴海军之始，尚宜慎择其要，量力而行，免致竭蹶，终以苟简，语曰：愚者千虑，必有一得。兹仅就管见之所得者缕晰陈之：

一曰定经费。考世界立宪之国，取岁入款项，耗于海陆军费者，居其强半，军费出乎租税，为国民所同认，遵宪法所定，由海陆军部著为预算之书，布告全国。第一算法，若海部费、军港费、屯营费、建造工程费、船厂之项、官兵之俸、学校之资、给养恤赏、卫生游历之用，常年所需，有定款、有活款，分共几何，合共几何，列于细表，施诸实事，此逐年统计之法也；第二算法，则当兴创海军，或扩张海军之时，月有不同，定有所异，除常费外，有所谓非常费者，若今年增设公署，定造战舰，预储人才，创兴工作，为数若干，需费几何，或算至三年、五年至十五年、二十年，本国海军处世界何等之位置，任世界何等之战争，将校人才之成就若何，舰艇吨数之势力若何，港岸宿营之敷设若何，总视本国财政发达之度，按期而赴，此以渐而进之法也。由前之法，则计算先及一年，递年加增，不知何者为止境。盖近年间，列强海费之有加无已，殊非可以道里计。美国海费，十年前仅五百万英磅强，今实一千五百余万，为数殆增三倍；德国，五年前不过四百三十万，今则一千万磅强；俄国五年来，忽自六百十六万，骤增至一千四十八万磅。其他诸国在五年内所加之费，英国加多九百万磅，法二百四万，意九十四万，奥八十三万。日本之兴海军，后乎我十年，前年费不过八十余万，今骤增至三百六十余万。我国财力较初兴之日本，不为甚绌，惟得人经理，以维持后日扩充之费，为不易耳。由后之法，则如德国推算至一千九百十七年，当为完全海军之国，足与英国相颉颃，此后十年间，所增之战舰、雷艇，确有定数，按日而至，务达其最终之鹄，此成事之要领也。吾国诸政，纲举而后目张，军政一端，非计定而动不为功，非指岁入为常费不能举，拟请以五年为期，造就军官若干人，舰艇若干只，军港、衙署若干所，以定需用若干之款项，则庶乎有途径之可循也。

二曰设官制。天子首出，设官分职，以任庶事，此万国古今之公理。古者君主总万几而概言兵，今者君主统兵政而预庶事，盖视海陆军为立国之基础，自天子以至庶人，守国之义务，以负任兵役为先，而负任兵役，尤以对外远攻为重，故视海陆军官职，为国民最尊之地位，视海军为国民尤尊之地位，世界强国，莫不设有专部以司其政，其联属机关，有参谋部、军港司令部、制造部，种种支部，不一而足。考其官制之善，有足与宋代相发明者，曰中央集权，曰分司理细，曰易差官。宋代拥兵百万，皆隶于殿前马步三司都指挥使，其召募拣补，廪给训练，则兵部为之，如各国之有兵部大臣也；其征伐谋略，则枢密院上承庙谟为之，如各国之有参谋部也。余如分司官守，类多符合。今宜兼参中外之制，于各部之外，置海军部统筹全局，增设官司，规复舰队，升调人员，兴办制造，经理储蓄。其他如海军军谘处、军港司令处，以及参谋、建筑、水兵、炮队、鱼雷、医药、教育、训练等各项监司，因时蹿设，以节开办之糜费。其设官首要之事有二：第一，选授实官。如陆军所定三等九级之例，援义命名，限给俸廪，悬为定则，虽差使或异，而原官之俸则一。自有此制后，请将原有水师员弁，核实考验，合者授以相当之任，否则遣归，所以清官方而崇武职也。第二，改颁军服。如陆军所定之制，分别等级，便服以雄伟朴素，适于日用为准；礼服以章饰合体，制度足式为宜。自有此制后，请饬设一二官厂，制造军服，以昭一律，凡现任海军官，常着军服，不得从便。盖东西强国，凡自国皇以下，必着军服，着军服者受特别优待，其出外也，平民莫不起敬，军人莫不行礼，以其与国共安危，与军队共生死也。文官则无章服，凡宴会酬酢，无若武员之煊赫者，是亦昭示尚武之一道欤。

三曰兴教育。南北洋、福建曾设水师学堂，办理十余年，生徒当不下千百人，甲午之役，虽稍得其效用，而朝制无水师登进之阶，教授无实地应用之旨，学生无资深造远之程，其有卒业者予以薄糈，置之闲散，钝者为洋文塾师，黠者为洋行服役，海军之技，习非所用。学者率致力于英文，以谋生活，一二游学欧美者，亦多见异思迁，易失其初志。茫茫海内，求一海军人才，几如鳞爪，亦可叹矣。考欧美各国，海军生徒，预计每年需用军官之数，为卒业之数，凡生徒悉选自高等毕业之士之年力合格者，入海军练习舰队六月，时而在陆步操，时而在水驾驶，择其志愿坚而技艺善者，入士官学校二年，每年以夏时在附近洋面游历，卒业以后，发往巡洋舰见习一年，实授初级军官，在战舰或雷艇当差二年，间或乘舰出洋游历，更升一级，调登陆地之屯营船厂等处当差一、二年，其成绩较优者，选入海军大学习高等参谋战术三年，或选出外国学习语文，调查军事。惟意美两国，则寓士官于大学之中，全国仅海军大学一所，海军军官无不由寻常大学或高等学校而入，无不由海军大学而出，是亦简易之一道也。吾国经营伊始，参仿各国之制，设海军大学于京师，搜集旧有海军人员，严加甄别，准入海军大学，以二年卒业，造成衙署司员参谋将校之才。更于军港先设士官学校一所，次设鱼雷学校一所，培植初级军官人材。凡由士官学校卒业得凭者，实授军官，予以相当之俸，且每年招纳新班，以五年为期，计得军官若干人，按照欧美办法，以次历练升职，择其尤者，送入大学，如此推陈出新，真才辈出，教育之经费无多，海军人才不可胜用矣。

四曰立军港。各国军港之多寡，每视其国境海线之长短为衡。英国四面环海，美国东西临海，其军港之多，固不待言。德、俄北邻北海，虽非中原必争之地，而经营军港，务在本国占其三四之大者为根据地，小者亦自为停泊制造之场，其国境口岸绝无让他人租借者，犹复高掌远蹠，思得不冻良港于太平洋诸方面，以争此东方一片乳滴蜜流之地，由是侵略远东之声，遂喧腾于欧洲之朝野。胶州湾为德、俄垂涎，突为德国之强手所占领，俄遂出其疾雷掩取之腕力，而租借旅顺、大连湾之条约以成。盖俄罗斯建国于穷北，经营二百年，为冰雪所困，急思东出，争不冰之海，涉万里不毛之地，费六百兆之卢布，造天下莫长之铁道，移民十五万于满洲，取威定霸，所以控制东方者，基乎此二军港矣。东方惟日本兵力足以相抗，彼知势不两立，不得已而出乎战，亦惟此之故。意大利国虽小，而一等军港有三，二等军港有二，鱼雷艇屯泊场，环国境一带，几乎无处无之。近年来国防设备自信无虞，骎骎乎张其外界之势力，思得中国南部之一隅，为海军根据地，而向外部要索三门湾者屡矣。慨自我国沿海一带之形胜，可称军港者，租割殆尽，若兴海军，舍三门湾附近等处，无可为入手经营之地，此有心时局者，所日夜皇皇多方顾虑之一端，亟应请旨裁定，自立三门湾附近及某处为军港，既足杜外人之窥觊，且以植舰队之根基，所关良非浅鲜。其逐次整理之法，第一绘图定址，何处设船坞、置工厂，何处可作靶场，以供操练，何处可筑长坝，以供碇泊。若何设险置炮，若何建灯避沙。第二于海军大学，添设军港工程一门，选水师卒业之军官习之，习成编为海军建造部，妥议方法，择要以图，五年以内，规模粗具，十年以内，卓有可观矣。

五曰讲制造。西人以研究制造而强国，其国以制造而达文明，宫室器具，无一非由讲求制造，而日臻于华美之域。谈军事者谓制造与制造战，即兵力与兵力战也，舍制造而言兵力，处发匪之时代则可，处近今之时代则不可，是故东西强国之创海军也，必先举其利用于海军之器，而日思所以提倡扩充其公立、商立之工厂，裕其资本，筹其销路，保其权利，以治实业而杜漏卮，储军备而卫国土，一举而数利兼焉，其制造之发达，盖有由矣。观其制造与海军相维系者，曰船厂、炮厂，及种种关于海军之分厂隶之，而海军于以成立。英国海军，于世界为最先，制造业亦为最广；德国研究制造，不遗余力，凡公立船厂有三，私立船厂有四，私立船厂兼造商船者有二；意大利虽小，而公立之船厂有三；美国二大船厂之资本最巨，收效最宏。其余尤不可以指数而概论之，大率为储备本国军实外，兼销售于他国者颇多。我国自编制海军之始，多数船炮，购取于外国，所用既非所习。外国利输其窳败之物于中国，承办者图饱私囊，利取其窳旧而价廉者，号称名贵以欺上，托外人承办者，其弊尤甚，即有按式定制之新舰，而无日新之机学以副之，迟迟五年或十年，各国发明其更新之法，则以更旧者为练习舰，吾向之所谓新式者，渐归练习舰之列，无更新者与外人抗，则思再购，再购再易，追不及追，海军之不振，仍如故也。是故师人之长，而青出于蓝者为上，取法于上，仅得其中者犹为次之，因人之物以为己利者，其最下愚者也。时人谓制造须通理算，习之綦难，抑知形下之学，即物成物，按图而索，依式而求，触类引申，无过一手一足之烈而已，其中精微条理，西人既已发明之而措施之，吾人探其机关，习其操作，更设一制造研究所，剔弊生新，虽中智下愚，犹足以胜任而愉快，非若形上之学之不可以一蹴几也。惟督监工师，贵得人而理耳，或又谓巨创之余，财政困乏，未足以举大工业，抑知基础既立，由小而大，事无不成。如德国克虏伯，以一私人筑小室，购机冶铁，数十年间，合一厂而成县治。公家之事，不必似此，拟请以增购添拨之资，加入旧厂。上海制造厂，改为船炮厂，限五年之内，试制战舰一二只，炮火附件属焉；以福州船厂，改为中等船厂，五年之内，试造炮舰一只，鱼雷艇三四只，其小炮子弹火药，可并者并入汉阳弹药厂，拓充接办，暂以如数足用为度。十年以内，约可得战舰三四只，巡洋舰三四只，鱼雷艇十余只，以后逐年增加，计二十年而海军有成，财力亦不觉其困。夫以日本区区三岛，犹能造万吨以上之船，而船厂林立，况我堂堂千四百州之大国，拥此天府，讵至患贫，谋国得人，富强立致，又乌见不足与列强并驾而齐驱耶。

以上各条，皆审度时势，为简易可行之要举，务期就力之所及，期以必成，似未可踌躇顾虑，坐失海权。盖有海权之国强，无海权之国弱，得海权之利者国富，失海权之利者国贫。夫中国者，负陆面海，形势实冠于地球，倘早知重海，以立于海权竞争之时代，则出其无尽之藏，以运输天下，揽东南之商权兵柄，出而与各国争衡，虽谓其有凌驾宇内，罗括群岛之量可也。无如计之所及，群雄已生觊觎之心，既往之迹，原不忍言，而又不忍不言者。中国海疆之损害，不独旅大胶澳，而据香港以瞰广东之门户，取舟山以扼扬子江之下流，略秦皇岛以握津沽之管钥，挟威海卫为旅大之对山。英人实首占势力于我国口岸，法人欲联越南，既得广州湾，又从而瞰琼州，以掣粤东之右臂，与英人之香港、九龙相犄角。澳门者，中国以为己无之地，而葡人取而展拓之。是数处者，不善用之则地老天荒，善用之则轮帆如织，灯火如云，无一非海疆之巨埠重镇。国于太平洋之际，得若此山环水匝煤铁通衢之市港，如香港、舟山、秦皇岛、威海卫、琼州、澳门、旅大、胶澳诸处，既未易返之自英自德自日自法自葡之手，一二留遗之港，亦如弹丸黑子，点缀于以上纵横诸港之间。以我中国海岸之长，备不胜备，自海参崴以至琼州，仅估军港二三处，似无与于大局，然据此以立海军之基，虽不足言战，倘能辅以沿海之铁路，以运送陆兵，通贯首尾，使边腹足以相应，或尚足以言守，况不利于海而利于江，编长江舰队与海军相接应，握长江之权力，以济海而联陆，实占秦汉以后战争之要着。征之近事，发匪之所以败，中兴诸将之所以胜者，良有以也。顾时局万变，军事设备，日异月新，既不能攻，又乌能守，由此之说，则须俟将来开拓伟大军港，增置雄厚舰队，则规模宏远，国防巩固。区区近海之计画，固不足言。然逆计国势财力，度非二三十年不克垂成，则目前就可辟之军港，与现有之船舰，从速兴筑，酌量增配，期于五年内编成海口巡防舰队及长江舰队，以为后海先河之计，是亦最近不可缓之要图也欤。

（录自《南洋兵事杂志》1909年第38期）

整顿水师之计画

荆襄水师七营统领杜云秋观察到差以后，即以整顿自命，故特条陈鄂督开办水师学堂，以养成员弁人材为根本。日前出查防地，由新堤入河，直至襄南北岸荆江樊河，业已事竣回省，禀明各该处员弁未得其人，教练无法，管束不严，营规紊乱，难资得力，非设水师速成学堂，练成员弁人材，毕业后，一律更换不可，而兵丁亦应分别裁汰，方能振兴。闻陈制府仍饬令认真筹办，以期尽善云。

（录自《南洋兵事杂志》1909年第38期）

长江舰队之布置

筹办海军大臣咨皖抚文云：据领长江舰队沈参将寿堃禀称，窃长江防务，关系紧要，各种会匪，时或潜滋，若非认真梭巡，无以戢暴安良，以期安谧。拟将长江一带，分为五段：（一）岳州新堤至荆州一带为第一段；（二）武昌、汉口至九江等处为第二段；（三）九江至安庆等处为第三段；（四）安庆、芜湖至南京等处为第四段；（五）南京、镇江、江阴至上海等处为第五段。平时每一段酌派一船或两船，分驻防守，无事则认督训练，一时邻近有事，准其先行驰往保护，随时电禀该队统领，再由统领禀报海军大臣察核，统领仍随时督率各船，沿江巡视。惟防守各船，必须随时轮流换替，以免日久懈生。如有应调到沪修理时，则饬其出口演试炮靶，俾资练习，循此办理。所有各船，既收训练之功，复得防守之益，且于一带汉港沙线，更臻谙熟等情。据此，查该统领所拟尚属周妥，应准照办，除批示外，理合咨会贵抚查照，即希转饬各属遵照办理云云。

（录自《南洋兵事杂志》1909年第39期）

海军费分别提用

海军费分别四项提用，京函云：海军需办处，近与审支部核算，各省认定开办费，不敷之数甚巨，拟先分别四项提用：（一）建筑军港，提用十分之二；（二）购办军舰，提用十分之四；（三）培养人才（如海军学堂及留学海军等项），提用十分之一五；（四）官员薪俸（如海军各员及调查事件），提用十分之一五。于明春暂先开办，再行筹画分别接济云。

（录自《南洋兵事杂志》1909年第39期）

海军处调查现有兵轮

海军处现已颁行表格于各督抚，饬将该省现有兵轮，按照后开各项，分别填报。兹将调查种类探记如下：一、该轮购置之年；二、购自何处；三、价值若干；四、马力若干；五、速率若干；六、煤量吨数若干。

（录自《南洋兵事杂志》1909年第39期）

海军处咨商粤防舰队之布置

现海军处王大臣，以近据粤省查报海军情形，内列沿海岛港，类多要隘之区。查广属之九洲零丁各洋，实为省城门户，而琼崖沿海，则为南面要冲。钦廉一带，复近接东京湾及越南海岛。此外，惠潮高雷海口，海峡多至二十余处，均属扼要之区。当此实行振兴海军之际，粤省现有轮船、鱼雷船等项，为数亦属不少，似宜编布成队，以立海军基础而重地方防务等情，咨商粤督，计拟分三路，以广属近海为前中路，琼崖廉钦为前路，惠潮碣石一带为后路，惟应如何分配巡驻之处，统俟由部派员勘明定议云。

（录自《南洋兵事杂志》1909年第39期）

度支部奏筹拨海军经费折（并单）

奏为遵旨筹拨海军经费，开单恭折具陈，仰祈圣鉴事。本年六月二十八日，筹办海军大臣奏遵拟海军基础办法一折，奉朱批依议，钦此，摘抄原奏清单，咨行到部。原奏内称，统计入手用款，约需开办经费一千八百万两，常年经费二百万两，请饬下度支部迅速筹拨，并饬各省督抚，协同筹画，以维大局。又清单内开，预算开办经费内，拟辟建军港，设立学堂，及各项厂所工程等费，共需银一百五十万两，请本年先拨给五十万两，余一百万两，俟明年再行拨给，添购二、三等巡洋舰三艘，新式练船二艘，灭鱼雷艇二艘，航海炮船一艘，约共需银一千六百五十万两，请分四年匀拨各等语。查海军开办经费一千八百万两，内辟港等费，本年即需筹拨五十万两，明年再筹拨一百万两，购船经费一千六百五十万两，分四年匀拨，每年应筹拨四百十余万两，其常年经费一百万两，并准咨称自本年起，即须筹拨。统计用款，为数甚巨，从前各省认解海军经费，自海军衙门裁撤后，早经改拨别用，现须设法另筹。近岁库储奇绌，国用殷繁，消耗之最巨者，以洋款军饷为大宗，此外各项新政，为用弥广，无一事不关紧要，无一款可议减裁。仅就本年新增拨款而言，如崇陵工程经费、禁卫军饷、加拨云南饷需、吉长关埠经费，总计已达一千二百数十万两，已岌岌焉有入不敷出之忧，更无余力再筹巨款。惟海军为自强大计，该大臣等亦深知财力艰窘，故所拟办法，仅议先筹基础，未敢骤拓规模。臣部总管度支，自应合京外全力以统筹，仰副朝廷经武图强之至意，臣等公同商酌。查有部库借给邮传部赎路项下规平银五百万两，拟俟归还后，全数提作海军开办经费，一面分电各省督抚，令按照原奏所开数目期限，分筹协济。现据陆续电覆，除云南、贵州、甘肃、新疆四省，均声明系边瘠之区，实在无力担任外，其直隶等十八省，均已认定，共计开办费一千一百三十四万两，常年经费一百六十八万两，合诸臣部所筹之数，谨分别缮具清单，恭呈御览。此项经费，数巨期迫，虽经各省协同筹画，而较诸原奏预算之数，尚属不敷，惟是京外财力，同一殚竭，部库既积储殆尽，各省亦罗掘俱穷，悉索之余，止有此数。且查各督抚来电，除湖南、河南两省指定的款外，其余诸省，或请稍宽期限，或俟设法腾挪，虽一时勉力认筹，而竭蹶情形，概可想见。至于司关各库解部候拨之款，悉关军国要需，断不能任其挪移，致滋延误，惟有仰恳饬下筹办海军大臣，通盘筹画，暂就认筹陆续解到之款，分别缓急，量力举行。为得寸得尺之计，臣部自当严催各省，照认定数目，按年报解部库，另款存储，听候拨用。至臣部借存邮传部赎路项下规平银五百万两，应自宣统三年起，至宣统七年止，分年陆续归完，随时拨付，合并声明，所有遵旨筹拨海军经费缘由，理合恭折具陈，伏乞皇上圣鉴训示，谨奏。宣统元年八月二十一日奉旨已录。

谨将臣部及各省认筹海军开办、常年两项经费数目缮具清单恭呈御览，计开：

度支部认筹开办经费规银五百万两。查此款原系借给邮传部赎回京汉铁路，订明自宣统三年起至宣统七年止，分年归完，应俟陆赎收回，随时拨付。直隶省认筹开办经费银一百二十万两、常年经费银二十万两。据直隶总督电覆，开办经费，认解银一百二十万两，分四年匀拨，除海圻、海容、海筹、海琛、飞鹰、通济六船，常年薪费，遵当照案支放外，拟再岁认常年经费银二十万两。以上两款，皆系勉力筹认，尚无指定的款，俟奏准后，当设法腾挪，移缓就急，分别按月筹解。奉天、吉林、黑龙江三省共认筹常年经费银十万两。据东三省总督电覆，拟在各款内竭力节省匀凑，奉省认筹银六万两，吉省三万两，江省一万两，合成十万两，不拘何款项下匀拨，每年尽数凑足解部。其开办经费，实在限于财力，仍请免筹。江苏省认筹开办经费银一百二十万两，常年经费银二十万两。据两江总督、江苏巡抚电覆，开办经费，宁、苏分认银一百二十万两，四年筹解；常年经费，宁、苏分认每年银二十万两，按季筹解。至调用南洋雷炮各舰，仍遵原奏，由南洋支拨。苏省财政，困难已极，惟有随时设法腾挪凑解。广东省认筹开办经费银一百二十万两，常年经费银二十万两。先据两广总督电覆，每年筹开办经费银二十五万两，四年共一百万两，常年经费银十万两。又据电称承海军大臣到粤，面嘱设法宽筹，拟改认开办经费每年银三十万两，四年共银一百二十万两，常年经费银二十万两，自本年起按年筹解。湖北省认筹开办经费银八十万两，常年经费银十万两。据湖广总督电覆，认筹开办经费银八十万两，四年筹拨，每年认解二十万两，常年经费银十万两，当就司关各库，随时腾挪，并已奏明自宣统二年起，分批筹解。浙江省认筹开办经费银一百万两，常年经费银十五万两。据浙江巡抚电覆，认筹开办经费银一百万两，自宣统二年起，分四年匀拨，常年经费银十五万两，按年协解。山东省认筹开办经费银八十万两，常年经费银十五万两。据山东巡抚电覆，拟岁拨银二十万两，四年共银八十万两，充开办经费，就各库局内除京协各款外，斟酌轻重缓急，权为凑解。其常年经费拟认银十五万两，在藩运两库，及胶关常税项下分拨，按年筹解。福建省认筹开办经费银八十万两，常年经费银五万两。据闽浙总督电覆，认定开办经费银八十万两，此项银两，系于万分支绌之余，为移缓就急之计，四年匀解，恐难如期，曾与海军大臣面商，请稍宽期限，分年匀解。又据电称承海军大臣电嘱，另筹数万，作为常年经费。闽本瘠区，已苦罗掘，兹勉遵另筹五万两，为常年经费。四川省认筹开办经费银八十万两，常年经费银十万两。据四川总督电覆，自明年起认筹办经费银八十万两，常年经费银每年十万两，至认筹各款，现在仓卒应命，并无的款可指，只好移缓就急，设法腾挪。河南省认筹开办经费银六十四万两，常年经费银八万两。据河南巡抚电覆，认筹开办经费银六十四万两，分四年解清，常年经费银八万两，按年解清，拟于耗羡税契厘金盐斤加价项下筹拨。山西省认筹开办经费银六十万两，常年经费银五万两。据山西巡抚电覆，认筹开办经费银六十万两，分四年匀解，常年经费银五万两，统由司道酌拨，限于财力，无可再加。江西省认筹开办经费银五十六万两，常年经费银十万两。据江西巡抚电覆，开办经费认筹银五十六万两，每年解银十四万两，常年经费银十万两，此项的款，如何腾挪，惟有将新旧政需用之款，分别先后裁停，以资凑济。广西省认筹开办经费银五十万两，常年经费银六万两。据广西巡抚电覆，认筹开办经费银五十万两，分四年匀解，常年经费银六万两，按年解拨，随时设法腾挪，依期解足。安徽省认筹开办经费银四十八万两，常年经费银八万两。据安徽巡抚电覆，拟认开办经费每岁银十二万两，四年内共银四十八万两，常年经费每岁银八万两，饬由藩司及皖南北两关，按年分认拨解。陕西省认筹开办经费银四十万两，常年经费银二万两。先据陕西巡抚电覆，认筹开办经费银二十万两，分四年匀解，常年经费银二万两，按年解报。又据电称，如能宽假年限，拟认筹开办经费银四十万两，分作八年解清，其常年经费，仍每年认筹银二万两。湖南省认筹开办经费银三十六万两，常年经费银四万两。据湖南巡抚电覆，岁认开办经费银九万两，四年合银三十六万两，暂指藩库裁兵薪饷银二万两，粮库南折银二万两，长沙关税银五万两。常年经费拟岁认银四万两，在裁兵薪饷及厘金项下筹解。长沙关税经部电明，该关开关经费，尚未归清，令设法另行筹拨，尚未电覆。

（录自《南洋兵事杂志》1909年第39期）

设立海军将校讲习所

护督杨俊卿制军，以现值振兴海军之际，需用人员甚多，鄂省居扬子江上游，仅一海军学堂，恐不敷用。昨特饬行张虎臣统制择地设立海军将校讲习所，遴选各营军官自司务长以上之熟悉海军者入所研究，以资造就，并须妥议开办章程，具覆核夺。

（录自《南洋兵事杂志》1909年第41期）

催购海军书图

海军处因现海军编译局不日成立，拟编译关于海军之各项书图，以资研究，惟须旁搜博采，方足以资完全。拟即电催驻各国钦使，设法采购，关于海军教育、制造、方略、修筑、战绩、历史新旧书图，送交海军处，以便参核编译。所有购价运费，将来由海军处汇寄开销云。

（录自《南洋兵事杂志》1909年第43期）

留日中国海军学生毕业

中国海军留学生八名，已在日本横须贺炮术学校毕业，定于西十一月二十五号举行毕业式，日本伏见宫亲王，届时前往观礼。该生等将于二十七号，乘练习舰津轻号（六千六百二十吨），巡航中国沿岸，约半年之久云。

（录自《南洋兵事杂志》1909年第51期）

南洋七日报

预估水师经费

美国预估水师经费，计须金洋九十九兆元，并拟即由是款中拨出经费，另造铁甲轮两艘、巡船两艘。

译九月初八日《字林西报》。

（录自《南洋七日报》1901年第9期）

训练水师

北京函云：中国政府月前曾议将北洋水师裁撤，所遗军舰数艘，售给俄人，兹袁宫保莅督直隶，已将前议作废。闻前数礼拜，俄官尝请中国聘用俄官，训练北洋水师，并许该舰队，即在旅顺口避冻、入坞勘修各等情，旋经袁宫保婉却其请，盖宪意拟欲聘请英美两国之人。惟是目前中国欲聘用英员，非有着实权柄，优加礼貌，则凡英水师中出色之人员，未必惠然肯来，盖以蓝提督，当年为华官，排挤去位，故人咸有戒心也。所望今昔情形不同，想经宫保筹画，策必完全云云。

（录自《南洋七日报》1901年第16期）

整顿海军

北京电云：直督袁世凯奏请操练北洋舰队之经费，计每年须银一百十万两，此事已邀谕允，现派北京水师提督叶桐侯前往燕台操练该处之兵士，大约于华历正月中，各处兵舰可以会集北洋。现又添请英国兵官教授，已与英政府议定矣。

（录自《南洋七日报》1902年第18期）

兵舰聚浙

目下各国兵舰，停泊于浙江沿海之宁波、温州者，以意大利国为最多。盖意人素注意于浙江沿海一带也。德人因欲在浙江操练陆兵，故其巡洋舰名阿格司他皇后者，亦在浙海停泊。又有法炮舰泊在台州湾，缘法欲得一租界也。

（录自《南洋七日报》1902年第19期）

添设兵舰

德京柏灵来信云：德廷拟派大巡舰四艘，小巡舰两艘，炮舰两艘，共配大炮二百三十二尊，驻扎中国海面。另遣江防炮舰，以便扬子江、西江各置两艘。本年海军又备增炮舰一艘，以益防江之用云。译《捷报》

（录自《南洋七日报》1902年第19期）

记北洋海军事

中国政府本拟照李相遗策，将北洋海军废弃，并以所属之军船，卖与俄人，自袁慰帅任直隶总督兼北洋大臣后，不唯排斥李之遗策，且又将前由俄公使及亚历基素总督，请于中朝，将中国海军聘用俄国士官，训练北洋军队并该舰队，以后准其停系旅顺口港内，及入该处俄国船渠修缮之事，一概谢绝，而拟聘用英美两国士官，为北洋海军训练官，目下尚在经营。又北洋水师提督叶某，于日前至北京，会见袁慰帅时，商议整顿海军事宜。叶某之意，拟召集甲午役离散之各水军，直隶布政使周馥，以近来省库缺乏，请节省水师经费，袁慰帅即驳之云：北洋水师经费，每年不过数十万两，较之陆军经费，不及十分之一，非为今日所邃宜议减者。又该海军中之海天、海筹、海容三舰，系日前护卫醇亲王，由上海回大沽者，目下经芝罘南下，停泊吴淞，拟于明春开冻后，再往北洋。海筹、海琛二舰，近拟入福州船渠修缮，海圻则目下在厦门地方巡游。

（录自《南洋七日报》1902 年第 19 期）

增派海军

俄、法两国，新近于派驻东部海军队内，增派兵舰，早已见于各处报端。兹将两国所增派之大小兵舰，克期以西历五月底到齐者，开列于下：

俄国增派头等铁甲大战舰二艘，共计载重三万一千五百吨；头等巡洋舰五艘，共计载重七万七千七百二十吨；二等巡洋舰二艘，共计载重一万八千吨；水雷艇六艘，共计载重四千八百吨。

法国增派头等铁甲大战舰二艘，共计载重二万八千吨；头等巡洋舰三艘，共计载重三万二千吨；水雷艇五艘，共计载重三千八百吨。

（录自《南洋七日报》1902 年第 28 期）

秦陇报

兴复海军消息

政第拟以袁慰帅、端午帅，奇南北洋水师大臣张香帅为长江水师大臣，所有一切筹款购舰、择港筑泻，均责成三大臣妥拟，会同陆军部办理。惟事体重大，昨已电商各该督详细商议妥协后甫行开办。

（录自《秦陇报》1907年第1期）

清议报

中国现在军舰表

舰名	舰种	吃水数	速率（海里）	所在
海天	巡洋舰	四，三〇〇	二四	江阴
海圻	同	四，三〇〇	二四	江阴
海容	同	二，九五〇	一九二分之一	上海
海琛	同	二，九五〇	一九二分之一	江阴
海筹	同	二，九五〇	一九二分之一	同
南瑞	同	二，二〇〇	一五	同
南琛	同	二，二〇〇	一五	镇江
开济	同	二，二〇〇	一五	南京
寰泰	同	二，一〇〇	一五	江阴
镜清	同	二，一〇〇	一五	同
并征	同	五二二	不详	大沽
通济	同	一，八〇〇	一五	江阴
保民	同	一，四七七	一五	吴淞
复济	炮舰	一，三〇〇	一九二分之一	未详
登瀛洲	同	一，二五八	一〇	南京
元凯	运送舰兼报知舰	一，二五八	一〇	福州

（续表）

舰名	舰种	吃水数	速率（海里）	所在
伏波	同	一，二六〇	一〇	未详
威靖	炮舰	一，一〇〇	不详	南京下关
镇海	同	九五〇	九	芝罘
泰安	同	一，二五〇	一〇	不详
飞鹰	水炮	八五〇	二二	江阴
飞云	同	未详	未详	芝罘
测海	炮舰	七〇〇	一二二分之一	黄州
靖远	同	五八七	一〇	未详
龙骧	同	三一九	九	芜湖
策电	同	四〇〇	九	江阴
飞霆	同	四〇〇	九	九江
钧和	同	三五四	未详	南京
飞霆	北洋驱逐艇	三三五	一九	未详
水雷艇	四只	约四八〇	未详	江阴
专篠				佳山岛
开办				江阴

合计吃水数四万四千八百吨以外，属于福建、广东二处之小炮舰，未满千吨者尚有二十只，其中属水雷艇者十余艘。

（录自《清议报》1901年第90期）

又复海军

北洋舰队殆全灭，南洋、福建两舰队老朽不足称。清国今殆无海军，唯概考目今向外国定制者、昨年竣工者，以称清国海军而已。

昨年中已竣工巡洋舰：

舰名	吨数	速力
海琛	四,三〇〇	二三
海济	同	二三
海天	同	二四
海圻	同	二四
海容	二,九五〇	二一
海镇	同	二一
海胜	同	二一

昨年中已竣工水雷巡洋舰:

舰名	吨数	速力
建威	八五七	二五

昨年中已竣工水雷驱逐艇:

飞龙、飞霆、海龙、海犀、海若、海华

现今属制造中者:

巡洋舰三艘、战斗舰六艘、水雷艇十八只

（录自《清议报》全编卷二十一）

热　诚

中国置备军舰

西历十月三号，美国桑港来电，洵贝勒抵美后，由该国犹农铁工所社长休滑布氏招待。乘专车巡游各地，定购战斗舰二只，价约一千二百万美金，已由休氏电达桑港该工场账房。萨军门于二日夜途过比罗克时，亦曾发表此意。据该工场理事谓或不止二只，以后尚可有添增之希望。

（录自《热诚》1910年第3期）

申　报

兵船试水

十八日[1]，机器局火轮战舶告成，落水演试。此船有二千七百敦，安放火器机轮，置炮二十六门，廿四门弹重四十磅，两门弹重九十磅，仅四洋人帮为制造。而船料坚实，工作灵巧，一点钟可行三十六里。见中国习用西法，将来炮利船坚，兵威克震，其裨益无穷也。演试之时，大有可观，当探明几点钟下水，再行详述。

（录自《申报》1872年第18号）

出口兵轮船

昨日[2]福建藩台驾坐万年青中国兵轮船，今日二点钟进口，泊在下海浦，现有吉田、四号、草江、三号等兵轮船迎接，号炮连发，大小官员接驾不计其数，热闹非常。今日早晨中国兵轮船开往南京，送曾中堂灵柩回籍，其兵船名开载于后，万年青、三号、四号、吉田、草江一全出。

（录自《申报》1872年第20号）

---

〔1〕1872年5月24日。
〔2〕1872年5月22日。

轮船落水时刻

今日^{〔1〕}一点钟，制造局官轮船落水，彩帜往迎，当非常热闹云。

（录自《申报》1872年第21号）

上海机器局第五号轮船小纪

前四月十八日上海机器局第五号轮船造成落水，彼时中外士女观者如云，申报已详言之矣。兹船面各处又均装修布置极臻妥善，见者无不称美。特将此号轮船作为小纪，附入申报，以便传观焉。计船身长二百六十三尺六寸，宽四十四尺十寸，深二十九尺四寸。舱面有四，曰下舱面，曰住人舱面，曰炮舱面，曰上舱面。于底舱面设帆练房两间，油漆房一间，大木匠房及兵目房各一间。又火药房一间，炮弹铜壳房两间，淡水巨池两方。底舱面下曰前舱，前舱容五十九吨又十分吨之二，每吨当四十立方尺。炮弹铜壳房两间，容二十七吨；火药房容十一吨又十分吨之八；油漆房容十四吨又十分吨之二；木匠房、兵目房共容三十一吨。下舱面在木匠房、工房之间，七十五吨帆练房两，共三十吨。合前舱油漆房、帆练房及下舱面共计可容货物一百七十五吨又十分吨之四。而大木匠房、兵目房、火药、炮弹各房，在外底舱面后段为做工处及机器房，计容五十一吨。又有大货房四间，共计一百零五吨又十分吨之四。下为下后舱，容六十四吨又十分吨之六。后火药房计四十八吨十分吨之九。后炮弹房、铜壳房及驳船用铜料房共计三十九吨。此大货房、机器房之间为蓄水大池，合四货房及后舱共计可容一百六十九吨货。统计全底舱面合前后两舱，可容三百四十四吨又十分吨之四，每吨当四十立方尺。火药、炮弹、铜壳各房、在外水池，可容淡水四十吨，即八千九百六十卡伦。另可设一凝水筒，于十二时内能凝汽成水一千卡伦。计汽机、锅炉及煤共占去地长六十五尺以上。为客船面当设病房一间，梢后设官房、客房等所，此层舱面计长二百十八尺，宽四十

---

〔1〕1872年5月24日。

尺六寸，高七尺四寸，有头号救火机器一具，用四人力，每一分时可出水一百卡伦，散注各处。又上一层为炮舱面，长二百三十三尺，宽四十尺，高七尺四寸，为置起锚绞盘及厨房所。后面亦设官宪住房，设四十二磅弹炮二十四尊。亦有救火机器一具，与上同，并可从水池汲水供用，或船有渗漏亦能起干。又上为上舱面，计长二百五十九尺，宽三十八尺六寸。又置九十磅弹炮两尊，绞盘二备用。又设双螺小暗轮船一只，长三十七尺，宽九尺，内置十二磅弹铜炮一尊，汽机两具，共有五马力，能容六十人，每点钟行二十七里。储煤与水可足六时之用。另设舢板船六只，内三只均置十二磅弹铜炮一尊。此号兵船当置三桅，帆布约计二万二千五百尺。又此船之汽机计置气筒二径五尺四寸，挺杆推机路三尺，每分时能使轮轴旋六十四周，每方寸冷涨力二十磅。锅炉四座，火门十六，每方寸能受四十磅压力，绝不危险。其汽机锅炉四围俱有煤绕护，上置煤二尺四寸，下过平水线二尺六寸，保护严密，虽遇敌炮弹不能中伤也。另有抽水大力汽机一具，以便救火起水等用，每分时能抽水一百卡伦，灌注各处，或最高桅帆遇火，亦可救及。煤舱能载煤二百九十吨，如作七日用，每点钟可行三十六里；作十日用，每点钟亦走二十四里。汽机、锅炉及煤机器什物等，共重五百二十九吨。尾置双叶螺轮，起落甚便，张帆时可举起使离水，如复下顷刻便能行动。轮翼又可旋转，螺距自能起缩，缩则二十尺，起则二十四尺。此第五号轮船之大致也。夫机器局之设，于今将十年矣，督理局务者能以所事为事，召匠必择其善，购物必求其精，故能月异而岁不同，其所造之轮船，亦能日新而日盛，充斯量也，其制造之法不几可日进于泰西诸国也哉。

（录自《申报》1872年第56号）

水雷说

兵凶战危所恃以制胜克敌者，惟此武备之修，兵器之良耳。古之时，战则以车，间用步卒，所谓战具者，舍弓矢刀矛之外无闻焉。周之兴也，白鱼跃入龙舟，左氏叙晋楚战于泌，谓晋舟中之指可掬者皆言，济师之舟，非谓战阵之舟。至吴之余皇，始以舟为战阵之具，亦犹昔时之战车也。三国时赤壁之战舟战也，濡须之战亦舟战也。魏吴之舟战者屡矣。魏文帝谓南人使舟如乘马，自是始畏吴不敢亲征水战焉。然汉晋之楼船，其制已不可考。自晋至陈，六朝之际，亦多水战之事，而其战船之制，亦不能详。至隋唐之间，帝亲征高丽，始用海舶为战船，后亦无闻焉。夫水战之事，莫盛于南宋，杨太以轮舟据洞庭湖，岳少保以木筏破之。兀术以轻舟战黄天荡，韩蕲王以海舟破之。高宗屡次航海，少帝泊于崖山。明患倭寇胡梅林、戚南塘两少保均用海舟与之战。凡此皆水战也。始尚在于江湖，继则渐及于海，然其所用不过寻常使帆之海舶耳，其战也尚须乘用顺风。若今之所谓火轮战船者则异。是故凡有此船之国，几至战无不胜，攻无不克。得之则生，失之则死焉。其为用也，不论风之逆顺，皆可日行千里；不论敌之强弱，皆可取胜一时。其行走之捷速，进退之利便，使用之轻灵，无有能及于此者，故能制人，不为人制，能胜人，不为人胜。孰有能出奇计以破之者哉！虽然西洋之精制造也，天使之也，彼谓极巧，孰知更有巧过于彼者。如装水雷破轮船之法，是已英国现有装船小舶为辅弼大战船之用，该小船并不载炮，惟在水底安置水雷为破敌船之计。此法已试验能行。闻用计装船之人，领赏格银一万五千镑云。此所谓重赏之下必有勇夫，千金买骨骏马自至者也。去岁普法之战，法之火轮兵船多于普，普人畏之，置水雷于海底，法人知普之置水雷也，火轮兵船不敢驶行，故普人得以乘机破之，几灭其国。夫火轮兵船之为用也，有之者收其利，无之者受其害，横行海国，为祸海滨者已数十年。兹忽有人制造此水雷以破之，殆所谓不义自毙，多财厚亡，天运循环，无往不复之意乎！现闻金陵制造局亦知此法，业已造成数百具，倘有变故，装置海底，轮船触之，未必不坏。庶强者不能终强，弱者不至终弱，兵凶战危之事，亦可藉此少息，此亦天道好还。人心思治之征与于此，亦可见老成谋国之效，而国家从此偃武修文，长治久安，于无既者当亦大收此水雷之功也，岂不美哉！（泌字代用）

（录自《申报》1872年第69号）

西国新造铁楼兵船

英国讲求兵船之制精致坚固，甲于天下，无他国能及之者。盖其国中四隅滨海，无藉陆兵捍敌，扬威举于兵船乎！是赖故能精益求精，以成为水军劲旅也。今其兵船又创为新式，于舱面立圆铁楼一座，楼内安置大炮，四面开有炮眼，以备御敌之用。其楼并有枢机可以旋转如意，确一面攻贼，则四面之炮眼皆可旋至此面，任意轰击，使炮身无炸热之失，敌船无躲闪之时，鲸波鳄浪中岂不足大逞其威也哉！惟此新制未曾用以迎战，因虑及铁楼苟不十分结实，则敌之炮力轰至或无以胜之也，遂于上月间将有楼大铁船一艘碇于海滨，而令他船远远驶来将近二十丈之外，以六百磅之火弹装入大炮，连轰二次，正中此楼，飞弹所及，其势千钧，而此楼屹然如故，毫无损伤。夫弹至六百磅之重，路及六七里之遥，其力之猛烈何如，而此船能任受之而不动，则其力之坚厚又何如耶？英人闻此番试验之后，则往观而欲乘驾之者当不知凡几矣。然船主未许人站立楼中，而匿羊犬之类以试之，迨炮声一响，则羊犬均已倒地昏绝矣。盖其声若巨雷，在楼中者必不能胜其大震也。噫！西人之制兵船诚可谓，但求其精不计其赀者矣。以此众战，谁能御之？以此攻城，何城不克哉！

（录自《申报》1872年第104号）

兵船之旗新颁定色

凡自古来兵船战舰所张之旗帜，或以五色别方向，或以二色备文采，或用彩绣绘画以耀观瞻，或标营伍姓氏以别部伍，要皆随统帅之意以为之故，变化从心，而无一定之颜色制度也。今特创一旗帜新式，且下令从此江海兵船之旗必照此式制度颜色，不许歧异。此亦制器械别采章之意也。其旗则用尖角式，其色则黄，其绘绣则以青蓝蛟龙盘互于中云。按西洲各国所挂之旗，皆有一定色度，故海面相遇认其桅旗即可知为某国。此盖古人制器械别采章之所为兢兢也，岂可任其意为也哉！此节从西字新报译出。

（录自《申报》1872年第166号）

海船旗帜定式

北京总理衙门照会各西国官员，谓中国新定旗式如三角，色用黄，中画龙用蓝色,所有福州、上海炮局所制轮舶及各关口巡河船,均建此旗,以□认识。其船长一百六十尺之下者,该旗长用六尺四寸;其船长在一百六十尺之上者,该旗长用九尺六寸。按中国炮船虽有升旗,然均系统带官衔之旗,并非朝廷特立式样号旗也。故西人向称不知中国号旗是何式样,兹经定制,从此中西船舶相遇均可一望而知矣。

（录自《申报》1872年第185号）

美兵船急救火灾

今美国驻泊上海各兵船甚多,计有八艘矣。前日一货船名革拉士失火,美国大水师既闻火警,即高悬旗号。盖此旗系传密令者,使各兵船见之即将小艇趋救也。瞬息之间,遂见其所辖各船,每拨数艘,共计有三十艘,内坐五百兵士,皆执灭火器具,如飞而前,及至革拉士船。幸火已熄,无用力之处也。然则美国水师能知如是之捷,应急令勤劳救患,一则可见其士卒之鼓励勇气日增,一则可见其灾患相恤仁心愈普也。故志于此,以称扬之云。

（录自《申报》1873年第353号）

宁波兵习水操

友人来述,宁波各兵皆奉军令,复行水操。查水操之法,有互以巨舰相压而斗火器之精能者,有互以钩镰制胜而斗勇力之矫捷者,及其斗酣之际,则互跃入水,急湍飞涛,以斗泅水之功候焉。兹之复用水操也,则令军士皆入水,依竹排以浮水面,然后逞其武艺,用刀枪等具奋勇相争,声猛气烈,令他船之人皆心怯胆惊,咸思远避云。吾知其复兴此制将使水犀队里骇战法之翻新,楼船兵中识艨艟之无用,不亦为非常之举动也哉。然欲观其胜而闻其搏战之声,噪呼之厉者,其必问诸波臣与海童。

（录自《申报》1873年第363号）

炮船兵丁拿获新闸地棍

上海守府前派炮船兵丁侯茂发等认真巡缉，拿获新闸地棍，于本月初四日[1]拿获施顺桂一名，即小崇明；于初五日拿获吴老国一名，即日送县究办，未知作何办法。想猛以济宽必当远法郑侨，否则恐仍无益于事也。

（录自《申报》1873年第389号）

制造局六号轮船告竣落水

日昨[2]制造局六号轮船落水，阖城官绅以及士女往观者不下万人云。局中工匠艺精业熟，较之去岁四月五号轮船入水更为妥帖，真有驾轻就熟，从容不迫，好整以暇之妙。故入水时水不扬波，附近小舟均无碰撞之势，岸上观者如云，工匠似火，亦未伤损一人。闻从前数船入水时，船旁撑木有碰伤工匠者，岸侧小舟因激成波澜互相击动，甚至有掀翻河内激赴岸上者，日昨均无其事。以身高数丈，长数十丈之轮船落水，比长安拖坝之小舟尚觉平稳暇逸，亦可谓技精入神矣，不愈见平日总办选任之精，西匠教导之益哉。

（录自《申报》1873年第510号）

五号轮船初次出洋

制造局五号轮船久经造成，惟尚未驶出，所以待军装也。兹已由普国购炮二十余尊，或十五磅、十七磅不等，安置齐备，已于十八日[3]一点钟由局门首驶出吴淞。船身长三百尺有几，而迅速不可思议云。

（录自《申报》1873年第548号）

---

〔1〕1873年6月28日。
〔2〕1873年12月23日。
〔3〕1874年1月6日。

论福建制造轮船事

西字日报论及福建制造局一事，曰该局创设以来，造船虽至十五艇之多，借局成学业者虽亦不少，然观其所造轮船，大抵多置之不用，局中历年所费实为巨款，亦可算糜耗云。斯言也，不亦计近而不图远之太甚乎。又谓，造成诸船不足为用，告竣之余，仅出海试驶一次，遂令湾停港内，以待其自朽而已。查本馆前经几及，虽闽广两省海氛屡闻，然则今之新造火轮兵船，何不使之梭巡各海，以冀剿灭盗寇，安靖闾阎，俾海氛平静于往时，其功不亦大乎？果能如是，既奏造船之绩，又收靖海之勋，岂非功上加功乎？又何至于功不抵费也。虽然人皆言其局费之巨也，若细计之，则其费仍不可谓为巨也。夫海防者，国家大事也，舍轮船而海何由防。中国现造各船，虽弗克抵西国之最精者，然以之防海，不但海氛杜绝，又可大有所用也。杜绝海氛要在杜绝贩供军械之各路耳，军械之售诸寇者，往往由沿海诸商，乃诸商皆用火船，而国家反无之，其将何以杜绝乎。火船既不可无，则国家自行习造，岂非要务乎？或曰，购诸西国，其费可省数倍，然中国天下之大国也，其将永赖泰西，藉得所用防国诸物，可乎？此制造局之设，万不可缓矣。溯自设局以来，造成船器诸物，合计所费价银，虽属巨款，然亦不得谓为糜耗。盖物价工值之外，复成就许多学业，费虽巨而功亦不小矣。初泰西之习精造作器具各学，岂一旦而成者，皆有历年，所专攻化学、物理、算数、勾股各事，其所积累，已百余年，其中弃故取新，精益求精，不知耗费几万万银，不可数计，然后一时臻于极精。今中国仅以数十万银之费，六七年久之时，而泰西历年之学，已能习悉，岂非大利乎？奈何犹谓其糜耗巨费也。夫泰西机器之利世，实难穷计，即如本馆告白内，缝衣机器一具，一人可敌十二，其价银亦不过二十二洋，此器虽微，亦足见器利之一斑也。其他各器亦多类之。世人用之，藉以省工数倍，岂非人事之大助乎？制造机器各学，中国民间欲自学习，虽于觅路，今国家设立各局，内用工匠繁多，学习数年，皆得其法，散局归家，自藉所学，以为艺业者，亦不乏人。国家先意设立各局，本为利国，兹则兼利民矣，若无各局，民人之学造西器，或须数百年，或须数十年，而后能也。此制造局之大有裨益民间也，安得谓之糜耗乎？至圣有言，见小利则大事不成，谚又有成大功者不惜小费之语，其斯之谓与。

（录自《申报》1874年第567号）

中西轮船利弊论

或有问于杞子曰：方今中华励精图治，有如设立机器制造轮船，可夺西人通商之利，为富国强兵计者，予意见以为如何？杞子应之曰：是殆如孩提之童，方饮乳哺糜之不暇，而遽进以肥甘之味，未有不因噎废食者。譬诸疾病之后，将清心寡欲之不遑，乃竟使联床笫之欢，未有不沉疴难起者。盖逆发倡乱，十有余年，回匪蓦兹，又经数载。今虽各师仰承庙算就次荡平，然东南民困未苏，田庐未复，加以迩年北遭水患，南多旱灾，各口生意寂寥，群商难于行运，当局者未深计较，意将为远大之图，固已迟矣，抑尚早焉！盖此举行之于各口未通商以前，固不为迟，而行之于各口既通商以后，则尚以为早，何则，因时有未至也。所谓知之非艰，行之惟艰也。泰西诸国，自开港通商以来，西人、华人兼用，中国之人，仰给予西国者不少，即如曩者剿平发逆，如在水陆可达之地，西人亦从而助顺焉。虽为保护通商，颇能睦邻敦好。嗣如中国所制机器，仍须西人指点，所造轮船，仍用西人驾驶，其费用浩繁，旷日持久，又无论矣。即使将来竟能不用西人，不须再购西船，而中华之民困不苏，生意日蹙，船多货少，亦属力有未逮，势属不支耳。诚以利之所在，利亦不常。试验去岁之西船，不及往年之获利，而中国设船自谋之始，正在西船强弩之末，良可慨也。或问：然则何为而后可？杞人曰：裁减厘捐，所以招徕商贾也；慎选牧令，所以绥靖商旅也；坚敦和好，所以辅助通商也；严治倒账，所以惩禁奸商也。夫然先制浅水火船，于西人未曾往来之地，而通达贸易焉。更俟船多利便之后，再谋各口之通商装运，竟与西船有过之无不及焉。庶为富国强兵一举而三善皆备耳。若行之于群商裹足不前之际，夺之于民船容身无所之时，吾恐自相戕贼。所谓枝叶未有害，本寔先拨。三复斯言，尤可深长思矣。或人唯唯悚然而退。

（录自《申报》1874年第595号）

水操布阵

浙省抚宪不日将临鄞城，各路水师兵船调习操练，每日在新江桥内训练布阵放炮，又在水上列阵。各执利器大有可观。又各营兵勇在江东大教场每日操练枪炮，各逞武艺等事。

（录自《申报》1874年第631号）

舟师宜考察论

溟渤濒海，空阔而无际者，昔人所以望洋向若而叹也，乃竟有随波逐浪，履险如夷，而不惮远涉者，则惟泰西人为独创。顾西人虽善于航海，而舟楫之利前亦只有夹板船耳一。自泰西智巧之士殚精竭思，费数百万之资，历数十年之久，夫然后轮船之制成，而直可环行于地球上下，此固开关以来利用前民所未有也。岂风气日开，天殆欲使海滨寂寞之乡，亦为人迹所到乎。抑将使穷岛之民，渐染教化，不欲其榛狂以终乎？顾今日中华及东瀛各国，虽已设立船局，次第仿行其程式、工料，固与西国轮舟无少差异，而独于驾驶之道，则仍以西国舟师是赖，即有一二华人熟于海道，能自往来于巨浸之中，要亦只在中国濒海各埠，而非必其能远涉于东西洋也。何则？盖平日躔度之未明，礁石之未识，飓风沙线之未讲。贯而猝欲其双轮鼓动，涉历洪洋，自未见有能济者矣。然则西国之舟师一日不至，即中国之轮船一日不行，有治法无治人亦安足贵乎？故愚以为欲制轮船，宜先考舟子，舟子得其人，而后轮船非虚设；轮船得其主，而后航海有成功。由是周行各国货物流通，不将与泰西各国并驾而齐驱哉？然而考察之法，则又宜详审精密，而不容稍涉于滥者也。必其人之见解，与西人仿佛，而后准其驶行，否则宁抑置之，而不轻以尝试，且必宜奖励以鼓舞其心。苟其叠次无愆利有攸往当道，各大宪即宜随时保举赐以头衔，如是则人知所歆羡而讲求水利者必多矣。由是而缮修火器，保护商民，将中国自强之道胥于是乎！在梼昧之见，其果有当于蠡测否？

（录自《申报》1874年第654号）

英国战舰之雄

英国于水师战舰久称甲于天下，计其因此役而支银者，每年约有三千万而之巨，则其专心致志于水师者，亦可谓至矣。盖以英国地居海内惟能保护船只，斯足以御侵凌，纵敌人有千万之兵，而力皆不堪与敌。兹据前公司船报及英国议政院内，论及水师一事，或有谓国内之铁甲战船多有败瘝衰废，不合于用，若欲力加修缉，俾可指挥如意，须费一千八百万两银。于是议院中人纷纷欲归咎于先柄国者，及详加查核，乃知斯言亦皆逾分，大都系好事者之辞耳。所以为之辩者谓，铁甲船共有四十三艘，内即有十余艘水瓤破裂，或另有损坏，此亦势所不免。盖水瓤之滋弊最速，而铁甲船为尤甚，试问他国兵船之额数几何，其合于即用者又几何？始知我英国之十余艘亦尚为少矣。况且整顿而合于即用者，皆榜内之最大最精，即如极大者一艘，皆伟然称雄于天下。然则以众船与他国相较，则始知我英国水师并无衰敝之虑。设使一旦与欧洲素称最强之者或数国，或多国打仗，则英国足以独立相持，不但于英国附近之海，即地中海与中国海并各属国之附海，皆可克敌致果，但须半年之期，便可扫平四海。若一年之余，凡与我相敌之国不拘天下何地有船出口，当即被获矣。至于所谓应行整修之处，亦不过四五十万银而即皆可整顿以应战也。余按英之战船其能精益求精而非他国所能及者，盖由国中承事之人并无饰辞虚报，苟有假借，凡议院中人，皆得指摘其弊。故宜其高出乎天下也。兹藉电音知英国议院已多拨帑银四五十万两，饬令即行整顿各船，无使一船不备于用，则自此后英之水师战舰更非他国所能望其肩背已。

（录自《申报》1874年第657号）

兵船驻守台湾

本馆昨[1]报云，福建新拨中国兵舰四艘往台防御，今阅西报乃知共拨有

---

[1] 1874年6月21日。

五艘也。

（录自《申报》1874 年第 657 号）

华人欲购铁甲舰

旅居台湾之西人来上海云，中国官宪近与英国官宪相议，意欲购买英国之铁甲火船，即现在停泊于中国之名铁公者，愿出价银二百万两。按此船系英国水师提督所管驾，为驻中国之极雄者，提督虽常来沪上，而只以铁公船太巨，故往往泊于吴淞口外，使中国得有此船且善以驾驶，则即与各国在海疆从事皆可所向披靡，而况于日本乎？但华官即有是请，吾知英国朝廷恪守万国公法，而必不能首肯也。

（录自《申报》1874 年第 658 号）

士多瓦铁甲船式

东洋先赴台湾之铁甲船，其名曰士多瓦，盖自美国购得者也。其式样颇新奇，按船之两边及自船面以下数尺，俱围绕以巨铁，平日于驾驶之时，船面高出于水者十尺，若当交战，乃引水至船内藏于水柜，使船面高出于水者仅二尺许，此固法之所至巧也。盖船边之铁颇厚，使于战时而不低去八尺，则必须有八尺之铁甲，而工程不更大乎？且以船仅露二尺，在敌人亦难以轰击也。然两船接仗，其战舰究宜转旋便捷，方足以制胜。今士多瓦船藏水既多，势必沉重，欲其指挥如意也，抑亦难已。

（录自《申报》1874 年第 659 号）

东洋兵舶来沪

昨[1]到有东洋兵舶一艘，泊于下海浦，闻是台湾所遣来者，内有武弁二

---

[1] 1874 年 6 月 25 日。

人，或谓系东洋陆路中将派来上海也。是否有何公干，俟探明再报。

（录自《申报》1874年第662号）

东船来沪情形

昨[1]列来沪之东洋兵舶，兹悉船名曰进，系东洋之战舰也。为现驻台湾之陆军中将所遣，内有文武官三员，一为海军少将兼海军大丞赤松则良，一为海军中尉籘井惟利，一为陆军少佐兼驻札厦门领事福岛九成，其传话者则高尾恭治也，乃奉委谒见钦使柳原大臣，筹议台湾进止。盖生番与之交仗，寔只两次，随即匿入深山不出，业经生番中之头目饬令通事，前诣日本行营请和，中将已经允许，惟藩类不一，愿和者有十之七，愿战者亦有十之三，愿和者多而战者少，谅不致再有衅端矣。至我中国之潘钦使，于本月初一日[2]自闽省至台湾，于此舰起程时，知尚未与陆军中将会议云。再昨有中国张军门国英所带之轮船，曾以西例知照日本领事，公馆约放二十一门大炮迎接，以昭辑睦旋。经日本战船回复，以为照例应由到沪者先放以致敬意，再由中国答之为合例，是故遂约定昨十二点钟东船先行启炮，而华船如数答之。道宪沈观察旋于四点钟前往日本领事公馆，拜会所来之东将，款谈甚洽，并谦逊异常，亦足见中外各宪彼此和好之意也。

（录自《申报》1874年第663号）

钦使请战

通问馆新报又云，传得简派之沈钦使业经具奏，谓中国与东洋接战，务须先行购办铁甲船二艘，然后始克以从事。又请自台湾府至厦门一带，在海底铺设电线，以期速通音问。其奏折则由李爵相转呈于皇上，而李爵相亦奏恳俯从。其议云，愚谓以电线相联二处，固为善策，声势既藉以通则于策应军务，

---

[1] 1874年6月26日。
[2] 1874年6月14日。

诚大为一助，然非先购置铁甲船亦仍为徒多此费耳。盖有制胜之器，而无制胜之兵以卫护之，彼东国师船何难以截而断之也。铁锁横江而尚不可恃况电线云乎哉！

（录自《申报》1874 年第 664 号）

上海无兵船赴台

昨有中国兵船自上海驶往台湾之风闻，而西字报云，其驶过租界之船诚有二艘，一即东洋兵之来船，将以遣返台湾，一则往吴淞口与所湾中国之兵船三艘并泊也。

（录自《申报》1874 年第 664 号）

磨申干兵船停泊福州

有船名海龙者，于十四日[1]自福建来沪，据称现在福州海壖共泊有华船三艘，东船一艘，其名曰磨申干，系自厦门而至者。按前日香港西字报云，传有东国师船欲将福州各口封塞，其或指此船欤。然磨申干究非铁甲船可比，而顾能以一船敌中国之三船乎？是故东船之在福州者，其意旨曾不可得而窥测也。

（录自《申报》1874 年第 665 号）

论水雷利害

粤稽创造水雷迄今不过二十有余年，昔俄国与英法交战时，始在羁的海内设用，奈以物不精良，故尚少有立效。在后南北阿墨利加合众国于十余年前兴兵搆怨，复广为试用，遂屡有奇功。按水电之形如西船所用系船之浮标，然盖以铁铸成，藏火药于水雷内之底，或一百斤，或三百斤不等，其标内之上截空洞无物，以故轻而上浮焉。水雷下之底尖系以铁链缠定于水底，使不得迁移而

---

[1] 1874 年 6 月 27 日。

浮于水上，其燃轰之法则有二也：一谓有自能轰者，盖内设机关，外有铁条横亘，与机关暗相接连，船触于铁条之上，则机关发动能自轰也；一则以电线自岸上通接，岸上之人见敌船已近其地，乃即以电气作引，使之燃轰。夫就二者而论，自轰者以可随处暗设，不必用人守视，故觉更便于用。特以其不分何国之船，遇触便轰，究鲜可为用。是以今所就用者，以电线相引者居多。按此种军器，无非为防御之计，故虽小物而肆害于敌人至大，即数千吨之大船，内载兵士千余，而一刻之间便可轰击成为齑粉。然其功且不止是也，水师兵将惧其阴毒，故闻凡有暗设水雷之处，必不敢径前驶行，即如普法两国之战，法船本强于普，意欲在普国海滨纵击，乃以普人于沿海险要处，皆设有水雷，于是法船俱不敢进，而素称精利之水师，几乎归于无用矣。兹闻我国令多制水雷，不禁称善者再，盖防护之法实莫逾于此也。顾论水雷之功虽如此而亦不可尽恃，诚以水雷非精而益精，究难于臻大效。且敌人设有多船，犹可以一船冒险而进，一船坏而余船存。又非别有炮台，则仍不足以制敌，此所以岸上须令有侦伺多人，否则敌船于要隘怀疑之处，则可上岸遍为察视，而断其电线也。即就上海吴淞口而论，设非有炮台以为之捍御而徒设水雷，则仍难于施用也。

（录自《申报》1874年第667号）

东洋水师不敌中国

本馆于前日论及东洋水陆二军虚实已两次矣，其先则谓日本有铁甲船二艘，而铁甲船名虽可惧，其实或亦不必多慑也。其次则将东洋新来西人述东洋之军事转录，且谓东洋铁甲船若果系极精，在中国诚不如稍缓用兵，俟亦购得铁甲船，然后兴师问罪也。本馆深以为东人行军实情诚关紧要，于误听敌有成或所相系，故不惮专心致志务冀确得其详。今幸得其底细，载列于下幅，以呈众览。按东洋共有所谓战舰仅四只，所谓炮船即小者七只而已，战船之内铁甲船二艘，一名里我气我干，此船即本馆所先称为意俄轮马鲁者。盖以东人初称以此名，而西人或有仍旧而呼之也。前述此船水甑裂破，今知此非讹传，且悉其修理亦须多延时日也。乃其要者，此船以曾取铁甲船之名，西人多不察其实情，因而谓此船非中国所能敌，我国亦率然以为信。致沈钦使特具奏谓，非先购铁甲船二艘不足以当敌。今知铁甲仅厚四寸，且头尾并无护甲，行驶于一点钟时，不过九革纳，如是则实不足敌吾中国新造之一大船也。盖四寸厚之铁甲，虽能当曩年之炮，而不足当今日之精者。我船置炮多为革白勒炮，系当今之最精者也。船之驶行又捷于东船二三革纳。我船可旋转自如，以精炮远轰，而自立于不败。至于其余铁甲船只可在东洋扼险防口，不能出海。我国可置诸不论。此外战舰一只亦衰敝，且驶海不过每点钟六革纳耳，亦毋庸过虑。故东洋欲于海面敌我国仅有战船二只，小炮船七只而已，其不克敌我国两大船及二十余师船焉明矣。诚哉！彼东人之虚张声势耳；惜哉！我中国轻信而不先为抗拒也。然为今之计，似亦不难。盖中国水师既强于东洋，便可隔断台湾东洋两路之来往，使东兵之在台湾者孤立无援，则军器、糇粮不久而自当告匮，我兵乘其敝而攻之，此一鼓可下也。所深望于我国之臣不稍相让。东人既大犯万国相交之例以欺我国，则非我国明正其罪，不足以尊国体而示威于后日也。总之，所列东洋水师事，其说诚实有可凭，既为可信之人所传述，又为识水师事务者与其间而言焉。

（录自《申报》1874年第671号）

东洋水师各船

今将东洋水师各战舰、炮船开列于左，其各船之情形系于英去年底察核而采录，此后而复行检点者也。计：一暗轮船名里我气我干，长二百十五尺，宽三十三尺，入水十七尺半，其器机可抵二百八十匹马力。船身以木造成，除船头尾各十五尺无护甲者外，而船边自水上三尺半，水下四尺，周绕以铁甲，板厚四寸。船上置有铁炮十二尊，皆自炮口装药，而膛内亦有螺纹，其间炮膛径量五寸半者十尊，六寸半者二尊，此船驶海每一点钟不过九革纳，因是铁甲不堪加厚。如与相若之木船尚可为敌，与最平常之铁甲船相较，尚不克相抵御也。一只暗轮船名哥德次恩，亦系铁甲，其船头并有锐铁，足以触沉敌船也。长一百五十八尺，宽二十七尺，入水十三尺，可抵三百匹马力。极大之炮三尊，并小炮二尊。此船已敝旧不克驶海远行，所以东人于去年已不列诸水师战船内也，然尚可用为防塞一海口，故亦列于此章内。按是船则本自美国而购得者，故美国人呼为士多尼瓦。一宁神干系暗轮木船，长二百零四尺，宽二十九尺，可抵二百五十匹马力，入水十四尺。曾有铸成铁炮六尊，炮膛径量五寸半，并亚麦士得良炮一尊，炮膛径量七寸，系在炮后装药者。此船据传驶海迅速，可称适用之船也。一粗古巴干，系暗轮木船也，长一百九十七尺，宽二十九尺半，入水十五尺，足当二百匹马力。有亚麦士得良钢炮六尊，炮膛径量五寸许，兼有铸铁炮，较大者二尊，并小铜炮为东人自制者二尊。此船据传已敝旧，不合于用。驶海至疾亦仅得六革纳耳。一加苏加干，系木头明轮船，长二百四十三尺，宽二十七尺，入水十一尺，其机器计当三百匹马力。有五寸铜炮四尊，并铁炮二尊。又弗白士七寸炮一尊。一河熟干，暗轮炮船，长一百四十五尺，宽二十二尺，入水七尺半，可抵七十匹马力，有亚麦士得良炮二尊，一七寸，一五寸半者，并钢炮两小尊。一磨顺干，暗轮炮船，其丈尺与先船相若，有弗白士七寸前装炮一尊，并亚麦士得良五寸半炮一尊，并较小者两尊。一太意气的官干，双暗轮炮船，长一百三十二尺，宽二十二尺，入水七尺半，可抵六十匹马力。置有六寸半铁炮一尊，克白勒五寸半炮一尊，小钢炮二尊。一太尼的坡干，其式与前船相同，置有亚麦士得良前装六寸半炮二尊，并弗白士钢炮二小尊。一思的干，与先二船相仿佛，置有螺纹炮，即来弗二尊，一六寸，一五寸者，并亚麦士得良炮二小尊。一气我大加他干，小暗轮炮船，足抵四十匹马力。置有五寸半前装炮一尊，小炮两尊。共计战船四艘，炮船七艘，合共则十一艘。铁头船哥德次恩据可信者所报，诚难以驶行海面，至所谓铁甲船里我气我干者，方行修葺水甑，须久延时日始可告竣。其余各小炮船相传皆整齐，无甚敝坏。除以上各舟外，另有装载兵士舟五六艘，亦俱置以炮，然闻内有二艘为帆船也。

（录自《申报》1874年第671号）

东洋水师人数

东洋铁甲船名里我气我干者，计铁甲仅厚四寸，在不识者而论，似乎尚可谓巩固。然此类船在西人并不称为铁甲船，不过呼为铁护船耳。试观英国驻泊中国之铁甲船名铁公者，其铁厚十有二寸，并隙地无不护者。当其驶行于海面，迅疾异常，且所置之炮俱大且精良者。船内有六百余人以驾驶司理。东洋若有此类船，则中国诚可为惧矣。乃今东洋各船所置之人计，里我气我干船二百七十五人，哥德次恩船一百三十五人，宁神干船一百四十五人，粗古巴干船一百八十人，加苏加干船一百二十五人，其余各小炮船每船仅六七十人耳，共计水师内一切总额不过一千二百五十人也。然则东国之水师其足称雄于海上乎？

（录自《申报》1874年第672号）

置造军器

制造局所造之水雷数日前已在龙华之河中试验，果能立见奇功，一系触船自轰者，一系引电线而轰者，俱储火药十二磅，约计大如沙船者并能轰为灰烬也。现在造成所用者，俱储火药一二百磅。又新造火箭，其式非寻常可比，系用喷筒约长三尺许，中以火药燃箭极红而出，计一筒□箭约数十支，势如飞蝗，难于逃避。又现造大小炮架二百五十具，俱中国式样，以备分置各口防堵云。

（录自《申报》1874年第672号）

舟师梗令

香港日报云，福州官宪传命各炮舶，令赴台湾稽察事宜，乃有一管驾者声称煤炭已罄，未能驶海。上宪即委员验看，则船面已有裂痕，迨至各船驶行之时，是船独升旗照旧停泊，有副统领问之，则又谓俟煤炭既足，修葺竣工，然后起碇前往耳。呜呼，是诚怠忽之甚矣。夫两国方起猜疑，特饬水师防护，凡兵舶将士正宜黾勉，从公极形谨细，庶足以克敌致果。使是船煤炭果已告匮，船面业有败坏，自当预为请给赶紧修理，何待上官动问驶行有期，然后藉辞规避乎？使是事果确，则虽治以不用命之罪，亦复何辞？

（录自《申报》1874年第672号）

中国兵船之数

日前本馆胪列日本兵船之数，兹将上海目所亲睹制造局新造兵船六号详细开列至耳。闻闽省本国自造兵船十六号，及广省购买西国所造兵船十余号，仅列其数，不敢强言其详也。今将沪局自造兵船六号详列于后：

第五号螺轮兵船，长二百七十六尺，阔四十五尺，深四十尺，实马力一千八百匹，每点钟行中里四十里，克虏伯一百四十磅弹之钢炮一尊，八十磅弹之钢炮三尊，四十磅弹之钢炮十六尊，可载水师五百名，兼有后装药洋枪，其数足敷水师之用。第四号螺轮兵船，长二百零九尺，阔三十四尺半，深二十六尺，实马力六百匹，每点钟行三十里。克虏伯八十磅弹之钢炮一尊，四十磅弹之钢炮一尊，二十四磅弹之钢炮八尊。可容水师三百名。有前装药后装药二种洋枪，足敷水师之用。第三号螺轮兵船，长一百六十八尺，阔二十七尺四寸，深十六尺，实马力四百三十匹，每点钟行三十五里。克虏伯四十磅弹之钢炮一尊，胡里知六十磅弹之熟铁炮一尊，二十四磅弹之铜炮六尊，可容水师一百六十名，有后装药前装药二种洋枪足用。第二号螺轮兵船，长一百八十七尺，阔二十七尺七寸，深十六尺，实马力四百二十五匹，每点钟行三十八里。四十磅弹之钢炮一尊，二十四磅弹之□炮一尊，八十磅弹之钢炮一尊。可容水师二百名，亦有前装药后装药洋枪足用。第一号明轮兵船，长一百七十六尺，阔二十七尺，深十六尺，实马力四百匹，每点钟行三十五里。钢炮二尊，铜炮六尊。可容水师一百八十名。第六号兵船，大小及炮位器械水师均与第五号同。

以上兵船六号俱未延请西人，全系华人行驶，于放炮列陈之法，久已操练精熟，听候调遣，皆可出海交战，足称雄壮。至福建所造之兵船，共有十六号，其大小约与沪局二四两号相若，炮位俱系英国钢炮，亦皆华人行驶。尚有广省轮船十余号，购买于西国者，系系捕盗护商所用，其枪炮兵勇俱皆齐备，亦称精熟。中国轮船共计三十余号，虽不能大张兵威，亦均可用御外侮，较诸西国虽无奇，比诸日本似少优，所可喜者，数年前各处用兵之名将林立，皆是历练既久，忠勇可用者。现任冲要者固多，而退居林下者更属不少，系系身经百战，气雄万夫之辈，正在闲居无事，设有外患无不欲藉此奋发也。且闻上海、宁波、台州附近各处尚有数万人，均系发逆肆扰，时招募为水陆之勇，经西人所训练并管带者，皆能步伐整齐，技艺精熟，身经百战，勇往直前。倘复招募为勇，万人可以立集。至各船所用钢炮及熟铁炮，皆能打穿铁甲之船，各战船虽无铁甲，然木料坚固亦颇可供战阵。而且木船伤损修理较易，铁甲破碎收拾更难也。中国有将如此，有兵如此，有船有炮又如此，必至不得已而用兵，恐亦非日本之利也。但中国皇帝素性仁慈，不忍使两国无辜百姓罹于锋镝，是以尚在踌躇，若能天心厌乱，使日本君臣悔祸，撤兵回国，俾两国赤子同享承平，是则中国皇帝之本心耳，若云畏惮日本，则误矣。

（录自《申报》1874年第676号）

购办铁甲船消息

前报称：中国朝廷已藉电报至欧洲，欲购买铁甲船二艘，此言大抵非谬，在上海官商亦皆以为是。且今观于一西人自津门邮书来者，其辞亦相符合，且云直督署内各委员曾向西国官商探问是否于中国有现成者可购，不知铁甲船工费浩繁，为水师之要物，岂如他货可随意适时而购得之耶。

（录自《申报》1874年第677号）

购置铁甲船

风闻两广督宪已商之英国领事嘱即信致英京购办铁甲船，计价银八十五万两云。

（录自《申报》1874年第684号）

购办铁甲战舰

闻中国近自上海江海关帑内拨出银九十万两，汇往泰西。此闻已有确据，至于因何而拨此巨款，以意度之，当欲购置铁甲战舰，或别样军器耳。又风闻官宪现与上海电线公司商议，将欲自上海设电线以达北京。然此说恐不足为据也。

（录自《申报》1874年第695号）

准备后战

前日上海又到一福州兵船，为第十二号者。查此船可装货八百吨，能抵马力一百五十匹，实一得用之船也。船面又特设大灶，足供食六七百人。现泊港内听示。如前日所来之两船亦将转赴扬子江上某埠也。字林西报又曰：相传招商轮船局奉命将各船准备载兵之役。上海之大战船即第六号者，久在吴淞湾泊，兹闻该船经驶至南京复回，究因何公干，亦所未悉。至于广东、宁波、杭州各处所来之信息，皆称官场中以与东洋将战之事纷纷论及，以为战日即或延缓，而后来之事已先兆也。或有西人自打狗致书而言曰，天津将调精兵四万。此言未知其确，且未见有备船之寔，据然以意度之，津沽其必遣兵以供此役也。

（录自《申报》1874年第698号）

镇江泊有师船

福建所来兵船二只，令知皆在镇江停泊，一俟雄师南下，便即载运出海赴台云。

（录自《申报》1874年第701号）

精练水师

传闻中国已在英国购买现成铁甲船一艘，价银在九十万两之谱，顾亦非确信也。按此船即不如欧洲之最美者，亦可为雄船也。若与东人各船比较，则克以一交接而撞沉其水师内之战舰也。大抵再逾二月，便可前来中国。虽然今既有此器尤贵有用器之人，此诚为中国之难耳。按天下各国其以水师称雄者莫英国若也，驶行之精，放炮之准，号令之严肃，皆为别国所不及。以故欧洲各国

293

每派其人暂隶于英国水师之内，以冀得其精法，而英国亦大度为公，无不之许。查英国今年水师之宪册，则内多见有俄普奥各国之人，即东洋之隶于此事者，亦颇不少，惟是否学有成就而归己国者，则所未悉也。然则观于此而我国可不效法他国乎？今福州曾设有训练水师之举，此固第一良法，然此法之外，尚宜就学于西船之上。查现今各兵船所藉司驾者，不过外国各货船上之人及曾用引水等之华人水手耳，即能遵循海滨以驶海，鲜有可以测日躔知星度而详悉行船之法者，故欲其出大洋焉难矣。且仅习于货船之规，岂能明战舰之制乎？夫西式水师船系属新创之举，华人未曾习熟者，但愿在上者洞明其事，既以遣习泰西为后日计。又当多藉手于谙练之西人为势急时之计也，万不可以大局承平，水师各员弁倘克沿海滨供给载官装货，遂自以为可收效于战争也。夫东人之学习者，大抵亦未能称为精熟，然在中国固当思出其上也。

（录自《申报》1874年第702号）

东洋铁甲船式

前日[1]所抵吴淞之东洋铁甲船，名里我气我干者，虽称为铁甲船，其实亦徒有虚名耳。盖船身为木，而自水下三尺及水上一尺半则为四寸厚铁甲所护，可抵二百八十四匹马力，载炮十一尊云。

（录自《申报》1874年第710号）

水师避暑

现泊上海之船只有英国小炮船二艘，法兵船一艘，美兵船一艘。至英国之水师帮现尚在蒙古之北，于俄国之濒海处湾泊避暑云。

（录自《申报》1874年第714号）

---

[1] 1874年8月19日。

劝谕中国水师

古语有言，养兵千日用在一朝。是兵也者，受国家千日之养供，国家一朝之用，固宜奋勇争先，建功克敌也。至于勇，虽未蒙国家千日之恩，然已应国家一朝之募，亦宜与兵同心协力，效命立勋也。又况今时各处之勇皆属长募之人，久练之技，食饷多年，转战诸省，不已与兵一律相同哉？试思昔年发捻苗回之变，国家以兵力少单募勇相助，其立功疆场、拜爵公朝者指不胜计。文而督抚司道，武而提镇协参，多由士庶兵勇荐升擢任，下此者更无论也。虽由于将士之效力，然国家之所以酬庸者，尚得不谓之厚哉。谚又有云：食人之禄者，忠人之事；乐人之乐者，忧人之忧。国家平日豢养员弁兵勇，原欲备旦夕仓卒之时，倘一旦有事而在位之员弁，在营之兵勇，安可不激发天良筹谋报称乎？今有轮船由津回沪，据言京师及津门各人传说日本驻京之公使，与其流寓在京之士商，纷纷出都回国，时事可知矣。数日之内哦古坡公使南来，定有确耗。倘若邀天之福，两国息兵，实为万幸；稍有变局，则国家人民所最先赖者，莫过于水师之员弁兵勇矣。何也？日本来犯中国，必由海道而来，故守御之最要，先在于各处海口，而各海口之守御，尤先在于水师。水师若能克敌，则于大局无害。如吴淞一口，现在所泊之兵船既胜于日本之兵舶，我船之数既多而又美且速捷，所置各船之枪炮器械，又无不精良，胜于日本，此固在沪之西人所共称许者也。若再能在船之员弁兵勇共誓忠贞，同奋武勇，而敌断无不克，境断无不保者。吾愿水师各人，无生惧怯之心，毋惰战守之志，指日即可立功名博爵禄也。或曰：日本水师储人实胜于中国之水师，噫，斯言也，中国水师其肯信服此言否乎？吾则以为不然，若中国水师果亚于日本，以上海所见之日本水师与中国水师相较，而谁敢曰中国不及日本，不能即胜日本乎？传言日本陆兵即系向日所谓撒莫来党内之人，历代习有武气，然日船水师亦皆市井之徒，耕耘之辈而已。噫，中国之水师岂反不能敌此等乎？吾闻其言，吾不禁为之愤气填胸矣。中国水师安可不奋发有为，一雪此言之辱耶！且吾又闻，日本铁甲兵船名士多尼瓦者，现已沉没海底。噫，日本方欲败盟拘难，天忽烈风以沉其得用之铁船，则天怒可知矣。自侵犯台湾杀戮生番以来，数月之久不战不和，踞地屯兵，索赔行诈，旁观之西人无不代中国为不平，则人怨可知矣。乃日本犹扬扬自得，以图大逞其欲，吾不知其何所恃而不恐也。近日上海官宪犹以日本撤兵在即为言，日本果有此心，何妨一面遣使来京，一面撤兵回国？又何为徘徊瞻顾而不退乎？而日本人之在中国者，又何必畏人议论其事乎？此岂非令人可疑乎！但愿日本君臣果能如上海官宪所言，使天下责予言之大谬，实为两国之大幸，否则旁观者亦只能徒唤奈何而已。吾之此论劝告各处水师诸人者，一以仰报朝廷养育之恩，一以藉遂己身功名之志，上邀国家之爵赏，下安闾里之士民，庶使令名垂于不朽，感慕至于无穷，岂非大丈夫得志于时者之所为哉？愿世之受职事于水师营者，切勿河汉予言焉，可也？至于防守各海口之急就章则，本馆今日另有刍荛之言刊列于后。

（录自《申报》1874年第715号）

师船器械整齐

中国旁轮船曰天镜者，昨[1]由吴淞驶进上海浦江内，相传待道宪之命。今船上共置螺纹钢炮十一尊，船上员弁及水手共一百二十人云。

（录自《申报》1874年第717号）

中国已购得铁甲船

昨[2]得英京前日传来电报云，中国已向丹国买就铁甲船一艘，想此数月内当可到矣。本馆前曾闻华官已付银两向泰西购取，或即此船欤。按中国购办铁甲船前已屡次说及，兹则系的确实信也。

（录自《申报》1874年第721号）

---

〔1〕1874年8月28日。
〔2〕1874年9月2日。

闽省水师拟仍请西人训练

有自福建或相报曰：是处官宪经议定，此后水师内各务须复行延用西人教导。盖中国各员弁于驾船出洋事，究未能称精熟便即舍去西人，未免失之过早。

（录自《申报》1874年第721号）

东国铁甲船已浮之水面

闻东洋士多尼瓦铁甲船既浮水后细加察阅，知无大受损处。

（录自《申报》1874年第721号）

铁甲船尚待华官驾回

顷闻中国于丹国购办之铁甲船已有所棘手，盖船值虽已清给，而未命委员以纳船也。诚以铁甲船非如他物可比，恐或偶入不肖之手，则于所售之国容有窒碍，且中国岂必于东洋构难或后有事于该国，故难于送至也。

（录自《申报》1874年第727号）

水雷优劣不同

英报论及水雷之优劣，曰亚墨利加洲之白拉给国前历三年之战，虽多设水雷，而鲜有能建功者。盖多以此器易于内坏故也。即此三年内，曾有一小铁甲船触而轰裂，然敌船仍皆不为水雷所慑服，故大半被敌人钩起，迨钩起而检察之，则机已被水浸坏。或将自用之而适以自取其害云。今因我国方致志于水雷故，特将上情译出。然水雷亦非一类，苟能择其良法而善用之，则实保国之利器。是故我国造此而难于见效者，亦不足为异也。

（录自《申报》1874年第735号）

兵船听候调遣

前日有中国兵船名森星，发自台湾来沪，计载水师人一百三十名。船大六百墅，其机器可抵一百五十匹马力。置炮六尊，计可纳二十磅弹者四尊，十五磅革白儿炮两尊。闻是船现泊上海以待调遣之令也。

（录自《申报》1874年第738号）

制造局赶办战船军器

制造局所造之六号轮船虽于上冬下水，然机器及一切装摺尚在置备，约计仅有六分工程。现又造夹板船一艘，闻造成后拟拨归招商局驶用。又造小铁甲船两只，其一约长七十余尺，船身已钉好，惟尚未装置篷盖；其一约长八十余尺者，以甫经兴造，故即船身亦未完工。此两船俱包以六分厚之铁皮，统以熟铁锤成，较为坚固。气锤厂现造熟铁炮数尊，计可容十八磅及二十八磅弹子者。洋枪房所造之枪迄亦赶紧饬工铸作，通扯每日可成十余杆，其工作之敏捷，视从前已不啻倍蓰，顾恐尚不敷用，因仍在英法两国购办。又制造局之东偏隙地有水勇数十人，每日专习铙吹鼓歌之技，殆亦所以齐步伐而壮军威欤。

（录自《申报》1874年第746号）

东洋水师提督到燕台

《字林报》有由燕台廿二日来信云：东洋水师提督名意多者由津门来，于廿一日抵燕，现已在里我气我干之铁甲船上高挂提督旗帜，以耀威势云。

（录自《申报》1874年第750号）

英水师提督到沪

英水师提督昨[1]已乘铁甲巨舰名铁公者来沪,以船身较大,故泊于吴淞口外,更有随带兵船三艘,其一则已驶入黄浦,余二艘随后即进。闻提督将欲来租界,不久便仍驾铁甲船鼓轮他适,但未知复向何处去耳。

(录自《申报》1874年第751号)

英提督到沪

昨[2]述英国水师提督乘驶铁公轮船停泊吴淞口,其扈从三艘兹已驶进黄浦。提督名沙婆罗,寓居宝顺洋行,带来之船现皆寄碇浦中,令兵士等皆得休息数日。想沙君重洋远历巡阅来华,固已懋著贤劳矣,未知将来由申启轮又往何口也。

(录自《申报》1874年第752号)

劝办铁甲战船说

昨有友人来馆述及粤有绅某者曾官别驾,现已致事归田,来沪遨游,询沪上诸人,曰:余在粤时闻,两江督宪江苏抚宪已向外国购买铁甲战船一艘,停泊吴淞海口,辅助炮台以为防堵之计。昨由吴淞经过并未见有铁甲战船,即所谓吴淞炮台亦未之见,何其与占人所言大相刺谬。竟耳闻是实,眼见是虚,若是之相反。与吾粤诸人前见日本侵犯台湾,恐其追踪,有明倭寇,凡绅富之具卓识有远虑者,业已会商聚资,禀知各宪,欲向外国购买铁甲战船以为报效朝廷,保卫间阎之具,不须官为筹款,情愿民自捐赀等语。呜呼!粤都人士真可谓既能报国,又善保家者矣。察其何以均知先事预防之故,盖缘粤人贸

---

[1] 1874年10月7日。
[2] 1874年10月8日。

易于外洋者众，亲历海岛诸国之地，深知铁甲战船之利，若非有铁甲战船，则海岛诸国万难使海疆无患，国家均安，长享承平之福也。出而亲见于海外，归而详言于里中，是因见之多始能言之切，所以闻之熟信之深，故均知先事预防也。夫铁甲战船之有益于海防也，濒海之国皆知之，且皆用之。故英法两国各有六十二只，美则有四十八只，意则有二十二只，荷则有二十只，其余则有十数只与有数只不等。丹之为国幅员最小，亦有七只。俄虽疆域极广，而濒海之地不多于中国，亦有二十五只，余皆视其疆界之濒海者多少，故其铁船之数亦各有众寡也。中国之所谓海防者，惟有明一代常苦倭患，故极力讲求。至本朝则勘定台湾之后无闻焉。嘉庆年间因蔡牵滋事，始有防海之举，彼时欧洲各国尚未全来，虽高丽、琉球、暹罗常由海口出入，然皆藩服之国，亦无事于防也。蔡牵虽扰各省海疆，然亦中国海盗，其船舰炮械亦不能坚固精利于官军所用也。即泰西各国所用之战船，亦尚无火轮铁甲之迅捷坚固也，其所用之枪炮，亦尚无后开门及用弹至数十磅数百磅者也。今则不然，泰西之战船枪炮日新一日，亦日胜一日，即东洋诸国虽不能自造，亦可向泰西各国购而用之。故日本今犯台湾，所谓火轮铁甲诸战船，以及泰西至精至利之枪炮始已备齐。中国今日即行购齐备用，亦仅能与之相敌，尚不能过之，又况乎尚未购备也。设使各省海疆一旦有事，真有令人不堪设想者矣。说者曰：中国谨遵圣贤遗训，但知文教，不尚武功，亦当如大禹征苗班师振旅，舞干羽于两阶七旬有苗格。诚如是言：道德果可以化寇乱，则弓矢干戈兵革之属，前圣皆可以不制矣，何以神圣如黄帝，尚有蚩尤之征哉？可知文教之不能治者，必仍赖武功以补之也。故为中国今日计，亟宜多购铁甲战船，多造火轮战船，并多购造至精至利之枪炮，置诸各省海口，以为自守之计。自守既足，夫然后遵圣人不为戎首，老子不为祸先之言。俟日本苟侵犯我国各处海疆之后，亦遣各省战船水师以临其境，再调高丽等国与之有仇者之兵船，以助剿中国，但声其罪以示天讨，以彰天威。令高丽诸国诛其君，以分其地，则诸国岂有不愿从我者乎？中国疆域已广，不必再据海外之地，多事筹画也。夫如是则得地之国无不感激，即不得地之国，亦无不悦服。五洲之国，当无不景仰中国矣！不然事事无备，倘一旦有失又必须赔补兵费矣。与其俟事有失而后筹款以赔兵费，曷若先将赔费以置办各物而使有备无患乎！此举固中国最要之关键。此日乃中国吃紧之时候，少疏计算，徒悔无及。安得沿海各省皆如粤省绅富捐赀购买铁甲战船，均存报国保家之心，先行报国保家之事，以为报国保家之计，则区区日本诚何足忌惮哉！吁，人特未之思耳，绅富者人人所垂涎也，不幸有警则绅富必先受其害矣，与其毁家于有事之秋而报国不及，何如毁家于无事之日而报国皆知乎！况此时量力而输将尚不至于毁家乎！为绅富者，亦当知所择处矣。《左传》言，令尹子文自毁其家，以纾楚国之难，彼子文者亦不过能知楚难，不纾其家亦必毁也。何如先自毁以纾之哉？此夫子所以深许其忠也。今之家于海疆者，曷不以子文为法哉！

（录自《申报》1874年第754号）

中国炮船被失

华八月十九日，福建船政第十五号炮船名大雅者，方载兵士登岸而泊于安平地方，猝遇大风，致遂倾覆。计在船所溺毙者共七十人，惟船主以晋见钦差业亦在岸，故得不与于此厄。按此消息由日前有中国兵船名吉安者，从闽来申而带到者，先是吉安自镇江载兵赴打狗，各兵既上岸，该船亦因东北风较大有如台飓光景，遂避至澎湖湾泊。正当寄碇时见第十一号炮船亦到，其横桅已为风所吹去，两船既近，因将大雅船被失情形告于吉安。据称当沉溺时曾外有三艘相与同泊，只因浪如山岳，俱从船面滚过，所以不能往救，其第十一号船爰即起锚驶赴澎湖，尚有第四号名安澜者，望南而行，曾不知作何究竟也。该炮船被失之信一到福州，上宪即令法人气革带同能入水工匠及各机器便拟将大雅船设法援拯也。按近来沿海各地方俱有风灾，船只毁坏者不少，台地洋面宽阔，若遇狂风，猝难躲避，故最易于失事。今大雅船稍不自慎，竟罹此大害，诚为可惜。犹幸兵已登陆，不遭此险，否则同葬于鱼腹，岂不更惨哉！此所谓不幸中之幸也。

（录自《申报》1874年第755号）

书汇报论铁甲船后

本馆前日论及中国应行购办铁甲船一事，持论之间竟大失于筹画。盖既劝中国须办此项铁船而尽忘劝中国须自行制造也。今《汇报》特指其失，本馆不胜佩服之至，故兹急行自承不逮，惟望诸君共谅焉。《汇报》筹计是事周备若此，岂不令人俯首赞叹！该报又欲不吝费银，请用西人精于制造者，俾西人藉此以沾余利，岂不又令人服其胞与怀抱乎？但本馆所以未敢遽为中国计及自行制造铁甲船者，亦有意存焉，故计虽左，亦必论之，以冀就正于有道。夫办货之理，以物精价廉两项能兼者为尚，其次则图就便易办焉。人世贸易之裨利，皆基于此道也，彼国之货物精价廉，我因此而向办，斯虽有利于彼，而实有利于我，彼之向我办货亦然之，二者所以互相沾利也。若以不肯偏向彼国而妒止之，是可将各国通商之事而皆令中止焉。泰西诸国因昧于此理，故如哦土多国及南亚麦利加洲诸邦，辄每向英民订办铁甲船，非因不能自造也。彼各国历年久已有大制造局，仍向英民订办者，实以自行造船究竟必多花费，或尚不如英船之精且廉故也。抑或因各国如有奸民，皆执左见，以至各国皆偏向英国欤。前者《字林报》论及福建自行创开船政局以来，支销银项若干，仅造成船只若干，其论曰：合算各船之费较昂于在泰西所买之价数倍。本馆彼时辩曰：花费虽多而制造局断断不可废也，盖因中国欲自创学造船之术，必须在上者，先花多费固然之事也。然则本馆于当时已怀偏向西人之意欤。抑或从《汇报》设后初涉于此愆欤！然中国虽于创造船事不能免涉于浪费，而制国用者亦不可不计及也，国内既以巨费制造各船以教习国人，然此费亦须以法限之也。先应细加计算自造一船合价若干，如较买价更大，除须自造以教人外，仍向泰西购买为是，此于寻常木船，且然况于极难制造、急须备用之铁甲船乎？□于所买之外自行试造一铁甲船亦无不可。然愚意不如俟他项各船能以廉价而造成精物后，然后再行自造铁甲船为美。抑或此意尚涉于偏向西人，请《汇报》裁酌而复论焉可也。吾今更为泰西一卜也，若日后中国自造之船能较向泰西购买者更价廉物精，则泰西诸人必无有肯偏向己国，而仍劝中国出巨价以办买，己国所造者也倘或劝之，而中国亦决不肯信从，岂不反贻人笑？故西人亦断不肯为也。盖以稍知贸易之道故也，虽然天下事怪怪奇奇，未可一概而论者多矣，何也？观人则明，观己则昏故也。吾见世之人于人一言之误，一语之偏，无不灼然，而于己之行为反令人指摘，令人耻笑者实多，反尽毫无觉察。此正杜□勋所谓秦人不暇自哀而后人哀之，后人哀之而不鉴之，复使后人而复哀后人也。

（录自《申报》1874年第757号）

安澜炮船失事

日前吉安火船来申，曾述台郡亦发旋风，中国大雅炮船被失。并据第十一号炮舶传说，当发大风时，有安澜炮船亦同时起碇望南而行，曾未知究竟云云，本馆已列之前报。兹阅香港西字报登印打狗友人来信谓，安澜船曾于二十日早四点钟在距打狗三十里地方，为风吹至海坝，该船方欲转头尽机器之力，以冒风而行，不谓风力猛悍，竟将该船之尾撞击于岸，当即受损。现在船身已撞断，横搁于石上，恐未易修葺也。船上有大炮数尊，本欲供中国陆队所用，更有银饷等，虽为数不多，顾皆尽付诸水晶宫矣。据该船主里坡阿口称，半生来涉历重洋，从未见有如此之狂风者，幸船客已登岸，未至有害，顾合之大雅炮舶，则同日而失去两船，不亦大可惜哉！天心难测，安得搔首而问之。

（录自《申报》1874年第758号）

购置铁甲船价值

前所传中国向丹国定买铁甲船一艘，曾已得有电信，乃今见美报述及是事，谓曰以金钱二十万镑而定买者，合以银两则在六十万两之外矣。至于退还之说，该报尚未闻及云。

（录自《申报》1874年第759号）

论水师宜任长材来书

缁衣士呈稿

福州船政局第十四号轮船名深航，现经檄调来沪，拨交招商局，以便转运。该船到沪后适有西人赴船游览，谓其气象严整，修治清洁，督饬工役训练士卒井井有条。船容口百吨，其船主林君国祥、大副邓君世昌、大管轮黎君道生俱由福州船政局学习船务，迭居上考分别委任，故皆能各称其职。深谙水痕、沙线、河道、海图，复能以西法提举船务，兼课军政，虽西国极佳之商船无以加焉。知人善任用当其材。洵华人颖慧精明，能兼众长，能胜巨任，然皆由船政局课习奖励以要于成者也，其有未经船政局所训练者，如闽省飞云轮船之督带官湄州营游府吴公世忠尤称首选。闻吴公籍隶厦门，熟谙海道，文武兼资，谋勇皆备。有上马杀贼，下马作露布之概，尚尤精于水师，以军功起家，荐保游戎，坐补湄州□□器重上游，先后派办军火木植及管带长胜、湄云、飞云等轮船，当遵倚之如左右手，几于坐不安席，席不暇暖。今虽督带轮船，然犹未尽所长。又如游击衔都司梁公耀廷，胆勇过人，识见超越，举凡船政、营律、海道、水师均能于中学西法之间，斟酌损益，以衷于至善而一往无前之，概复能以随机应变御之，尤能以水师武备训习练兵。同治纪元，李爵相抚苏时檄令管带高桥轮船。次年春夏之交，随大军克复福山、崑山等镇县，由千夫长荐保今职，随以积劳成疾，乞假养疴无何，复奉檄采购军装，仆仆道途，亦几足无停趾，而不任水师船务，则究用违其材。他如守戎康君长庆，亦精熟洋海水程，且能以西法操练督课军卒。东抚丁宫保檄赴乳山口剿捕，所至克捷擢为督队官。福州船政局轮船初成，又檄充当船上大副，迭次移调兼能胜任，愉快□复调赴飞云轮船充当大副。由此观之，此三人者名实相副，为守兼优，较诸林邓诸君有过之无不及者。今国家缮修武事，整饬疆防，凡有片长无不录用。李爵相求贤若渴，亦能量材授事，以洽法资治。□如能破格超擢畀三君以水师之重任，将见振中原之鼙鼓，靖海外之蛟螭，更有为圣主得贤臣之颂矣。余也，伏处草茅之中，时抱杞人之隐，与三君素未谋面，第知其勋绩才略如此，因附于深航轮船书后，聊进刍荛幸，毋以阿私所好见责也。

（录自《申报》1874年第760号）

译述大雅船失事情形

本馆前录安平被风之中国船名大雅，除船主外，司理水手各人皆已随波逐浪，现知救起者已有六十一人，尚有十六人无从捞救，当已从屈大夫游矣。现有去安平之洋人，于前月念一日由安平寄信与通闻馆，将此事详细续录。缘前月十九日早晨，天气清和，下午时西南密云布满，风势渐大，波浪遂涌，此时有中国火船四只湾泊平安，大都待驻台府钦使之命者。三点钟时，有三火船乘风破浪开往别处，惟大雅船因船主上岸在城，故未开驶。至该船主回到海滨想欲上船，而海边一竹排船名喀他马兰俱不敢冒风摆渡，于是海浪益大，天色渐黑，见密云里有黄光，大雅之锚尚暂停不动，人俱以为此时尚可挡风。自十点钟至夜午，风陈接连，历历之。至十一点钟时，飓飙更厉，夜午后，风少息，大雨如注，台湾凡遇暴雨，平原之地即变溪河，山坳地方变为潴泽，其雨声令人骇惧，不能成睡。次日东方少白，众人多望大雅所泊地方，无奈大雅于夜间已不见矣。不多时，天已明，有人来报，大雅船已被风吹到滩边撞碎，船头已沉水下，司理、船员及水手多名攀船上绳索以待救援。此时风力又大，浪势汹涌，多滚过船身。即有人报知钦使，俄而钦使命法人二员，同来的更有中外多人到坏船地方。船离海滨有六百步光景，他们意思欲将巨索令小舟带赴坏船通绕，各受患人从绳上拖曳上岸。无如浪又涌进，本地舟子多不肯冒风，法人许以重赏，舟子仍多不肯。后有一舟子许以八十元才肯从。竹排船上立二人，放海未离海滨数十步，被一滚浪激回，事亦不济。虽不成功，亦当场从丰给赏。此日多无法可施，天又昏暗，被患之人险在呼吸，往救之人十分焦灼，遂在海湾设帐篷数座，添上灯火，令被患人壮胆，知有人将施法救援也。中外人轮流巡岸，要看有人漂到岸否，即可捞救。到次日黎明时，又恳求渔人乘竹排去救，初则不肯，后说救一人要谢洋十元，然亦不过说说耳。早五点钟时，风浪少息，有三个竹排船并不先说要银多，放海到船上去，连数次往来，共救五十八人。然被患人已挨饿忍寒至三十六点钟工夫，并且冲冒风雨，激荡波浪，所以形象十分不堪。有一人腿骨折断，又有数人重伤。先是昨日大副同四人共攀船桅离坏船漂到岸上，五人内溺死二人，三人到岸，所以共救六十一人也。余外十六个官员、水手无确信，想被浪激去矣。竹排船救此五十八人之时，有多人在海岸看接。又有西人与被难人酒令之饮，以解风浪之困云。现船离海滨六百步，潮退时船高出于水面十尺，人以为天晴则此船可救。此船系第十五号，是福州船政局新造者也。

（录自《申报》1874年第763号）

海镜永清两火船偕往镇江

向来海镜火船曾拨归于上海招商局，暂行试用，闻昨日[1]已将该船还与福州船政局。先是琛航火船从闽来沪，搭有官员、水手多人，至日昨即将来人附于海镜前赴镇江，载兵赴福州。前报列永清轮船搁于吴淞外沙滩之上，及见礼拜。《字林日报》知海镜船亦曾搁浅，特不过二十分光景而便即退下耳。嗣因欲帮助永清轮船转赍八点钟之久，及潮水高涨始用绳索拖开，于是海镜与永清遂俱扬帆而去云。

（录自《申报》1874年第763号）

钱江添设战船

衢州俞镇台由军需局领款新造战舰二十艘，将次告竣。造成后拟分泊钱江至衢州一带，系为防戍而兼巡哨也。驾船兵勇由杭协水师及衢州镇二营拣选熟习武备水事者分拨应用。此路防兵诚可谓防患于未萌者矣。

（录自《申报》1874年第769号）

东人又欲购铁甲船

东洋西字报相传，东国家现欲与驻中东租界之法国水师提督商买孟克母之铁甲船，提督要价银二百万两，并称于定卖交银之前，须先禀知法国朝廷也。

（录自《申报》1874年第771号）

上海议购铁公铁甲船事

上海近日相传，沈道宪现在筹议向英国家购买驻华之铁甲船名铁公者，以

---

[1]1874年10月21日。

为保护淞海之用。惟为数甚巨，措资为难，继以在申之富商大贾类有急公好义之心，拟劝以报国保家之法，协力同心，以图捍卫。盖欲其凑捐巨银以共成此美举也。且闻将差委干员向各业董事筹商其事云。按此传闻之信，不过从街市得来者，其事概未见诸西报也。或曰此铁甲船为国家遣派驻防之兵舰，英宪何由肯卖乎？然价银殊大，据传者曰，须二百七十万两始可成此举也。或曰如是巨款岂在一埠中而可筹得者乎？吾亦不得而知也。然铁公铁甲船果能购得，则中国已得东方最雄最大之船，四海之面将惟其鲸呿鳌掷，逐浪追风，而可以雄视乎！水师不至疆限于邻海矣。我上海以一区区海隅之地，能立此大功，岂不荣哉？岂不美哉？然则上海若果能捐足此款，购得此船，为中国十八省驱敌防海之大用，使危难之境界仍归于承平之景象，想大宪必嘉其踊跃从公，输将助国，则此后独输筹防一款，或可因此奏请承蒙停止，实愿各商户之努力捔挡也。

（录自《申报》1874年第773号）

铁甲船宜即行购办

昨[1]录上海道宪意图向英水师提督购买铁甲船名铁公者，按办买铁甲船一端，实比调集数万陆兵更为紧要。盖自有此船而陆兵不必拔队移营，纷纷遣调也。顾吾所以长太息者。中东之事迄今已逾四五月矣，战事岌岌皆悬于铁甲船之有无，而操权者何仍犹豫其见，未闻有认真而谋及耶。夫按万国规例，当两国既经誓战，其凡邻国战船无论先前定买与否，总不可交过，即如近年中普法兴兵，业经早向英人出银订造铁甲船一支，至船经造就，船价付齐，而两国既已构兵，则船仍不能交与普人也。今我国若与东洋接仗，欲办铁甲战船，亦仍须俟军务告竣始可将船交付。所以由此观之，英国若果肯售其船，在上海华商无论捐齐银两与否，总宜即行定夺，使该船之水手等立即迁出而以交与中国承管为要。或一时未能措足现银，亦可具保而随后归结也。中国若能得此雄船，并能延请西人多名以教习冲撞之法，襄助驾驶之方，此诚可高枕无忧，无复遗

[1] 1874年11月3日。

307

虑矣。如铁甲船未办，则中国于此日纵无战祸，一时或有喜闻之者，而吾则仍未能无长太息也。

（录自《申报》1874年第774号）

上海拟购铁甲船筹议情形

闻上海道宪以购英国铁甲船铁公之事，经两次向上海之洋商绅董商议，其第二次聚议即在三日以前也，道宪之意欲先向各钱庄揭借巨款，俾得船银即行两交，以供防御之策。至所借之银则俟将来向各绅商筹捐，后再行给还。此诚变通办理之美法也。无如二百七十万两为数殊巨，各董事虽心善，此举之大有裨益，只有以力难摒挡。虽有急公好义之心，仍不克为踊跃输将之事，遂以此言上覆宪听，以故此举之成，若惟有各绅商一时劝募之策，似乎终难于见效矣。溯自往年，有扬州办盐之举，该处盐商一直向上海告贷至一二百万现银之数，而本埠市面为之倾覆，利息陡涨，甚至每日每十银折有一两五钱者。至岁底而各市仍未复元焉。然此犹系华商向银行告贷，其数之大半也，可知上海现银实为有限云。夫当此时，一二百万现银不久而仍可渐回，尚且市面情形见其枯窘。况今时欲得二百七十万之数，且将永远不得凑回乎！故论此埠市面之实，则统估上海一处华商之现银大抵所流通者，不过在二百万金之谱，今一旦欲令凑出二百七十万，不问而知其不能，况近来生意被苛捐繁费所大蹙，致各业无不减色，则集资自益见其难也。夫办买铁甲船诚为当今之急务，倘犹有别法可以济事，亦□属深可庆幸之事。虽然铁甲船之为物殊贵，为价不赀，终恐即行公义，究亦非一邑之人可担当其大费也。筹国者尚善为图之。

（录自《申报》1874年第776号）

铁公船灵捷

《字林报》谓曰：按铁公铁甲船之告成也，计用金钱几及半兆镑之多，合之规银则大约一百八十万两矣。然船上之炮及一切什物，则皆不在此内也。英国水师帮内虽尚有大于此船者倍余，而要皆无如此船之通用也。盖虽为铁甲船，而吃水较浅，于踰越大洋亦为稳妥，即如前次自长崎来沪，此船并不燃煤，惟饱挂布帆，乘风而至。顾其驶行之迅疾，仍胜于护来之各船也。夫铁甲船之为物本属重滞，而该船独能如是之灵动，是诚所罕见者矣。

（录自《申报》1874年第777号）

英国水师提督登程

礼拜五[1]，英国水师提督于一点钟左右偕从官数员自宝顺洋行起程，在海关码头乘小舟往兵舰名莫得色者，而遂辞别上海也。近泊码头有英国兵船共三艘，提督出乘小艇，则见□水军皆猱登船桅而满立于横椼之上，盖以示敬意也。提督既登莫得色船，该船乃燃火动轮鼓浪长行矣。闻提督拟定先游驶至舟山海岛中一巡，然后回至停泊吴淞之铁公铁甲船，于明日而驶往香港也。

（录自《申报》1874年第784号）

英报列各国水师人数

英报论及欧洲国水师则曰：英国各兵船设使一旦有囊鞬从事之举，则水师额数充满计共有水军六万八千人，亦可知其水师强盛之一斑矣。若鄂罗斯则共三万六千人，法兰西则共三万三千人，普鲁斯则共一万三千人也。

（录自《申报》1874年第794号）

船政局情形

法立弊生若形影之不相离焉，惟在善除弊者之厘剔其后耳。中国留心水师欲新海疆壁垒，故在福州等处设船政局，而以沈中丞幼丹为船政大臣，诚重其役也。局中所建之船，概付华人统领，欲具不假外求之势，诚善法也。此法自开办以来，著有成效，惟闻法立而弊随生。盖船局定□所有篙工诸人役，皆隶

---

[1] 1874年11月13日。

309

舟师宇下，由舟师自行佣雇，其薪糈著有定例，不敷则舟师补垫，有余亦以归之。舟师在立法时不过欲图简便耳。但舟师纵不患有余，无不患垫补。故雇水手不必定求得人，而必定求省费。更有舟师□深于戚谊者，则多用其戚船之流□，不谙水性勿论也。盖其中有所渔以为利焉。此弊若果属实，亟宜革除；以体慎重水师之至意，苟置弗论，则虽日求整顿无益也。噫，国家大小臣工不计分内之职，而先计格外之资，凡事所以不能切实核办者，皆坐此弊也。然中国战船必先立收支官，凡颁发舟船及大小工役月糈，或代国家置办什物，必亲笔列名单内，每月呈单于上游，以备考察。今中国于此缺乏□□，如诸弊丛生，未必不由于此，不独船舶为然也。至于战舶水手，宜雇精壮之徒，按时训练，以命中及远及追捕敌船之法，随时整饬，方为有济。否则，数十万之战舶不惜而反惜小费，且又徒资中饱初无所谓所惜也，则何安于积习，而莫知所返哉？

（录自《申报》1874年第805号）

成山头登楼竣工

烟台相传谓：山东荣城县海滨成山头所建立之登楼现已竣工，一礼拜之内当可燃火点灯，以便航海之舟师矣。

（录自《申报》1874年第807号）

论购造铁甲船

中国疆域之广大除俄罗斯一国尚堪匹敌外，其余天下各国皆不能及。诚哉其言也。至说者动谓中国为富而强之国，余则不能无疑焉。今请先以海疆之事言之，各国之有海疆也，既忧邻国来侵，复恐海氛窃发，其不能无防御之具也必矣。即以贫弱小国尚不能不事筹画，何况富国大国顾反可不事请求乎？盖大国者，固为之所垂涎而欲分得其余利者也。以英法与中国较，其幅员之狭小于中国者数倍，乃各海口防御之具铁甲战船六十二只，火轮风帆各战船数百艘。丹国为欧洲至小之国，亦有铁甲战船七只，火轮战船三十余只。今中国海口之多不减于三国，所谓火轮战船者尚有数十只，至于铁甲战船则未闻其有焉，岂中国别有？

所谓防海之策不必借力于铁船轮船，与抑其计尚未定欤，或其力尚未逮欤。然论者每谓中国富而且强，必非其力有所未逮也。各海疆尚无举动亦可占，并无所谓别有防海良策也。意者实其计尚未定尔。溯自咸丰以前，各西国海疆战守之具，不但无铁甲船，亦并无火轮船也。厥后经泰西各国才人之心力耗数十百万之资财，而火轮船之法始备用之于海，无事不宜尽善尽美，然后驶入中国。中国见之亦深知其合用，故先则购买，后则仿造。可见中国亦非毫无觉察，漠不关心者。至铁甲船之兴，实始成于南北花旗之战，传言此船初驶于海，敌人尚不能知其为何物，及审视确，实即行仿造，而铁甲船遂兴矣。自是以后，十数年来泰西各国均皆仿造，然造作之至精者，莫如英国，故各国又有向英国购用者。数年之前，泰西各国亦有铁甲船驶入中国，惟用之以载水师，未用之以运商货，故虽经数见，仍尚未留心。然闻上海制造局中业已仿造铁甲小船一号，因尚未成全，故未入水，是以人尚不知也。日本近因一切均改西制，故已购有铁船二只，非日本于西法已确信不疑，而中国于西法尚半疑半信故也。今岁台湾之役，日本又已添置铁船二号，而中国之议论战守之策者，纷纷皆以为中国无铁甲船，恐战则难期必胜，守则难望必全，故均以此为虑。□闻道路传言，此种议论业已上达。

（录自《申报》1874年第809号）

西报论台湾海防

西报云：刻闻华宪于台湾打狗相近地方建筑大堡台一座，并有欧洲运到巨炮，以支架之。盖为备海洋资防御起见，亦诚当今急务也，然中国之海防江防，岂无重大紧要于此者乎？而沾沾惟台之是保设，他国于日后另有征战之事，与其往台湾，毋宁分扰宁波、上海及扬子江各埠乎！盖论形胜，则沿海沿江幅员辽阔，城市繁华，防不及防，备不胜备，分派战舰可以到处牵制矣，何必争此台湾一隅哉？且其地僻处海中，山后更形寥寂，他国当不至视为奇货也。然则居中国而言，海防江防其必有控扼，形势节制要隘，以力图联络声势，保护口岸之道，而不得徒致意于台地也明矣。苟能各谋守御固属甚妙，如或不能，则何弗将闽省新购之各巨炮分拨各江海要隘，亦未始非良策也。

（录自《申报》1874年第810号）

英水师分驻中国者现拟增添

《字林新报》述及英朝于水师炮舰之驻防华地者，现有增设之议。盖因前次士迫火船在港澳之间遇盗劫掠，其时仅有欧而克兵舰一艘可以前往追捕，未免太形单弱，不足令海岸之中震慑，将见奸宄生心，剧盗乘隙致多贻往来船舶之害，故必须酌议增设，以资控扼，以备弹压云。

（录自《申报》1874年第813号）

吴中丞阅试水雷

日昨驻扎松江之提督李军门及松江府杨太尊同时来沪，随带炮舰十四艘，想因中丞欲赴吴淞，故将会同勘阅一切工程也。中丞于九十点钟时遍阅炮局内之各厂，十一点钟时即往局前之夹板船，查看试演水雷。当时，扎成一木筏置之河中，计水雷圆径十寸，长十二寸，其率勇而施放者为锡山、祝三、徐君，即雪村二尹之哲嗣也。药线既燃，顿即轰击，水亦顿为激起，约有丈余之高，其木筏亦随即轰散。相距四五十丈之外地犹震动，一如有摇撼者。然中丞阅毕后便回局午餐。并闻今日午后即欲前往吴淞云。

（录自《申报》1874年第824号）

新造小铁甲船形式

本馆前经叠列制造局将制小铁甲船一艘，兹悉已得一半工程，计船身长一百零五尺，阔二十尺，船面之中置一炮台，能旋转施放，颇称灵捷。其台上之炮可容一百二十八磅之开花弹。苟当燃放之时，可先于炮台下将弹药装纳完备，然后拨动机器升上炮台，左右高低尽可随意，毫不费力。至船之两傍，又另设小炮数门，亦堪轰击。惟船舱并不高敞，仅足容三四十人，否则未免拥挤。其于装药升炮诸事，或转有所不便耳。至于船头，有铁杆一枝，直伸于船外，如犀之独角。然其锋极为锐利，遇敌时除铁甲船外，余则概可撞击也。约明年春夏之交当可竣工，并闻此船造成后，尚拟接造一大铁甲船云。

（录自《申报》1874年第824号）

铁甲船启行

前报列有法国铁甲船一艘系载法提督来沪者，今悉该船于初一日[1]一点钟开赴吴淞口，至礼拜日启轮往香港再行返国云。

（录自《申报》1875年第901号）

福星船失事续记

招商局福星火船于念八夜[2]在黑水洋撞沉，昨[3]已列报。兹复悉是夜相撞时，海面幸无甚风浪，惟见微波荡漾而已，但迷雾大作，几于对面不相辨认，故福星船颇持重缓行，乃陡闻前有吹哨声，瞬息之间已见有一大船头迎面驶来，船主因赶紧令船后之轮退下，无如轮尚未退而澳顺已至，竟触于福星之船头，却当前桅绳索之处，其势既猛，故福星之船头立即碰坏，水便汩汩而来，船头因先即沉下，是时在船之人半多在睡梦中者，一闻是事，尽有惊起，从船头而爬至船面，复由船面而登船艄，盖将以避水也。然水已跟踪而上，其捷如驶，幸船面装有木料，人得抱之而作乘桴浮海之计，故半得免于斯难。船主名哀母六司者，令将船后之所悬小艇赶紧放下，而水手与搭客共念六人已□满矣。澳顺船见此光景亦随即放小艇救人，计亦共救得念六人，余则惟见或跨木而漂流，或乘□而下上，约计有六十余人。然救起之客亦有因食水过多，或因身先受伤，竟有仍死于船中者。又闻福星撞坏之处，□当水手卧房，故有许多人未遭灭顶之凶，而先受粉身之祸者。至澳顺所放之小艇，意欲多救数人，故特在失事处巡视许久。人谓福星船本亦有小艇数艘，因搭客见事不济，先挤入小艇中，故未能放下耶。然澳顺船亦为撞伤，如发大风，

---

[1] 1875年4月6日。
[2] 1875年4月4日。
[3] 1875年4月7日。

恐亦不能安抵上海也。至福星船所载之海运委员约共念五人，兹将名单开列于下：查得有浙江候补同知石师铸、江苏候补同知蒯光烈、黄尔祉、齐岳、刘齐煜、通判朱声槐、谢鸣凤、王绶、知县绰勒欢保、胡权立、吕廷宰、荣春、贵成、张潽、县丞长懋、张培生、李松年、从九李锡田、甘立功、盐知事许懋身、卫守备魏文彬、绅董姚浚源。以上现在俱无下落。又知县江锡珪、县丞蔡世濂、王世藻，此三人则已回上海矣。总之，死于是役及遇救而仍死者共六十五人，但海洋辽阔兼有木料在船，或有数人竟因附木料而得别船救起，亦未可知也。至所列名姓、官衔系在匆忙中抄录而来，如偶有小误，惟阅者谅之。其余客商名姓，随后查明再录。

（录自《申报》1875年第902号）

试放水雷

晋源西报曰：华二月廿七日[1]，李伯相之参将在大沽试放水雷，以电气燃轰，水皆壁立百尺，故一时俱诩为大观也。是则水雷之利害，诚军器中所不可少哉。

（录自《申报》1875年第905号）

铁甲船去天津

昨[2]阅香港日报谓：驻京英公使得马加利被戕之信后，即移文于驻港之水师提督，檄令迅赴天津协商办理云云。故该提督即定于前月念八日将乘铁甲船启行也。

（录自《申报》1875年第906号）

---

〔1〕1875年2月27日。
〔2〕1875年4月12日。

英战船来沪

英有战舰名未利忌能得者，昨已驶进本埠海口，盖载有水师提督在焉，因思前日相传有该提督奉威公檄调赴津之信，现在威公行旌已驻本埠，则该提督想可毋庸去津矣。

（录自《申报》1875年第907号）

铁甲船遭风

前报列英国水师提督驻泊香港之铁甲船，因有马加利之事，定于前月念八日起碇赴津。兹闻驶至中途，陡遇狂风巨浪，竟将船面之木建厨房为风浪之力击碎，其时正有一庖人在内炊爨，为断木压下腿骨受伤，将成为跛足道人矣。是故该船现赴厦门修理，而水师提督前所以乘战舰来申也。

（录自《申报》1875年第914号）

炮船失事消息

风传得福建船政局有一炮船失事，其一切颠末及是否真确尚无实据，姑先志之，以待再查。

（录自《申报》1875年第918号）

操江轮船下水

制造局操江轮船于去年进船坞修理，兹闻船身各工已竣，于前礼拜内下水矣。其船上各项装整约尚须一月之期可以蒇事云。

（录自《申报》1875年第921号）

新炮之妙

闻中国近来向西人购买格林炮甚众，殆有数百尊之多。按此炮颇为利害之器，盖以小炮多杆编为一束，环束而在一枢之上，附□有机关将统炮绕枢旋转，每炮挨次自开有度，甚为捷速，而所□妙者，将炮枢一对□，则编束各炮序次开放，不必再拟。前法国与普国战时用有此炮，各国甚贵之，以为法人得此器原应其能奏捷，但独藉一器之精，岂有必胜之理。法人既果未胜，而各国尚如旧，仍贵格林炮之为器也。故中国今多为办买亦属知所长矣。今闻又出一炮名曰哈乞开司，与格林炮实为同类，不过哈乞开司炮其机关小异耳，且所编束各小炮径量稍大，故可善用开花弹也。各编炮既挨次捷开，且用开花弹，则于前面之敌不异冒铁雨是也，其为凶器故可知矣，且炮既大亦可开放较远。其实两炮各有其用耳。

（录自《申报》1875年第928号）

论置用轮船宜练水手事

中国仿照西法设立机器局制造火船，以供水师之用，设立招商局购买西船，以供客商之用，其法可谓良矣。第船虽精而行船之水手人等技艺未精，正孔子所谓尽美矣未尽善也。当夫平安无事之时，亦能浮泛重洋。而水手等之技艺精与不精无从察考，一旦有事方能辨别，然而已无及矣。故置用轮船更应选择水手等始。夫行海之水手人等，须能上观风候，下识礁沙，尤贵胆识兼优，临事不乱。至于行走之纯熟，运动之灵敏，犹其下焉者也。然苟非平时操练诸务全谙，岂可以听其充当仅备人数哉。大抵中国之人赋性均非愚钝，学习一事往往易于明悉而难于精通，故粗观之，觉其事事皆能，细案之，觉其事事未工。而用人者又往往察其大概，不甚详求，故无事常觉人人可用，至有事方知人人皆非也。然泛海一事，岂寻常之事哉？无论战船有关国家大政，即使商船亦系财命相连。若水手等技艺未精，则军旅之事、载运之业，岂可轻于一掷哉？故既已置用轮船，则水手等之技艺万不可不格外讲求也。然此犹为海疆无事时言耳，设使海疆有事，则战船应供战阵之处，而商船应备转输之役，其水手等更为紧要之人矣。查西国之例，凡两国有战争之事，不能雇用他国各船之时，其战阵之事则专责之战船，转输之事则借力于商船，其所雇用之商船即令该船水手等技艺向精，亦须战船代为保护。盖两国交争，其陆路之物不能夺取，至海面转运之船，皆可掳掠。故国家雇用其船，例应为之保护，否则不仅商船有害无利，即国家转运之粮饷器械，亦均归于损己益人之列，岂不深可危哉！今中国置用轮船而不选择水手等时加训练，亦岂计之得乎？故说者谓：去岁中东之事，幸而未至于交兵，倘使兵连必至祸结。无论机器局所造之船，其所用之水手等不能操必胜之权，即使招商局所买之船，若无兵船为之保护，又安能无意外之失乎？又如月前福星轮船之事，若水手等皆技艺最精之人，而猝遭事变，亦何至救命小艇尚不能全放？其他事更无论矣。故吾谓中国不欲常用轮船则已，若欲常用轮船，各船之水手等岂可视为无足重轻之辈乎？且即令日日出洋，均幸无事，然以一船无数人命托付之技艺不精之水手等，不尽人事，但邀天眷，一旦有事，全船皆覆，岂不冤哉？搭载之人若能知其底细，恐将裹足不前。至管带大员以及阖舟弁兵朝夕在船，奈何亦将性命交付于技艺不精之水手等乎？谙操持船智者仔细一思，其以予言为是耶？否耶？

（录自《申报》1875年第930号）

日本购办铁甲船信息

昨闻《字林西报》知东洋现又与欧洲国商议，欲购买铁甲战船数艘云，以是知东洋之志，务在必能拒防外侮而无虞也。但日本为蕞尔小邦，居然有此库款足敷巨资。而我堂堂大国，转未见办到铁甲船一艘。斯诚所难解矣。

（录自《申报》1875年第953号）

高丽战船赴长崎

高丽一国向不与别国通商，前有美国船入其境，议与通商，遂至肇隙，故其国之船亦不轻入他国，惟修贡中朝则□或□。至近闻该国突有战船一艘驶至日本长崎，岂高丽坚执不允通商者，今忽翻然变计耶。惟前有日本钦差至高丽，议立通商和约，该国王拒绝其事，并察出其臣之为日本先容，讯明正法，是该国王之拒绝通商如此其甚，今有是举殆非无所为而为钦。

（录自《申报》1875年第954号）

记阅水雷各机器

水雷之妙习闻已久，然究未目睹也。昨在本埠地亚士洋行阅寓居虹口之西友名秘孰者，其所演各机器，虽系即小以见大，不比在海洋轰然，然其灵妙奇巧，则固与大水雷无异也。盖其室内有方桌一具，上置玻璃大匣，中贮以水，沉无药小水雷数枚，桌下有电气箱，其余各器机亦有多件，第名目俱系西语，未能举录。惟状其应用之方，或有以手摇转者，所以发动电气也；或有内藏鸣钟者，所以传船碰之消息也。更有一机关能随意启闭，所以使电气或行或止也。种种形状固非一览所能悉，亦非笔墨所能形容者，仅得悉其大略而已。至于施放时用电气带一条，一头缠于水雷，一头缠于匣外之机器，将机器摇动，波便从水内轰起，此一法也。又有数小水雷蠹立水中，殊有荡摇之，致以木棍触之，使之倾侧，则便火光迸裂，声如花炮，应手而发。匣内之水亦随之激起，几上达□顶，此又一法也。余因之叹赏者，再因询其所以然之故，西友告余曰：电气漏水银而□，故水雷中藏伏电气之处上穿一小孔，用水银堵塞，当其非倾侧时，水银堵住其孔，则电气与火药不通，及一有撞触，水银倾于孔□，而电气亦随穿入药中，此所以爆裂也。玻璃匣之旁，又有一大水雷置之平地，其形状及燃放之法与匣内之小者相同，姑弗赘及。再则所演试者，仅引火之物，犹如枪上之铜帽已耳。□真在洋面埋伏水雷内苟装八十磅药，则水可激至二十丈高，凡巨舰艨艟无不立时摧毁，是诚海防之利器钦。嗣又□电线表传音迅速，巧不可阶，非特在就近地此处□，动彼处即立刻而应也。自中国至伦敦亦不过□秒之久，盖电气之自此达彼，较日光更疾也。更有一吸力器，用铁一块置于器上，其下机关未动则转移良便，若将电气一洩则铁□吸住，虽竭力撼之，而终不相离，并能以小铁数块，连结于大铁上，而如相比附者，□其理诚不可以思议得之矣。余以素未经见，不胜欣赏，归而因记。

（录自《申报》1875年第973号）

兵船赴琉球末议

福州新闻论及中国兵船所以赴琉球者，盖将有索贡之意也。但日本人方因琉球入贡中朝曾图遣使索回贡物，今中国派师船往间，正不知日人闻之又当何如也。果使中东两国各等一见，则能不为日后开衅之肇端欤？

（录自《申报》1875年第998号）

铁甲船下水

昨[1]午本埠制造局新造之铁甲船下水，向例河滩用木椿排好，以牛油涂之，使其滑溜而易于下驶。乃昨固大雨倾注，所有牛油尽被冲去，故船至将置水处克停搁不下，俱各束手相视，嗣拟雇一小火轮船拖下，故大费周折云。

（录自《申报》1875年第1028号）

铁甲船入水纪余

初二日[2]制造局之铁甲船进水，彼时因大雨如注以致船架上之牛油冲去，而船仍不得直下，此已列入前报。嗣闻总办立即着本局火船两艘，并另雇拖火轮两只，各爇煤炭而加以极粗之绳索，在该河沿竭力拖行，无如铁甲船身过重，竟丝毫不能移动。惟见黄浦中烟熘迷涨，四火轮之用力而已。现拟另用西法，将船身抬高，再涂牛油，使之下水，顾尚未有定期也。

（录自《申报》1875年第1031号）

---

[1] 1875年8月31日。
[2] 1875年9月1日。

英国试验水雷

外洋来信云：英国家遣兵船上之船主等在伦敦地方试验水雷，所试者系法兰西新创之法，能于水底行走，安放水雷或□敌国，水下之水雷亦能窃取。其法用一装气之钢镬，先取机器筒，将生气收入，压至九倍之多，与别样机法一齐带至水底，使生气供人呼吸，不至闷绝也。复用伏水衣帽传话之法，在水底两点钟之久，如鱼之游行，人所不能察耳。又用罗盘以知方向，爇明灯以□东西，或浮或沉，俱可随意。比如见有停泊之船，能伏行至该船之后稍置，□所带之水雷回，以引带电线，以便施放，仍可寻取敌人。所置之水雷，使之无用。该兵船主如法试验，精细之至，洵大有益于行军也。

（录自《申报》1875年第1038号）

铁甲船下水

本埠制造局之铁甲船，前于初二日下水，因值大雨将架上牛油冲去，以至搁岸。至前日一点钟欠二十分时，始从西人之法，将船放入河中，斯时华人之意，以为船面上机器房恐为水所渗入，故先将房门封闭，讵知照西法从牛油架放下，便一溜而入中流，水尚未到后艄面板□，计差一尺光景，至该船食水若干，与从前所计算者亦不差寸许。该局本有小火船一艘，在旁拟为帮助，嗣因铁甲船业已放水，故即拖之而赴停泊之码头也。

（录自《申报》1875年第1041号）

论铁甲船勿须买造

日前有一英国士人致书于中国友人，力陈近今以来铁甲船之无用，极劝中国不必再造，其大略之意则谓：近来炮力日渐增大，故致使铁甲船为无用之物，现已议废去而不用。英国近时所造之战船，几分为铁甲船，几分为平常之船，亦不专力于铁甲船也。余意以为中国于铁甲船一事，可以无须议买、议造。惟宜尽所有之力议造与商船相类之战船，其船既可用炮，又可行速，实有战船之各用处。至依新法造炮船与水雷船，亦不可用。上海各洋行所有之不可恃各物，与玩耍之物相同，亦难为军中得力之用，惟此说必不合于劝中国造买铁甲船者之意。然数年前，余亦不敢为此说，而现在竟为此说，实欲为诚实之忠告也。因近年炮力忽增极大，无法能造可敌炮力之铁甲以当之，故劝中国断不可费用以造铁甲船也。盖数年前，造铁甲船系理所当为，当今造铁甲船则为无用之物矣。今日伦敦《兑密士新报》记英国议会论此事者甚详，西士之言如此当必确有所见，始为此说断不是纸上写谈也。又闻西士所言，近日西国炮弹自重大至数百磅，□故致铁甲船遇之一击即破，实无法能使铁甲船可以当之，且铁甲船为炮击破往往即沉，否则击破之铁遇物伤物，遇人杀人，铁甲既已烧红，而中之木船断无有不延烧者，反不如木船之为有用。即使为炮所击，亦不过受击之处必至伤损，他处尚可无妨，修补之尚可再用也。又况造一铁甲船之费，可以造数号极其坚固之木船，而设炮御敌用亦相同，而且被击为祸尚无铁甲船之烈，故近今设法再造战船，船外不用铁甲，而船上陈设机器之舱，或用铁板，或用铁器以防卫之，价既廉而船较合用也。夫中国自宋以前，军器并无火炮，至元世祖时始得佛郎机，铁炮遂为军中至利之器，而无物可以当之。初则炮弹甚小，至重者不过数两，后则渐次炮大，而弹亦与之俱大。今则泰西各国日新月盛，其炮弹至有数百磅大者，安能有物可以御抵也？前发逆□据金陵之时，闻向大帅铸一三万斤之铜炮于钟山之巅，其弹大至数十斤，初放两次，城中大受损害，发逆聚议欲遁，至故三次用药少多竟至炸破，可见大弹之足畏也。今之炮弹大至数百磅，宜乎铁甲船难以当之也。或者谓此又西人之诡诈也，见中国能自造此，故创此说以阻之，吁过矣。夫天下事不必论势，当先论理。现中国虽能自造，而铁甲诸物无一不须购之于西国，此亦西人之利也，而何为创此说以阻之哉？且更有足据者，若使铁甲船当用，何以英国亦日造日少也？此其说谅必不诬也。

（录自《申报》1875年第1050号）

日耳曼炮船抵福州

日耳曼自与中国通商，其炮舶未尝驶入内地。兹以晏拿帆船之水手戕杀舟师大伙，虽闻已经官宪擒获二名，尚在悬赏购缉余党，而日耳曼国朝廷犹虑匪徒漏网，死者含冤，特命炮船名诗高笠者径行驶赴福州，查办此案情节，申明定夺。闻该船系前围攻法京时所造，有克房伯钢炮四尊，可施放开花弹子炮两门。船上自舟师以迄水手共有六十五名，皆熟诸驾驭者。海天耀武，泽国扬威，洵战舰中罕有等伦者矣。然日耳曼炮船从前未径入腹地，兹之来也，虽为查办事宜起见，特不识福州诸大吏其何以处之也。

（录自《申报》1875年第1090号）

续述日耳曼兵船至闽

前录日耳曼兵船驶至福建为查从前晏拿帆船被失一事，昨闻福州来信，知该兵船于月之十五日到闽，向日晏拿帆船在中国海道名西洋山者，约距福州之东北百里光景，此处未有中国官镇守，所以日耳曼人各怀怨望，以为该船被失由地方官未能严禁土人抢劫，以致船遂毁坏耳。现在福州相传，日船到后或将自行开轮，前赴西洋山查办，亦未可知。夫果如是，则有不和之意矣。窃思土人肆劫，理当严查，但既系华民，自当由华官办理，日人亦何可越俎而谋耶？又相传驻厦门之日耳曼领事已照会台郡华官，请改救护船货章程，如遇有洋船失事，华人苟能竭力施救，俟救起后可将船货报官，估价以三分之一酬劳，其二分仍归失主。据称台郡之华官闻已允准云。夫与日耳曼国既克如是，则他国亦当一律照行也。此法果行，在救者、失者不皆两有所益哉？否则地方官不能约束或开衅隙，晏拿船是即前鉴也。

（录自《申报》1875年第1101号）

惩责舟师续闻

前录船政大臣丁雨生中丞惩责舟师一案，兹悉其事之原委与前所述者稍异，因续录之。该舟师系镇威炮船舟师也。炮船因赴台湾，有委员二人持丁中丞名帖来见，欲附赴台。该舟师以前者济安炮船因擢收外人在船为前船政大臣沈查知，罚舟师银五十元，今中丞有名帖而无札谕，恐委员非真奉命者，是以不敢收留。讵知委员回禀中丞，竟遭笞责，并将办之，嗣为吴提调再三缓颊，始得降充水手也。

（录自《申报》1875年第1112号）

论笞责舟师事

镇威火轮炮船舟师被笞并降为水手，本馆前录缘由系委员两人执丁中丞名帖欲附船赴台，舟师鉴于济安炮船前辙，以委员并无谕札，故未肯容留，中丞闻之盛怒，便令笞责惩降焉，此情固不过得之传闻，其内尚有别节，以致舟师徒遭此番挫辱者犹未可知，而中丞此举遵奉向时治待舟师之成习而已矣。惟是事似与国计大局非无大干，故本馆亦请略为论及。夫国家之设水师，举莫大焉！盖外敌之来类多，藉海以连兵，我国有好水师可靠者，则敌兵难下，是闾阎之免受扰害，莫善于此。且犹不仅此一利也，若与邻地之国交战，我国最喜者是平昔，通商仍旧不停，庶几商旅不裹足，税项不中断，而水师之供调运及保护国内各民船更不必论矣。若海口悉为敌人封塞，民船皆遭擒护，而载运军装之路又被截阻，则国家其能持久以制敌而不生内患，吾未之信也。本朝现既洞明底蕴，故创设西式水师一举，帑项难抵其费，亦属无奈之何，惟有尽力竭思以冀成功已矣。虽然有此要举，所购各船资本年费不可算数，而反视带领各贵重船只者，若微贱之人可以随意笞辱，其当然不当然乎？或曰现在带领各船者出身微贱类多，从前引水之人但除此人外，无所取用，既授以管守贵船约束众水手之要职，则已推为大器，从前出身已不顾及，惟今职之尊之相视也。查各外国水师诸官，皆世家尊贵之人，为人有学问识略。若以贱而无识之人充任，则水师大举岂望有见效乎？无奈本国辱待水师官而故贱其任，贱其任是永远使尊而有识之人裹足不肯前矣。本国水师虽年费千百万银，犹可望抵他国水师乎？今镇威船之舟师遭此笞辱，中国通水师大伤体面，他国水师上下诸官见国家如是贱待其官，而欲其与己平等看视可乎？不可乎？吁！吾目见中国近购巍巍之船心窃喜，慕望他国亦可敬称中国之变通振兴，乃外人方高视之。而已反贱视属下之官，则实不免大为感叹也。按世上甲于水师者英人也，水师例虽可鞭笞水手，然国人犹多驳辩其事，以为一人被己国笞辱，岂能望其忠国，岂望举国之男子尚有自爱之心，况水师官乎？故即水手非积恶若偷窃等贱行，亦鲜有加笞者，且于加刑之前，必水师帮内长官多员聚集平心堂，讯而后断。若官员之失事，审讯同例事，不干贱行，则照规降谴；若稍涉贱者所为，则以为留之官列之内，贻损水师声名，便立刻撵去。果属犯国法，则此后自有文官照常处治，然其名苟犹列水师内，则贱辱之必尚以为大伤水师之体。其欲令水师官自尊，以获尊于人，盖如是也。水手敬听令于上官，水师规例严肃者，亦大系于是也。前本国大费帑项以取用泰西水师船式，亦愿讲究泰西所以严肃水师规模，此后凡遇各员有触犯上官之意，其应若何审办，朝廷熟筹之，而明颁章程，未始非当今一要务也。

（录自《申报》1875年第1114号）

书英人论铁甲船碰沉事后

天下之技艺习之不精，不足以为人事之益，习之太精，又足以招造物之忌，惟有习之既精之后而复能广求善法，以期有备无患。庶可以不招造物之忌，反可以大为人事之益，此方为完全之计也。即如泛海一事，海面虽宽，而往来各船所常行者仅有一线之路耳，否则差之毫厘失之千里也。故海船中任大责重者莫过于看盘把舵之人。盖非盘船无以知所向，非舵船不能定所行也。昔日中国沙卫各海船恃帆行风，一经出海，虽各□常生，至于来往两船相碰遭沉者，未之前闻，大约看盘把舵者之技艺尚未能登峰造极耳。西人行海，其技艺甲于各洲，初时帆船尚凭风力，业已应心得手，自造成火轮船后，更能任意如愿，尤非他国之船所能及。然而彼此往来行走反至常相碰沉，岂非看盘把舵之人技艺极精，全无毫厘之差，方能若此，得无因此反招造物之忌，故常示小惩而为大戒。与今岁招商局福星轮船之沉，犹谓船系中国所有，而船上所用之人，西人少而华人多。西人不能专主，故有雾未曾缓行，遇祸未能补救，以致遭此大患。若日前万加铁船之沉，彼固英人所主持而驶行者，何以有雾亦行，遇祸难救，仍如福星一辙乎？亦难怪英人大为置论，而谓水师提督与万加官之不慎也。夫行海之事，英人最精，故其法亦极全备，有雾则传音以告警，遇祸则驶岸以待救，此一定不易之良法也，何为竟昧昧于此乎？且福星之事犹谓一往一来，行至中途忽遭大雾，出于无意而猝不及防，故至如此尚属迫于不得已耳。今万加之事天方大雾，即当不开，既开行尤宜从缓，乃竟同帮同行之船至于碰沉，难比中途忽遇之船不能提防者，岂非得已而不已者与？又况传音告警，彼此缓行，此不徒立法之尽善，抑亦善法之易从者，何以皆不遵照与？岂海中大雾之时，风涛声厉，至使彼此不相闻音与？兹既两遭碰沉之患，更宜设法以避此危。或者探明海中相隔不远，可以另为行走之路，此后往来各船便可分道而驰，往者就左，来者就右，庶可以杜相碰之虞。即或不能，则传音之法或改为往者鸣炮几声，来者鸣炮几声，不令相同，彼此闻炮即行缓驶。炮声较厉，或不至为风涛声所掩，较之传音似更易闻。如当大雾迷天之时，或延一刻，顺风之舟即鸣炮几声，以为传警。倘有来船，即鸣炮几声以相应，两处之炮声俱作，则舟行更宜缓愈加缓。似此则相碰之患可免矣。夫每岁大雾不能相见之日，为数无多，即令缓缓相行，不过彼此到埠少迟一二日而已，何必不遵，以致沉舟丧命之祸与？务望行海船者，有以鉴前车，不蹈覆辙也。至英国遭此事后，亦必另议良法。愚见所及不过刍荛，望勿笑其无识也。

（录自《申报》1875年第1117号）

日国购造铁甲船

外国邮来新报云，东国现又向英定造一铁甲船，即在伦敦太吾士河边起造，计大有千五百吨，铁甲极厚，近已开工。又在英之别埠定造两战船，则日本之讲求水师或将欲仿照英国欤，是其志亦未可量也。

（录自《申报》1875年第1118号）

扬武船到横滨

福建来信云，中国炮局教习水师兵船名扬武者，现到横滨埠，日人皆登船阅看，十分称颂其船内规矩及水手等人气象。闻此船于十二月二十五日[1]可以回申，再赴南京云。

（录自《申报》1875年第1120号）

中国火船将赴新加坡

前日福州船政局扬武兵船驶往东洋，经旅居横滨之华人十分欢忭，特于公所内设盛席以燕在船之人。诚以中国轮船创行未久，平日往来者无非沿海属地，从未至城外也。兹又传得招商局厚生火船将不日赴新加坡一带，则南洋东海各有帆樯矣。从此渐推渐广，则四大洲中我国之巨舰艨艟何不可遍历哉？贸易之盛行将拭目俟之。

（录自《申报》1875年第1131号）

更调巡缉水师炮船弁

前驻本埠小东门之淞沪巡缉水师炮船，原系郑君海龙管带，嗣因郑君另有公干，故现在道宪檄饬从前帮带法国洋枪队之沈都阃春山接管矣。

（录自《申报》1876年第1170号）

船政局扬武轮船出洋情形

福建船政局所造扬武轮船，召集中国愿学水师事宜者，至船肄业游历各国，所以熟海道练水军也，曾到东洋，回沪停泊高昌庙船厂修理，经本馆登诸报单，现已修竣，于三月初七日驶回福建。开行之前一日，本馆特遣人至船遍阅

---

〔1〕1875年12月25日。

一切，规模居然与外国上等轮船无异，船中洁净，毫无纤尘，服式鲜明，机器光亮，水兵水手均极严肃。上船栏杆门口有兵一名，持械拱立，下舱亦有人伺察，每遇拉篷等事，号铃一响，五六十人一齐出舱。大炮八尊置于船之上面，弹子大者重有七十磅，此乃英国顶新之炮，名威活。后面一尊较前八尊愈大。行至船底桅后，见一切住房，除船主各官外，余皆统长，并无隔闻。问其水手等住处，云晚间皆用帆布铁钩挂在舱上，早起则将帆布卷好，每人一箱收贮，两边悬挂木桶，其余打水动用各物一概收藏，故愈见开阔明广也。船后另有一房为肄业者所居，约有三十多人，每人有一本经历外洋之书，并有测量太阳地球等图，出海之时，将经行之路画在图上，每日两次至船面，用机器窥测度数，便知行抵何处。每晚船主与教授之人将各人所画度数地理查对，俱系外国字，甚为清楚。应对进退、言谈、礼貌均极周到。问其前到东洋时彼处接待甚殷，船抵横滨开放二十一炮，以表尊礼之意。东洋水师提督备办盛席邀请肄业诸人饮宴。又坐火轮车到日本东京，此乃中国兵船第一次出洋，俱各欢喜踊跃也。复至外国船主之房间谭，方知船主本是英国水师官员，名叫推随。说及中国水师，大有指望，肄业诸人颇为聪明，水手亦灵便，并言肄业者有大家子弟在内。船主隔壁则为管带提督蔡国祥之房，然一切事务皆不专政。统计船内二百五十人，船大可载一千七百吨，实是极大之船。其船材料亦极坚固，航海每点钟可行五十里，船内机器据说是中国人所造，管理机器亦是中国人，并无外国人在内。闻回至福建要绕走欧罗巴一次，先到英属国阿斯的里。此船实为中国向来所无，即肄业规模亦甚整肃，将来艺成以后，分带水师船，则中国水军必大有可观矣。至水手工资，分为三等，上等九两，次七两、六两，伙食在内，殊不费也。前本馆误听以为此船木料损坏，实系友人传述，今日目见此船之坚固，即数十年亦无须大修也。

（录自《申报》1876年第1209号）

英国战船到香港

英国由印度调来战船四号，已于西历四月初一日即中历三月初七日驶抵香港矣。

（录自《申报》1876年第1215号）

纪兵船到港之盛

中外通商垂三十余年矣，其间虽有龃龉，无不旋即销释。通市各口岸虽本有师船保护，然究不多。乃近闻日耳曼兵船至香港者，计共四艘，有大炮五十四尊，另有炮船两艘，每艘有炮十二尊。英国之兵船在香港者，计共有十二艘，尚有一艘随后驶来，其船更坚，其炮更大。故现总法美诸国统算，则停于港中之兵船不下二十余艘，荼火军容实从前所未有也。又闻印度京师及孟买埠有兵一万五千名专候调遣，前因秘拉作乱，从香港拨去之师，曾云事平后此队兵卒当即回英。兹又闻英廷突有文来，谓无须返国，且驻新加坡，再俟后命云云。夫各国驻港之兵舶，既极其盛如此，印度、新加坡之兵又观望徘徊如彼，斯必非无意于其间也。但本馆近得云南来信，知中外官相见意殊款洽，惟马嘉利一事如何办法，能否悉照英国所请，则未定耳。除此外，华英两国似亦别无交涉事宜，果何意而特以盛兵相临欤？若香港《循环报》则谓，此次外国陈兵，实由普国晏拿帆船事所致，盖以该船在福州地方被劫，日耳曼各国共议欲中国赔偿。普相俾思麦函致欧洲各国驻京公使，谓总理衙门若不亟为妥办，必将有兴动干戈之举，而英国亦决意相助，已有谕旨至驻扎中国水师提督，如普与中朝为难，当以甲兵相助云。然则现在此举，英实欲为普赋同胞欤，特明者防患于未然，无论其为帆船事与否，既见客兵逼处，亦当先尽其守御之策，而岂容漠然置之也！

（录自《申报》1876 年第 1228 号）

晏拿船案未结

日耳曼晏拿船前在福州洋面被劫，经日国索问，计所问共有三事，现闻中国已许其二，所未允者只一端也。所索滋事之水手，现已拿获三名，一拟斩，一拟绞，一讯得实无帮凶情事，拟军流三年，所悬购缉盗踪之赏格，其银宜加增一倍，均如所请。所案之该管地方官福清县知县及总兵官，并另有小官四人，均有失察，似宜革职。总兵暂且监禁，归案另办。出事地方之两村落，用火烧毁，帮抢之乡人，分别枷责，亦如所请。至中国赔银现已许一万一千元，日耳曼尚以为不足，须加二万八千元，但日与中国皆凭万国律例而论，究竟如何论法，亦未详悉。惟据西字报称，或日国之所执者是也。

（录自《申报》1875年第1231号）

论西国兵船多至香港事

月前香港《循环日报》见泰西各国兵船来港者甚众，遂疑系由普国晏拿帆船被劫之事所致，并云日耳曼各国共议，欲中国赔偿，普相俾思麦函致欧洲各国驻京公使谓，总理衙门若不亟为妥办，必将有兴动干戈之举。而英国亦决意相助，已有谕旨至驻扎中国水师提督，如普与中朝为难，当以甲兵相助等语。吾恐此事系属道路谣传，未必实有其事，因见各国兵船来者颇多，遂作此拟议之词。余则不以为然何也？普之君相皆今世之豪杰也，又在垂暮之年，老成谋国，必能审己，谅人计出万全，断不肯轻举妄动，授人指摘也。即如昔日普法之战，初亦委曲求全，不为戎首，后因为法所迫不得已而后用兵，故能使局外诸国俱袖手旁观，不肯助法，是以□战胜法声誉顿起也。今者普与中国别无他衅，不过晏拿帆船被劫一事而已，报明中国之后，中国已经代为缉捕，惟尚未能全行弋获耳。夫中国盗贼之众多，捕务之废弛，凡他国人之在中国者，谁不知之？即中国民人之居于陆地者，一被盗劫，往往不能破案，何况盗贼之在海中飘飏无定，而欲刻期全获能乎不能？且普国之兵船、商船、轮船、帆船在中国者，实难枚举，亦不止晏拿一船。晏拿虽经被劫，而他船之在中国者岂不见中国代为缉捕乎？岂不能兼为采访盗踪乎？而亦不能□得盗耗，是可知盗之难获，并非中国安心不办。又况普之通商乃普自愿，非中国招致之而能保其必无事也。今不幸而出此事，中国若全然不理，是中国之过也，业经弋获滋事之水手，拟以绞斩，加增赏格，司缉捕之文武员弁均已革职，出事之两村业已烧毁，帮抢之众民业已加责，现所未定者，仅赔银一事，而赔银所差者仅一万七千洋之数而已，两国和好通商今已历有年，所仅出此一船被劫之事，而中国又事事俯如所请，仅为此一万七千洋之事，两国即行败盟用兵，吾恐普之君相未必若是之器量偏浅好动干戈也。假令竟有其事，以兵相临，协制中国，求增多款，中国即如所索一一允从，既赔之后贻普一书曰：敝国盗贼之众多，

329

捕务之废弛，贵国所知也。况今尚有晏拿帆船之前鉴乎？现已遵谕赔偿一切，自今以后愿各守疆界，勿使贵国商船再蹈危地，复遭不测。彼时普之君相将听而不通商乎？抑不听而仍通商乎？吾恐反难自处矣。至于英与中国事事和好，东洋之事代为调处，马君之事，静候查办，岂有因他国小事以兵相助之理！故吾谓恐系谣传，未必实有其事也。然则各国兵船多至香港者何故，大约因中国屡向西国购船，复延西师训练，故多遣兵船至港，令观制度、规模，可以取法，此仍和好之意，不必多生疑窦也。质之泰西诸国之秉国钧与督兵船者以为如何？

（录自《申报》1876年第1232号）

英国水师到沪

闻英国派驻中华南服之水师帮大约今日[1]可以驶到吴淞，从此驻华之水师与飞游帮各大舰并水师提督两员，皆会聚一处，想自中英用兵以来未尝有如此水师多船泊集于一处。中国有兵船一二艘想今驻泊吴淞，或亦可作窥看之举乎！又闻威公使将赴吴淞等候数日，与提督会议办事云。

（录自《申报》1876年第1284号）

英船到沪

英国铁甲船名亚对西亚士者，及小船未气兰，已于前日[2]由南边而驶到吴淞，又有炮船一只亦来沪云。

（录自《申报》1876年第1290号）

---

[1] 1876年7月3日。
[2] 1876年7月8日。

威公镇静

英钦使威公来沪已多日矣，先闻其欲至燕台，而迄今尚未启行，其与两水师提督如何筹商，外人亦莫知悉，盖机密之至也。日内是否已去调兵，抑候两江沈制宪来申面商，皆难臆测，正不容妄参末议也。

（录自《申报》1876年第1291号）

纪英水师船名目

英所派来停泊上海吴淞之水师船，现共八艘，其船之名目及船身之大小列左：一亚迪雪阿司，系铁船也，大五千吨，可当马力八百匹；一加立的斯，大二千一百八十七吨，当马力四百匹；一干慕大里得，大三千零五十九吨，当马力六百匹；一那西萨师，大三千五百四十八吨，当马力六百匹；一纽加萨，大三千零三十五吨，当马力六百匹；一杜巴司，大二千九百五十九吨，当马力六百匹；一莫司地督，大二百九十五吨，当马力六百匹；一未其兰，大八百三十五吨，当马力三百五十匹。此八船上统计人数约四千光景云。

（录自《申报》1876年第1291号）

英船往东瀛

英兵船停泊吴淞之那西萨师、纽加萨、杜巴司，拟本日出口，驰游东洋。查各船到沪后，水师提督兰白饬令各兵勇不准上岸，大约因吴淞有华兵驻扎，恐防彼此滋事，亦是预事防微之意也，在水勇未免拘束。此番往东，殊足以游目骋怀矣。

（录自《申报》1876年第1292号）

北兵来沪

礼拜一日[1]新轮船从天津来沪，内有武弁、水勇等五十人。据《晋源报》云，关涉目下之事，其然岂其然乎，亦是想当然耳。

（录自《申报》1876年第1292号）

英船已往东洋

前随英兵船于莫利对带书开往天津云云，今知此信并无实据，因此船现已往东洋耳。

（录自《申报》1876年7月17日第1296号）

华船被劫谣传

近日内，上海华人俱相传，有中国火船于洋面为法国船攻劫，杀伤华人三十余名，法人正欲登舟抢掠银两，幸为英国兵船所见，立即打退云云。此本馆于前数日内早有所闻，因无确实凭据，故未入报。兹悉人言藉藉，爰即照录，但中西官场俱无是信，谅必子虚之谈也。

（录自《申报》1876年第1298号）

翻译西报

又述前有中国兵船放炮误伤二人，其一尸身无着，其一手足断折，送至同仁医馆调治，前几日牙关紧闭，医生百方调理，竟不能救。闻得花旗领事要抚恤二人之家属，盖因其庆贺美国百年大会所致也。

（录自《申报》1876年第1299号）

---

[1] 1876年7月10日。

英船去燕台

　　闻有英之铁甲船名亚迭什司者，初十日驶往燕台，水师提督乘未其兰船随之尾行，前赴东洋之飞游帮船，不日亦将折回燕台矣，夫兵船集于一处，正未知何意也。

　　　　　　　　　　　　　　　（录自《申报》1876年第1304号）

天津近事

　　《字林报》称：近得天津友人来信云，华人在北河之两岸均打木桩，意将结大铁链以阻兵船之出入也。

　　　　　　　　　　　　　　　（录自《申报》1876年第1309号）

威公行程

　　西报云：据烟台传来新闻，威公使已偕水师提督坐未其能兵船，同往牛庄矣。然据本馆所闻，则实无此事也。

　　　　　　　　　　　　　　　（录自《申报》1876年第1323号）

炮台作质

　　《字林报》得烟台消息云：传称威公使现所问于中国者，欲将大沽炮台作质，以保前所索问之数端，俾可依允云。但此说亦系传闻，真伪莫辨，公使即有是意，恐中国亦万不能从也。惟李伯相现奉廷谕商办中外事宜，设威公使果有此言，许之则必滋物议，拂之则或兆兵端，左右皆难，伯相其亦踌躇四顾乎。

　　　　　　　　　　　　　　　（录自《申报》1876年第1328号）

威公密令

晋源西报云：驻扎中国各码头之炮船，现奉威公密令，如中英或有不测，饬即照令办理云。

（录自《申报》1876年第1330号）

烟台近闻

《字林报》称，有友人近从烟台致书来，中外官会商一切，绝未提及，惟琐事数则，爰照录如左。据述，李伯相与各国钦使往还拜谒，颇觉热闹。十二日[1]，伯相特设盛席，凡各国公使及官员均请赴宴，珍馐迭进，肴核具陈，款洽殷勤，主宾交喜。日耳曼水师提督名满司者，亦请伯相到未逆特战船小憩，此船系驻东土之上等战船也，并饬将日国兵法演试，请伯相评阅。伯相驾火轮小艇甫近战船，日国水手便站横桅声炮迎接，极形恭肃。伯相与谈炮弹及炮膛等法，日人均以为谙达精熟，钦佩非常。船上水手爰列队操演，迨回时，又登桅声炮致送在后。英国铁甲船及英之两水师提督，亦从大淹湾来谒见伯相，闻伯相从未见及铁甲船，因邀登舟详阅。伯相与从员同去，威公使偕两提督早在船迎候。俄闻有吹号声，通船水手尽登横桅，并令乐工奏迎宾之乐。威公使等先导引至提督房坐谈片刻，旋即引至机器房内，又引至船面，水手五百名站立两旁。伯相与威公使及提督居中闲行，然后阅视大炮，水手施放如法，与打仗时无异。是日，并用电气燃炮之法，请为演试。此令下后不多时，将机关一拨，在船之炮一齐放出，几有山崩地塌之势。伯相亦顾而色喜，比及回下小火轮，其相送之礼如初。又伯相行辕内，忽有一人擅入求见，口称有异事禀，闻伯相大怒，即令捆住，将以军法从治，经关道再四求情，始释之去。又闻现在各国公使亦将不日辞回云。

（录自《申报》1876年第1339号）

---

[1] 1876年8月30日。

炮船碰沉

闻香港十三日[1]中外新闻知，往来省港之夜火船名福建者，十一日申刻甫于入口之时，误将中国神机炮船触沉，陷入水中约有九尺许，幸人皆无恙，当即为设法援起也。

（录自《申报》1876年第1339号）

战船回沪

中外官在燕台商办之事，迄今尚无准信，惟日昨[2]飞游帮船两艘，已从燕台驶回本埠，查得因闻上海有不靖之信，特来保护英人也。英水师提督未其兰船昨亦来沪，其或欲传电信于英钦，并闻威公使有回沪之意，但亦传言并无实据。至李伯相何日回津，则尚未闻知也。

（录自《申报》1876年第1342号）

李伯相回津

昨[3]闻李伯相业已回津，抵岸时，迎接之员弁绅民极其热闹，船尽扯旗，兵皆列队，人皆望之而色喜也。威公使与外国两水师提督亦到津沽，然后即日晋京，揆此情形，伯相或将入都面奏一切，亦未可知也。至飞游帮船，闻不日即欲回国，则前所议和之条约当可经中外朝廷阅定速为更易也。

（录自《申报》1876年第1356号）

---

〔1〕1876年8月31日。
〔2〕1876年9月7日。
〔3〕1876年9月24日。

英兵送葬

前二十七日[1]巳刻，海关码头见红衣英兵及水手官员并乐手共约一百五十人，皆登岸送殡者焉，众兵陈列后，忽下一号令，各兵与水手随皆倒执枪器，乐手十余人皆奏哀忧之乐，一队之兵员咸成陈，徐徐由福建路往西人坟场去，既走少远，音乐忽止，尽行迅步而走，至近坟场，哀忧细乐复响，灵柩奏之旋送入场内，祝经诵毕，乃安放穴内，穴外四面水手各兵员皆环列柩。一下穴，水手三向空中排连放枪，葬毕后成陈而返，回路乐手所奏者，皆快乐之乐，盖死者闻系英战船意莫大果对司机器之员兵，出葬则用此。

（录自《申报》1876年第1374号）

停泊战船

昨日[2]，法国铁甲船阿塌浪、战船大立斯漫二艘，俱到吴淞，日内上海吴淞停泊各国之船甚多，计有英飞游帮战船四号停在吴淞，又有二号泊在上海，且有日耳曼、美、俄，每国一号均泊上海，想不日将分驶各处也。

（录自《申报》1876年第1378号）

兵船回国

相传本埠所泊之飞游帮船已得英京电信，将于礼拜六，即十二日[3]，开回本国云。

（录自《申报》1876年第1384号）

---

〔1〕1876年10月14日。
〔2〕1876年10月19日。
〔3〕1876年10月28日。

定购炮船

广东税务司前为中国家代购两船，一名卑打，一名亚路化闻，日后欲往天津作炮船用也，每船可装念六吨半大炮，系双暗轮，食水亦不多也。

（录自《申报》1876年第1387号）

船坞出售

广东之黄埔外国人筑有一船坞，以备修葺各船只。现得香港信云，称华官出价八万元业已买到，先付二万元，余则陆续照给。

（录自《申报》1876年第1387号）

兵船搁浅

上月念六日[1]四点钟，英兵船名辣棍从燕台开往天津，是夜风忽大作，兵船因泊于常山岛之沙滩，旋即搁浅。念九日，烟台得是消息，即派莫司地督兵船往救，登莱青道宪亦派一委员随同前去，比至是处，炮及各重物俱已起岸，莫司地督先尚未能拖下，须再力拖，大约总可拉下沙滩也。并闻船未损坏，人亦无恙云。此信本馆前已有闻，因小有误，兹特详列。

（录自《申报》1876年第1406号）

炮船受损

前载英国炮船辣棍在烟台搁浅，以为尚无大碍，即日可以拖下，兹悉船身业已受损，一时不能落水，其船依然搁在沙滩，所有药弹、行装等物以及管带官弁水手勇丁共有一百零五人，现住岸上民房，闻不日须到香港。且船搁浅

---

〔1〕1876年11月11日。

时，中国官弁未能帮助，顿有怨望之意，是否如斯，本馆亦未便臆测也。

（录自《申报》1876年第1409号）

海安船遇撞

本埠第五号海安兵船，前月下旬进吴淞口时，正值潮水骤至，船身过大，一时不能转身，随即下锚暂停，俟水势少缓再行转身驶进。不意法公司轮船出口，误将海安之船头撞坏丈余，公司船于撞后仍即鼓轮出洋，而海安船之管带王君禀于吴统领，并拜会法领事面述一切，并以修整海安船约须三千两光景，但法公司船亦有小损，故领事之意，欲俟公司船回沪再与理直。

（录自《申报》1876年第1410号）

兵船搁浅余闻

前录英国兵船在烟台对面之海岛搁浅，兹闻是船之四面已用沙包垒成短垣，藉避风浪，故船身并无大损，但有六尺半水头，便可浮起也。

（录自《申报》1876年第1414号）

伯相验船

前报天津到有两小铁船，系伯相饬从欧洲买来，将拨归闽省驶用者。十二日[1]一点钟，伯相乃乘小舟登铁船察验，升炮三响，文武各员均随之而上，当即开往大沽以观行之迟速。闻每船有炮两尊，各重十八吨，船身虽小，而材料殊坚固，望后当即开赴福州也。日前，闽省又有四人到津，谓皆熟于驾船者，伯相派二人仍往泰西学习，以冀精益求精，其余二人，闻即着为铁船主也。

（录自《申报》1876年第1423号）

---

[1] 1876年11月27日。

新船下水

闻得英国新将炮船两艘落水，谓为中国家所定造之船也。

（录自《申报》1876年第1425号）

炮船拯起

前有英国炮船名辣棍，在烟台对面之海岛搁浅，曾经多方设救，此已列报。兹闻业已拉下，不日将拖至上海修理也。

（录自《申报》1876年第1426号）

新造快船

凡火轮船自吴淞驶至英京伦敦，若四十二日内抵埠，可称快矣。今闻造船公司名马革加者，造竣一船，取名革怜士，将于二十七日可以驶到。盖为载运新茶，欲远出各船之先也，亦可见西人制造一道，精益求精矣。

（录自《申报》1876年第1430号）

水手打架

得东洋横滨邮来新报悉，是埠有日耳曼兵船未尼大者水手一群上岸游玩，因咸带酒意，互相争论殴打，日本巡捕见之上前劝阻，水手不服，初则迁怒巡捕，继则乘醉意，见人便打，巡捕以寡不敌众呼救，由是闻声齐来，愈聚愈多。水手将小车辕木折断作为兵器卒之，水手死一人，又一人头受重伤，棍痕深入脑壳，又大小受伤者四五人，而日人之被伤者亦多，惟是否毙命，尚无确闻也。

（录自《申报》1877年第1445号）

述论鱼水雷功用

西报前陈谓曰，李伯相近向美国人名赖者购买鱼水雷多只。兹闻所购得共五十只，每只出价约万两，计共五十万两也。则于此见伯相之留心于京防矣。夫本当一器收功甚易，从前法与普打仗，法船虽多且雄，而以普国沿海水雷密布，法船畏于近岸，竟毫无力攻之。伯相鉴于此事，而遂大致意其间，且悉水雷之难于握管，非通于电器之学者，屡必致误，故创设水雷学院，使肄业者学法，以备后用。按水雷究有二种，一防敌水雷，一攻敌水雷。防敌之雷仅泊定水内，俟敌船碰触或即自燃轰，或以电线自岸上引火燃之，斯种在天津早已购备充足焉。攻敌之雷则即鱼雷是也。盖此雷形如鱼身，内置电气机器，可使雷不作响而驶行焉。又在雷身后装电线一条，可以将此线自岸上握舵，使鱼雷自走，直碰于敌船。本馆固不谙于水雷，然试审之似乎无美于此法也。惟前日读一新报，内陈美国朝廷闻有赖者所创之鱼雷，便命军械部大臣名热弗者查验优劣，据报命谓曰，自岸上握舵究为嘉事，但攻敌水雷美在行走迅捷，赖姓之雷若能快至每点钟十二英里，始可取用。然此雷按每点钟仅可走六里，究不足以备用云云。且又闻欧洲诸国向无一邦取用此雷者，惟亚非利加州之埃及曾经购买五十只，但欧洲诸国之所以未买或有他故，盖因攻敌水雷一种究不过一新谋，向无凑多之美法，故仍然观望不购。据美国人热弗所又报于国家，似乎以小汽机轮艇为上法，水雷则置于艇头，艇内汽机极精，可走每点钟二十至二十二英里，合中里六十余里，既驶近敌船乃以别机关，使水雷飞开向敌船直碰，小艇仍然趁势回去云。然此法不利在敌船可闻见而必防其来，而利益在于夜间捷走如是之快而亦不易防备也。本馆因偶见及美臣报朝之言，故陈述如是。

（录自《申报》1877年第1487号）

闽中琐事

福州大宪现议定，将肄业水师之人发往英法两国水师船上学习，现在先与英水师属员商议。按此法诚为尽善。西国水师法制极精，非自小肄习，终不能善，故欧罗巴各国水师人等，亦均是从小学起，此为要着。现俟与水师属员说明，再往水师船上学习。查英水师船上学习之人，本有许多，并有东洋人在船学习也。

（录自《申报》1877年第1487号）

传言西班牙兵船到台

前传言西班牙有兵船二十余只来华，兹得福州报知，该处亦传有此事。据谓西国兵船系欲取台湾而来，现在丁中丞已派令兵船及扬武船，并新购炮船二只，一名了发，一名密达者，往台湾防堵云。此事恐尚为传闻，未足深信，西班牙虽有兵船在台湾之外，但该国所属之小吕宋，近与附近之一小海岛打仗，兵船在此者多，而吕宋去台湾不远，故有此传闻之语耳。

（录自《申报》1877年第1487号）

论丁雨生中丞办理台湾事

孟子曰："天时不如地利，地利不如人和。"岂徒用兵之事宜尔哉？盖凡事皆然也。故自来言利之臣，苟一旦使长国家，惟知放利而行，必致天怒人怨，灾害并至，因其全然不顾天时地利人和，故至于此也。然自来言利之臣，与兴利之臣，貌似而实殊，盖言利之臣，其心私而刻，但知损下而益上；兴利之臣，其心公而溥，必能裕国以足民。其中之分辨，实有差若毫厘，失之千里如此者。昔管仲、刘晏仅兴盐利，一以霸齐，一以复唐，盖因天地自然之利，而用人之谋力以兴之，故不至于扰民而尚可以富国也。若王安石之言利，固有大谬不然者，夺民之利以为国利，不能另设一法，另兴一利，即能有利于国，必致不利于民，岂足为利？又何况并国亦尚不能利哉！上古草昧初开，无所谓利，后圣人作，教民农桑而耕织之利兴，又教民以土地之宜，树艺万物而种植之利兴，为之商以事懋迁有无为之工，以令制造器物而工商之利兴。第耕织工商之利既兴，之后亦不能再有所兴也，后有贤圣之君，亦不过因其势而利导之。不劳民，不敛财，使之上顺天时，下尽地利，中得人和，培养元气，君民

341

俱足，以相安于无事。故既无利可兴，岂可惟利是言？若仅言利而不兴利，不流于掊，克聚敛而不止也。近二百年来，西国深明此理，故专心致志于格致之学，而兴开采制作之利，取煤铁以用，造机器以代人，设公可以通商，是天地自然之利与，夫人之心思才力，有利益于世事者，无不尽心竭力以兴之，是以二百年内始能收此富厚之效也，否则，不兴各利而仅惟利是言，则耕织工商均有一定之利，求利于此，必不利于彼，不患贫已足矣，又安能再求富哉？愈足见利不贵乎能言，宝贵乎能兴矣。余于福建巡抚丁雨生中丞之经营台湾也，不禁为中国庆幸，以为此事乃一大转机焉。夫台湾一区之隶版图也，已二百余年矣，前此生番所踞之地，中国均以度外置之，乃自前岁日本一役，始令中国甫生开辟其境之心，是天时已至矣；台湾之在中国，不过弹丸之地耳，然其中生物之蕃，无与其土种物之咸宜，实有取之无禁用之不穷之势，是地利又佳矣。然使经理其事者，不过拘守古法，劝耕织、招工商，置城设官，立学屯兵，则有之不足为重，无之亦不足为轻，亦仅与改土归流关外新疆之地等耳，乃今丁中丞首开煤矿，又筑铁路，其余诸务均欲改用西法，以从事数年之后，而台湾所得之利必有可观者焉，是人和又得矣。然吾所庆幸者，尚不止此，若自今以往，台湾之利既兴，或者中国之人皆知西法之利，均乐群起而则效，自必大有转机，不求富而富自至矣，如此乃兴利之效，岂言利之臣所可同日语哉？使天下之人皆心丁中丞之心，非徒台湾之幸，实为中国之幸也与。

（录自《申报》1877年第1497号）

东洋消息

晋源西字报云：近得友人来信，数日前，日国家有师船三艘，并载兵船八艘，从客爪西马驶往与乱人交战处，故不日间，或又有举动也。又称乱人实无甚失利，缘官军中有怀二心之人，不肯竭力打仗，所以朝廷殊为焦虑也。至于百姓亦有怨官军者，乘有机会便将官兵杀却，从前有参赞武员名扶古罢脄，曾侍日本公使到过中国北京者，现已受伤云。

（录自《申报》1877年第1497号）

水师更替

驻泊本埠之英国兵船名架厘的司者，本停在海关之对面，现以三年期满，例应瓜代，故前日[1]十点钟起碇开行。其时，水手等均登横桅举手志庆，另有三人攀踞于三桅杆之顶，手摇小旗。按此船并不敝旧，未同兵丁水手回国，一俟替换者到，此船仍来上海也。

（录自《申报》1877年第1510号）

东洋战事

上礼拜六[2]，三菱公司火船名系罗系马者，由东洋来沪。闻近日萨司摩与官兵接战较前获利，先是官兵进攻萨人，惟退走，近则官兵初克之地复为乱人攻复，以致萨人离长崎岛较近于前。西人在长崎论之者，或谓曰长崎被乱人所陷，势所能致者也。但乱人举动端严，毫无劫杀平民之心，故长崎民人及寄居中西各人，尽无畏惧。官民被伤者甚夥，神户、长崎，日有轮船带伤者而来。即系罗系马船自长崎开来时，港内见一船载有被伤之兵，在船面或头颅用布裹好，或臂挂胸前，但所见者伤较轻耳，至于伤重者，自在舱内不得而见矣。各轮船如此而到者，三四日必有一次，相传日国家待病人周到之至，赁洋房、购新褥，凡养身之具谅无不备。并有医士多人，咸谙于西国治伤法者，另赐以橘与冰等。又日本君现在大阪，甚有哀恤之心，经命驾亲临病房巡视，温语拊循，不啻口出。日皇后亦令宫中妃嫔概织布帛，以供病人之用。故东民颇发忠君之怀，只以萨司摩人实为劲敌，官兵既仅农丁之类，而萨人历代以武事相耀，有宁死不辱之义气，今欲以农丁敌之，岂不难乎？是以官兵知其非敌，大无锐气也。且萨人此举，非一旦所谋及者，经三四年在萨司摩地方设一操练会，会内几不下一万人，皆俗称萨司摩弟子，并多年积银以供兵粮，国家虽暗

---

[1] 1877年3月28日。
[2] 1877年4月14日。

知之，亦无如之何诚哉。吾华人常闻人曰东洋不用兵于外，必有患于内者，即以今势了然可解也。当今之势，官兵日被伤杀，不得不逐日调补兵丁，然精兵究有限量，又须新行招募，以新兵敌萨司摩练成之人，而望其得利，奚可哉？三菱公司船之由横滨往南，所载者皆补调之兵，或五百，或一千，或一千五百不等，即昨到沪之船，由神户至长崎，载有八百五十名兵丁，上等下位皆载满，所附搭上等客人诸为不便。说者曰："此兵毫无武艺，并无纪律，欲派去与萨人接战，谅不过置之死地而已。"吾乃曰："藉此以量大局，则于以见东洋国家已露其窘迫之象也。"

（录自《申报》1877年第1524号）

兵船停泊东洋

阅横滨新闻知，本埠海运兵船停在彼埠，查此船系四年前所造，极为坚固，共载有五百人，在横滨之华商见之皆色喜也。

（录自《申报》1877年第1525号）

水手闹事

上礼拜日[1]，有中国男妇两人，同坐东洋车在浦滩闲行，突有俄罗斯兵船水手数人乘醉而来，竟将此妇一击，樱桃口顿溅杨梅汁矣，即有人告捕，而捕以其人多，猝难弹压，止有纵之去耳。议者谓，俄国水手最无规矩，在租界滋事，计非一次，带兵官须尽为约束也。

（录自《申报》1877年第1526号）

---

〔1〕1877年4月15日。

阅试水雷

　　津友来信云：初五日[1]三点钟，李伯相在天津三叉河口验放水雷。是日，河上排列爵阁督部堂开花炮队水师亲兵船三十号，小轮船两号，舢板数艘，操江、镇海两轮船，脚艇两艘，桅上皆挂龙旗，排泊静候。未交两点钟时，水雷局之教习柏专敬及曾兰生先到河旁进炮台小憩，随下小轮船。两点钟逾一刻，溯流而上，恭迓宪驾。其时岸上滩边船唇屋背，男者、女者、老者、少者、骑者、步者、拖翎戴顶者，两岸中流，纷列殆遍。两点三刻钟，燃炮三声，伯相出辕，遥见一叶扁舟从上流驶来，至三叉河，复燃炮三声，掉转船头傍岸，英人柏君亟下小船整备燃放各件，船上置电气箱表各一具，船旁系两木，长与船齐，木梢置一水雷，约三十磅，又一雷约二十磅，位置妥帖放平。水中计驶一两里，即将枢机舒转，沉木于水，回船不数，武炮从水发，但见烟焰蔽空，水珠迸散，放船试演之学长郑宇澄及船上诸人，头面衣履尽为沾湿，两雷放毕，始鼓棹而回。尚有一雷，因已震坏，置而不用，次复燃沉置水中者，重有五十磅，声势较大。而夕阳已西坠矣，伯相乃驾船回辕。观者于归途中犹啧啧叹赏，以为非伯相之讲求利器，安得有如是之武备哉。

（录自《申报》1877年第1531号）

兵船修理将竟

　　本埠制造局之三号兵船，名测海者，前因巡阅各处，年深月久，破坏不堪，于去冬入坞修葺，已录前报。昨闻该船不日工竣，即可下水云。

（录自《申报》1877年第1541号）

---

[1] 1877年4月18日。

土俄战信

·　西报云：近得电信知，土国有一大铁甲船在黑海中竟为俄之大炮击沉，水师死者有二百人。俄又拟渡大牛白江，被土兵击败退去。又风传土俄两国已开大仗，俄之阵亡者实多，但未知即大牛白江之战抑另有交绥也。

（录自《申报》1877年第1551号）

新船下水

福建制造局第二十号之船现经工竣下水，是日[1]，中外人之聚而观者不少，并闻制军亦亲往相度船势，因名其船曰汇源。此船下水时，极其平稳，毫无毛病，计船身之长有二百十尺，宽三十一尺，船上机器可准马力七百五十匹云。

（录自《申报》1877年第1561号）

操兵纪略

前报载本埠王参戎阅操，兹悉于十八日[2]，带同水师各哨官遵照新章较试，但洋枪队以打靶定胜负，而本管教场尚无洋枪之靶，因诣高昌庙左近借就土筑枪靶比演，计提标右营自移驻上海改为里河水师后，除留城防兵二百名外，共设舢板船二十号，专事巡缉黄浦、吴淞江一带。是日，共阅哨官十八员，统扯中靶者不过四五成。盖本习于弓箭，洋枪非所长也。及阅随带之水师兵丁四十名，中靶者转有七成之谱，人各有能有不能，其信然欤！今日闻于南教场大操，陆路防兵谅必驾轻就熟，迥不犹人也。

（录自《申报》1877年第1565号）

---

〔1〕1877年5月15日。
〔2〕1877年5月30日。

炮船来华

　　中国在英定造之炮船，本馆前曾于《寰瀛画报》内见及译录登报，兹阅香港新闻，所有新定之船，一曰轧马，一曰狄而大，近已到港，所悬者尚英国旗帜，大约到津交兑后，再换旗也。闻此两船由英之水师官带来，每船置有三十六吨重之大炮一尊，又各有弹重二十磅之阿母斯郎炮二尊，又各有弹重十二磅之炮二尊，并有格林炮，船系双暗轮，盖与前到之阿弗与密得两船同时托赫总税务司代办也，虽非铁甲，而炮位已大，中国水师内得此当更生色矣。

　　　　　　　　　　　　　　　　　　（录自《申报》1877年第1575号）

水手交殴

　　东洋报称，西五月念七日[1]，有俄国兵船水手十余人在酒楼对酌，随有英国水手两人亦至，谈及俄土交战事，大约英水手有语侵俄人处，俄人即飞一大玻璃杯来，英水手额颅因之击破，其余之俄人亦离座，将英人标于大门外，英人气不甘服，在门前彼此争论，旋有路过之英水手来帮，俄人始退入酒楼，余亦皆散归别处小饮。在后，一英水手饮至酩酊蹀躞而归，路过俄人所饮之酒馆前，复高声叫骂，俄水手闻之，五六人齐出肆打，近处之英水手亦闻声来助，约交殴多时始散，然俄人之怒犹未已也，随纠约四十余人，各持木棍、石块等寻衅，路见一独行之英水手，遂上前来捉，英水手亦武力反击倒数人，究以寡不敌众，为俄人按之地。斯时也，俄人勇气百倍，见人辄打，别国水手、法国水手各被打倒三人，即非水手装束，亦有遭其毒手者，巡街西捕来弹压，亦置不理。更有一俄人用刀来刺，被英水手一拳击落，石棍抛掷如雨点，久之，俄人退归泊船处，英人逐之，见有俄官至，遂回英之铁甲船。水师官闻信即发兵一队登岸，查察有无伤毙，各领事亦到，大抵各有伤痕也。夫英俄水手私斗，诚与局外人无干，但在日本界内为地主者，亦当妥为调处，

　　　　──────────

　　〔1〕1877年5月27日。

而日国本地巡捕未闻有为排解也，何哉？

（录自《申报》1877年第1577号）

土俄近闻

西字报称，俄军之在亚洲攻土者，计分两路，共有十四万人，若土国兵数，则未悉也。俄意将沿黑海之土国属城尽行攻打，所有大牛白江之俄属口岸已封闭，各国船只均不准往来，故大牛白江有六万人驻守，其大军则在尼古白里也。英则守局外之约，惟土之君士但丁京城自当保护，然土国之人已有怨望，以为既肯援乎，何不驻师于大牛白江乎？又闻大牛白江至黑海其间有俄国炮台，极其得势，一见来船，便可准击。近有土水师何拔大提督乘兵船巡行大牛白江，闻俄将海口封住，知难逾越，然有紧要事须到上京面奏，若弃船而陆行，又恐轻朝廷而羞天下之士，因念坐船虽非铁甲，而驶行甚快，一点钟可走四五十里，且是处水亦急溜，一点钟可十余里。一夕，遂下令灭灯，傍炮台偷过，俄军亦未出击，止见一火箭飞来，盖是船从炮门下行，炮能打远而不能打近，遂无所施其伎耳。迨过后，何拔转以开花炮回击，俄军颇有死伤者，土京人见何拔言旋多其智而更服其胆略，交相称贺云。按何拔本英之水师提督，前虽告假于土，在英仍食半俸，嗣以土君嘉其能，遂又任土之水师官，纪律极其严明。现在，英以土俄交战，自当各君其国、各子其民，敕令何拔回去，何拔不能从，英因从册籍内将其半俸销去矣。

（录自《申报》1877年第1579号）

吴淞演炮

海疆各要隘营立炮台以资守御，年来南北直省已次第兴工，吴淞炮台由防兵更迭，建筑业已历有年所，现在工程告竣，故择于今二十四日[1]先将各炮位施放。二十五日，刘道宪会同轮船局总办吴彤云观察，亲往验看，先传得须用

---

[1] 1877年7月4日。

炮舶向炮台轰击，以试台之坚固与否，然后再从炮台向海内之望墩开炮，以试准则。凡中西商船，此两日概不准进出，诚恐炮弹如雨落，或伤人也。蒙谓此说恐未的确。盖吴淞口非竟绝无人迹，船即能使之勿来，人不能驱之尽去，设一不慎，其伤实多。且商船货物日有行情，亦岂能因此停市。嗣果悉华官已照会领事，届时演炮止有药而无弹，虽大声发于水上，要无他虑，可预传知各西商勿得虚惊云云。但日来大雨滂沱，沿途泞滑，在观察固可乘船前往，而观者恐未免减兴矣。

（录自《申报》1877年第1592号）

演炮纪略

吴淞口炮台落成，经宪委李君来沪，会同在沪之官诣验。昨早李君偕吴彤云观察、郑玉轩太守往阅工程及演放各炮，计炮台高约三丈余，面东向，由北至南长七十七丈七尺，由南之石塘界址至北长三百四十一丈五尺，中设炮房十一座，各有铁门，阔约七八尺，惟东北角两处系克虏伯后膛炮，炮身最大口径七寸许，余九尊皆紫铜炮，形制较小。克虏伯炮旁又设两小炮，故统计有十三尊也。十点钟时，更迭施放，每炮试放三五次不等，皆无弹子，放时适遇大雨，先有防兵八百名列队于台前，俟雨后放毕收队，居民来观者，一因雨阻，一因胆怯，故甚寥寥。闻今日刘道宪或将亲往也。

（录自《申报》1877年第1593号）

译西报记阅视炮台

二十四日，吴淞炮台演炮，本埠之西字报馆亦各专发人往细阅情形，并于日昨西字报内详述景形。据字林报称，由海面而仰望炮台，似得雄壮巩固之势，及沿海滩周视一遭，诚未见其结实，苟以英之小兵船如福里克与木斯旂多等仰攻，恐亦不能抵御，逾时而便可击破也。试观前日偶发飓风，而炮台之灰土已松，若再加以风力，势必剥落，炮当呈露，其尤甚者，莫如近浦江边之炮台，面盖已裂缝也，设有一船在五里外用数炸弹打入台内，则必不堪设想矣，故深望永无此事实为万幸。至台中之炮，差强人意，计亚姆司郎与克虏伯共有二十五尊，然详加察阅，除去三炮外，余皆未见光洁，新募之西国一炮手能无增惭色乎？嗣见三炮各燃三响，机关固亦不凡，然放后洗刷宜用多水，谅西炮手当早告知，不谓止盛一盆水潦草了事，则炮焉能不锈涩乎？故虽炮车净洁，而或连放数声炮，未有不出事也。若各炮手之纪律尚称整肃，不过内有数人前所学习者，系别样之炮改而习此，恐非熟手，若洋枪队兵殊不见佳，枪皆损坏，人亦懦弱也。晋源报称，此种炮台在中国亦当首屈一指，较道光年间中英在吴淞交战时已好数倍，然刻下并无接仗，究竟坚实与否，亦无从试知。至炮手，则进退有度，堪与英国炮兵为匹敌，台中各炮亦良，华官之发号施令悉有条理，炮手皆能用命，即使英国官阅兵，见所统者如是，亦必夸奖之不遑也。独步兵则参差不齐，器械朽坏，与炮手校，殊有天渊之隔矣。按以上两说，或褒或贬，各不相同，诚未知何者为是。想精于武备者，当自能目击而区别之，若本馆前昨两日所发友人往观，则亦回称炮极光亮，洗刷得法，惟台面之裂缝稍稍见云。

（录自《申报》1877年第1594号）

续述吴淞演炮

昨为吴淞演炮之第二日，上午九点半钟启演，每门开放五次，因北向一门未演，故仅十门。道宪以有事未及亲到，特委曾君兰生前往，吴彤云观察、郑玉轩太守、宝山邑尊梁明府及管带威靖轮船之金荣齐副戎，管带测海轮船之徐吉云总戎，并左右正三营管带吴、王、茅、董各武员，俱至炮台上面验看，炮中并未用弹打靶，演至第九门之克虏伯钢炮，则内装有小炮子陆续打出，极其灵快，轰隆一声，如天崩地裂，同时飞出小炮子如急雨、如流星焉。计每门炮丁一十四人，殊觉整齐严肃。观者约有二百余人，亦较前日热闹，演毕各散。前年制造局所造之铁甲船，昨早亦在口门停泊至十二点钟，动轮开出吴淞口，或出巡洋面也。

（录自《申报》1877年第1594号）

津沽轮舶琐闻

天津现泊有英美兵船两艘，其兵丁多患天花。先是英国兵船禁止兵丁上街沽饮及遨游等事，现又由英国兵船主致书于美国船主，于十八日[1]英美两船兵丁均一律禁止上街，有新开美华酒店，专做美国兵船买卖者，亦已暂歇。惟俄国兵丁则日夕嬉游市上，轰饮如故。

（录自《申报》1877年第1596号）

拟裁红单战船

宁波夙有红单战船十数艘，统带以及哨官、水勇大半皆粤产，以资巡洋缉盗，时有弋获，故历久而未闻裁撤也，但每年武弁之薪水，勇丁之口粮，并添置军装、给发弹药、修理船身各项，约须银二十万两，所费诚亦不赀。现闻浙抚梅中丞以宁海口既有元凯、伏波两轮船常川往来，保护洋面，此十数艘红单船尽可裁去，以节冗费，将具折入奏矣。但说者谓，轮船之开支，实与红单船同一浮滥，查每出洋一次，煤炭银亦须数千两，船主、大二副之薪水，视红单船较丰，且轮船止能驱盗而不能获盗，盖盗船远见烟起，早经避匿，不若红单船之猝不及防也。是以历年以来，宁波之两火船获盗甚少，红单船获盗较多。熟审情形，红单船似不宜撤，第当饬干员详细查核，将轮船、红单船所有开支各项之浮冒者，逐一撙节，则每年亦可省费数万金，而于捕务仍不废弛，否则红单船一撤，此数百名熟悉洋面之粤勇，或以无可安顿，流入盗伙，从此海盗加多而捕盗船加少，商客扬帆航海恐更无高枕之时矣。本馆以斯言似亦近理，因就其意而书之，以作刍荛之献，愚者千虑，或亦有一得欤。

（录自《申报》1877年第1597号）

---

[1] 1877年6月28日。

兵船搁浅

台湾消息云，近有福州船政局内之一兵船在洋面搁浅，大约为飓风所致，舵与舵柱俱损坏，恐猝难拯下也。又闻英之小火船名哈来罗者，于前月底从香港开往厦门、台湾等处，迄今尚未驶到，难免无误事也。

（录自《申报》1877年第1610号）

兵船触沉

前报福州船政局内一兵船遇浅，兹闻此船已沉，不能施救矣。

（录自《申报》1877年第1613号）

俄船战备

拉地夫司达克来信云，俄之水师提督已到此埠，驻扎旧金山之俄国兵船，闻不日亦将驶到。又有步兵数队、炮兵数队逐日操演，所有港口内，俱多置水雷，以防别船驶入，揆此情形，或预防与英交战云。按拉地夫司达克在牛庄之北，为俄之属地也。

（录自《申报》1877年第1615号）

续述铁甲船击沉事

前报述土之铁甲船为俄军击沉，此原得之电信，故言从简略。兹闻此船有二千五百吨，船边之内计高四尺，铁甲四寸五分厚，铁甲入水深五尺，分为九舱，均有隔板，水不渗入，所以俄军初放一水雷，只毁其前数舱，船虽猝沉，复继一雷，始全船震裂也。但是船所置之炮，亦极精良。每一点钟可走中国海程三十六里，水手共有二百人，惜乎付之一炬也。然使无第二水雷，船上人或尚可救，亦未可知，于此见船之宜有分舱也。

（录自《申报》1877年第1615号）

译录英兵部新定水师大小官员拜谒章程

案内本国水师兵船分驶各国地方，与他国水师兵船相遇，彼此拜谒、答拜等事，原当明定章程，俾得有所适从，现经本部咨行总理各国事务丞相，分别谘商有水师之各国，均经会议妥协，兹将所定章程开列于后，通行各海水师一体遵照，将来本国水师兵船或在本国各口，或在他国地方，一律照办可也。

第一端：首次派员致意照拂。凡本国水师各船，或一只，或数只不等，无论何处湾泊，遇有他国水师兵船驶至，即由本国统领官派员前往来船，照例问明照拂。若来船系属数只成帮，当往该帮统领官之船照前致意，随由来船之管船官派员前往本国船上谢步。

第二端：彼此拜谒。凡有水师兵船或一只，或数只，无论何处湾碇，如有他国兵船或一只，或数只不等驶来，倘来船之统领官与先到船只之统领官品级相□，则于二十四点钟以内，应由来船之统领官前往躬拜，其先到船只之统领官仍限二十四点钟为期，当往答拜，设或西国统领官品级不同，应由品小者先行躬拜，其往拜并答拜之限，均照以上所开事理奉行。兹将水师管船各官衔职、品级开列于左，计开：头等水师提督、二等水师提督、三等水师提督、水师总统、水师总兵、水师副将参将、水师游击。

第三端：统领大员躬亲答拜之例。一、凡水师提督、总统、总兵等员先向他国水师提督及总统等员拜谒，讫即由彼国水师提督、总统等员亲行答拜，若系水师参将、副将、游击等员来拜，当由水师提督或总统等员特派标下总兵或副将、参将等员代为答拜；一、凡副将、参将、游击等员先行拜谒水师总兵等员，后即当躬行答拜；一、凡各国水师兵船成帮，无论何日相遇，一俟统领官彼此拜谒后，当由来帮各船之管船官，向先到各船之管船官处往拜，后分别答拜；一、此项章程业已通行谘商，咸知礼尚往来，各国水师断无轩轾，均当恪遵。

按此乃英国傅署公使照会总理衙门，咨由通商大臣通饬者。

（录自《申报》1877年第 1618 号）

撞英兵船

前夜[1]有怡和行海龙火船至吴淞口外，将英兵船名福立克者撞损，撞后，海龙将该兵船拖至浅处暂泊。据海龙船谓，该兵船夜间不挂灯，以致遭碰，幸人尚无恙，惟不知兵船有何说耳。

（录自《申报》1877年第1631号）

津沽续到大炮

前次利运轮船到津，载有布国大炮五尊、炮子五百五十箱，已列前报。本月初八日[2]，招商局海琛轮船又载到大炮数尊，粗可合抱，长约及寻，其样式较前小异，盖后膛至炮口粗细如一，或谓临敌时埋伏水中，以之轰击敌船者，未知是否。中堂拟于十八日饬机器局水雷中西教习柏专敬及曾兰生两君，带同肄业各生，往大沽操演。又督辕至机器局电线经已落成，每礼拜亦调水雷电线肄业生两名，至督辕司理电报云。

（录自《申报》1877年第1663号）

新到水雷

直隶总督李中堂拟于十八日[3]赴大沽验放水雷，已列前报。此次所验之水雷，来自美国，长约七尺，高二尺余，中有机纽，放顺水中，每点钟可行六里，行两点钟力尽而止，系美国人赖君生而别开匠心独运者。按本年四月，中堂由保定到津，曾令水雷局教习柏君专敬带同肄业各生，在津城外三叉河试放水雷一次，盖用扁舟一叶，舷缚杆子两条，杆系水雷各一，放乎中流三二百步，忽而转舵坠杆于水，舟有电气一箱，透电于杆，机发韵流，丰

---

[1] 1877年8月16日。
[2] 1877年9月14日。
[3] 1877年10月24日。

隆一声，海水壁立，水雷轰击于水中央矣，此名杆子水雷。据云数年以前，南北花旗交战时，曾以之击破铁甲船一艘，攻坚利器系□之最新者。中堂讲求武备，精益求精，现闻赖君之水雷更推陈出新，是以邀致来华。赖君遵带两枚，请中堂验放。十八日往大沽海口，仍饬水雷局教习柏专敬带同肄业各生前往将事，柏君同新到之水雷博士赖君等西士，计共五人，预日前往大沽布置一切。然天津机器局除杆子水雷外，另有沉水雷、碰水雷两种。沉水雷又名曲尺水雷，系将水雷沉于海底，旁伏两人，一上一下，如曲尺形，支千里镜以俟，如敌船过时，从千里镜窥准，不先不后同发机关，电到药燃，敌船被击。碰水雷系小者悬之水中，大者埋于水底，如沉水雷。然另有机括中悬，敌船触之，亦遭焚毁，备而不用。机器局水雷计已有三种矣，闻赖君之水雷，每具索价万金，至少以三十枚起售，中堂持重不苟，故待试后，方与计议云。

（录自《申报》1877 年第 1665 号）

水雷停买

天津信称，前李伯相议购之水雷，特命驾前往验看，乃此水雷合用之火药，携带无多，故试演之时，未见实效，伯相颇不惬意，即取回定银，停止不买云。

（录自《申报》1877 年第 1677 号）

复验水雷

李伯相新市之水雷，中有机轴，能行两点钟，计程十二里，每具价值万金，系美国人赖君匠心独运者。八月间，中堂拟往大沽验放以便购办，时水雷局博士柏君专敬暨肄业生徒，陆续前赴大沽，新造水雷之赖君及其同事伯郎等三人，亦到大沽布置一切。乃赖君等到沽以后，秘不示人，即柏君专敬亦屏不与同居，军械所刘观□当以式样不符禀白中堂，中堂即不欲购办，并无需试演，而水雷局生徒已于八月底尽数回津。此事早叠经列报，乃赖君于本月初间禀见中堂，大约系恳请往验水雷一事。现中堂定于十二日[1]乘操江轮船前往大沽聊徇所请，尚未知合意与否也，继乃往北塘巡视炮船，北塘距大沽不远，当沙水纡回、风潮击搏之处，设有炮台，异常巩固。中堂讲求武备，惟日不足，非所谓救时之良相哉。

（录自《申报》1877年第1690号）

法国水师提督来沪

前日[2]有法国之水师提督带领铁甲船至吴淞口外驻泊，闻该提督即行来沪游历，藉以觇风土人情云。

（录自《申报》1877年第1690号）

修理师船

浙宁水师巡船久未修葺，梅中丞现已筹款，派候补知县蒋君锡璠督理兴修一切帆桅篙桨，务令整饰如新。闻蒋君亦能仰体宪意，实事求是，刻已渐次竣工矣。

（录自《申报》1877年第1692号）

续验水雷

前报美国人赖君新造水雷到津，请李伯相往大沽验放，兹悉于月之十二日[3]伯相乘操江轮船驶往大沽，亲看燃放一枚，十四日又放一枚，然后回津。计此水雷长约七尺，由招商局机房门前铺有铁板推堕水中，及至落水，去螺丝钉，又伸长三尺，驶行水中疾如箭激，水雷之首插白旗一，尾插红旗一，水雷微露于水面，惟红白两旗随风招展。第间此种水雷须用药数百磅，而当演放

---

〔1〕1877年11月16日。
〔2〕1877年10月24日。
〔3〕1877年10月18日。

时，只用药四磅，故其声不甚宏大也。

（录自《申报》1877年第1694号）

水师合操

九月二十六日^[1]未刻，宁波各水师统带官，以抚宪阅兵在即，先期自行合操，在盐仓门外摆演九龙阵。又自桃花渡起篷驶行，直至浮石亭，为长蛇阵，长约二里，计艇不过十五艘，陡闻一声号令，各船枪炮齐施，浓烟蔽日，宛如白露横江，两岸观者无不同称绝技也。

（录自《申报》1877年第1699号）

浙抚阅兵消息

浙江巡抚梅大中丞舟抵丈亭之时，尚在前月二十九日^[2]，缘是日系属国忌，不能鸣锣呵道，而又适值月晦，是以至十月之朔午刻，始行进城公座。各属文武参谒后，下午即出拜客，并悬牌于初二日上午往江东大教场阅看六营官兵，下午往和义门外阅看左右两营水师，乃至上午宪驾前赴校场，则大雨泥泞，不能燃放枪炮，是以只命操杂技小阵、马步箭，而四门、九龙等一切大阵，及下午之水操一并改期，俟天晴再定也。并闻此次中丞随带只亲兵四十名云。

（录自《申报》1877年第1701号）

测量沙礁

前报英国纳梭兵船将勘察江浙沿海一带之沙线、礁石，尤恐居民人等妄自惊疑，特照会中国大宪，饬知各属晓谕在案。兹闻是船在温州测量，不日竣

---

［1］1877年11月1日。
［2］1877年11月4日。

357

事，行将由乐清、太平、宁海、象山而至宁波云。

（录自《申报》1877年第1734号）

派船观战

日本递到消息谓，日国朝廷拟派一兵船驶往黑海，以观俄土两军之战。按日本事事效法泰西，此役亦犹行西之道欤。

（录自《申报》1877年第1739号）

提督到沪

江南提督李军门于昨日出辕来沪，至铁厂小憩，旋即出吴淞查阅炮台，巡缉洋面，是以在沪营弁兵勇均诣铁厂恭迎云。

（录自《申报》1877年第1742号）

水手拒捕

长崎来信言，中国有兵船泊于该埠，计水手共五十名，闻一日与日本民人有争斗之衅，日本巡捕前来弹压，水手即与之为难，电掣雷轰，如临大敌云云。然来信甚简，未得其详，俟有续闻，再为发报。

（录自《申报》1878年第1769号）

海防要策

中国总理衙门前者奏陈防海事宜，旋奉谕旨，着内外臣工筹议复奏时，则内而部院卿尹，外而督抚将帅，皆直抒所见，剀切指陈，然皆留中不发。兹闻友人传述，以为各折片中，惟于大银台三片尤为防边之要策，因多方搜讨，俾众皆得以先观为快。今阅香港报，早已登列，即抄录之，虽昧温树不言之义，然亦筹外务者所乐闻也。其谓曰：再外洋轮船非煤不行，现闻该国煤将用竭，故设为诡计，诱我以开挖煤窑机器，无非欲开我煤窑为引，作久远计耳。兹闻直隶磁州地方用洋人机器并杂用洋人，以致人心积怒，声情汹汹。夫众怒难犯，强为遏抑，必将激成事端，天津前案足为殷鉴。并闻山西一带煤窑，民间有租与洋人刨挖之事，此皆和约中所无者。异日，严海防、禁煤出洋是第一要事，今反假手洋人，是煤厂之利，彼与我共之，古所谓借寇兵卖盗粮，犹不足以喻此。请饬下李鸿章，磁州煤窑只可令吾民自行取用，洋人机器全行一律停止，其他各有租卖煤窑之处，一并饬令严办，以符和约而杜后患，谨附片具奏。

（录自《申报》1878年第1769号）

英俄成衅

昨日[1]惊接泰西电信，知英俄两国交兵之衅竟已成矣。信中称，英议院之议士问于相臣大培公国云："本国之水师船欲至土肯思但提挪白京都之说为已确否？"大培曰："□。"屈计礼拜四即中国之正月十三日，已可扬帆径渡而近土京矣。信中又云，土耳其闻英国水师船欲入黑海峡口，是明背当年之条约，遂发电音至英廷曰：尔国水师船竟敢犯约，直抵我京，设以后我国另有不虞之事，皆惟尔国是问云云。揣其意，无非怒英开入口之端，倘他国从而效尤，殊多不利也。俄亦闻此耗，发电音至英廷云：尔国如必欲率师至肯思但提挪白，我国惟有激励士卒，先据土京耳。奥国亦遴派水师船驶近土京以观局面，而英国各地方之各官民已连日预备出师，诸事宜皆甚忙，促然则欧洲之战事已岌岌乎不可终日矣。窃谓土国既力尽而降于俄，并将俄所未夺之炮台概行拱让，今英虽为土以拒俄，土则惟有听命于俄而已。盖土必谓，我与俄战时，英国未尝有一旅之师来相援救，是英国惟利是视也。今乃恐印度道阻之故，不惜劳师糜饷以与俄争，我国何必重失俄欢而助英夺利乎？故揆目下情形，英则耀兵而禁俄之入土，土则开门而揖俄以拒英，恐英必以一国而敌两国矣。苟其兵衅果开，此数日内，中国与日本海面定当有英俄两国兵船交夺英俄商民之船只者，而两国兵船驯至互相争于海，危乎险哉！但泰西战例，

---

[1] 1878年2月14日。

凡遇本国之兵船弱于敌国，不得已战败而逃，或者避入就近各国，兹者英俄两国其能保不逃而入中国与日本国乎？中东两国惟有按照万国公法，大张国体，先期示禁，两国不许在本境内夺船而相敌，方为计出万全。惜本馆未知英俄兵船之在于中国海面者孰多孰少，然俄在北方设有制造局创造各物，其兵船之在北海者，当必不少。又知俄于此间兵船有驶行极速者，较诸英国公司船更捷，故英兵船若不敷巡行海面之需，莫若视俄国驻泊兵船之各口先派一二艘前往堵截，不许越鸿沟半步，或可免火轮船夹板之挂英旗者为俄所夺也，然而殆矣。

（录自《申报》1878年第1780号）

论炮船丁役在日本滋事

任天下事者，必能惜名器、持大体、慎选举，然后庶务就理，上可以尊主，下可以庇民，内可以安邦，外可以威敌。若见理不明，料事不审，以意见为是非，以爱憎为臧否，亵名器而不知，失体统而不顾，诡诡□音颜色，拒人以千里之外，所选为正直，□为明干，倚为心腹爪牙者，皆谗谄面谀之人，以生事为荣，以营私为念，其不至是非颠倒、臧否混淆，近贻地方之忧，远贻邻邦之笑者，几稀矣。中国之置轮船以游缉外洋，仿西国名号称曰炮船，近年以来，几于无远弗届，每藉奉公为名，凡通商口岸有可弋获者，俱常川往来习为固，然莫之或□船中虽有管带员弁及延请西人为之船主，然自入役以及附搭之亲友，未必事经详慎选举，皆属良善之徒也。每到一埠，则人役登岸，滋生事端，难以胜举，且在中国地面，各存讳忌之心，即有强横不法之事，亦相与隐忍不言，故莫得而悉。而在外洋，则每有举动，必备传于新闻纸馆，播□远方，故约略可得言之。如东瀛日报所称，凡中国炮船抵横滨、长崎等埠，则其船人役必藉端登岸，私购洋参，希图瞒税。夫以中国兵役领有口粮，出洋办公谅可自给，正宜守法遵禁，为外人矜式，使知中朝之人非牟利奸商可比，何为自蹈愆尤，致外人之齿冷乎？此其辱国体召外侮也，固罪不容于死也，然此犹曰好恶不同，或东瀛之人意为爱憎出此污蔑之言也。至于海安轮船，其人役在长崎滋衅，互相斗殴，其起衅之由虽未得而悉，然阅东瀛宪报，乃谓当巡差拘拿到案，则战栗殆无人色，几于屈膝请释，泣下沾襟。夫人役虽凶暴，要亦中国人也，卑辱无耻至于此极致，令录诸宪报，传观四方，不诚有亏国体欤？夫事当图终，尤当慎始，若使选录人役之时虑及深远，则必能兢慎自持。凡有请讬者，黜之退，遇有浮躁者，罢勿庸，则即成庸懦无能，要不致勇于斗、啬于衅，以贻笑于远方。且炮船之设非必不得已之举，若无其人迟之可也。古者十年生聚，十年教诲，要求所以聿收厥效耳，非徒以侈一时耳目之观，而市当世广骛之名也。夫中外宜峻其防不自今始，即或四海一家，不分畛域，然所以自为之计要，不可不慎为审度也。今已自撤藩篱，既无武守，则须购求善法，固结民心，以养其精，而奋其锐，务使众志成城，遇有变故，则共抒公愤以保护地方而藩卫天子。至于外洋，则仍羁縻，勿绝结之，以恩示之，以信开诚布公，使之隐慑于无形，而显有所愧悔而已矣。至藉炮船以耀武，似可不必也。夫任事必藉乎人，而得，人乃不偾乎事，若操用人之权者，不知持大体而妄为选用，则无赖之徒夤缘并进，虽得管带之人严为约束，乃至衅端滋起，始予褫革，抑亦无补于事矣。今或言事当创始，难以拘牵文义，惟在有以善图其后，夫始之不慎，后将何补。观于炮船之在日本滋事，则强邻必将生心；观于巡船之在海滨苛索，则民人令怨恨已积，苟留心世事俯仰当时，得不为之寒心哉？于此知老成谋国计深虑远思患，持难不贪近功，不徇俗见，其所以措天下于磐石之安，奠社稷于苞桑之固者，盖自有其道也。

（录自《申报》1878年第1793号）

造舟起粮

　　江苏督粮道英观察，前因起运在即，造船二十只，以为驳粮之用，皆取其舟身轻便，驶行迅速者，现在功已告竣，不日即须试验云。

（录自《申报》1878年第1804号）

字林论英俄船只

　　《字林报》云，英国在中国各海面有铁甲兵船一艘、大兵船二十艘、小兵船二十只，而俄则仅五六船而已，故识者谓，一闻警报，英船即可将俄船驱而之北，英商船来往自如，当无顾虑也。

（录自《申报》1878年第1824号）

盗劫行舟

江西内河盗劫之风，向惟鄱阳湖上游之乌龟寨及八字脑远近数百里，动有窃发，行船每致失事。自平乱后，各处兴设水师炮船分地驻守，此风亦几乎息矣。乃近闻东河一带，复有被劫情事，其地距许家渡约仅十里，有官眷船因搁浅未及抵埠，忽于三更后，见无数小艇飞集前来，其人皆以朱墨涂面，明火持刀，大声喊杀，或操江北音，或效湖南语，实在皆本地人，闻者无不立辨。初近船时，即以刀掀去船篷，恣意掠取，因无人抵敌，故皆未有伤及，后经同伴船虚张声势，亦大喊而前，群盗始退。所劫去物件，闻共值百余金，日后亦不审，能否追获？又闻谢埠上数十里并抢一绿豆客船，此则不知虚实，仅据众口传说耳。噫，凶荒叠遘而寇盗频兴，有守土之实者，不又增一番筹划欤？

（录自《申报》1878年第1834号）

添船备敌

顷接外洋信知，英廷欲将驻扎中国之水师帮船再行增益，爰拟另派三船来华，其一系铁甲船名沙那计，可载三千九十五吨，有三千五百匹马力，中载大炮九尊，此盖寰中之绝大兵船也；其一名罗皮大计，可载一千八百六十四吨，中载大炮十四尊；其一名提阿马计，可载一千八百九十吨。此三船皆冲锋陷锐，无敌于海疆者也。查英国兵船在华已属不少，兹更益以三船，不啻如虎之生翼矣。又闻香港炮台，英廷亦饬添大炮数尊，不惜饷需，益强兵力。有识者无不知其为防俄也，而俄则在黑龙江之北一海口，名拉提阿思忒克地方埋伏水雷，近闻俄又发水师官五十员率五百人至美之旧金山募人，于海面截获英商船只，其志亦正不小。按泰西各国向例，每遇两国交战时，朝廷给牌于民间，准其自备炮船巡行海面，获取敌国商船，船中货财即可归其私囊，故人皆踊跃。

后经各国会议，以此事究非堂堂大国所宜为，拟欲将此例一概禁止，英法等国皆愿乐从，而俄罗斯独不之许。今者兵衅未开而已，往他国募人，截夺英于亚细亚洲东部海面之水师，虽非俄兵所能敌，然此巡海夺货之船，实有防不胜防者，故必须添兵以镇之也。

（录自《申报》1878年第1851号）

日本购买铁舰

日本前备价购买英国铁甲船一艘，名康梧宽，现在已抵日本。闻该船计长二百三十三尺，宽四十一尺，深二十一尺，试驶行之，则每点钟可行英里十五余，上载克鹿卜钢炮三尊，二在船前，一在船后。另有略小之炮六尊，皆在船旁，其铁甲计厚五寸半，其船舱计分二十段，每舱俱有夹板，一舱破裂，水不能延过他舱，故说者谓此亦极好之战船也。

（录自《申报》1878年第1854号）

闽督阅兵

厦门来信云，浙闽练督何小宋制军奉旨阅兵，刻闻宪旌已抵泉州府，遂至厦门，厅初三日[1]阅兵于教场，共三千名，初五日阅水师毕；初六日将移节赴漳州等处云。

（录自《申报》1878年第1857号）

俄购战船

前闻日本向欧洲买得战船三艘，兹闻俄人愿出重价，欲与转买，大抵制造需时，俄图其速耳。

（录自《申报》1878年第1865号）

---

〔1〕1878年6月3日。

撞沉铁舰

电信又言，日耳曼之两铁甲船相碰在英国度物地方，该船一名柯生，一名柯而番四得，柯生受碰后立时沉没，船主及领兵官与兵三百名同时淹死，真非常之变也。

（录自《申报》1878年第1875号）

水手互斗

日本向有各国兵船驻扎，其水手恒多成衅，兹闻英俄水手又有互斗之事，俄人甚多，而英只二人，见势不敌，逃入一人家房屋，从屋后逃生，后经英众水手闻之怒甚，即聚众持械以拒俄人，有一英水手竟用刀刺伤俄人一名，俄官闻信即派兵十余名，将各水手取回，始得无事云。

（录自《申报》1878年第1889号）

伯相验船

铁甲船四艘已到大沽海口，曾列前报。兹闻李中堂于十三日[1]午刻出辕，坐小火轮船到紫竹林下园土地庙地方，换坐镇海兵船，动轮前驶。中堂到时，沿河湾泊之福建轮船，如登瀛洲、永保、海镜、湄云等号船主，均率兵丁排班鹄候，镇海船面亦用篾席搭盖遮阳。宪驾此行为验船及炮台，各举大约三五日间方克回津。至铁甲船主，一系粤人，三则闽人也。

（录自《申报》1878年第1889号）

---

〔1〕1878年6月13日。

记铁甲船名

天津前到有铁甲船四艘,曾经列报,惟船名尚未详列。兹悉一号曰龙骧,二号曰虎威,三号曰飞霆,四号曰掣电,同守大沽海口。十九日[1],虎威并掣电复开往北塘,计北塘去大沽不过百十里,亦一海口,或常泊该处,或不日仍回大沽,尚未定也。

(录自《申报》1878年第1920号)

论铁甲船备患

前日报中登日本验船一事,盖新从英国办来铁甲火船三只,均为极精至美之物,其密秸度自喜有备无患,特命驾亲往历验,从行侍卫水陆各统带大员,并道旁观者均有喜色。水师衙门置酒相贺,新铁甲船悬灯志喜,备极一时之盛。查日本先已置有铁甲船数艘,此时复置极精至美之三艘,其于武备亦可谓不遗余力矣。说者谓日本外强中干,国贫而民疲,而且内乱未艾,目前,方自修德之未遑,乃其君臣锐意图伯,专力强兵,本德不修,外观徒耀,甚非中国帝王之法也,故中国不急急于此,而亦未见弱于日人也。然此说诚是,而按时势以立言,则日本今日之政,实为急所先务也。夫修德而不观兵固,王者之所以为武,但宜古而不宜今耳,何也?战争之祸莫甚于列国,战国盖尚有分封之典礼,可以□人约纵之形势,可以互保,故虽春秋之鲁,七国时之卫犹足自存,又莫甚于胡虏窥中国之世,其疆域同在一洲之上,威灵足为捍蔽,以其时海禁未弛,西北沙漠万里,倘非长驱直入,中国虑实未能周知,但以恩信相结,犹可制之。故中国相司马契丹闻风知畏,子仪单骑□虏回纥罗拜马,前此皆不必兵力之强,国势之富,而自有以自保也。若今日则不然,论地不在一洲,既无分封之义可以相维,而且一国中之虚实强弱贫富,经互市以来,无不洞见,底蕴难以相诓,苟徒务修德,其如财不及他国之多,兵不及他国之盛

---

[1] 1878年7月18日。

何？虽以恩信相结，礼义相间，亦何所恃哉？盖古今敌国之势有三：秦以前，敌在同中国之诸侯与同洲之夷狄；汉以后，敌亦不过万里内外。今则在数十万里之高，而且舟车之精，瞬息行千里，消息之捷，顷刻达海外，设存兵事而一无准备，不亦危乎？日本殆有远大之见，故竭民之力、罄国之财而汲汲焉，以有铁甲船为幸也！而中国则虑不及此，上下行事，犹大半固执古法，拘守成规，物极而不知所返，事败而不图其成，徒诩诩然以行王道，存大体为事，幸而海邦互市，辑睦相安耳，假令一旦遇有兵事，何者足以抵御哉？夫日本岂不自知其国之不富而勉为此事也？盖有备无患所见者远耳。彼其意以为英之为国也，亦欧洲海岛中地而以修置武备为西国霸主，我亦亚洲之海岛中国也，岂可不修置武备为东海霸国乎？地之大小远不及中国，形势限之，国之强弱未必不逮中国，人事致之也。而况琉球三部当我之前，安然为我属国，一旦有事，为吾扼前之卫，未始不从，且我派官弁于琉球，则可借琉球之地以为我障蔽也。高丽一国躔我之后，我务与之通商，敦以信义，亦见为我后劲，联络麟封，精置器械，处则足以自固，出亦可以有为矣。不然，日本君臣岂不知借债之必还，且加以重息也，何为而务非所急耶？今中国与日本自往年台湾一役，经英国调停，方且愈敦和好，而两国之政事，则彼此不能商办。目前，日本勇于为此，在中人闻之不几窃笑其费巨资而侈外耀乎？然以日本观中国，则又未尝不笑其无所为备也。夫诸国通商往来，信义虽百年可以无隙，然如马加利被戕、台湾生番惨杀琉球难民二案，则固不测之祸，其来也疾若雷霆，设有事变，议备已晚，即事变之来非与中国相难者，亦必有戒备之意，而无如一无所恃也。夫铁甲火船用以保卫商船，亦以资调兵之用，苟有兵衅，海口必下令禁止商船往来，而中国仅有商船十数艘在海口，不足以御敌，且不能供调兵，假令以之调兵，则海面遇敌必遭掠获，而北路之兵别无良法可以由海而南，南省之兵亦别无捷径可以遵海而北。旱路既无火车，运河仍然迟滞，电线未设，文报稽迟，迨各路兵集，而有事之处已属不堪设想。夫天下事，准备者可恃，冀幸者难恃，不知当务之急而徒希冀和局之永无渝变，将果无渝乎哉？此理甚明，愿有权力者图之于未事之先也。

（录自《申报》1878 年第 1924 号）

议减兵舶

昨得伦敦电报，言英廷欲将派驻中国之水师战舰裁减一艘等云。按前者英俄兵衅将起时，英廷曾□添兵来华，藉保水道通商之事，今和局已定，急议裁汰或者停止增添耶，抑将现驻者再行减额耶，电音简略，未尚其详，姑照录之而已。

（录自《申报》1878年第1928号）

炮船沉覆

中国炮船名利市，本年在香港船澳所造，甫于数月前竣工下水，然搁浅触滩计已数次。上月十三日[1]，乘顺风行至大屿山口，猝遇大风，一高浪从后打来，先将管舵及引水人扫去，船无舵工，势遂倾侧，复被骇浪从船旁击沉，船上共有二十余人，船主富礼以及大副麦厘瑞均与于难，惟中国水手两人浮于小艇之腹，漂流约五十点钟，始有人拯起而达澳门，附白云火船回港，其余一切人俱不知去向。港中西官知是船失事，并闻蓬洲海炮船停泊在佛堂门，遂命以火船送此二水手至蓬洲海，华官随亦命蓬洲海带同此二人前往失事地方察看，或能拖起亦未可知。然闻是船船底太活，不能平稳，故一遭浪击，遂付波臣也，惜哉！

（录自《申报》1878年第1999号）

战舰守冻

官场中人皆谓，今夏中国有铁甲船四艘，由闽驶赴天津泊守海塘、大沽各口，然其名则是，其实则不过如各国水师之铁皮战船耳，船名一曰龙骧，一

---

[1] 1878年10月8日。

曰虎威，一曰飞霆，一曰策电。现以冻河在即，于十月念三日[1]由大沽、海塘各口驶入津河，停泊于向年操江、镇海两兵船常泊之处。缘今年镇海一船，于十月中旬开往福建，年内不能回津，龙骧、虎威、飞霆、策电，次及操江各船就该处一字排泊，轮樯严整，颇壮观瞻。龙骧、虎威两船以英尺计，长十二丈，阔念七尺，食水八尺，炮重二十六吨半，用药八十五磅，炮码大十一寸，重五百三十五磅；飞霆、策电长十三丈，阔三十尺，食水八尺半，炮重三十八吨半，用药一百三十磅，炮码大一尺一寸，重八百磅。另外，各有格林炮一尊云。

（录自《申报》1878年第2026号）

温州消息

温州来信云，前任方观察调任杭嘉湖道，临行时，有建兰三十余盆，欲托兵船回沪之便装带，而兵船以为兰花泥水不洁，辞而未允。不料船内装有铜钱一千贯之多，被方观察访悉，系裕大、顺生两家之物。船已出口，立刻饬县将南店伙逮至案下，责以违禁，议罚裕大一千千，顺生四百千，入官候用云。

（录自《申报》1878年第2028号）

英水师提督交代

英朝派驻中国海面之水师提督科忒，于西历前月初十日[2]到新嘉坡，前任水师提督希里阿乘坐凹叠设司铁甲船而往晤于新嘉坡，而铁公铁甲船亦先行开往，以备迎接，科忒提督即遇凹叠设司，交代两船各升炮以志贺。至十五日，前任提督即坐凹叠设司回英，而铁公船上兵丁亦列队恭送云。

（录自《申报》1878年第2032号）

---

[1] 1878年11月17日。
[2] 1878年11月10日。

铁船遇祸

英有一最大铁甲船刻在地中海出一意外之事，缘有一炮楼中最大之炮陡然炸裂，舟中七人立时殒命，尚有四十人皆受重伤，亦可惨矣。至因何炸裂之处，则尚未详。

（录自《申报》1879年第2076号）

碰船讯结

本埠太古洋行惇信轮船于今年正月初七日[1]开往宁波，是夜四点多钟，在东霍山洋面与中国戴全顺钓船相碰，已曾列报。嗣因互相控告，于本月十一[2]、十四两日，由英领事衙门请水师兵官审讯，明定断因，是夜天雾，彼此相碰，各有微损，无关紧要，皆由各不小心，两不迫赔。应需堂费银二十五两，着平分认完云。

（录自《申报》1879年第2107号）

炮轰铁船

英国各铁甲船于前月间会操于海面，忽见吞特而铁甲船向空轰起，各船即停操往视，则见该船炮楼中之大炮业已轰裂，楼中炮兵人等悉数毙命，楼外数人亦受重伤。事闻英廷当以在场人众尽已惨死，无从悉其致轰之由，遂特派大员前往彻底根查，始知炮中先已装有药弹尚未开放，而炮兵误会，又将火药装入，不料火机猝发，药力过猛，炮不能当，遂致纷纷炸裂也。泰西动夸船炮之坚利，而亦遭不测如此，可惧也哉。

（录自《申报》1879年第2111号）

---

〔1〕1879年1月28日。
〔2〕1879年3月3日。

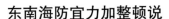

东南海防宜力加整顿说

古之天下小而远，今之天下大而近，何则？古者甸侯绥服各五百里之外即为要荒，要者取要约之义，特羁縻之而已；荒服则更为荒远难羁之者，号令有所不及，来也听之去也任之，则其所居中抚驭者，不过王畿，四面各千五百里而已。以观今之天下，其广狭为何如也。然而古者王者所抚治之地，若有甚远者，则以古人不勤远略而未尝轻言开边故也。汉时欲通西南夷，说者谓武帝好大喜功，轻挑边衅，以致民穷财匮，卒有轮台之悔，其后炀帝蹈其覆辙，侈言远夷率服，以张大其功，遂至民畔于内，师溃于外，用以灭亡。至唐太宗擒颉利伏突厥，致胡越一家之治，论者□称之，然犹在海内而非远通海外也。自是以降，至于五季，而燕云十六州沦于契丹，至宋世而卒莫能复。迄于元代，版舆最广，极海滨之地尽入皇图。明起金陵，屏逐元氏，北边一带犹为元氏世守。迨本朝，龙兴席卷内外蒙古，而舆图之大，为自古所莫及，新疆、台湾，与夫瀚海之外，举遐荒之地，历代所未经开辟者，一旦悉隶神州而声教威灵，无远不届，大莫大于是，远亦莫远于是。至今日而海外各国梯山航海而来者，凡若干国则通商之后，中国之声气所通者，较前宜更远矣。而万里之地，轮船不数十日而可达，以视前之车行辚辚，马行得得，吉行日五十里，师行日三十里者，若益加近焉。古时所云重译来朝之地，今日视之，若不踰国，而海外之国人心不一，未免有扞格而不入者，积而久焉，安保相安者之不相争也。俄之窃据伊犁，觊觎南略，此其显然者也。论者谓，西北之边防固为吃紧，而东三省亦不可不先为之备，盖恐不得手于西北者，或思逞志于东南。度其狡焉，思启之心，安得不深，未雨绸缪之计，见识之宏远，心思之周密，亦云至矣。而吾窃以为俄国之外，其眈眈虎视者又未尝无人也。虽泰西各国心性类多爽直，通商之后相安无事者，垂数十年，各国既无投间抵隙之情，中国共孚推心置腹之意，当可久享升平，共安敦睦。然而民教不和时，有龃龉即如福建乌石山之事，经中外官往返调停，始得结案，则亦不得竟称又安也。况日本与中国最近，其心亦不可测，前者台湾之役已有挑衅之心，及迫于公法，志不得逞，爰迁怒于琉球，寻衅于高丽，是其心岂尝一日忘远略哉？说者谓，琉球向来服属中国，今一旦为日本所灭，必当出一旅以与东洋争此土，其言非不有理。然居今日而高言外攘有不同于前代之势者，初非谓蛮触相争，可以置之度外也。近年以来，邻国皆骎骎日强，中国又习为宽容，不与深较，窃以为不与之较，则可不为之备，则不可迩来。虽崇尚西法，制作并兴，而各营军务尚未能认真整顿。宁波、温州等口皆沿海之地，而海防久以废弛，虽照例派官随时巡察，其实虚行故事，恐一旦祸机猝发，有不可以阻御者也。或曰，各国虽包藏祸心，然其与中国交好，绝无罅隙，无故而重海防，不几授之辞乎？不知海防本属应该整顿之事，如以为此时中外和睦，不必再重海防，则英美各国之所以日练水师，又何为乎？近自赭寇乱后，营务较前稍加整饬，而沿海各城汛口子则殊不为意，圣人云："人无远虑，必有近忧。"非故为此杞人之忧，亦愿思患预防者早为之计，倘得备而不用，则幸甚矣，否则鄙人幸而得先知之名，天下不幸而受不虞之祸，讵不大可哀哉！

（录自《申报》1879年第2183号）

兵船到高

日本现派兵船一艘，往查高丽之济州对马各海道。论者谓，日国改效西法以来，时有开疆拓土之思，今琉球已为所兼并，又查高丽海道，恐雄心正未有艾也。

（录自《申报》1879年第2190号）

兵船到闽

福州来信云，西六月初六日，有日本兵船，名逆星干驶到福州，华官甚为诧异，发人往南台探听，知尚有三四船在相近之海面上，旋经逆星干之统带官照会华官，谓须停泊半月再到上海云。

（录自《申报》1879年第2198号）

大阅兵船

日来，吴淞口所泊之中国兵船较平日骤增数倍，闻皆从各处调遣来者，其船名尚未详核，姑就西字报照音译之，计有测海、伏波、怀远、登瀛洲、昭武、妙尤、淮军、洋务等八船，并另有多艘随后续到，共约有二十只，闻拟于华六月初四日，即礼拜二，齐聚于吴淞外，在灯船相近处，由新设之兵船水师提督暨丁雨生制军之随员会同阅操。丁制军本欲亲来，因别有公务，不克移节暂驻耳。西字报于此举已为论及，此必非游观之常事，殆将欲示威于日本乎。

（录自《申报》1879年第2234号）

东舶出口

昨日[1]一点半钟，日本来沪之兵船自浦出口，大约欲往观吴淞今日之阅兵也。闻日本兵船中水师兵等不过二百余人，正不知其何故，或谓殆来测中国沿海之边防也。

（录自《申报》1879年第2235号）

阅兵改期

昨日[2]本报谓，吴淞水师将于昨初四日会操，继而探问各卫署，知其不确。阅晋源报知，吴淞所来之各兵船连日操习，井井有条。前报谓将大操，今知改于下礼拜一，即中国本月初十日，水师提督张军门亲往阅视，朝旨已准拨银五万两以赏优者，故皆甚踊跃也。按江南水师提督并无专员，西报所述如此，或水军中之统带欤。

（录自《申报》1879年第2236号）

---

〔1〕1879年7月21日。
〔2〕1879年7月22日。

轮船轴断

英国新纳炮船于前月二十五日^[1]从燕台开至牛庄，二十八日仍回至燕台，拉有招商局之日新轮船同至。闻日新本从牛庄开至厦门，载有豆饼、豆子等物，不料行至中途，轮轴陡断，机器无所用之，因挂篷以行，尚离三百里，遥见船烟囱悬旗以求救，新纳即驶往，拉之时，海风略大，幸甚平安至。本月初二日^[2]为招商局之永庆轮船带来沪上矣。

（录自《申报》1879年第2239号）

提台来沪

提督李军门业已由松江出辕来沪，本埠官员昨^[3]至制造局码头迎接，大约为下礼拜一往吴淞阅操也。

（录自《申报》1879年第2239号）

操兵纪事

西报屡记江南提督兼统带轮船李军门将大阅兵于吴淞，兹悉军门于初八日^[4]晨，乘领港船至吴淞口阅视兵船，兼验收炮台工程，所有沪上之第六号驭远兵轮船，第三号测海兵轮船，及福建船政局之扬武、威远、超武、元凯、靖远、登瀛洲等兵轮船六艘，本俱停泊吴淞河泊司署前，今先于初七日动轮出口恭接宪旌，军门既到，各船皆升炮相迎，即在吴淞口边操演各种阵图。考于军事者谓，各阵之名一为双龙出海，二为四海升平，三为行前御敌，四为偃月进攻，五为斜雁回阳，六为抄后夹攻云云，然亦不知其是否也。军门逐一阅毕，

---

〔1〕1879年7月14日。
〔2〕1879年7月20日。
〔3〕1879年7月25日。
〔4〕1879年7月26日。

随视炮台，即仍乘领港船回辕。闻军门此行不过小试其端，兼之各兵船皆未齐集，故大阅须俟秋凉也。

（录自《申报》1879年第2242号）

炮船会哨

十六日^[1]，苏城炮船数十号均排齐队伍由胥门出，赴胥口开行。传闻近以盐枭为患，往往出没太湖，是以抚宪吴中丞饬令所部水师并行，知洞庭东山提标协镇分拨所部，在太湖一带按期会哨。

（录自《申报》1879年第2249号）

兵船遭风

意大利国维拖皮三乃兵船，于西七月二十五日自香港开往长崎，前日^[2]发大风时，有海面来往之船见该船在长崎之外，抵崎尚有一日程乃至，今接据电信尚未入口，深堪骇异，故前日沪上意大利领事商请各国领事饬下各兵船，出口分投寻访，昨晨已陆续起椗矣。

（录自《申报》1879年第2253号）

查救兵船

昨报意大利国之维拖皮三乃兵船，逾期未抵长崎，沪上意国领事商请各国领事饬发兵船寻访，兹悉德、俄、法、美、英各派一船出洋查究，乃起碇后复接长崎发来电报知，该兵船现已驶到，并未失事，则各国所发之船未免徒劳往返矣。

（录自《申报》1879年第2254号）

---

〔1〕1879年8月3日。
〔2〕1879年8月7日。

日本测海

日本报：相传日廷刻欲测中国沿海水道，已发兵船触热从事矣。按泰西各国为通商起见，每有此种举动，人亦不以为异。今日本无故为此，殊觉心怀叵测也。

（录自《申报》1879年8月24日第2268号）

西报论中日兵船

昨日[1]晋源报较论中东两国水师异同之事，曰中国兵船之数较诸日本为强。查中国兵船共有五十二艘，日本则仅有二十三艘，惟日本船内有三船为中国之所不敌。其一为铁甲船，另有两船船旁皆有铁台，中船虽倍于日船，未免相形见绌，况中船尚多藉西人之力，而广东各船且俱系西人主政，如中东两国或出于战，不知此西人能否仍为中用也，如其不能，恐华人一时难胜其任，不免四顾为难。若日本，则除司理机器之一西人外，其余俱系日人，近且并岸上教授之西人亦尽行辞去，此其所以顾盼自雄也。又查中国兵船在福州制造局，经西人忌克所造者，共有十一只，另有两船船头犀利之至，可触他船使破。另有两船亦颇雄壮，计此十五船内有九船各载有九吨大炮一尊，可装一百五十磅重之弹，另有后开门之五十六磅重弹大炮数尊。又有一兵船载十一吨大炮一尊，五十六磅弹炮八尊，二十八磅弹铜炮两尊，其余则七吨大炮各一尊，五十六磅弹炮各四尊。此外又有载兵船三只，又有在英国定造之懒马式样炮船四只，上载二十六吨之大炮。又有在英国定造之思贪姆船四只，大炮各一尊。至上海制造局所造之炮船，则共三只，每只各有七吨大炮一尊，及五十六磅弹炮各四尊。又有极大木兵船两艘，每艘有十二吨大炮两尊，五十六磅弹之炮二十四尊。另有邮送文书船四只。此外，尚有两广总督在英定造之炮船八只，每船大炮二尊至七尊不等，水手自五十五人至八十人不等。又巡船八只，

---

[1] 1879年8月27日。

水手自四十人至一百二十人不等，炮或三尊或四尊。此中国兵船之大较有心防海者，所宜知也，故备译之。

（录自《申报》1879年第2272号）

水手叛乱

香港信云，广督辖下之天保炮船水手近忽叛乱，闻因一华人之充当水手者，缘事为船主锁铐，各水手俱含愤怒，竟将船主及各官一一禁锢，夺其兵器，舟中大乱。至其细情，刻尚未知也。

（录自《申报》1879年第2272号）

钢甲船新式

现在英国家新造三船，以钢为甲，其内二船可容九千一百吨之多，计钢甲厚十六寸，船行抵马力六千匹，每一点钟时可行十六英里，合之中国道里有四十八里。其钢甲之厚虽止十六寸，而足抵铁甲二十四寸，非惟坚固，且又灵捷，胜于铁甲之笨重多矣，于此见英国之留心于水师，诚精益求精者耳。

（录自《申报》1879年第2278号）

新船形式

中国前托赫总税务司在伦敦定造炮船四艘，曾经列报。兹阅英京新闻纸知，四船业已完工，经驻英钦使曾侯带同参赞官，并英之水师官等共四十余人陪同验看。是日，在司别黑海沿由英水师派一小船载客分驻炮船，验得每船有阿姆司郎大炮及格令炮。出海后，四船排列成行，每船放两次大炮，又放小炮数门，惟见进退旋转，尽合法度，定于西七月二十八日从红海来华。是四船，式样极新，计长一百二十七尺，宽二十九尺，深十二尺三寸，食水九尺六寸，一点钟时间前行可走三十多中里，若退走亦不过约少三里。每点钟用煤半吨，机器水镬及装药弹处，俱在水面之下，盖以免敌人之轰击也。阿姆司郎炮每尊计重三十五吨，弹重二百三十五磅，合之中国秤有一百七十六斤。炮之转动均藉水力机器，尚有弹重十二磅之大炮及格令炮，大约本月内船可驶到，从此中国之水师当愈生色矣。

（录自《申报》1879年第2284号）

水手跌死

前日^[1]有美国轮船上水手自船桅之上失足而下，直跌至船面，登时头颅破裂，急请英国兵船上之医生诊治，已无法可施，逾时而毙。升高者可不谨哉。

（录自《申报》1879年9月20日第2295号）

水雷轰裂

本埠新开一墨格利西报内载一事，云天津水雷局内肄业各人，有未尝熟谙其法者，一日间，有水雷炸裂，被轰死者至有二十八人云。乃水雷局内之西人刻致信于《字林报》谓，墨格利所言殊不属实。缘此炸裂之水雷系在白当炮台上，时有一不谙水雷之兵，将一小水雷携置膝上，一人在旁持其电线拊弄数四，不料电气触热而流，连着水雷之火药登时炸裂，二兵均被轰死。此二兵者，从未在水雷局肄业，亦不知此小水雷何自而来。惟天津此局之开已越四年，曾用过水雷一千数百枚，从无失事，即教习之西人偶不在局，肄业者自行经理，亦并未闯祸。前有伊敦趸船被沉，用水雷入水底轰起，亦即肄业人所放，均能深得其法也。墨格利之言岂可信哉？

（录自《申报》1879年第2298号）

水雷船来华

中国前向外洋定造之新式水雷船，近已由轧令尔纳带至上海，其船式长而

---

〔1〕1879年9月18日。

窄，为中国从来所未有，故日来至虹口怡和码头者甚多，惜止能见其表而未能见其里耳。

（录自《申报》1879年第2316号）

炮船到港

中国在英京购制炮船四艘，业由曾袭侯验收，令其出洋来华，已列前报。兹悉该船于本月初一日已抵香港，英字命名一曰司打，一曰地打，一曰业司伦，一曰而打，俟中国官宪再行更定。每船各大四百吨，各有三十五吨大炮一尊，小炮无算，刻下驾驶皆用西人，亦俟解交中国后，再行定夺云。

（录自《申报》1879年第2328号）

西报论待水师官

福州西字新闻云，历观中国朝廷之待水师人员，皆无尊重之意，故文官得而轻之，即如福州炮船管带官某，于前月告假而往香港寓中，遇见福州某大吏之公子，不知因何事互争至于扭殴，公子大遭某管带官之辱，公子回福后，即以诳语诉诸其父，管带官未之知也。假满后，由港搭坐特勒垾司轮船回营，经船政大臣传入，摘其顶戴，而责以军棍后，踢之使出。此实西人不经见之事也。按各国水师皆赖以保卫国家，其责甚重，故各国君上待之亦甚尊，与文员不分畛域。且入水师之伍者，俱读书明理之人，在船则为一船之主，畀以治军之律至严至重，水师等亦俯首听命，莫敢或违，今若此是大辱之也，水师各兵岂无知识习见，本官亦有受责之时，必将启其慢心，慢心一起，欲军律之严也，得乎？况中国而无事则已，有事则必起于海疆，是水师一官，实为中国干城之佐，而令出身微末者滥厕其间，致受文员之辱，奚其可者？

（录自《申报》1879年第2337号）

水雷船至津

初八日[1]，汉广轮船到津，载水雷船一艘，该船形狭而长，即前在沪时，众所眼见者。兹悉其丈尺有前报所未载者，亟补录之。计船身长英尺五十二尺，船面阔七尺，食水三尺六寸，水雷装在船头及两旁杆上，船头木杆长四十尺，伸出船头二十五尺，两旁木杆长三十五尺，伸出若干尺。雷系于杆，入水八尺。初八日到津后，驶至东局，油饰船身，修理机器，爵相于日内阅操，月之中旬，闻将往大沽验放水雷，该船当一并驶放候听验收也。

（录自《申报》1879年第2341号）

水师操演

昨日[2]，法兵船上水师兵六十名，经管带官带领，登岸至宁波会馆相近之空地上操演，俱皆肩负洋枪，进退有度，自二点钟至四点钟，始操毕回船。西人之不忘武备如此，洵足风也。

（录自《申报》1879年第2342号）

海防要论

筹备海防为近今之要务，然其实则能守为上，能战次之。若以守则不固，以战则不利，虽费赀钜万，制器盈途，只足涂饰庸耳，俗目早为有识所深忧也。夫战守之具，陆路则恃炮台，水路则恃炮船，固不能或有所偏废也。然查筑台之法，有山上山下之不同，有近海距海之各异，而台前台后又各不能一律以相绳，而受敌之处，则须有厚土以抵铁弹，有密林以蔽全台，而其上又须布铁网以免飞炮之如雨点纷集也。其中又须隐旌旗，以使兵卒之莫测其多寡也。

---

〔1〕1879年10月22日。
〔2〕1879年11月5日。

有此数者，夫然后内可以固守，外可以御敌。其筑土若何，掘取土泥四围筑墙墩，至薄亦需丈余，质取其软，形取其厚，敌燃放炮弹，虽势能摧坚，而击我土墩不能成力。是以柔而制刚，故台可保也。土墩之上或种丛竹，或种棕葵，周匝繁密，弹至亦不能入。然须距台较远，即敌用火药焚攻，亦与台内无碍，此则欲守其内先备其外之法也。敌或不能近攻，专用飞天炮弹从空际击下，使军心慌乱，因而内溃，则铁纲宜用也。铁线则选择必精，纲眼则疏密得法，日风雨露依然可到，而炮弹飞至断不能下，则我能击敌，敌不能击我，彼劳而我逸，彼忙而我静，何至有溃散之虞？至于守台兵勇，各分分段，各管炮位，敌虽来攻，不可屯聚一处，务须偃旗息鼓，安静无哗，敌从远瞭望，莫测端倪，究何能乘间抵隙，声东击西，以逞其志也？四者既已讲求，而弁兵憩息之所则于台内掘土作室，以便更番休息，而储积火药尤须谨慎，凡人迹混杂之地，切当详筹，盖防或有失慎，则先自焚，而敌或可潜遣奸细暗中取事也。夫炮以御敌，台以扼险，有至大之炮而无至固之台，终无所济也。至于炮船，必以外洋所制为准，须出赀购有最新最大之船，驶回中土照样仿造，乃能臻其巧妙。今者上海、福州皆设有船局，陆续所造炮船已有四十余号，然试问何船可以驶出海面与别国之船一战者？即如超武一船，规模之大，气象之雄，几于莫与比伦，似足擅水师之雄而制水战之胜，然以龙骧、虎威二船较之，则小大虽顿悬殊，而利钝究有分别也，然此二船在外国则名之为铁炮艇，究非所谓铁甲也，若与外国铁甲相遇，鲜不披靡矣，然则如之何而后可计？惟有身膺重寄者奏知朝廷，饬知驻扎各国钦使，悉心查究彼国所造战船，遇有新款者出，或抄其图式，或询其制度，邮寄回华，考其同异，究其得失，如法制造。倘中国之人能独出心裁，足以驾乎其上，亦准禀明为筹款项，俾得专心殚力，刻即竣工，则战船不患不能与外洋相颉颃矣。此稿未完。（选录香港《循环日报》）

（录自《申报》1879年第2342号）

续海防要论

然有可战之器，尤须得能战之人，欧洲诸大国所以能纵横宇内，雄视寰中者，以战舰之内，上自督带，下至工役，无不经练习慎挑选，虽能授职各当其才，微特驾驶之法，进退之宜，胸中了然，无或舛谬。即大敌当前，炮弹纷飞，波涛汹涌，亦能各守纪律，心志不扰，胆气自豪，故死生所关，胜负所系，视为固然，并无纷扰，以之守险，而险可守，以之摧敌，而敌可摧也。若中国炮船所有人员工役，则与之殊科，非全船雇用西人，即各官互相滥保，其视为名利之薮，蝇营狗苟，以图得缺者，且更纷纷皆是也。夫雇用西人以资得力，在往来洋海捕盗缉私，则勤能独著，试思一旦中外失睦，有事战争，其所雇之西人将仍留供职乎？抑将听其辞去而置身局外乎？听其辞去，则仓猝之间，安更得人以承其乏？虽有战舰，亦成无用之器，甚且转以资敌。若仍留供职，又恐非我族类，其心必贰，此真事之万难委曲求全而又不可不早为之虑及也。今之视轮船为名利之薮者，固所在皆是矣，其最足歆羡者，曰管驾，次曰大副，次曰管队，非不外观有耀庞然自大也，然试与西国之所谓船主者参观而并论，则微特优绌立形，抑且贤否不侔矣。求其稍通各国语言文字，稍明驾驶机宜得失，固渺不可得，甚且有目不识丁，俨同没字碑之诮者，更何论战守之事乎？且其毙尤在于不耐劳苦，惟知嗜利，闻有船主缺出，则不吝先出二三千金钻营谋干，及得补授，逞胸臆作威福，人役悉为更换，非有情面或进苞苴不能仍留船中。故终日惟以营私罔利为事，而于操练巡防，率皆故事举行，无事则欺骗掩饰，有事则推诿溃逃。观日本扰台之时，兵船水手潜逃回闽者，无日不有，若仍不加整顿，可为寒心。今幸海晏河清，安堵如故，而每船抵埠，管驾诸贵人则登岸访友寻乐，惟恐不暇，而大副、管队亦相率效尤，惟略饬水手各司乃职，即船中有暇日，要惟偃卧在床，并未闻有一人振刷精神，督饬人役按时操练也。一旦日影落西，又轮流登岸，是更有何事可观尽心，此皆中国炮船今日之积习，而大有碍于海防者也。然则救其毙以补其偏，协其宜以尽其利，惟在力反其所为而已矣。管驾无倖得之人，则战守必能讲求于平日矣。阖船无冗惰之卒，则士气必能思奋以效用矣。而又拔其才能，优其粮糈，严其功过，勤其训诲，何船用以守，何船用以战，安居之时，如临大敌，规条必肃，器械必精，如短于战者，不妨用之以守，如长于守者，不必用之以战。尤须以时课之，察其能否明于水道，熟于沙线，遇风涛而知趋避，没深渊而不坠溺，老弱必汰，嗜好必除，凡请人替代操演之习，务使悉除所用炮手，惟令各管其炮位，若有妄燃虚击，立斩以徇。此

皆制胜之要着，而善守之能事，惟当预筹于无事之时，乃能收效于有事之日者也。此稿未完。（选录香港《循环日报》）

（录自《申报》1879年第2347号）

续海防要论

海防事宜既已得其要领，而经费宜筹更不容须臾缓也。以中国地大物博，无事之时，岁中筹措数十万金固自易易，原不必取供于地丁漕粮，致维正之供不足以给度支也，又不必设卡抽厘税及鸡豚及锱铢，朘削民之脂膏以致闾阎受累，有民穷财尽之虞也。计自各省开设通商口岸，所摧之税，若能先与各国公使相商，妥立章程，我用我法，专以岁中所入用作海防经费，自能绰有余裕，惟在得人以经理焉耳。即如洋药一项，昔日因此致失和好，今日藉此视作正税，现将换约之时，何不即将此款与各国公使反覆辩论，明晰每箱烟土入口加抽若干，即或虞价值频昂，而吸烟之人，既已视为性命，则须日耗多金亦所弗吝，是所抽仍在吸烟之人，而于贩运商人，固可依然利获三倍也。推之疋头烟酒以及杂货等物，亦可仿照西例，参酌其中一律加抽，在西商只求畅销得利，若能开诚心、布公道，俾情意洽浃、心志悦服，未必不允，此则取资于入口者也。至于出口之货，固以茶丝为大宗，然能普劝民间多为种植，善为饲养，及出售之时，又严饬经手之人，务拣选上等货物，然后交与西商，毋搀杂，毋作伪，则西商可以赚利，自必争相购办，而又为轻其税以便销流，其或可以种棉开矿之区，悉本商力以次第举行，则财源可裕而缓急可恃也，此则取资于内地者也。若事势至万不得已之时，兵连祸结，须决一战，又无妨仿泰西国债之例，以取给于民，惟须以诚信相孚，按期本息清款，不可徒以官衔品职相抵，在富商殷户戴高履厚食德饮和受累朝涵育之恩，岂无急公赴义之念？苟视同一体休戚相关，在官之人不以势方相欺压，不以诈术相驱策，则毁家纾难自必有人捐项，糜踵亦所弗恤，又何患经费真有不敷耶？至于节流之法，又须统全局以兼筹查，今者税关所雇之洋人，船舶所用之员役，非不时更调，即过于优崇同一关吏也，或妻子、房租有给同一管驾也，或薪水、额外开支，试思岁中所入只有此数，何□若斯之□费乎？夫当时事艰难之秋，在在需用，即涓滴归公且虞不给，初不解何人倡此以致为属之阶也。夫省无用之费以成有用之举，理财者所宜首务也。今者言及海防，无不以经费难筹为虑，亦尝计及于此否乎？开财源，节财流，偏务则无成，兼筹则有济，其要在汰冗员、去贪吏而已矣。又如台湾一岛，其北则宜于茶，其南则宜于蔗，而麦稻二种则遍地皆宜，若广招徕，勤开垦，自用轮船招揽贩运，而于平安、淡水、苏澳、鸡笼各处皆设总商以为经理，商力不足则朝廷拨帑济之，谅不数年而税项又多一进数也。至于商船，必须领牌，邮政又须创举，所有便民利国之事，靡不举行，则经费岂尚虞支绌乎财富，则兵强安内以攘外，事理昭著，岂在多言，愿为留意。（选录香港《循环日报》）

（录自《申报》1879年第2349号）

炮船到津

　　中国向英商定造之铁炮船四艘，业已由港抵津，西报言，李伯相已与英国水师提督议荐一英国炮兵之大教习，以教华兵，准立三年关约，水师提督允之。互谈间，李伯相笑问："今如欲攻取一大铁甲船，须用此项炮船若干只？"提督笑答："四只亦已足矣！"伯相似疑而不信者，然提督又笑谓："今荐炮兵以教习华人，应令各受教者立誓不攻英船。"伯相笑答曰："中英和好，与天同永，君何疑乎？"

（录自《申报》1879年第2355号）

定期操兵

　　本埠提标右营王参戎日前传集炮船十六艘，着各勇于今日登岸，在小南门外大教场操演技艺，并闻定于后日大操云。

（录自《申报》1879年第2359号）

广购军火

日本西报谓，日廷近在美国购买枪炮药弹多不可计。伦敦来信谓，日本欲向英购办炮械及水雷船等，已闻先购定克虏伯大炮。上海西字日报记之，并谓中东不和之机，实于此可见云。

（录自《申报》1879年第2365号）

合演水操

明年为轮查江苏等省营务之期，向例就近简派本省督抚阅看，是即所谓大阅也，亦检拔行伍之大典也。是以现在水陆各营莫不预先操演，如本埠之提右营与苏抚标各参戎先后亲自校阅，均曾列诸前报。日前淞北营叶副戎于先自校阅之外，复会合淞南廖游戎所辖之全营，在黄天荡并操大阵，盖彼此均系里河，水师长龙八桨数十号，旌旗鲜艳，金鼓齐鸣，聚集既多，更形威武。叶副戎指挥各哨并队合演，方圆太极螺旋各阵，或为一字长蛇，或变九龙戏水、双鸳八阵，变幻迭出。继则烟雾迷漫，两行齐出，呐喊一声，几如对垒，旋传号令收队，仍各分哨队无错。此皆各水军驾驶纯熟，得以进退裕如，诚可谓劲旅矣。

（录自《申报》1879年第2365号）

操兵改期

前报本埠王参戎传齐炮勇于十二日[1]在小南门外操演，嗣因是日适值天雨，故改于今日赴大教场操兵云。

（录自《申报》1879年第2365号）

---

[1] 1879年11月25日。

美兵操演续闻

美国湾泊上海兵船四艘，其一为水师提督乘坐，昨[1]聚各兵操演于两点钟上岸，由黄浦滩过大马路而至泥城外，计有二百五十人群集于跑马场中，并带有乐手奏军中得胜之乐，盖有安不忘危之意焉。

（录自《申报》1879年第2365号）

阅验炮船

水雷船到津后，已将该船丈尺列报。兹闻该船带到机器局油饰船身，收拾机器，续驶往大沽，由水雷局肄业生徒布置，等候李中堂择期验放。又新购铁炮船四艘前到大沽，中堂亦须验收，故于初六日[2]，宪节移赴大沽考放水雷，并验收船只。津海阅道郑玉轩观察与管带炮船之许仲韬观察等，皆预期前往伺候，考验已毕。初九日黄昏时，中堂并关道等始陆续回津，新旧铁炮船八艘即于是日护送中堂，由大沽驶入津河作守冻之举，现俱一字排泊，新关门首，将来或全泊历年守冻之马家口对河，或分泊四艘在新关上下，俟临期再定云。

（录自《申报》1879年第2371号）

北洋近信

恰便轮船自天津来报称，天津于一礼拜前已将有水泽腹坚之象，本船开行时天略转暖，北河仅有薄冰。今在津守冻者，除英美法俄各有炮船一艘外，又有中国炮船六艘及新到之炮船四艘而已。津人初望崇钦使附轮来津，今闻改走旱道，恐尚需时日也，督辕已饬预备车辆，盖李伯相宪旌不日抵保定矣。

（录自《申报》1879年第2385号）

---

〔1〕1879年11月28日。
〔2〕1879年11月19日。

水师获益

月之初闻松南营水师炮船在崑山地方拿获匪类数名，当时搜出烟土银洋等件，以水师系在提督标下，故将盗众递解松江提督衙门审讯。前月杪，新阳县地界苏申鸿源等信局被劫一案，贼物相符，想此案盗犯宜须押发新阳讯供定拟也。

（录自《申报》1879 年第 2391 号）

俄整水师

英国日报云：近者，俄国在不士谋辅海口，简练水师，添置枪炮，欲期百战百克，我英人睹此时艰，不禁踌躇自顾。叹英国水师之驻防于太平洋者，愈趋愈弱也。近又接消息谓，俄国所置战舰，枪炮林立，而尤致意于船炮，将以迳驶太平洋。夫太平洋一隅，我英人在彼贸易者，实繁有徒，而英国兵船之驻波防守者独少，即使再行振作，犹恐不能自保利益，况乃日事废弛，诚不顾英国通商之利薮也，不理英国旅居之商民也。且夫智者防患于未然，其次则见机而作，最下则祸变不知，偷安误事。今俄国兵船□影横空，军容耀日，英国诸日报馆无不论列其事而怀杞人之忧，深恐事机坐失，患难即临，当轴者何不恤人言至于斯极耶？俄国之觊觎太平洋也，普天之下，其谁不知？中国知之，早备炮船，船坚炮利，花样一新；日本知之，亦置驻防兵船任重致远，足资捍御；其他欧洲诸国知之，亦莫不摩属以须及锋而试，北欲争龙，南思逐鹿，即不然，亦欲分争割据，使太平洋之水流宝藏于国中焉。不知举中国、日本及欧洲诸国合而计之，其商人贸易尚不能如英一国之雄，则为英国者自当所以保全之，所以捍卫之，所以从容坐镇之，使群雄不敢跋扈，实当今筹国者之急务也，何为昧于先机，有名无实，忘兼弱攻昧之道，而丧耆定尔功之谋，如今日哉！吾恐将来十日并出不见太阳，八王兴兵难为真主，悔之晚矣。日报之言如此，录之以念知者。

（录自《申报》1880 年第 2421 号）

译记日本水师船只

上海西商每年将洋行各名刊印成书，名之曰"行名簿"，今日本横滨亦新出此书，中列日本水师船只甚为明晰，中日之衅未弭，凡我华人不可不知东国之武备，用照译之。

阿琐马舰：暗轮铁甲船，大七百墩，炮三尊，马力五百匹。

阿沙马舰：暗轮第三等，大一千一百零四墩，炮十二尊，马力三百匹。

富奇雅马舰：第三等，大一千墩，炮十三尊，此系教授水师学院船。

希夜舰：暗轮第三等，系铁架木板，大二千二百墩，马力二千五百匹。

依华记舰：暗轮，大六百墩，炮三尊，马力六百五十匹，此船在郁柯士干地方制造，尚未完工。

开孟舰：大一千四百九十墩，炮八尊，马力一千二百五十匹，今在郁柯士干地方制造，亦未完工。

坚固舰：第四等，大三百墩，亦教授水师学院之船。

慕星舰：第五等，大三百零五墩，炮四尊，马力一百匹。

雷电舰：大二百四十墩，炮四尊，马力八十匹，此系老船。

雪初舰：第四等，此系载军器之船。

素留舰：此系水师游历之船。

点利俄舰：暗轮，大一千四百九十墩，炮七尊，马力一千二百五十匹，今在郁柯士干地方制造，亦未完工。

阿马奇舰：暗轮第四等，大九百零八墩，炮九尊。

气有大卡大舰：第六等，大一百墩，炮三尊，马力六十匹。

富琐舰：双暗轮，有铁甲板第二等，大三千七百四十墩，炮十二尊，马力三千五百匹。

火琐舰：暗轮第五等，大一百七十三墩，炮四尊，马力六十匹。

纯善舰：此日本密卡度御船，亦在郁柯士干地方制造，今已完工。

卡锁骱舰：明轮第四等，大一千零十五墩，炮七尊，马力三百匹，此日本水师提督坐船。

康固舰：暗轮第三等，铁架木板，大二千二百墩，炮十三尊，马力一千五百匹。

疑禹舰：暗轮第四等，大七百八十四墩，炮十八尊，马力二百五十匹。

利求舰：第三等木船，有铁甲一带，大一千四百五十九墩，炮十四尊，马力二百八十匹。

赛气舰：暗轮第四等，大八百九十墩，炮八尊，马力一百八十匹。

推波舰：暗轮第五等，大一百二十五墩，炮五尊，马力六十匹。

初古白舰：暗轮第三等，大一千零三十三墩，炮十二尊，马力二百匹，亦教授水师学院之船。

（录自《申报》1880年第2426号）

译记俄国水师战舰总数

俄国近日讲求武备，整顿海防，精练水师，广制战舰，说者谓，即使与英法等国纵横奋击于大洋之中，亦可以并驾齐驱矣。今统计之俾供众览：铁甲战舰二十八艘，大小火轮炮船七十艘，大小夹板炮船一百十一艘，水雷艇一百十七艘，管带官弁三千一百八十七员，其余有职守者二万八千九百二十人。夫俄之竭力经营于水师者，盖欲驰域外之间耳，无论其西侵欧洲，东略亚部，皆宜于水战而不宜于陆战。盖取道于陆则远而迟，取道于水则近而速，俄人之思深志远，蓄谋积虑，非一日矣。或又谓，近日俄伐土耳其，虽获胜仗，割取土地，增益版图，然帑藏空虚，财用支绌，即欲兴师益旅，觊觎人国，而饷无从出，终至束手，故以目前言之，俄当不能为患，然俄之雄图远略何尝一日忘哉？况乎近日尤致意于亚洲也。

（录自《申报》1880年第2443号）

兵舰来华

西正月十四日[1]，英廷派一大兵船名惠弗而者来华，船中有铁楼四座，旁有铁甲，其大二千七百五十一墩，马力一千四百四十六匹，其水师官及武弁水手等兵一百五十二人。又闻俄派大铁甲船名来宁者来华，刻已在途，其长二百九十八尺，宽四十九尺，大五千五百六十墩，船中有一如炮台，长九十八尺，高于水面十尺。台有十二寸厚铁甲，又有二十四寸厚硬木台，中载炮四尊，各大二十八墩，该船于海上甚著雄名，强于英之铁公铁甲船。查中俄两国于伊犁事务颇有龃龉，今以强船压境，正不得不为留心也。

（录自《申报》1880年第2453号）

水师溺水

苏郡炮船于月之十七日在葑门外与乡间草船相撞，时炮船勇丁某甲危立船头，因船身颠簸竟至失足落河，顿时溺毙。炮船哨官即将草船拿住，解县究办，事为护抚谭中丞闻知，以死者身充水师，既不能妥帖驾船，复不能从容泅水，实属虚縻粮饷，死不足惜。乡间草船决不敢故意冲撞水师，事出无心，理可宽宥，遂将草船立时释放，并令哨官勿与为难云。

（录自《申报》1880年第2461号）

德舰来华

日耳曼闻中俄之失欢也，议定发水师船三艘来华，以资保护官民等事，行期定于西历九月间云。

（录自《申报》1880年第2586号）

---

〔1〕1880年1月14日。

新购兵船

昨日[1]有兵船一只进口停泊在新关对岸，闻此船系北洋大臣李爵相向外国所购办者，本有三只，其两船尚未进口云。

（录自《申报》1880年第2591号）

炮船修竣

中国镇南铁炮船前在洋面触礁，几于沉没，带回沪上修理，经列前报。现在期逾匝月，费已不赀，修理方始完竣，由西人暂时管驾驰到天津，待爵相验收。十六日[2]入口，泊紫竹林码头矣。按该船触礁时，船穿水入，岌岌乎危，幸离岸不过一二里之遥，头尾两舱水尚未入，可以施救，赶即一面开车，一面戽水，得免沉没。现在车房伙长虽未更换，而管驾邓君世昌连此计已失事三次，实难胜任，恐不免有人瓜代也。

（录自《申报》1880年第2605号）

俄舶来华消息

日本新闻云：土耳其国王如准俄国兵船过大特耨而海口，则可飞速载兵三万名及军需各项至华，然即便一月内可以开行，到华后料理各事亦已在北洋封河期内矣。

（录自《申报》1880年第2609号）

---

〔1〕1880年7月17日。
〔2〕1880年7月22日。

招募水军

粤省迩来纷传，办理海防需人孔亟，日间将招募水军数百人，以资操练，一时远近相传，无不愿为投效云。

（录自《申报》1880年第2615号）

督师来华消息

伦敦信云：俄国特派水师提督名立索四盖者前来华境，专辖中国洋面各俄船，闻于西前月初七日[1]过新开河南境乘月儿兵船而来。查该提督前曾在中国为兵船员弁，于中国海道甚为熟悉也。又闻俄廷近购英国轮船三艘、日耳曼轮船三艘，将载兵而至珲春矣。统观近数日各信，俄人之备豫，不虞实已不遗余力，然究欲与我交兵，或以在华兵单而预为之备，要皆不可知也。惟该督师日后抵华，谅必有一番举动耳。

（录自《申报》1880年第2616号）

兵船用人说

船炮之利所以必推泰西者，岂其制造独有秘传，为中国所万不能及乎？非也。为其用人有道耳。盖中国初行轮船，购自泰西与泰西自用之船无以异也，轮船既兴商货揽载之利，渐归中国，于是又有购买兵船、铁甲船之气。泰西人为我定造及已成之船，让卖与我，既得善价以去，岂有故将损坏无用之船给我中国之理？其必与自用者一律坚稳灵捷可知也，或有疑西人之欺我者，吾决其必不欺矣。夫商船往来载货多用几年，则船身渐坏，即多用几次，船亦易坏，为其烧煤太甚，热气重蒸，则一切铁质诸器坚韧者阴化而柔矣。而轮机激流转旋不定之处，原者易间，紧者易宽。譬如一船驶宁波，早八点钟抵沪，下

---

[1] 1880年7月7日。

午四点钟又复开行，火炉水镬竟无一刻不热，惟礼拜可暂息一日。而此等船料比之外国公司船断断不及，何以堪此长行？其船身器物之坏自必较他船为速，而其余诸船之耐用与否亦视乎行之久暂矣。虽然此等商船或不尽购自外洋，苟由中国制造，宜速于坏。若兵船、铁皮炮船之购自外洋者，则无论取材配料并无少逊，而现在未有战事之际，船身之受用尚不太乏，而况购无几时，宜其坚稳灵捷，一无损坏之虞，而讵知竟有损坏也。昨有制局友来谈，次因及该局近事，现有上年向西国购买炮轮船四艘，在船坞修理，统带者以船旧不能行驶为□。窃谓泰西纵施诡计，而旧船新价，在目前整顿海防仿学制造之时，恐新旧之迹亦可一览而知，断不□其有欺也。而且自外洋来华，海程数万里，烧煤数十日，并不觉其船之不任驾驶，今忽一旦不适于用，且四船并修，是何故也？窃谓此非船旧之故，而驾船之不得其人也。中国制造船只以福州船政局为最先，而规模亦最大。其次则上海制造局，局中所造之船，以何人驾驶，闽沪各有章程，大约沪以候补武员，而闽以船局学徒而已。第其间亦有辨□候补武员，虽非轮船出身，而从前身习战阵，或尚有熟悉水师之人，内江外洋情形盖似犹可，资阅历以娴技能也。若船局学徒则资性聪明者，不过学习三四年即已成材，虽所习之事与所读之书，于行船、水道、风沙、礁石不无领略，而身未亲历，举目茫然，且年少寡识，浮躁性成，以全船之祸福寄之可乎哉？夫管驾之所以必用学徒也，以收此学徒本为驾船有专门之学者，其必胜于素不更事之人，然学成而后致用，即需材孔亟，亦当多限年岁，勿使有躐等躁进之讥。而近来管驾诸船未能尽除此弊，安知非不善驾驶之故，致船有损伤，不堪于用而始修理乎？而猥曰购买旧船。夫西人信义相交，较之中国习气，不以机械相高，以诈伪相处，相去何啻霄壤。甫购之船不逾年而坏不适用，诚属我欺然。窃恐用人之不当，其贻祸甚于置器之不良也。目下整顿海防，某船可守，某船可战，以中国海口计之，正恐诸船不敷调遣，而其中尚有此等船只，窃以为非御侮之道也。

（录自《申报》1880年第2624号）

兵船驻沪

《字林报》云：探得上礼拜六[1]，有中华兵船十二艘泊于吴淞口外，本馆按前报记江南提督李军门将往吴淞，想该兵船等必系在彼迎候也。

（录自《申报》1880年第2635号）

兵船又至

西历八月十三日，新嘉坡又到有俄国大兵船，名曰罗逊，舟中大将名壳拉可斯鸽，兵丁共九百九十名，武弁六十人。十七日又到一大兵船，名曰阿非利加，船中水手三百人，大炮十四尊。

（录自《申报》1880年第2637号）

筹办海防

中俄和战之局刻尚未定，宁波为濒海大郡，深恐衅端顿开，土匪蜂起，故官绅拟先事预防，现设局于景贤义塾，邀集各殷户，欲需捐银二十万两。兹将宁波官绅之劝筹备捐说附列如左：

筹办者何？筹海防备不虞也。浙省海口虽多，而门户洞开，番舶轮舟直抵城下，支港陆路径达腹里者，以宁郡之镇、鄞、慈等县为最险。筹备之道有五可虑、四可商：曩者粤逆之变起于广西，蔓于东南数年，而后至浙。入浙后，又千里数百里而后至甬。其来也有次第可计，若海上有事，则数万里重洋毫无屏蔽，兵轮铁甲瞬息可到。以言无事可以年复一年，以言有事则竟可朝不保暮，可虑一。自来寇事，其顺逆有形迹，其形迹有缓急，官民皆得预为计画，海上则同舟之侣皆敌国之人，兵戎之端在卧榻之侧，侦探揣度几几乎一无所恃，可虑二。备御他寇，现有之师船，现有之兵器，固易修整，即

[1] 1880年8月28日。

393

增置扩充，亦易为力。海上则巧夺天工，猛愈霹雳备虞之具，不但非咄嗟可集，且有必预谋之。经年累月之先者，临渴掘井，徒误苍生，可虑三。甬上贸易繁盛，迥非台、温等郡可比，殷商巨富之身家赀财多在海口，即不在海口者，亦与在海口无异，苟非预谋安全，一旦有事，其何以保，可虑四。五方杂处，游手极多，而又西连嵊新，南接台郡，但有风声鹤唳之惊，必有土匪内奸之变，可虑五。知此五可虑，则筹备不可少，而劝捐不可缓矣。然为捐户计，则有四可商。经营交易近年颇不如前，一可商也；事体重大，即筹备至数万，亦属无济，必须筹集巨数，万一浪掷，岂不可惜？二可商也；筹备巨款，究作何用，于出捐人有益无益，恐皆不得而知，三可商也；有事无事皆难预定，万一无事，岂非可已而不已乎？四可商也。有此四可商，皆捐户心计中所踌躇瞻顾者也，此人情也，非过计也。然而今日劝筹备之捐，与往者劝各项之捐迥异，捐户心计中之事，皆劝捐者心计中之事，殷户赀财莫非汗血积累而来，劝捐者岂肯使之浪掷？明知生财之路渐绌，故此捐专用之于宁波，断不用之于他处。筹备之数先定，所谓有钱方可办事，不必先捐而必须先允捐数，允定然后博访谘诹，求实在可以固门户、却强敌之事，合官绅捐户而共计之，询谋佥同然后举办，虽拟筹备二十万，倘所办之事只须十万，则减半收取，倘更可少则再减之。筹办海防不过落落数大端，不比零星花销可以瞒人，倘竟消息大佳，坦然无事，则竟可一文不取，而事前之筹备断不可废，悬拟之数断不可少。凡所谓四可商者，无一不商，五可虑者，无一不预为之虑，捐而不遽收，备而不遽用，是之谓开诚心布公道，区区方寸可掬以示众人，而决不相欺诳者也，是之谓筹备。

（录自《申报》1880年第2637号）

兵船暂泊

新嘉坡新报登俄京电报云：俄廷通饬自新嘉坡出口往华之各兵船，一概仍泊于新嘉坡以待后命云云。观此情形，似和局或可保守也。

（录自《申报》1880年第2640号）

俄将来沪

俄国水师提督沙司鸰经俄廷予以重权，令至中国北京商议崇前使当时所立之和约，前日^[1]由新嘉坡乘法公司船来沪，其夫人及武员四人、医生一名随同前来云。

（录自《申报》1880年第2640号）

俄船往北

新嘉坡新闻纸曰：刻有俄兵船九艘将到珲春，不日将由新嘉坡海外经过云。

（录自《申报》1880年第2645号）

防海筹捐

粤中近日纷纷传说，官绅等筹办海防经费浩繁，深恐难乎。为继爰议，于广州府城厢内外铺各抽捐房租一月，事未行而已有成议，一时舆论沸腾，咸以为非便民之政云。

（录自《申报》1880年第2652号）

俄舟续来

俄国有兵轮船一艘，名曰欧罗巴，计重三千墩，有兵二百六十名，炮十二尊，西本月初四日^[2]晨，自俄境而至新嘉坡，闻将驶来中国，或往东洋云。

（录自《申报》1880年第2653号）

---

〔1〕1880年9月3日。
〔2〕1880年9月4日。

俄军近报

长崎报称，英国轮船晏土牛，于西本月十二[1]至长，满载军器，闻皆供俄兵之用也，该船到后，即有俄国电报令其速至珲春。俄国水师提督沙司鸽亦已乘坐兵船从长崎而至烟台矣。

（录自《申报》1880年第2660号）

俄船消息

昨[2]报俄兵船勒喜阿行抵吴淞一节，兹悉船中有兵千名，武弁八十人欲至珲春，俟兵登岸后，载茶而至欧洲，再由俄载兵来华云。

昨日又有俄兵船名内也思你克从日本而来此间矣。

（录自《申报》1880年第2664号）

俄船来数

俄京日报云：俄廷派至太平洋以防中国之兵船，计大小共有二十五只矣。

（录自《申报》1880年第2674号）

福州海防

福州西报云：闽省华官皆知和局未能遽定，故各海口仍日渐增防，计闽河口内现泊有炮船四艘，日后尚有加无已也。

（录自《申报》1880年第2678号）

---

〔1〕1880年9月12日。
〔2〕1880年9月28日。

海防可恃说

入夏以来，朝议整顿海防，或奉特旨简派大员派兵戍守，或密饬疆吏调集本省营镇驻扎海口，自北而南，节节布置，几于无懈可击。本馆有闻必录，亦既尽笔于书。窃以烟台一路为山东省海口之大者，而咸丰庚申之变，西人以之为接济之要路，当时中国无兵驻守，以致敌能逞志。今俄有违言，假令由海道而来，则禀同一律殊属堪虞，且俄人曾于日本海口储备军需，兴修船只，则烟台实为日本对户，将来军需船只，其必至烟台取道而往北路，已有明证，赖以为海防，断不可遗烟台也。既而闻东省特委人员来沪购办军装，需费约十余万，先后向洋行交易，乃知东省大吏于海防一事未尝不有筹备，既知筹备则必在烟台，然而犹为臆度也，昨日探□山左确信，始知烟台防堵果奉谕旨令王军门正起督率全部诸军移营烟台，于八月内已抵福山县驻扎，然则前者购置军装大半为王军门所用可知矣。因思中国海口所以不可恃者，以向来置兵单弱，无海道水师之专营，一旦有事，则势在仓猝，人尽张皇，无先事预防之策，而有临事布置之难，以故统筹全局有恒惴惴焉，惟虑兵之不可用也。查绿营旧制，海口不过汛哨可巡察之职而已，且无海口水师之管辖，一营一汛仍隶于内地水师之下，炮械船只皆恪遵古制，罔有变通，大抵用前明戚继光《筹海纪效新书》中之法，然苟娴习其事，亦未尝不可胜用。而又误于因循，安于废弛，船教而不修，器钝而不磨，每届操演，如龙舟竞渡之戏，锣鼓声喧，旌旗色映，好看而不中用耳。若今日则无虑乎？此谓军虽有水陆马步之分，未能专习海防，第去用兵之时，曾未十年，发捻之乱，将领身亲百战，勇丁忘命勠力，至今而其人犹不少也。皖楚之间，登坛一呼，旧日少年不过壮盛而未衰老也。以内地水陆各军之技，改而习海道舟师之事，尚无破觚圆，斫雕为朴之□也。曾九帅以平粤匪之故，而可以扼京师之门户，鲍霆帅以出入江皖浙闽诸军，屡著战功而可以分元戎之任，其他如刘郭诸将亦皆当日久战之士，至于功成受爵而苦于承平时之位，置不得一镇以去投闲，置散不知凡几，莫不怀及时自效之心。苟假以尺寸之柄，则旧日之所部各依其主，其忠义奋勇，较之当日尤觉百倍也，而况炮船器械又未尝遽出俄军下也。夫用兵之道，在于人心齐壹、号令严明，今则曩日之旧将可用，旧部可招，譬人生交游久离复合，其志气之融洽，恩谊之明美，比之乍相见时，更为亲密，将与兵若是，未有不可用者也。王军门统其全部留防山左有年矣，其与刘郭诸将为何如也？吾故曰："烟台有兵而海防于是严密矣，至于船炮之利，犹其后也。"国家承平二百余年，教养之恩不为不厚，而咸丰初元以后，盗贼蜂起，铤而走者如此其众，至于用兵二十年而始夷灭殆尽，此天意所以启中国，欲中国磨砺将士，以与海外强邻一决胜负之数也。不然，以道光季年之将若兵与，夫船炮一切器械而至于今日，有事与俄不亦殆哉。虽然防堵之地已尽得其险要矣，调遣之军已悉拔其殊尤矣，抑余有说焉，鲍霆帅年近六旬，老而尚健，奉命即起，闻者然之。以余所知，如前浙江提督黄芍岩军门，少年立功，荐至贵显，在任十余年，安富尊荣，年甫四十而乞养以去。窃谓若而人者，方今有事之秋，岂可听其优游林下，拥富贵以终老哉？而况乎宁波滨海，军门建□有年，于海防诸事未始不称熟悉也。

（录自《申报》1880年第2680号）

兵船出口

俄兵船之在沪者，近已一至燕台，一往长崎，故日内沪江无俄国兵船矣。

（录自《申报》1880年第2682号）

俄船至港

俄国泼拉斯吞兵船于西历本月十二日[1]驶至香港，闻亦将往北洋。到港时，各炮台、各兵船皆燃炮以接，俄领事亦登舟拜会其兵官也。

（录自《申报》1880年第2687号）

---

[1] 1880年10月12日。

俄船来沪

俄国亚细亚兵船前日[1]从珲春而至吴淞云。

（录自《申报》1880年第2701号）

俄船往日

日本报称，闻俄之兵船不日可以驶到，约有十二三艘云，其中之小兵船不多，兼有数艘船身敝旧而驶行亦迟云。

（录自《申报》1880年第2703号）

水溜船碰

礼拜三[2]早六点钟，有中国小兵船而载一大炮者，驶出吴淞，其时正在落潮，行近美国兵船阿拉脱旁，水溜不能作主，致与擦过，美兵船上有一水手正立于横桅上，磨括因两相擦，以致横桅震下压损小艇一艘，而水手亦即落水，幸无重伤，日内仍旧工作云。

（录自《申报》1880年第2703号）

俄船回珲

前有俄国兵船名亚细亚曾至吴淞寄碇，兹悉已于前日[3]早开往珲春矣。

（录自《申报》1880年第2706号）

---

〔1〕1880年11月3日。
〔2〕1880年11月3日。
〔3〕1880年11月8日。

新船下水

福建船政局内近造二十三号之小火轮炮船，将已完工，华官饬于两礼拜内须即告竣，因于西十月二十二日下水，取名敦谨，是日，船政局总办与各官俱往阅视，驶行颇速。此船有七百五十匹马力，内有七寸口炮一尊，六寸口炮一尊，四十磅重之炮三尊。

（录自《申报》1880年第2707号）

东报汇录

长崎报称，俄国发来之水师帮其船究未知在何处过冬，惟据传言，阿难皮古提督所带之船将停泊长崎，四出开坏提督所带之船泊于科白，现在，长崎口内有俄兵船三，英德兵船各一。又横滨报称，沙司鸽提督现坐买哀纳兵船，不日将至长崎，故日本国家已预备迎接矣。

（录自《申报》1880年第2709号）

俄国信息

西字报称，闻得中俄如出于战，俄皇将遣其第三子阿立雪司来太平洋总统各水师云。又西九月初二日[1]，俄京报云，俄在珲春一带之小兵船尚须添置，有前在中国洋面之阿尔法及皮古两船，已调往黑龙江之北矣。

（录自《申报》1880年第2712号）

福州海防

福州报云，近日该处各官甚为忙迫，盖恐俄国攻取该口，先事预备，现于

---

〔1〕1880年9月2日。

两岸建筑新炮台数座，置新大炮数尊于台上，其旧时土炮台刻亦修整，外加粉饰旧炮数尊，亦加油漆，然旧炮断不可恃，恐燃放时或有倒炸之患也。

（录自《申报》1880年第2713号）

东洋俄师

闻西报知，俄兵船之相近横滨者约有十四五只，其余皆在长崎，以备调用，此两队兵船中，其一队系水师提督阿难皮古统带。又闻俄国水师提督沙司鸽日内将至横滨，日廷已派委员十五人预备迎迓矣。

（录自《申报》1880年第2723号）

俄船在甬

宁波近有俄兵船数艘停泊定海，闻须在该处过冬，故中国炮船亦约有十艘于左近驻扎，以为之备。又闻镇海地方亦有重兵防守，是亦有备无患之意，行师之要着也。

（录自《申报》1880年第2723号）

船坞落成

天津向无船坞，船只损坏每来沪上修理，当道绪君以为未便，今年春间，由津海新关德税务司就大沽相度地形，于海神庙旁建立船坞，雇人掘就铁木等作工，料银一万一千，包与粤匠鸠工庀材，于二月兴工，现已工竣，计坞长三十三丈，面阔八丈，底四丈，深一丈八尺，有门开关，约可容一铁炮船并一守津之操江、镇海等船，工非不坚，料非不实，而究不如西人之船坞。德税务司以该匠未获赢余，复就坞旁令建房屋四间，一作桅帆缆房，长十一丈，宽四丈；一煤房，长阔如之；一屏水房，方亭三丈；一机器房，长六丈，阔三丈，工料银六千七百两，以作调济，现亦一律告竣。尚有零星工作另计工，估算粤匠每工洋七角半，本地工人每工计大钱三百云。

（录自《申报》1880年第2724号）

派查海口

近闻俄廷传说，水师提督沙司鸽连查高丽海口，已列前报。刻闻已派兵船两艘，一名来思婆尼克，一名耐狭思提克，前往查看，闻沙君已加全权字样矣。

（录自《申报》1880年第2730号）

派员出洋

中朝前向英国定办钢铁甲船两艘，现欲驶来中国，但驾驭之法必须先行学习，庶日后可以得用，故中朝现派记名提督丁雨亭军门官印汝昌，带同随员十六人并水师二百零四名，由天津乘坐丰顺轮船于十月初九日[1]下午四点钟到沪，船泊虹口下海浦，军门与随员等旋即起岸，暂寓万安楼客栈，水师等即过驳远兵轮船并未登岸，不日内即当往英国带回该船云。

（录自《申报》1880年第2738号）

炮船停口

近日吴淞口有中国炮船五艘停泊该处，想亦藉资防御也。

（录自《申报》1880年第2740号）

演炮伤船

吴淞口外现停有中国兵船五艘，近经上官阅操，该兵船先演放大炮，讵其时适有某号之小沙船进口，不及回避，致受炮弹沉没，船户均经落水。该兵船

---

[1] 1880年11月11日。

即放小艇往救，计尚少二人，想已与波臣为伍矣，并闻该沙船装有豆饼三千张，亦尽付水滨云。

（录自《申报》1880年第2740号）

俄船到沪

俄国兵船名奇辩忒者，由日本神户地方驶行来华，刻知前日[1]业已抵沪云。

（录自《申报》1880年第2741号）

海防续闻

宁波于前日将楚军一千名调往镇海防堵，已列报内。兹闻统带者为前任台州同知成梓臣，司马办运军粮者为前任鄞县石康侯司马，而黄芍岩军门闻现饬记名提督，某又往湖南募勇，并饬前充提署之巡捕某往处州招募云。

（录自《申报》1880年第2743号）

查阅海口

浙江提督黄军门，前乘坐轮船往定海、海门一带查阅海口，须俟阅毕回宁方接提篆。前报称初二日[2]接印者，系传者之误也。

（录自《申报》1880年第2743号）

俄船到宁

本月十四日[3]，宁波江北岸泊有俄国兵船三艘，船上水师兵旋即登岸，或五六人一起，或三四人一起不等，入城向各处游览，行至郡庙，内有丐者求

---

〔1〕1880年12月13日。
〔2〕1880年12月3日。
〔3〕1880年12月15日。

乞，俄兵即拾糖摊上之糖掷之，不给钱文而去，摆摊者向其索钱，该兵挥拳乱击，摆摊者只得瞪目直视云。

（录自《申报》1880年第2745号）

提台接印

浙江提督黄芍岩军门日前往查海口，昨已列报。兹悉军门于十六日早回宁，因喻军门须二十二日出署，故仍在税关署暂住，随于是日辰刻接印云。

（录自《申报》1880年第2745号）

论御船

水战不知始于何时，观于半济而击之说，见于《左氏春秋传》，则大约彼时已有战舰，然而具舟于河而先济，不过以备载兵涉水之用，即乘其半渡而要之，亦第恐彼众我寡不能取胜，故欲以我之全，击彼之偏，非觅战于水中也。至汉武凿昆明池习水战，大约中国此时始创水战之法，其后愈习愈精，艨艟舴艋莫不便捷轻利，有使船如使马之誉。夫至使船如马，则船之用神矣。然而其神也在使船之人，而非其船之神也。盖中国向来战船仍以民船为之，如广东之□船以及剿办赭匪之八桨船，已极内地战船之妙，顾以此涉海则渺沧海之一粟矣。明时戚大将军防剿倭寇，制造战舰用以出洋，其船有高于倭船一倍者，其法皆载于《纪要新书》，不可谓非巨观，若以视今日之轮船，则又瞠乎其后。轮船不畏风涛，不必力争上游，已有制胜之道。然外洋各国犹虑其不能御炮，又复穷思极想制成铁甲火轮，四面皆包以铁，其厚逾尺，并有包以纯钢者。自有此船，然后可以横行海面，无所顾忌。前报曾言，俄国极大之铁甲船驶来太平洋，盖俄人之处心积虑，筹之已熟，必欲有以制胜中国，实无以应之，虽近日中国制造纷纭，所以步武西人者，亦颇汲汲然，学而制者究不能及外洋之精，以□制之船，当极精之舰，其有不望风而靡者几稀矣。说者谓，中国此时已向英国定办铁甲轮船，前日间已派提员往英，驶驾来华。此外，尚有向他国购买者，诚恐制造有所不及。且未必能如外洋制造之精，故不惜重价，多方购办，以备与俄之船旗鼓相当，是亦未始非计然。窃以为中国之所以制胜俄国者，尚不必专恃铁甲轮船也，夫一船有一船之用，华人之所短为俄人之所长，华人之所长又安知不为俄人之所短？南宋时，洞庭杨幺蹂躏湖广，岳忠武御之，杨幺之船皆用轮轴旋转如飞，船旁皆用撞竿，敌船来者，于撞竿无不立碎，以此横行于江淮间，无撄其锋者。忠武命置战舰不用，以木筏载军士，木筏之前系一连叶竹簰，敌人苟放枪炮，即拽起以遮之，竹滑而叶软，药弹不能伤，筏低撞竿所不能及，然后诱入港汊，以腐草烂木胶其轮，军士蚁附船侧，彼船高大，船上之贼不能下击，而岳军贴近船底，凿其船而沉之，遂擒杨幺。由是观之，卑反足以胜高，小反足以胜大，固不必与敌人竞船之大小也。惟岳忠武之计行于此时，则又不能，海上既非筏所可行，铁甲又非人所能凿，欲诱之，而洋面别无汊港，欲胶之，而铁轮不能阻遏，固知时势不同，事难胶执。然英人戈登曾言，中国之小船，亦足以胜俄，则其胸中当已有成竹。夫铁甲船之高大，下击究属为难，船小而低，为敌船炮火所不能及，倘得蚁附其侧，则必有法可施。铁甲虽坚，而船中之火药等舱一着火，无不立炸，然则中国此时正不必求高大铁甲船而用之，但以小船之坚固者与俄对垒，苟能近其船侧，即以西瓜及春坎等炮飞击船内，使敌人无所措手，用以制胜无难矣。戈君之言，夫岂妄哉？至于海口炮船、巡船，宜多多益善，即装煤运械载送粮饷等船，亦必先事预防。闻近来有向各洋行定雇轮船者，或疑为俄人之计，此言亦殊有见。在华之各轮船，其不隶招商局者正复不少，中国何不先事预备，广为罗致，即曰所费不赀，然与其为俄人所暗招，曷若为中国所明雇？"不备不虞，不可以师"，古人已先我言之矣，当轴者尚其未雨绸缪，毋使他人先著祖鞭也。

（录自《申报》1880年第2748号）

论筹海

　　中俄之衅既开，则中国所宜筹防者，不仅在边境而已，尤虑俄人以重兵系中国之兵于边境，而又出偏师以扰乱于海口，各海口既为通商码头，则俄之来实在意中。而中国海口繁多，又有防不胜防之务，言念及此能不悚然？然则筹海之策，又可缓乎哉？中国海口以大沽为最关紧要，则地近辇毂故也；其次则烟台一地，可以绝南北转运应援之路，而俄人恃此以为接济，即中国之受累无穷；又其次则为上海江浙，菁华皆萃于此，设有扰乱，则西北之势只孤，其他如温州、定海等口，皆浙省之要隘；又如台湾一岛，虽远隔重洋，而亦为福建毗连之重镇。即此数处，设或俄人分兵相扰，则将何以御之？虽近日大沽、烟台已有重兵防守，镇海、定海等处亦已调兵戍守，台湾亦有重兵，想各处封疆之臣自必有嘉谟领画，以防患于未然。如吴淞则亦有驻兵及轮船、炮台，一时毕举。粤闽各省招兵募勇议饷筹防。宁波并有绅士等相助巨款，以备购买枪炮等用，措置已属妥帖，第恐地大口多，未免有顾此失彼之虑。俄人素称强悍，为中国所心忌其先声早足以夺人，设有一处海口偶然失事，则各海口皆防溃散，故防海之道与防边不同，宜于守而不宜于战。以守为战，则匿我之短，用我之长，于以制俄不难矣。守之若何？沿海居民类多桀骜不驯，乐于战斗，因其势而利导之，即招募沿海壮丁以团练之法隶之兵籍，居民既熟于海道而又自顾身家，必不肯退缩，以让俄人之进逼，而又坚壁勿战于口岸，以巨船载石而沉之，使敌船不能遽进，于要隘高筑炮台，并以高台瞭望，敌船尚远，不可开炮，必用测远镜按西法量度道里之远近而开炮以击之，度不中则不发，发则必中，如或万一不中，则敌船逼近，炮发无功。先于沿海之处预埋水雷，见敌船既近口岸，而后以电线引火，水雷上轰，火炮下击，俄船虽固亦当惊疑而不敢前，而况处处皆备，在在有伏，俄人究不识路程，又何敢冒昧以偾事。但能守而弗失，则俄师已为我所困，欲进而不得进，粮运不继，士卒劳顿，此晋骈之所以老秦师也，迨其久而懈归，则尾而追之。但虚张声势勿过于逼近。盖困兽犹斗穷寇勿追，防其反噬，第尾之而不急击追，亦不必甚远，而途中要道多设疑兵，则俄人方将逃避之不暇，又何敢肆然相抗乎？俄师远来，必先谋济运之处，如澳门则曾预商于葡萄牙，横滨则预结于日本，定海舟山之地亦欲有所觊觎，此皆俄人之远谋深算，如弈者之占先手。中国若不先为备御，则俄人之计得，而中国之事将有不堪设想者矣，然葡人若以澳门借与俄人，则葡人先失一要地，葡人未必乐从，此在中国之先为开导，葡人以止其谋也。日本之与俄为好，亦未必出于本心，但恐中国讨其擅灭琉球之罪，故欲结俄国之援，中国如能释嫌修好，开诚布公，晓以利害，则俄人之计未必能行。倘葡日两国皆已联络，则俄人之势已孤舟山一隅，虽曾经为西人所踞，而此时中国之兵已非前日之比，又岂至遽失手于俄人，夫而后俄人将无所施其技矣。吾故曰，防海之法与防边异，防边当以战为守，防海当以守为战，夫所谓以守为战，非竟欲以不战屈之也。彼悉锐远来，固求一战，我不随其计中，则彼气已夺，势必渐馁，彼馁而我盈，胜负之数，即于此决矣，且更有一说，于此防海之道，不防在海面而防在海口，并不专防在海口而防在内地，防海口则以守为主，防内地则以伏为主，设或不幸而海口为其所夺，亦不必土崩瓦解，但于内地设伏以要之，俄人既进海口，舍舟而陆，或舍轮船而用小船，则皆非彼之所长矣，又何虑击之不胜耶？铅刀一割，愿小试之。

（录自《申报》1880年第2752号）

俄船召回

长崎报载，俄国有兵船三艘，一名梅明，一名罗斯磅尼，一名载琲脱，近日接有俄廷谕旨，命返至地中海停泊，和局之成，即此已见端倪矣。

（录自《申报》1881年第2792号）

铁船被焚

法国铁甲船名力起鲁者，近闻突兆焚如，火势猛烈，灌救无功，即发信于水师官，官传谕令开炮将该船轰沉，当即遵谕燃炮轰击，船沉火始熄，受伤者数人。此船系法国有名之铁甲船，今乃遽遭一炬，可胜惜哉。

（录自《申报》1881年第2804号）

兵头接任

英国拉不晕兵船调派英水师提督兵船上之兵头哈格司前来接管，已列前报。兹悉前日[1]日本公司轮船到沪，哈格司业经附轮而来，不日即可接手矣。

（录自《申报》1881年第2961号）

---

〔1〕1881年7月28日。

兵船至港

前报所载，中国向英国定购之炮船三艘，已将启行，日期列报。兹悉此三船，一名耀德，一名夹伯，一名蓝答，皆英国所取式样，均系一律。其船主及大副、二副并管理机器等皆用西人，刻下已抵香港。其船内每艘皆有三十五墩大炮一尊，又有小炮两尊，耀德船已开往广省，其余两艘不日当赴天津矣。

（录自《申报》1881年第2962号）

兵船易弁

广东中国各兵船向用西人为兵头，现在前订之期已满，故目下各兵船上之西人皆已辞去，由中国另用华人为之统带矣。

（录自《申报》1881年第2965号）

俄增兵舰

西字报称，俄国家现拟增置战舰九十五艘，限以二十年告竣，是则每年内约须制成四五艘，俄之讲求水师，诚不遗余力矣，然岂欧洲之福哉？

（录自《申报》1881年第2975号）

新法制船

鲁马仪亚地方有西人搭辣章者，近来制成一放水雷之船，可以潜行水底，自一百尺至八百尺之水均可潜伏，且伏可至十二点钟之久，其在水中升降，寂不闻声。其船中所用之灯，即入水一百三十尺仍复明如白昼。至于该船行于水面仍与寻常船只相上下，而独能潜行水底，则亦可见其制造之巧矣。

（录自《申报》1881年第2976号）

兵船被撞

十九日[1]，有德国兵船名乌尔夫，停泊在本埠浦江，适有中国沙船鼓行而来，与兵船相撞，乌尔夫之前桅几为沙船带去，该船兵丁转将沙船揽住，带往下海浦，未知作何了结也。

（录自《申报》1881年第2978号）

兵船行程

前报言，英国拉不晕兵船开往外洋，兹悉该船先至厦门，由厦门至小吕宋，然后开行回国也。

（录自《申报》1881年第2985号）

钢船试演

中国在德国斯答丁地方定造放水雷之船两艘，刻已于华六月十二日[2]试演，驻德钦使李丹崖观察偕其随从人等，同往观演，大加称赏。该船长九十英尺，深十英尺，吃水四英尺，船身皆以钢包裹，析则为四，合则为一，以使拆卸装运。其机器极其猛厉，一点钟时可行六十华里。舵亦极为灵捷，运动甚速，诚水师之利器哉。

（录自《申报》1881年第2987号）

新筑炮台

奉天之旅顺口襟山带水，颇擅形胜，且系辽沈咽喉、陪都门户，边防之事

---

〔1〕1881年8月13日。
〔2〕1881年7月7日。

自宜讲究于暇时。李爵相规度严疆，统筹全局，智珠在手，成竹在胸，因就彼建造西法炮台，延德国人亨特生经理其事，自今夏开工，刻已规模粗就。中美今年互换和约，美国来华之使臣即系水师提督某比，换约后起程回国，曾往旅顺口相察地势兼览工程。据云，该口固系极要之区，炮台尤为极新之式，与西国毫无参差，不日功成，可为盛京雄障矣。

（录自《申报》1881年第3002号）

新船精美

中国向英国定购兵船两艘，由丁雨亭军门乘坐海琛轮船前往带回，已屡列于报。兹闻此两船颇极精美，船中可容煤三百吨，足供四礼拜之用。船首有刀，其刃外向，他船触之，无不披靡。船内之炮亦系新式，惟英国有一船及意大利有一兵船亦用此炮，其余各国兵船皆未置备，如中国用此船为先锋与殿后之用，最为利便，尚其慎选管驾，长保坚船哉。

（录自《申报》1881年第3004号）

武臣华国

丁雨亭军门前往英国接取所购之兵船，带同兵弁等至纽盖斯德尔地方，驻留多日，该兵弁等绝无滋生事端，故该处官宪等深为喜悦。濒行之际，公修函启以伸意，启中大略言中国兵弁在彼驻留多时，并无滋扰，与土人相与莫逆，殊见规令严肃，并足征中西和睦之象，不胜钦佩之至云云。丁军门亦以华文之信覆之，其信由军门同去之西人译出，告知该处官宪，大意亦言多承奖美，不胜感谢。中国在贵处造船，计已有十二艘，以前皆由贵国送往中国，船上仍用贵国旗帜。今中朝特命带同兵弁前来接取船只，船上亦易中国之旂。中国之所以购此坚船，不过自固吾圉之意，并不欲攻击他国，自此中英两国终能永保太平云。若丁军门者亦足以为中国之光矣。

（录自《申报》1881年第3013号）

亲观水雷

外洋新闻纸言,中国驻德钦使李丹崖观察近日携带随员眷属前赴盖尔地方,盖李钦使凡事必亲自阅历,因闻盖尔地方近出一新造水雷,故特往观闻。此水雷系新出佳制,以黄铜为质,一点钟时能行六十余里,在水可以二三月不坏,其中机窍,他人无从测识,中国已购买甚多,日斯巴尼亚亦有购办者,盖此雷为他国所未有,实海防之利器也。

(录自《申报》1881年第3013号)

船旋余闻

中国在英国定造之新快船两艘,一名超勇,一名扬威,均由丁雨亭军门带同来华,前曾列报。兹阅西字报言,丁军门带船来华之时,途径印度,与驻印之中国领事官往拜印度大员。下午,印员即往回拜,并先行知照,丁军门缘其日正值礼拜,向例不得放炮,故预止之,旋即开船至粤,偶遭搁浅,随即出险,尚无损伤,嗣即在香港船厂修治完竣,然后驶行抵津也。

(录自《申报》1881年第3051号)

水手神技

前日[1]浦滩江海北关对面泊有德国兵船,兵船之桅,本系活动可以升降,其日命一水手直上桅顶,将桅杆抽之使升,偶一失足,突然颠坠,旁观者皆以为齑粉矣,乃该水手坠至丈余之远,以一手攀住桅索,竟不坠下,仍缘绳而上,照常做工,神色不变,是亦可谓神乎技矣。

(录自《申报》1881年第3053号)

---

〔1〕1881年10月28日。

战船修竣

前在英国定造之战舰两艘，一名扬威，一名超勇，业已驶至上海，惟须小有修理，故将两船分派在虹口老船厂与祥生兴修，于是中外诸人均往详阅。船上管驾官及一切人等俱蔼然可亲，而规矩仍复整肃。昨日[1]此两船闻已修竣出厂，装置煤斤，将赴津沽。有问管驾官"船到津后将拨驻何处"，答以"须候上宪分派"云。又悉每船各有大炮两尊，能旋转如意，极为灵便也。

（录自《申报》1881年第3064号）

水手不见

本埠浦江所泊之德国兵船，于四日前[2]有水手某洋人登岸买物，一去不返，闻其身畔带有英洋十数枚、时辰表一只，业经该船主照会华官，请为同饬访查。昨日[3]法会审员翁太守面谕，法包探四处缉访，毋分畛域云。

（录自《申报》1881年第3079号）

阅福州驱逐武弁近事因论兵船用人之法

昨[4]录福州船政大臣驱逐武弁一事，并类记扬威兵轮船管驾官苛待搭客情形，综而观之，乃知今兵船管驾之任往往不得其人也。前日，鄙人曾论中国武备现在不惜重资，购办上等炮船、铁甲船，足以张国威而慑强敌，固征当事者之远见卓识，能居安而不忘危，乃能由强而至于富。第船上用人最为难事，盖管驾轮船非经制水师官弁之所娴，是以不选，行伍中人为之。然学堂之所造就未必尽良也。即以邓郑二弁言之，在黎大臣固已煌煌示谕其性情行径，必实有

〔1〕1881年11月9日。
〔2〕1881年11月21日。
〔3〕1881年11月24日。
〔4〕1881年11月25日。

如人言所云者，而后更易之而驱逐之，幸而知觉尚早，可以惩创，若其迹工掩饰过无人知，则如邓弁者，前既派充管驾，岂不以为英隽之才而任用之乎？船之坚不坚，敌人见之，不过以为中国之弱，若船既坚而人不得用，则敌人见之当不止以为中国之弱矣。鄙人不知军务，不识水师事宜，第思有法无人，其患甚于有人无法。目前中国远不及雍乾之盛，国用日绌，民生日敝，居官泄沓，赏重刑轻，及时而振作之，尚不知几十年后能致富强与否，其所以筹重资购利器者，正谋富强而思振作之道也。独不念此造船购船之银，乃几经筹拨，几经节省，而后能敷于用，并非盛时库储之款，常年千百万之中提出而济用者，而顾以有用之钱、有用之器，而轻易付诸无用之人。然则揆之初心，不亦甚相左耶？因而思目前管驾之弁，岂独邓、郑二人为不胜任哉？凡器之易于成者，必无利器，犹之人之易于教者，亦必无全才。盖才固由教练而出，亦必由阅历而成，轮船中人，涉历海洋，任艰责重，所以必用年壮之人，职此之由，然成童而入学堂，弱冠而为船主，虽此数年之间，资禀聪敏，学力勤劬，于水师事宜无所不知，海道夷险无所不晓，机轮之巧拙、战守之宜忌无所不通，究竟不过读几部西书，而未尝亲历其境也。且幼无知识选入学堂，中止数年之教习而并不十分辛苦，一旦以为学成致用畀以重任，而予以厚俸，反岂不庞然自大者乎？盖虽有学问而必无阅历，功夫愈进则性情愈骄，位置愈高则习气愈重，苟不因势位之崇而长其傲惰，不因富贵之易而生其淫侈，此圣贤之徒学问而兼有德性者也。而厚期诸学堂之生徒，管驾之武弁，是似人不于其伦也，而况乎其所谓学问者固未必过人也。尝闻每船每年之经费动辄数万，船主俸银二三千不等，大副以下由是而差，至少亦八百、六百金。而船中修造器具、购置物件又随时由局支领也。夫武员以提镇为极品，然国家编设廉俸少于文员，大半不过一二千金，而营中放粮等事由将备给领，大员又无从染指，仅有头衔一二品，而岁入之资不足以济衙中之用者，今管驾轮船者开销不及提镇之大，而俸实过之，其何以持平也。从前初立章程，以为驾弁出入海洋，身处危地，不若内地武员之安闲，令其岁入之资足敷所用，然后能竭尽心力操练技艺，以为防边制敌之具。立意初非不是，乃不意给以厚资，转为若人教辟邪侈之助，夫岂当日所及料者哉。夫今日通计兵船之数，盖亦不下三五十艘，一船之中，自水手以上为主为副，每五六人亦用二三百人矣，岂竟无一可用之才。第以所闻者计之，或藉巡洋而运私包漏，或托修理而拆损器具，其品行去郑弁之贩卖人口相差一间耳。若夫挥霍嫖赌，犹其寻常者也。以此之才任此之事，而谓中国海防之巩固，将于是乎在焉？呜呼，是诚鄙人之所不敢知已，虽然积习固在平时，而整顿非无良法，观于黎大臣之示谕，则知近日情形，当局自已深悉。补偏救敝行乎，权之所得行则成效不难立致矣。

（录自《申报》1881年第3080号）

水手失足

厦门西字报言，中国兵轮船名飞虎泊于厦门口岸，有一水手缘桅而上，擦摩桅上铜顶，偶一失足，突然下坠，从桅顶直坠船面，以致头颅跌破，身上亦有损伤，现在异至医院调治，未知能痊愈否也。

（录自《申报》1881年第3092号）

西兵操练

昨晨[1]，停泊浦江之英国兵船有兵二百名，登岸经大马路向西出泥城至跑马场中操演，其队伍之整齐，枪炮之灵准，诚无遗憾云。

（录自《申报》1881年第3093号）

西兵操演

本埠昨晨[2]有英国兵船枪队约二百名齐登浦岸，从大马路出泥城至跑马场操演，阅一点钟始整旅而回，观者莫不美其军容之盛云。

（录自《申报》1881年第3107号）

---

[1]1881年12月8日。
[2]1881年12月12日。

日本水师近闻

日本报言，日本兵船名琉球干，现在预备开行来华。又言，水师衙门近有水师各兵官集议，云"应造一极大兵船以代水师衙门，不必在岸上设立衙署，既有兵船则议事者即可在船上会议，如有戎事，亦可备用"，各兵官皆以为然，大约即须制办也。

（录自《申报》1881年第3108号）

拟造水雷船

福州西字报言，福州官宪现致信于英国，托绘施放水雷船图两纸，俟图寄到之后，当在船政局照样制造放水雷之船两艘，故现在已往天津延请精于水雷之教师至闽，以便教习此事也。

（录自《申报》1882年第3126号）

论学习西法水师用以选用武员

学徒出洋一事，曾记五六年前本馆于日报内，即经参毕末议，谓所选一律幼童，深恐学业未成，一至外洋，见闻顿异，将来回华必至沾染外洋习气，即使资质聪敏，所学专精，而于中国书籍未尝通晓，既无以博古通今，而得权变之宜，又不识人情世故，而妙措施之术，虽为中人，仍不适于中国之用。而且久处外国，一旦还乡，服食起居诸多不便，甚者于家人父子之间不相浃洽，至于为父母者，不能管束，为师友者，不能观摩。于伦理之中，犹多缺陷，遑问其有他长耶。近自外洋回华诸生徒，俨然成材，不知者以为费国家巨万之金培养有用之人，或精机器，或习电学，或善算测，无一而非。近日要务，以此诸生徒充当各职，行见中国之行西法可无藉乎？延请西人而从此中国之富强直驾于西国之上，其效业已众著，当日创此议者，固不可谓无功，而抑知技艺虽有所长，而性情已多所变，非无一二杰出之材，而究之可以为人用者，皆细目而非大纲也。即如派拨电报局之人在考察技艺者，以为此实最优，然能造电气，能行电报，而其中所以用电报之理，与中国通行电报之所宜，则仍未能深通其底蕴。夫糜帑数十万，出洋七八年，观其成效不过尔尔，于是，而始知无益引为前车之鉴，则何如当日议遣时，多所筹划之为愈也。盖年纪太稚则气质易变，读书未通则所学不化，此理甚明，不烦深思而可见也。然而今日既知出洋之无益而欲行停止，特犹有似是而非之事，如前日福州船局前后堂学生十人派赴外洋阅历水师事宜，先拨经费十万两，似与从前幼童出洋稍有区别，一则本未学过，一则学之已成，而况年已及冠，血气方刚，性情无虑游移，而阅历又易长进，固不至如幼童出洋之有弊也。惟以十万之金，为培养十人之用，此种糜费核诸中国，诸凡造就人才之法，宜亦后难为继。盖中国地面广大，即以海防水师言之，有此十人不足于用，若此后学生皆以此例待之，国家安有如许资本耶？前日见江右调剂武员章程，不禁感慨太息，而欲以此之有余补彼之不足也。军兴以来，武职保举提镇副参不知凡几，下此则更不能计，除归农外，已经投标分省者，候缺候差不胜其苦，上宪即欲调剂，而无如武职差委不若文员之多，因不得已而设此月课之法，酌提闲款以为奖赏，庶赋闲之员得资衣食，此正不独江西为然，即江南亦有此章，各省仿行，要皆异名而同实，所不能解者，若沿海省份，既以武员不能位置为创月课之举，而如海防轮船等事，又须另教学徒以充其选耳。国家创制必有良法美意，然法可因时变通，而意则经久不易。如今日之仿行西法，法之当变者也，至于培植人才，以胜此任，则意之之不易者也。国家之养人才，文则在于学校，武亦有科目、行伍两途，今同是培养之意，而谓西法习自幼稚，抑又何也？学徒出洋读西书，通西语，习西国人情风土为文事也；船局所开学堂习水师战阵事宜，而又令其出洋阅历，为武事也。乃回华之学生与船局学徒所派今之轮船驾长等人，其效皆已显著，而犹不知转计是失培养人才之意矣。窃谓今之候补武员，大半行伍勇目，久经战阵，习于刺击，既闲其身，而又易其习，使其曩日战阵之本领全行埋没，而以考试弓马，博此微资，以赡身家，岂不可惜？前日鄙人议及西法之关于文事者，莫如以学校中人学之意，亦犹是由此类推，可见西法之关于武备者，亦莫如以武职中人学之其素所习者，既与轮船等事相近，而有备无患，将来海防有事，以新习之技艺与平日之本领贯穿而融化之，有不足为国家之干城也哉。鄙人位卑言高，原不免为孟子之所罪，然立乎人之本，朝而道不行，独非可耻，今之有德有位者抑何不深长思也。

（录自《申报》1882年第3156号）

铁船下水

中国在德国斯答丁地方制造铁甲船一艘，前已列报。兹阅外国新闻纸知，该船业经竣工，于华十一月初八日[1]下水，该处大员均往观看，中国驻德钦使亦亲观下水，定其名曰定远，以取永远安定之意。该船极大极坚，在铁舰中可以首屈一指，与德国最好之铁船无异。船中皆系克虏伯最精之炮，足可为中国贺也。查该船于华今年二月间兴工，至十一月即已告竣，十月之间，大工已蒇，亦可谓神速之至矣。当该船下水时，李钦使以美言祝颂，众人竞放爆竹以伸敬贺之意。现在尚有一艘在彼定造云，亦与定远船一样大小也。

（录自《申报》1882年第3157号）

俄船到瓯

十三日晨[2]，温郡北门外白鸡岭前到一轮船，并无货物，惟有水勇百余人，元衣黑帽，均西国服色，当经洋关税务司，同左营守府前往查验该轮船人等，言语不通，抗不遵查，及询税务司之翻译，谓是俄罗斯兵船，因遇风漂避至此也。

（录自《申报》1882年第3158号）

选译列阵图新闻纸

中国近年购造铁甲船及一切炮械，惟日不足，深知泰西诸法足以自强，不

---

［1］1881年12月28日。
［2］1882年2月1日。

417

惮勤劳，不惜费用，或自造或托代造，可谓不遗余力矣。今阅英国列阵图新闻纸，载有西历今年正月间列阵图会中议事，阿姆斯脱郎男爵，即该会董事，其所议诸说备列其中，中国人细玩其说，可以大有裨益，因译而录之。阿姆斯脱郎者，即英国驰名阿姆斯脱郎炮厂主人，年已七十余，生平究心于列阵之事，学问渊博，格致精微，为英国律法士，犹中国所谓科甲中人，故其所言，人皆尊而信之。其略曰："列阵为至要主重之事，所以使国家有磐石之安，不但用之于有事之秋，亦宜备之于无事之日。即如我英国人民日众，生意日盛，综海内计之，英国商船几居大半，即日食各物亦多来自他处，本地所出具价反贵，故国家皆宜设法保护。而保护之法，惟船为要。从前英国用夹板船，水手众多，技艺优长，为他国所不及。嗣后又咸出新法制为轮船，并有极精之兵船，故就此时而言，水战则不仅恃水手之精良，当以列阵为第一要着。既有新船，复有新炮及开花炮等，从此，夹板船胥归无用，于是，又制为铁皮之船，而敌人又用炮以攻之，计铁皮厚若干，当用何等之炮以攻之，铁皮加厚炮更加大，至今犹未有一定制胜之法。其后又有水雷，自有水雷，而铁船虽厚，亦无可恃，纷纷更变，棼如乱丝。其首创之铁甲船，铁皮之厚不过四寸半，全身一律，一遇最精小炮，即可攻之使沉，故目下当用二尺厚之铁甲，方可抵御各国巨炮。然铁甲过厚则船身过重，亦嫌不便宜，于船上扼要之处用二尺厚之铁甲，非要处则铁甲可以从薄。目下，意大利所造之铁甲船，其船上所用之铁，计重一百墩，置炮之处，铁甲极厚，其余皆薄，船底则另有一层而分作数格，即使攻破一格，其船亦不致遽沉。今若造就薄钢船，倘能筹设良法，亦尚可以抵御，使水不遽入。设造一薄钢轮船，其船底则用双壳，而分为数百格，即或攻破一格，尚不至于遽沉，此法本属甚妙，西人尚未甚筹及。然制造薄钢船，其价较廉，约铁甲船一艘之费可造薄钢船三艘。铁甲船用炮若干，薄钢船亦可用炮若干，以三薄钢轮船之炮，可敌一铁甲船。且薄钢船进退较捷于铁甲船，其胜负可知矣。即使铁甲坚厚，三薄钢船之炮攻之，薄钢轮船恐亦有不胜之势。或铁甲船不令薄钢轮船驶近，先以炮攻之，而钢船水手则可以藏于舱下，并可设法放炮以坏铁船，设铁船为炮所中，竟遭攻坏，则不但炮弹可畏，即铁甲碎片亦打入船中伤人，尤极利害。薄钢船则有双壳，即攻破一格，亦不能遽沉，而三船攻围一船，乘间以船首锐铁相触，铁船亦未克自保也。余之为此言，非谓铁甲船可以不用，他国皆有铁船，安得我国独无？第以我国商船众多，必俟兵船为之策应，属地又广，亦须兵船以资保护，凡此皆可用薄钢船，庶几以一化三，费省而用广。且船上铁皮宜薄而不宜厚，但须以钢为之。船上机器亦宜轻而不宜重，所置之炮亦然，俾船行便捷灵动，此实为水战之上策也。本厂现在代中国及他国所造薄钢皮船，计一千三百墩之大，一点钟可于海中行十六诺脱，舱内所装之煤可敷四千英里之用，不须重装。所置之炮，每船两门大炮，二尊可以旋转，其炮口英尺径十寸之大，炮力可洞一尺半厚之铁甲。又有炮四尊在船之两旁，其炮弹计重四十磅，此等船样，至今我国中并不自行制用，设如敌国用此等船数艘攻围我国商船，其来去均极迅速，来不及防，去不及追，我国其将何以御之？或以为设有兵事，可在商船中挑选改用，然商船法制与兵船不同，何堪选用？且亦未有一点钟行十六诺脱之速。他国有此灵捷之船，而我国无之，商船何以资保卫？即日食各物，亦恐为敌国所阻，有所不便，其势不将坐困乎？至于制炮之法，从前不过造成一铁管，一面有口，一面无口，即谓之炮后有改为钢炮者，论者或合或否，不一其说。然炮内用钢实为坚固，本厂初造此样之炮，其口径六寸，炮内先用钢管，此管又包以钢带，此外又包以铁管，为后膛炮，试放之下，所用药较多，而弹亦较他炮加大，继而又复扩充造一巨炮，其口径十寸余，炮身重二十一墩，炮内有钢，又有钢管，管外又旋以钢带，带外又包以铁，试放极为精妙。现在他国竞制新炮，法国亦照前式制成巨炮矣。炮台及船上所用之炮，皆当用机器，以省人力。前时船上之炮，最大者不过五墩，以为再大即不能施于船上。今则英国兵船最大之炮，计重八十墩，意大利船上竟有重一百墩之炮，前者炮弹重至九十四磅而止，今则重至二千五百磅，若用人力则为数多而不能容，故不得不用机器。但机器亦不可全恃，设敌人以炮伤其机器，则虽有巨炮亦无所用，故人力亦不能废，第用机器可以减省人力而已。船上之炮既须用机器，则可以使之轻灵，而此机器即系列阵之法，以机器而襄助人力，则船上兵弁均宜熟知列阵之法也。"

（录自《申报》1882年第3177号）

俄船坚固

前闻温州到有俄国兵船，此已入报。兹悉去腊二十四日[1]，俄国兵船二只驶入闽省罗星塔海口，寄碇半日，始由电报局报知各宪。次日，船局之扬武船驾弁披甲带刀往见该兵船之带兵官，后学堂亦有学生数人赴船晋谒，所谈俱军国事，至夜由该船燃电气灯送学生还堂。闻此船式虽不大，而料实工坚，无懈可击，其兵则戎容暨暨，部署整齐，尤令人望而动色也。

（录自《申报》1882年第3178号）

中国武备续论

中国自讲究武备，意欲颉颃泰西，凡于轮船、机器、枪炮等类，必取其物美而料坚，用神而法备。本馆有闻必录，亦以见中国之不忘戎事，其所以固海疆而镇边关者，其意深且远也。前者中国驻德钦使李丹崖观察在德国斯答丁地方定造新船一艘，大功已竣，下水之时，钦使亲临验视，命名定远，此已列于报中。闻此外尚有一艘亦须赶造，可见中国之于此事实有夙夜不遑之意矣。查定远船极为坚固，为近年最精最灵之船，其大可容七千五百墩，船身之长，自首至尾计英尺二百九十八尺半，横阔六十八尺，高二十四尺，装煤四百墩，吃水十九尺半，船上铁甲厚十四寸，又以薄钢皮条条包裹，具露于水面处，虽有十四寸厚甲，而吃水之处则铁甲稍薄，计厚十寸。前后中舱共有置炮之处三，皆与炮台无异，以铁包之，极形坚固。其炮台之在中舱者最大，置克虏伯炮四尊，其炮弹皆有三十星底米搭之大。所谓星底米搭者，盖德国尺寸之名也。所置克虏伯炮皆系后膛，船首及船尾两炮台较中舱稍小，置克虏伯炮一尊，其弹亦有二十一星底米搭之大。克虏伯炮外，又有若干诺登飞炮，诺登飞炮者，则一炮中裹以无数小炮，可以盘旋施放者也。船内机器则皆用双架，其运动时，有六千匹马力暗轮二，轮皆径五马，计一分时轮可旋转九十次。每一架机器有

---

〔1〕1882年2月12日。

水锅四具，双机器则水锅八具，一点钟时需煤六墩，可以行十四个半诺脱。所谓诺脱者，盖海道中英里之数也，据此则知该船之宽大坚固，便捷灵动，有非他船所能比拟者矣。此船既已告竣，而又定造一艘，其大小格式与该船一律，则诚足为中国水师之长城也。中国近年以来，凡购自外国及定造各船务求极精极美，西报中屡屡论及，以为中国之于武备实不遗余力，惟有此佳船必有善于驾驶之人，庶几不负，而中国于此尚真，阙如是亦美中不足。考之日本，自步武泰西，而后其陆兵则皆取则于法国，以法国之陆兵为天下所推许也；其水师则皆取法乎英国，以英国水师为海内所钦崇也。专心于一国之法制，而不以涉猎为事政。西人或有言日本兵船不足深恃者，而于其教兵练武之法，则每多誉词，诚以取法之专而训练有成效也。中国则不然，其所取法者，英法美德兼容并包，而用意不专，仍无裨益，即近日当轴诸公深知武备之不可不力加振兴，然从事于轮船炮械而不能储蓄人才、广为作养，则虽有坚船精械，恐亦不足深恃也。夫中国近有水师学堂之设，福州船政局前后两学堂亦多教习水师驾驶诸事，其所以造就人才者，似亦不可谓不亟，但所以造就之法，则恐尚有所未尽。英国水师除船中定数而外，其怀才待试者实不乏人，国家皆以厚禄给之，倘有缺出，即予补入，故英国惟患有才而不能尽用，断不至有欲用无人之慨。中国则反是，未能预储于平时，而欲求之于一旦，安可得耶？故窃以为造就人才实为中国第一要着，如欲人才之众多，则又当以隆重水师为第一要着。外国水师兵弁为正途功名，故人乐为之用，中国视水师兵弁为不足重轻，故人每以此为耻，必令不以为耻而反以为荣，则□起者□相接矣。夫中国有此佳船，为他国所不及，其用心至广，其费用至巨，其筹度于未造之先者，至久而今，则居然成功，且不特一之已，甚而更有加无已，他国人闻之，莫不动色相戒，以为中国之为中国非复前日之比矣，而顾以有其器无其人，徒以夸耀于国中，而不顾贻讥于邻国乎，所愿当轴诸公一筹其良法而汲汲焉，以造就人才为先务之急也尔。

（录自《申报》1882年第3179号）

巨船下水

外国报言，斯基纳洋行近在英国定造轮船一艘，其长四百三十六英尺，宽五十尺，高三十三尺，船可装货四千五百墩，其机器有七千匹马力，每一点钟可行十八诺脱，计自华至英二十余天可到，现在已于华去年十二月初二日[1]下水，命名曰斯德林加司德尔，俟货物装齐，即当驶行来华，是亦可谓巨观矣。闻下水之时，提督亦来看视，甚为欣喜，以为船身宽大稳固，将来倘有戎事，此等轮舶载运兵士最为便利也。

（录自《申报》1882年第3180号）

创局造雷

外国新闻纸言，俄人在珲春地方创造水雷局，刻下将次竣工，其机器除自造外，其购自他国者计银陆千磅之多，大约俄人欲于太平洋设守，以固海防也。

（录自《申报》1882年第3180号）

铁船下水续闻

中国家前托德国船厂代制一铁甲战船，业已造成，由驻德李丹崖星使命名曰定远，叠经登报。然当下水时如何祝颂尚未闻知，现得西友面称，颇觉详细，用特照录如下：按此船由德国五里冈机器船厂局在西德顶城所属伯累多地方造就，光绪七年十一月初八日，该船工竣放洋，经中国出使德国大臣李丹崖观察并德国诸大臣，与船局主人等同往是处目睹。会齐后李观察起而颂云："中国所备第一铁甲战船现已造竣，本大臣因奉钦派，目睹放洋，并命名情事，当即遵行，择吉于今光绪七年十一月初八日前抵该处。缘本国深信德国格物之

---

〔1〕1882年1月21日。

广，最得机器之灵，特将此事归德国船厂承办。又以近来德国战船极大，吃水不深，且五里冈船厂工人精良凤著，当令按式制成。查中国雄居东土，现在兵戎已靖，祖宗创业开疆悉已恢复，仍应设法保万世无疆之业。尔船如此威武，足验祥符，然中国文礼之邦，拟造该船作法本无期于远涉重洋，亦无责成攻侵边邦及践踏他国海岸之事，若能保护尔国以使中国日益自强，亦已足矣。并望嗣后该船所用兵弁人等，为国宣勤心如铁甲之坚，且尔船重大，如彼在波浪中又□□若此，足征该船匠首造诣精工，嗣后如遇狂风或遇御敌，惟望带领各员亦能调度有方，自可无虞，此则私心，□望彼等当默鉴也。今将尔放入洋面，命名曰定远。"于是灌浆船头，匠人截绳，船即随流而下，随后众客皆回□。德顶城五里冈局主设筵款接，饮酒间，德国船政大臣施君德士举杯谈及中国人民之数较德国不啻十倍，且中国教化最古，本先于德国，今借保护之法于我，岂非通好之情？自今始起，该船既在德国造成，将来中国可作永远平定之资，方不负命名之意，遂即举杯称祝曰："愿中国大皇帝万寿无疆！"又五里冈船主施君达勒云："本局能为别国制造大船，皆出自李大人美举，且中国与德国和谊，自李大人到此敦崇日深，凡我德人群相感激。"遂亦举杯相庆。李大人答云："中国今造兵船，委因各国船式不一，逐细较量，惟德国制法最善，是以归德国办理。查购求战船，德国最后，而德国却佳，非特该船匠人技艺之良，亦实船政大臣运筹之妙。"遂举杯向施君德士称颂。船政大臣又云："德国所造战船今能如此超众，委因该局用心最苦，谋法甚精，故不亚于他国。"遂举杯祝曰："愿该局永臻妥顺！"以后众客问答甚多，不能备记，仅摘要以录。是晚，饮毕尽欢而散。

（录自《申报》1882年第3194号）

捞获尸身

前报载英国式德来克兵船上之兵丁落水身死，尸未捞获一节，为日已久。前日[1]本埠虹口之牛皮作见有尸身浮于该处水面，已腐烂不可识认，因见其号

---

[1] 1882年3月28日。

衣，始知即系英兵船上兵丁，随用母梭兵船上之小船载其尸身至浦东安葬，葬时照例放枪以致哀云。

（录自《申报》1882年第3198号）

照译西报

美国纽约城新闻纸云，上年八月二十四日[1]，有美国领事林可麟驻德国斯特丁城禀美国国家之言载于后，近二十年来，斯特丁地方日渐开广，极要紧之事，惟五里冈厂能造轮船及铁路等项机器，此公司有一大船坞并铁路等事，可造极大船只及修整诸事。二十五年以前，此公司止有一小铁厂，年年扩充，现已常日每用工匠二千五百人，不久可满三千人，数德国国家亦常帮助，一则造船事件不须纳税，二则德国国家买过该厂兵船甚多，本领事曾至该厂略观大意，似不若美国之精细。现在，中国在该厂定买兵船数艘，不辞跋涉之远，不买美国精细之物，而买该厂之不及美国者，诚为可惜等因。据新闻纸云，该厂总办闻美领事之言，深以为异，其中诸多不实，复函至该领事，以为浮泛一观未得的实，须请识者同至该厂细为考究，再报国家。据领事答云，本意非必言贵厂之物不精，实欲借此以勉本国之工匠，惟此意既已禀报国家，未便更改云云。惟是该厂总办尚不舒服，复请德相璧司马照会美国驻德京之钦差，请为查察此事。当有闻领事之言者，随至该厂查察后即将该厂情形嘱载新闻报中。第一个凭据即系德国管理机器公会之人，此人亲至五里冈厂内，将该厂之物逐件细看，云该厂资本极大，能造大轮船及造铁路之机器，与各国极大之厂无异，其极精巧者，惟刨平机器、屈曲铁板机器，各样机器镕铸器尤为出色，并细观中国所买船中一切机器，式法毫无一点粗率之处，其于今所铸之机器，系五千四百匹马力，所用之物件均系头等各钢板，试验均极坚固，其厂之如此精妙者，以由该厂曾造过机器三千余副等因。五里冈之铁厂曾造各国兵船、商船甚夥，故德国国家委该厂造极大铁甲战船五只、铁甲兵船二只、二等兵船二只。俄国买过水雷船二只，中国买过水雷船二只、铁甲兵船二只。现在该厂造

---

[1] 1881年8月24日。

一商船，由德国往来美国及中国铁甲船，此船系该厂所造第一百只之船。现在，五里冈厂已用工匠三千余名，德国水师统领司徒石云，五里冈厂曾替德国国家造过兵船数只，顶大铁甲战船一只、铁甲兵船一只、二等兵船二只云云，连机器等物，皆能精美，实为称心，亦愿代其举荐，创造大小各式兵船云云。此系光绪五年闰三月十八日给此，据俄皇翼长水师总兵芮挖荷委池云，该厂代俄国所造之水雷船二只，如此美善，我等诚不能不拜服。光绪六年七月二十六日给此，据新闻纸内所载，止此美国驻德京之署钦差额谓，礼德及美国领事林可麟复同至该厂详细查看，乃云诸凡物件无一不极精美矣。

（录自《申报》1882年第3209号）

日事摘录

东洋报云，荷兰国水师提督哈利及翻译官颜乐亨前乘本国水师兵船，行抵日京，日皇相待颇优，并赏他日勋章二面，为该员佩戴云。

（录自《申报》1882年第3221号）

东报杂录

前日[1]，三菱公司轮船由日本来沪，带来日本新闻纸言，前报所称美国兵船与日廷游玩之船相撞一节，日廷许出赔偿修理之费，而美国兵船不肯收受，以为须俟审讯明确孰是孰非，再行核办也。

（录自《申报》1882年第3235号）

西官来沪

法国新任水师提督梅君贤，于前日[2]乘法兵船抵沪，就法总领事公廨暂驻

---

〔1〕1882年5月4日。
〔2〕1882年5月18日。

襜帷，其兵船停泊吴淞口外，闻梅君在彼小住，仍欲前往吴淞也。

（录自《申报》1882年第3241号）

演炮受伤

本年江南轮应大阅之期，水陆营伍皆认真操练，以备临时献技呈能，本埠吴淞口外停泊之兵轮船亦逐日操演。二十三日[1]薄暮六点钟时，第六号兵轮船演放大炮，有施放者宁人陆宝顺偶不经心，致两手被轰受伤，登时倒地，该船统带官急伤人将陆舁送仁济医馆，经医生施治，据云可无性命之虞。该船另有一人亦伤及拇指云。

（录自《申报》1882年第3241号）

更易水手

宁波西人来信云，宁郡之中国水师兵船所用水手均须更换粤人，以他处人充当水师，而盗贼纵横，绝无捉获，粤人较为矫健，可资捕务得力，故有此更易之举也。

（录自《申报》1882年第3256号）

美员将旋

美国水师提督式夫忒与高丽酌议和约，业经签字，此已列报。兹于《字林报》见有西人来信言，和约确已定规，式君不日将回上海，由上海附轮回美覆命矣。

（录自《申报》1882年第3257号）

---

[1] 1882年5月10日。

美员抵沪

美国水师提督式夫戠赴高以联美高之好，其和约业经定规，此已叠次列报。兹悉式提督已于礼拜六[1]乘锁答辣兵船抵沪，不日即当回国矣。至于和约条款，尚未深悉，惟闻美国当在高丽设一总领事，各口又有分驻之领事官云，至伴送式君赴高之丁雨亭军门、马眉叔观察则皆于初八日[2]启行回津。锁答辣兵船开行之日，日本使臣即于是日乘兵船抵高，现在锁答辣兵船停泊金利源码头，其船主及水手等言，高人相待极为优渥也。

（录自《申报》1882年第3258号）

论更易水手

前报载宁波之中国水师兵船更换水手一节，闻因兵船所用之他处水手类多疲软，捕务不能讲求，一任盗贼纵横，绝少捕获，故拟一律改用粤人。盖以粤人勇敢果毅，矫健胜于他处，用以充当水手，庶几可以整顿捕务，稍收指臂之助，在当事者深谋远虑，可谓至矣尽矣。兵船水手即系兵士，凡行船驾驶以及防御攻伐之事，皆责之于水手，水手而能，则水师即成劲旅，水手而不能，则有水师之名无水师之实，即使船坚炮利，举无所用之。本馆尝论中国此时购船制炮不遗余力，所要者在乎作养人材而于水师无关紧要，必须勤加训练，而后可以得船炮之用，否则孟子所谓"城非不高，池非不深，兵革非不坚利"，而委而去之，正可为中国之水师虑矣。然所谓储蓄人材者，初非谓限之以地也。粤人勇健固胜于他处，其与外国人相习，外洋水师之规矩，粤人向习见之，以勇敢之气而又略谙西法，用以为兵船之水手，自有可资得力之处。但窃以为用人之道，究不当以地限也，外洋兵船之水手亦非专用一处之人，但某国之船则用某国之兵，而其四路招集，不拘何地，第选其精于水师之法者用之，并不拘于一方

---

[1] 1882年5月27日。
[2] 1882年5月24日。

也。传言惟楚有材，晋实用之，信斯言也。天下惟楚地为有材，顾何以晋文公时，狐赵先郤诸霸佐皆非借材于楚，而城濮之师，楚人遂为所摧败，可知人材不可以地限，但在用之者何如耳？中国风俗，南方多弱，北方多强，然吴越僻处南方，而春秋之季亦有霸主。即就近日而论，发逆扰乱十余年，蹂躏十余省，其势猖狂，几于不可复制，而其后卒就荡平，所资以得力者，则楚军、湘军、淮军、皖军，实为称最，皆南方之人也，而一经曾、胡、左、李诸君训练教诲，遂足以纵横荡决，克收全功。由此言之，南方风气柔弱，北方风气刚劲，此二语殆仅就风土而言，非竟谓南方之人不及北方也。近来中国创设水师，各处皆有闽省兵船，如伏波、镇海、扬武、飞云等，其所用必多闽人，间有杂以粤人者，而说者谓闽省各船皆未见其可用，他若津沽之镇东、镇西、镇南、镇北等船，则谅必多用津人，或以为北人善骑马而不善使船，然历观各报言及津沽水师，往往称为精锐。又如沪上之威靖、驭远、测海、操江等船，其水手亦不拘一处，大都粤人及宁人居多，而本地人亦间有之。海滨之俗，多习战斗而风气强悍，用以为兵则最为相宜，而且习于水性，胆气较大，故略加训练，用以成旅无难也。今宁波水师若概用粤人，则宁波本处之人皆成无用，而自此以后，宁人自知无用而安于疲弱，绝不留意于兵事，此其患岂浅鲜哉？窃以为粤人固属可用，而他处人亦不可不并用，若每船以粤人为之领带，而使本处及他处人从而学之，认真训习，极意讲求，吾知各有所观感，安知今日之安于疲弱者后日不变而为刚强也？且宁波有兵船，他处亦有兵船，宁波兵船必求粤人而用之，他处兵船或者同此见解，亦欲求粤人而用之，恐粤人转致不敷所用，而他处之人虽有材力而苦于英雄无用武之地，任其游手无事而不之问，有是理乎？中国之人实亦处处可用，惟在勤加训练，力为整顿，不使如闽省兵船之狃于习气而不知勤奋，皆如天津兵船之蒸蒸日上，又安见粤人之独树一帜也哉？水师之法与陆军不同，而用人则亦不容故示其异。圣人有言：十室之邑必有忠信，十步之内必有芳草。如必沾沾以地为限，而曰某处人可用，某处人不可用，恐无此理也。虽然宁波之官宪以水师不能整顿捕务，一任盗贼之出没而莫能御，因欲力求振作归罪于所用之人，独以粤人为能勇往直前，可资捕务之得力而遂有此更易之举，其用必固不可谓不周密，其办事亦不可谓不认真矣，余故乐为之书而并为推广论之如此。

（录自《申报》1882年第3259号）

水手打架

十二日[1]为西人礼拜日期，兵轮船各水手每多上岸游玩，饮酒过醉辄至滋事。傍晚六点钟时，有美国船水手等，在法租界西酒店饮酒，酩酊后寻衅打架，一人头颅被伤，鲜血直流，适法西捕至，将受伤人舁入捕房，转送公济医院。据云所伤甚重，不知能否无碍也。

（录自《申报》1882年第3259号）

轮船搁浅

昨[2]午一点钟，本埠苏州河有一德国兵船上之小轮船，行过该处遽致搁浅，水手等下水用力推移，卒不得动，后经另一小火轮船拖之以去，桥上及两岸观者如堵。按该处为往苏州之要口，曾因淤浅雇人挑挖其泥，则用船载往他处，近来载泥之船少有所见，大约日久怠玩，然此等小船尚且有搁浅之虞，则再越几时淤浅愈甚，恐不免于胶舟，而由沪至苏行将舍舟而陆矣。

（录自《申报》1882年第3260号）

阅兵记闻

左侯相东下大阅并赴节日期均经列前报，兹悉江靖四营在常州并阅后，即赴苏阅抚操就，□湖合操内河水师，再临松郡阅抚标□路各营，始来本埠阅制造局，赴吴淞口验海防炮台，顺便校视各营，然后回辕。随行者除幕府外，惟先锋郝军门及文武巡捕、随员、差官、戈什哈四项各四员，护卫亲军四十名而已，一切供应概从节省，不许丰盛，是则侯相恭俭□成，非特为体恤属员起见也。

（录自《申报》1882年第3261号）

---

〔1〕1882年5月28日。
〔2〕1882年5月30日。

水手跌毙

本埠有德国兵船名斯笃克本泊浦江，兹移泊吴淞口，昨[1]晨操练，水手俱上桅杆，有一人从桅上失足跌至船面，立时毙命，昨午后即行收殓矣。

（录自《申报》1882年第3261号）

校阅水师

左侯相赴吴淞阅兵，宝山县王明府先在吴淞提督行辕西首备作校场，缘苏松、福山、狼山、崇明各镇及海澄营、泸南张统领营均在该处合操，故校场有一百十余亩之大，靠南扎成东西辕门、吹鼓亭及照墙，均有绘画，五彩相宜。辕门内筑甬道一条，演武厅东扎营房数间，海关及西首之同兴码头均装红栏杆，扎彩牌楼、吹鼓亭，张五色彩幔。二十三日[2]十点余钟，江南提督李军门偕狼山、崇明两镇台，先由本埠前去，在海关码头登岸，在浦各兵船皆升炮迎接，军门进行辕小憩，往校场察阅一周，复登轮船返沪。以校场尚有不妥处，随知照王明府迁设于张华浜营盘中听候校阅，王明府饬匠通宵赶作，并应用锅灶一概迁去。苏松镇中营亦于昨日[3]黎明移扎张华浜，该处离吴淞陆程四里，即各兵轮船湾泊处，本有营盘，该处亦搭营门、吹鼓亭并五色篷幔，悬灯结彩，极形华敞。海澄营兵约五百名，在营门之南沿浦排队，计四方五色旗数十面，青黄赤白旗各十余面，大刀钢叉数十名，洋枪队约三百名。又苏松镇标中营兵约五百名，列队营门之北，计有鸟枪、抬枪、长枪、虎衣、藤牌、弓箭手各队，并大纛旗十四面，皆绿缎红边，中以金线绣龙。另有小旗百余面，与大旗一式。每队领队一人，背插红方旗，上有"督阵"两字，颈悬战鼓。南北两岸旗帜棋布星罗、鲜明整肃，浦中炮船十余艘及各总戎官船，亦升彩旗、衔旗，钧和兵船及南首所停之飞霆、策电、驭远、威靖四兵舶均升黄色龙旗。于

---

〔1〕1882年5月31日。
〔2〕1882年6月8日。
〔3〕1882年6月9日。

时，旌旆飞扬，波涛明灭，江山如画，将士如云。仰见承平之世，武备仍修，非君明臣良，曷克臻此？十点钟时，遥见南首有船到来，各兵船皆升炮相迎，及行近，知是江南提督李军门坐船，用铁皮轮船拖带。逾二刻，浙江提督坐元凯轮船继到，各轮船重复升炮。至十一点一刻，侯相坐船方到，各轮船连珠炮响，兵勇尽上桅杆，作三层站立。两岸排队，各兵皆放枪迎接，在码头伺候之官员及各兵轮船、艇船、炮船管带官齐乘小船舣傍宪舟，递呈手本。侯相谕先阅水师，于是十二点钟时，换坐念三号澄庆兵船出口校阅。澄庆展轮时，浦中各船及岸上兵勇皆放枪炮恭送。驻扎吴淞之吴统领升炮恭迎，谭方伯、李军门各员亦随同出口，至炮台阅看一周，然后各兵船就口外操演，计轮船九号、炮船二十余号。演毕，侯相仍坐澄庆船驶回张华浜营于坐船，驻节所有陆营兵勇，闻今晨即就该处校阅，其情形容俟续记。

（录自《申报》1882年第3270号）

土船放炮

本埠英国兵船停止礼拜一、五两日十二点钟之炮，西人纷纷论议，各情节经列报。兹阅文汇报言，今为礼拜一日十二点钟时，由停泊浦江之源发土船补放此炮，俾人对准钟表云。按英兵船既停此举，承其乏者应自有人不意，皆漠不相闻，至令土船为之按时燃放。虽中西人钟表得以对准，而揆诸体例，其果相宜否耶。

（录自《申报》1882年第3286号）

兵船赴越

香港西字报述及中国为法兵攻取越南海内地方一节，颇滋不悦，刻下，粤督已派兵船七艘，加兵增炮驶赴安南察看情形，法人得此消息，随添兵前往海内。西贡所驻之法兵亦各有戒心，未识能否消弭衅隙也。

（录自《申报》1882年第3290号）

午炮又停

本埠礼拜一、五十二点钟放炮一节，自英兵船截去此例之后，美兵船曾经补放，而卒不能常以为例。前经源发土船于礼拜一[1]补放，以为虽一礼拜中止有一日，然藉此以对准钟表慰情聊胜于无，讵闻各保险公司皆不许该船补放此炮，遂又中止此事。总宜中国海关轮船补其缺憾，方为合宜。然言之已屡，未闻举行，想海关诸事税务司可以为政，究未识迟迟者何故也。

（录自《申报》1882年第3290号）

高丽近闻

日本报言，高丽近来广开口岸与各国通商，恐民间有不服之意，致滋事端，故请中国发兵船五艘，以资镇慑云。按中国前有兵轮五艘驶往高丽，系为代办各国通商事务起见，而该报谓，高丽请兵中国慑服其民，未免揣度过情矣。又闻高官于通商各务未见通晓，皆请教于日本公使，故日廷另派使臣赴高，以便前使可以代高办事。目下，新派日使不日可以抵高矣。又言，高廷前意不过欲与英美二国通商，今他国亦相继联络，殊不解其何故也。

（录自《申报》1882年第3305号）

水师回泛

江军水师炮船调集南昌城下者四十余艘，统带船各营官督率操演，曾列前报。兹悉上月初八日[2]，更会齐于曹王洲河湾大操，统领贺观察亲临校阅，闻各哨勇丁自观察接办，迭奉督抚宪谕严行汰弱，故训练以来，莫不技艺精良、规模整肃，而各营哨官更皆奉令惟谨，无稍懈弛，此次终日而毕，并未罚一官

---

[1] 1882年6月26日。
[2] 1882年6月23日。

责一勇，阅后即令仍各驶回泛地驻防，各炮船于十一日遂一齐开行云。

（录自《申报》1882年第3206号）

午炮重闻

《字林报》载，英国兵船裁去礼拜一、五两日十二点钟之炮，并非为省费起见，实以英国兵船之停泊吴淞，初无一定，故将此炮裁去。现在英兵船式德勒克，在沪工部局与之商酌，该兵船首肯，故下礼拜一[1]十二点钟将复闻炮声，本埠居人得以对准钟表，皆不胜欣幸也。

（录自《申报》1882年第3206号）

载兵传言

天津西人来信云，中国发往高丽之兵船，计已有十艘。按昨日[2]本报载，有天津消息云，派轮船三艘载兵赴高，今西人乃云十艘，究未知孰是也。

（录自《申报》1882年第3342号）

兵舰赴高

高丽内乱，中朝派招商局轮船载兵前去，已列前报。刻下招商局船业经返棹，而他兵船之陆续驶往者殊属不少，督办军务者为吴军门长庆，而丁军门汝昌副之，马观察建忠亦在戎幄赞画机宜。窃思吴、丁二帅老成持重，马观察尤熟悉洋务，不肯遽开兵端，当俟合肥相国节钺遄临，庶可面禀方略，指授戎机，或以玉帛，或以干戈，届时当可一决也。高丽山水甚恶，中国兵之到彼者搴裳涉水，行止维艰，盖轮舟停泊之区离岸约六里，而此六里中有两里水深及膝，有四里水亦没胫，水底尽系细砂碎石牡蛎壳，既乏乘舆之济，难免足趾之

---

〔1〕1882年7月17日。
〔2〕1882年8月20日。

433

穿，然舍此一路，别无坦途，不得不冒险而行也。

（录自《申报》1882年第3358号）

新造战船

去岁，日廷命横滨横须贺船厂造二百五十匹马力之木质战船一艘，现已落成，名曰海门，于上月十五日[1]下水。是日，日廷大小官吏均至船厂，以庆落成。查该船长二百零一尺，中宽三十二尺，吃水十四尺五寸，可容一千三百七十墩。船上配设大炮六尊。闻此船皆系日人自制，并未假手西人，故说者谓，此船极其坚牢，其厂中尚有一艘形如海门，不日亦将下水矣。

（录自《申报》1882年第3368号）

兵舶抵口

闻英国提督兵船及德国提督兵船现已至吴淞口停泊矣。

（录自《申报》1882年第3392号）

炮船失锚

金山脚下驻扎之炮船，前日[2]被窃去铁锚一只，即传江快追缉数日，未能缉获，江快情愿赔还，而炮船统带不允，定要破案以儆效尤，未知能珠还合浦否也。

（录自《申报》1882年第3401号）

---

[1] 1882年8月28日。
[2] 1882年10月17日。

减兵增饷之法宜于海防说

减兵增饷之议起于数十年前，而同治初年克复东南数省则皆赖历年招募之勇，而经制之兵不闻有一军足以胜杀敌致果之任者，岂兵饷既增而营兵犹不肯用力耶？不知事势正有不同耳。粤匪自粤西出于楚境，遍扰江南北间，掳掠之众，更甚于前。江浙为天下财赋之区，贼随处抢掳，足以供数十百万之人之食，而无忧饷糈之不继。惟其兵无定饷，故人亦无定额，至于菁华荟萃之区，则愈聚愈多耳。贼既众多，则官军分投防剿少，亦不敷调拨，而江浙各处，又无最险之形势可以踞一方而操全算。试思曾文正自安庆规画渐逼金陵，李伯相治其下游，而左帅又从浙之西南兜转，自外围攻，以防贼之他窜而作聚歼之计。当日，四面兜围需兵若干，设非招募勇丁，则额兵不过充二十分之一，何能处处防制，使败卒亡于江浙，而从此不复更炽耶。夫乃知经营于内地者，仅仅以减兵增饷为事，犹未足以操胜算也，若夫海防，则其势不在于兵多，而在于兵精，果使操练得法，器械铦利，熟悉海面形势，周知中外人情，一船得一船之用，一人得一人之力，则虽十人中裁其九人，而以十人之饷并为一人，其事亦属可行也。盖近来海防所重，守口为上，而游击次之，环东南万余里，虽处处有海口，而现在轮船铁甲实有不便驶入者，故如前明防倭之法，迤逦设置，几偏海岸而无不有兵者，在今日转为赘疣矣。且水师船只前代仅泊于内口，现在轮船铁甲必于洋面布置，不仅于口门停泊，苟能择要地以驻之，则敌船直入，既可遏御，即敌船旁窥，亦能移截，一处屯有重兵，而数百里海岸可以无窥伺之虞，所以船固不必太多，而人亦无须过众也。守口之船，务选至坚至大者，其次等者则用以游击，遇有敌船在海岸无兵之处，捣其虚而攻其不备，即以此等船炮应之，总期一船可抵百十船之用，即一人可代百十人之力，而饷糈则不可不丰。泰西用兵所以人心坚定，遇事能忍者，原止在兵饷之足赡身家，故其兵不多，而有事时，自能获胜。从前越海寻地者，每至一处，辄得其地而治之，如英之于印度及阿美诸洲，当时以英之地势论之，即罄国中之兵，亦不敌土人之多，而况主客异势，劳逸异情焉。欲得其地而治之，岂可操券者，乃居然成此大功，享美利于数万里之外，缘其所到之处，皆无纪律之兵，不若英之优于养勤于教之为有功也。顾以泰西兵饷之制，欲我中国仿行之，其事正不甚易，泰西一兵每年之饷有至数千金者，其室家之耗、衣食之费，数倍于中国，不至此数则不敷其一年之所用，而执戈衔枚之日不免内顾之忧，故相沿如此。若中国则一中人之产，岁百金而已足，况为兵者大都无室家之累，犹有不需百金者，准情酌理，一兵而月饷八金，其有家者已足资俯仰之需，其无室者亦可积成家之费，较之泰西不过十分之一，而在中国自无虑兵之不精矣。向例额兵月饷三两，勇则月给钱或六千或八千，尚不倍于兵而成效已著。于剿平粤逆之会，今天津所练北洋水师及各省轮船上所用诸色人等，以兵饷勇粮核之，特有加增，惟海防之制未能一律，师船既无定额，统率不归一人，各省有各省之章程，而又随时缓急，未免偏枯浮费之致。窃谓目下海疆安静，正可从容措置，第一在选择人材，既得其人，优其养赡，以期兵心之专一。勤其教练以冀技艺之精，工兵虽不多，而自敷于用饷，虽太费而绝不虚靡。而尤在环海万余里，声势联络，呼应贯通，庶异时积习相沿，无内地绿营此疆尔界之弊，则于海防一事，盖已全权在握矣。抑有说焉，减兵增饷，固为海防要着，而人情多贪，厚于先而薄于后，其流弊又不可饬言。用人之际，急于召募，不惜重资，及事稍平而通盘筹算，又须节省以善为继，如燕台红单船添募广东水勇五百名，月饷自十五两至八两，今拟改为额兵，一律给饷三两，且闻欠饷已有八月，恐该勇丁不特不敷于用，而且怨咨交作，此即咸同年间军营之积习，然以今日创办海防，正不宜有此等情事，是在当事者通筹熟计焉尔。

（录自《申报》1882年第3402号）

照译日本国海军全部战舰事

一东舰，四等暗轮铁甲兵船，可容七百墩，马力五百匹，上有大炮七门，军士一百三十八名，管驾官井上氏，于一千八百六十四年造于法国，此舰已朽矣。

一天城舰，四等暗轮兵船，可容九百零八墩，上有炮九门，军士一百三十名，管驾官泷野氏，于一千八百七十七年造于日本横须贺船厂。

一浅间舰，三等暗轮兵船，可容一千一百零四墩，马力三百匹，上有炮十二门，军士一百三十一名，管驾官松浦氏，于一千八百六十八年造于法国。

一千代田舰，六等暗轮兵船，可容一百墩，马力六十匹，上有炮三门，军士四十四名，管驾官高木氏，于一千八百六十一年造于日本武藏石川岛。

一富士山舰，三等暗轮兵船，可容一千墩，上有炮十三门，军士二百五十名，管驾官齐氏，于一千八百七十四年造于美国。

一扶桑舰，二等双暗轮兵船，可容三千七百四十墩，马力三千五百匹，上有大炮十门，军士二百九十八名，管驾官松村氏，于一千八百七十七年造于英国，船有铁炮台。

一比睿舰，三等暗轮兵船，可容二千二百墩，马力二千五百匹，上有炮十三门，军士二百五十名，管驾官伊藤氏，于一千八百七十七年造于美国，此舰铁骨木皮。

一凤翔舰，五等暗轮兵船，可容一百七十三墩，马力六十匹，上有炮六门，军士六十七名，管驾官山崎氏，于一千八百六十八年造于美国。

一磐城舰，五等暗轮兵船，可容六百墩，马力六百五十匹，上有炮七门，军士七十五名，管驾官未详，于一千八百七十八年造于日本横须贺船厂。

一迅鲸舰，四等明轮快船，马力三百五十匹，上有大炮四门，军士一百十九名，管驾官泽野氏，于一千八百七十六年造于日本横须贺船厂，此船系备日皇所乘。

一春日舰，四等明轮兵船，可容一千零十五墩，马力三百匹，上有炮六门，军士一百三十四名，管驾官礒部氏，于一千八百六十三年造于英国。

一金口舰，三等暗轮兵船，可容二千五百墩，马力二千五百匹，上有炮十三门，军士二百五十五名，管驾官伊藤氏，于一千八百七十七年造于美国，此舰系铁骨木皮。

一孟春舰，五等暗轮兵船，可容三百零五墩，马力一百匹，上有炮四门，军士六十七名，管驾官大村氏，于一千八百六十七年造于美国。

一日进舰，四等暗轮兵船，可容七百八十四墩，马力二百五十匹，上有炮十四门，军士一百四十八名，管驾官笠间氏，于一千八百六十九年造于荷国。

一雷电舰，五等暗轮兵船，可容二百四十墩，马力八十匹，上有炮四门，军士五十二名，管驾官增田氏，于一千八百五十年造于英国，此舰最老云。

一龙骧舰，三等暗轮铁皮船，可容一千四百五十六墩，马力二百八十匹，上有炮十五门，军士二百七十八名，管驾官福岛氏，于一千八百六十五年造于英国。

一清辉舰，四等暗轮兵船，可容八百九十八墩，马力一百八十匹，上有炮十门，军士一百三十八名，管驾官绪方氏，于一千八百七十四年造于日本横须贺船厂。

一筑波舰，三等暗轮兵船，可容一千零三十三墩，马力二百匹，上有炮十二门，军士二百七十五名，管驾官鲇浦氏，于一千八百五十一年造于英国。

一丁卯舰，五等暗轮兵船，可容一百二十五墩，马力六十匹，上有炮八门，军士六十七名，管驾官杉氏，于一千八百七十六年造于英国。

一乾行舰，四等暗轮兵船，上有炮六门，军士一百四十四名，于一千八百五十九年造于英国。

一摄津舰，兵船，上有炮八门，军士二百零六名，造于美国。

一圣敏舰，七等兵船，上有军士一百五十名，造于英国。

一苍龙丸，七等小快船，有军士三十八名，管驾官原田氏，于一千八百七十二年造于日本横须贺船厂。

一海门舰，四等暗轮兵船，可容一千三百七十墩，马力二百五十匹，上有炮六门，军士一百六十名，于一千八百八十年造于日本横须贺船厂。

一天龙舰，四等暗轮兵船，造于日本横须贺船厂，现未下水。

其外如快风丸、石川丸、第一利根丸、第二利根丸，皆系七等小快船，专备运送所用，均系日本各船厂所造。

（录自《申报》1882年第3403号）

水手闹事

本埠前日[1]有英德二国兵船水手上岸游玩，至法租界洋泾桥地方外国酒店内饮酒，德国水手二人，一则修伟多力，一则短小精悍，饮毕出门，乘醉互推为戏，旁有英国水手见之，谓其恃强而欺弱也，代抱不平，上前争执，不料被

---

[1] 1882年10月19日。

殴受伤，乃呼英水手之在岸者同斗，而德国水手亦召集其党为助，然德人多至数十名，且持有刀械，而英国水手不过二十人，徒手与敌，众寡既殊利钝，复判遂大遭所窘，受伤者九人。法界巡捕闻信前往弹压，并急知照英捕，及捕集而斗已毕，受伤诸人其重者头颅击破，肩臂亦有损坏，英捕舁回捕房，令医生将伤口扎好，而轻伤者同送医院医治。一面关会德国兵船，兵头派兵上岸拘拿，然俱已星散，无从查考矣。昨日[1]复派兵数十人登岸访拿，陆续拘回者不过数人，谅当惩罚。按本埠外国酒店不止一处，闹事亦时有所闻，其贻害实匪浅鲜，何不严行禁止，或酌示规条不准饮酒者贪杯寻衅，如违，将该店一并从重议罚，庶几有所戒惧，免致常起争端矣。

（录自《申报》1882年第3403号）

添设炮舰

闻南洋大臣有专函至闽省船政局，欲定购长江炮舰三艘，饬局详开工料价值并制造，□日先行报明，俟接报之后即拨款绘图兴造，盖以固天堑而实江防也，其工竣之期闻极速须在明年春夏之交云。

（录自《申报》1882年第3406号）

水手滋事续述

前报载英德两国水手在本埠闹事争殴一节，兹悉德国水手回船之后，兵官悉予议罚并严禁，嗣后不得上岸。其英国水手被伤较重者两人，至今尚未痊愈，其余仅受微伤者，则已日见轻可矣。

（录自《申报》1882年第3406号）

---

〔1〕1882年10月20日。

法兵会操

本埠昨日[1]十二点钟时，有法国兵船西兵一百二三十名，各执□枪至跑马场操演，拖带钢炮一尊，步伐整齐，军容严肃，中西人之往观者约有二三百人，至二点余钟操毕，仍由泥城浜绕道至八仙桥出法大马路，在浦边各乘舢板以回本船云。

（录自《申报》1882年第3409号）

兵官至津

天津操练水师甚属认真，前聘法国兵官高文、明亚两君襄办事宜，优给廪气，闻两君有因期满归国者，是以另聘英国水师兵官来华相助为理，前曾列报。现闻水师兵官冷君到津谒见傅相，甚为投契，水师营务处已在紫竹林购地，不日奠厥攸居，中国水师将蒸蒸日上矣。

（录自《申报》1882年第3410号）

兵船搁浅

招商局之江宽轮船于本月初二日[2]抵汉臬，载勇百余名，有营官压队而来，勇丁号褂上写"贞字营"字样，询系福建海口撤回者，该勇多系湖北人，闻亦有湖南人。盖司装兵之原船不熟港路，至安庆一带遇沙搁浅，适江宽轮船经过，兵船即倩江宽拖行，无如水浅舟重，不能遽驶，乃先拨勇一哨，托江宽赴汉臬以便先撤，其余勇丁则俟该兵船到汉再行全撤云。

（录自《申报》1882年第3410号）

---

[1] 1882年10月26日。
[2] 1882年10月13日。

会阅兵船

前日[1]有法国兵船名费拉进口泊于浦江,是由法国新造,为第二等兵船。在船有大兵头一人,副兵头一人,船主正副各一人,医生二人,法兵及水手等共二百七十九人。法总领事傅君请苏松太道邵观察前赴该船观看,预备外国舢板船两艘在法公馆码头伺候,洋务局提调兼水利局总办张翰卿太守暨法翻译于君,于昨[2]午后两点钟时随同邵观察乘舢板并往,法总领事已早在船,兵头等遥见观察将至,吹号集人,各执洋枪排班迎接,升炮三声。观察与张太守到船与兵头、领事叙礼毕,先观船面所列大炮共十五尊,均后膛炮,据云,每尊重约一千四百五十磅,弹子能放一千码远,炮能左右旋转,曲如人意。除船头正中大炮外,两旁各设六门,连珠炮一尊,亦可旋转。船有桅杆三枝,吃水前十五尺,后十三尺,长有数十丈。观察于舱面看过后,复下第一层舱看军器,惟见洋枪、手枪及各式军械鲜明夺目,再下第二层看机器舱,则皆枪炮上应用物件及各式气机等。阅过一周,复至上舱,兵头留茶,随从人等各饮洋酒。观察宴毕,致谢起身,各兵仍排队相送,张太守暨于翻译官同乘舢板登岸回公馆,则以见法国水师实海外之一劲敌也。

（录自《申报》1882年第3411号）

论美将式君书中讥中国水师语

美将式夫忒者前因美国与高丽通商换约,中朝为高丽左右其事,派员与式君同往,式君往返津高曾数阅月,与中国官员稔熟,而式君留心时事,遂能考悉中国之情形,而与书美员以论时事。然则式君亦极聪明有识见之人矣,本报前闻其有此书,未观其稿,据西报言及,以为书中大部讥诮中国之语,昨[3]始由伦京晏叙拿爹厘而剩付日报中译出,以供众览。核其书中所云,洋洋洒洒

---

〔1〕1882年10月27日。
〔2〕1882年10月28日。
〔3〕1882年10月30日。

几千言之长，虽有中外情形不同，据臆揣测之词，然亦有切中重要处，所谓当局者迷，旁观者明也。夫中国自与外洋交涉以来，所以为筹边之计，务本之图者莫不曰以水师为重也。水师者，海面之水师，而非内地江河之水师也。江河之水师，中国本有旧创绿营，额兵本分水陆二途，各省多用，亦云大备，加以长江水师联络五省，特设专员，较诸道咸，以前似觉能可再议。而目前内地安谧，又不必多事更张，所要者沿海一带有事则图边，无事则卫商者也。然而福建创办船政以来，渐而各直省之有海口者，无不造船、购炮、买铁舰、制水雷，费帑者不知几十百万，教习者不知几十百人，次第整顿盖亦二十年有奇矣，何以未见明效大验乎？式君初不知中国兵制，以为文官权重武官权轻，兵将之奉令者，并非有为国出力，敬重兵官之意，不过畏刑而已，此固中朝制度之有深意存焉者，非式君所知也，即谓中朝于水师，无水师官品级高低之设，故百姓以习水师为不堪设想，亦止仅见其迹耳。盖重文轻武原以武官专于带兵，故不使预地方之事，而平时提镇受督抚统辖，有事则受其节制者，亦非故抑武员之权使不得伸，亦谓督抚既有统属文武之责，即当知兵，无事校阅，有事调遣，自不致负朝廷委任之心，故兵之有用无用，在督抚之得人不得人耳。若得其人，督抚譬之武官可也，且武至杨督有升授总督之例，由是以观，尚得谓之轻武乎？武员升迁速于文员，五等之爵以旌军功，其重可知也。惟文武分途，不相为属，虽佐杂之员与镇将平移，又因武员不准干预地方，兵民交涉不能由其独断，或有纵庇营兵之案，地方官得而阻之，因之有取辱者，此则似乎武官太轻，而要亦体制如此，与武员之自轻也。如使中国之武员亦若泰西之重，势必责武官以读书，考其通达古今、洞晓世务者，然后畀以统兵之仕，然而谈何容易也。且武官而皆由读书起家，谁不乐为文官，而乃甘就武职耶？此尤人情之异于泰西，非一旦可以改变者矣。至若水师之在沿海者，从前虽有外海水师之目，官有品级，兵有赏罚，然皆绿营之旧规，且所设不多，沿前明防倭卫所之制而历久不废者，按之今日之势，尽无所用。目前之海防经各省督抚创始，为之本无成规可按，品级之高低，宜其不可考也。然津沪闽粤事事整顿，当事者已知水师之要领，在乎得人，广开学堂以招生徒，优给薪水以资学习，凡学徒之肄业者，定以年限，不许回家，限内并不得婚娶，盖欲其久于其事，实给以重资赡家，不令之分心旁骛，此已深知西法教练之善，而暗师其意也。而每值学堂始开，人家之愿送子弟肄业者，曾不数日而已逾定额，可知人情已稍转移，并不以习武为可耻，视水师为畏途，何不堪设想之有耶？虽然式君此言以美国之人而论中国之事，在中国，当事者切勿以其立说之隔膜，而置而不听，还当以其发药之对病，而急于自医也。现在购制船炮、教练人才，事事均在草创，以渐而臻，原不宜即求速效，如日本之虚夸。第海疆安堵，中外绥和，机会亦不可失。及此闲暇之时，亟于海防筹整顿之策，首先以联络声势为宜，自北洋至南洋，袤延万里，目下各省之兵守各省之口，各省之关济各省之用，船炮不为不多，饷项不为不继，果能仿长江水师之制，使最而无稽者，皆统于一尊之权，则沿海布置自为声援，兵虽力分，欲合则合，有事以御敌，无事以保商，此莫大之功也。牖下闲谈尝欲以海防之策，干当道巨公因循未果，今见式君之书，甚愿柄国者统筹全局，力矫弊端，无使外人之匿笑于旁，则中国幸甚。

（录自《申报》1882年第3413号）

兵船抵鄂

前报自福建海口撤回贞字营防海，楚军一营约计五百余名，因装兵之船行抵安庆一带遇浅搁住，为减重计，故分饬一哨先赴鄂省数周，迨□初九日 [1] 该轮船大帮齐到，当泊于汉阳大别山□江中。该兵船湘籍居多，立唤大巴幹船两艘，分道而去，所有回空之元凯船是日午后移泊下关，未遽返闽云。

（录自《申报》1882年第3415号）

外洋消息

法公司轮船带来外国新闻纸言，中国现在德国斯答丁之五里冈船厂定造炮船，目下尚未告竣。一日，驻德公使李丹崖观察亲往五里冈督察船工，并谕令赶造水雷船四艘，限明岁上半年必须告成。又言英国近拟另发水师提督

---

[1] 1882年10月20日。

座船一艘，名亚得西挨斯驶至中国，调换现在之爱伦克兵船，其船并已试演两次，华八月十七日[1]复试演。前两次所用系挑选最高之煤，人亦系操演精熟之人，今次则煤用其次者，人亦多用生手，似乎较前两次稍逊，试演之后，以情形禀知水师衙门，称为合用。查该船所用之煤，三分之一英国北边之煤，三分之二系惠立思之煤。所用诸人皆系生手，而一点钟行十一诺脱有余，进前退后亦甚便捷。该船计有三千零五十一匹马力，而所用之煤，一点钟用煤三磅七两，可得一匹马力。船上机器转舵及放水雷，一切皆系新式，故水师衙门以为可适于用也。

（录自《申报》1882年第3430号）

新舰告成

招商局前向英国定购明轮船一艘，兹闻该船业经工竣，于八月十七日[2]下水，其船之大，有二千九百五十墩，其机器有二千匹马力，命名江祐，招商局早聘定船主，命至英国运船来华矣。

（录自《申报》1882年第3432号）

津沽近信

旅顺口为北直咽喉、陪京锁钥，去年夏间，李傅相曾命德人汉纳根相度地势，建一炮台于此，今已落成。闻炮台系西式，前有西国水师提督前往游历，诩为新异坚固，除该炮台已驻陆兵外，而复于旅顺口派铁炮轮船把守，炮台则屹立于陆，兵轮则严扼于水，昔日茫茫烟水之间，今则俨然一重镇矣。

（录自《申报》1882年第3453号）

---

[1] 1882年9月28日。
[2] 1882年9月28日。

造船传言

福州西字报言，风闻中国近饬福州船局制造铁甲船十艘，其银由江南分四次解送，第一次银三十万两，已由左侯相拨解矣。此说得之传闻，未知确否。窃思福州船局为中国各船厂之冠，物料既美，人工亦廉，或者此信属确，亦未可知。但按铁甲船工价极巨，今一次解银三十万，四次不过一百二十万两，尚不敷一船之费，欲制十艘，谈何容易？以愚意揣之，殆即本报前述江督请船局制造快船之信，以此讹传，遂以为铁甲船耳。姑录此以俟的音。

（录自《申报》1882年第3458号）

东瓯琐志

温标水师自裁兵增饷后，愈加整顿。光绪六年，余君德臣摄中营水师游府，挑选健卒亲加训练，于寻常各技外，添习后膛六合枪炮及拳棒等技，厥后谭中丞大阅，见兵丁之勤奋，阵法之森严，为赞赏者久之，而各营兵弁亦无不畏威怀德也。余君性耽书史，公余之际，手不释卷，弦歌觞咏，无一不谐，盖有儒将风焉。今者瓜代届期，地方绅耆公送匾额颜曰"儒将"跋语，有治军则纪律严明，抚字则恩周遐迩，文武兼优，慈勇交济等语，亦可见惠泽之入人者深矣。

（录自《申报》1882年第3459号）

论日本习西法之认真

日本向亦为闭关自守之国，其通商泰西历年殊不甚多，然而大有一变至道之风，此具故何哉？其用心专而习业勤也。西报言，日本有王爵名带基喜督前在英国水师学堂习学水师之法，近来业经考取，学业已成，可在英国兵船任第二等兵官。日本报亦言，明年正月，拟派兵部中学徒附琉球港轮船，前往美国游历，每人给以洋七十元，本馆皆译而登之，不禁叹日人之用心而无惑乎，其变之速也。西人论日本，谓兵船、铁甲船皆不甚坚利，而且寥寥无几，殊不足以张军势而振国威，独于日本之兵士，则以为精锐果敢，可与有为，可知日人之知所急矣。子舆氏有言，兵革非不坚利，委而去之，则亦无足深恃，然则治国者岂徒恃兵舰之坚利、器械之精良而遂可有恃无恐也乎？苟不亟为储蓄人材，则亦等于委而去之之例已耳。泰西各国机器、用事、枪炮、轮舶无不精益求精、利益加利，而其于练兵训武则竞尚列阵图，而不肯丝毫苟且，其在本国者，吾不得而知，即就在上海之外国兵而论，水师兵舰停泊口外，不过藉以壮声势以保护在华诸商而已，此即驻防无事，河上逍遥亦乐得享安闲之福。而西人则必时令上岸常加训练，一年之中必有数次会操，而且会操之时，必步伐整齐，气象严肃，不啻两军对垒，不作儿戏，观此其认真为何如者？又如本埠西商之团练兵皆行家，自为联结，自壮其声威，但得稍知步伐，亦足以豪矣。而乃团操之期，屡见于报，或马或武或枪或炮，莫不俨同临阵，宛若交绥，此其认真又何如者？即此以观西人之于武备，其为用心也至矣，彼其用兵也，岂徒恃炮火、军舰者。设普法之战，普已属蹶而一振之后势如破竹，法国几于覆巢之下无完卵；俄土之战，土国先亦时有小胜，而其后遂一败涂地，几不自保，彼其兵舰同是西法也□，其枪炮均是西式也，而胜负之相悬至于如是，则非器也，其人也，人而善用其器，则器虽稍钝而亦足以制胜，人而不善用其器，则器虽极精而徒足以资敌，此理势之必然，不待明哲而后见者也。日人知此理，故于习学西国水师之法极为认真，其先早有习成归国以为国家之用者，计已不止□辈□。带基喜督以王爵之尊，不惮辛劳，不自矜骄□然，就学于英国，盖以在本国学习西法，即使专心致志，教者尽心传授，学者用心□□，究苦于所见不广，究苦于有所域□。至英国，则学堂中虽有他国之人，究属英国人为多，日与相习，所见所闻无非水师应为之事，所谓置之庄岳之闻不患咻之者之众，此所以学业之成如是其速也。日人之赴英学习水师者，固不止一王爵，惟王爵而亦取于学习水师，益足以见日人之于西法有惟日不足之志□，他国所不能及也。虽然是，岂真不可及者哉？凡人之心专则能入，凡人之业专则能精。中国近来亦既竞尚西法，其购战船也较日本为多，其制军械也较日本为广，其设立水师学堂以教华人之习用西法，然福州船政局未尝不见其广收博揽，以储他日之用，又恐□教众咻不能专一，又派幼童出洋习学，虽所学非尽水师之法，而其用心亦良苦矣，其费资亦良巨矣。然而习之已成者，卒不多见，即曰有之，亦不过粗其规模，究有何足深恃。而幼童之出洋者，且有半途而废者矣，惟天津水师，西人颇为钦重，其余则皆蔑视之。窃思中国仿效西法而偏于□事，让日本以独步，殊为可惜，计不如于裁撤各营兵弁之中，挑选若干人，资送出洋，使之专心习学水师，习之既成，然后返华，量材授使，以备大用，如此则中国之水师不患无人，而且少无限游手好闲之人，其为益不亦大哉。

（录自《申报》1882年第3467号）

易炮而球

本埠每逢礼拜一、五上午十二点钟，由英国兵船放炮，居人皆得对准钟表，最为便事，嗣忽停止，本报曾经述及，并有诸人议论纷如，谓英兵船欲省炮药者有之，谓中国挂星轮船当为补放者有之。其后，美国兵船曾经代放，不久即止，而英兵船则以为并非为省火药起见，实以另有他故。厥后英兵船仍照旧放炮，人皆不胜欣慰。现在则花样又翻，不放炮而悬球，每逢礼拜一、五午正之时，英兵船悬一大黑球，时过去之对钟表者，多辍业前赴对表，颇有病其仆仆者。然设并此而无，则不便有尤甚者矣。

（录自《申报》1883年第3487号）

铁舰告成

中国在德国五里冈定造铁甲船两艘，第一艘命名定远，前已下水，曾经列报。兹阅外国报知，第二艘亦复竣工，于十月十八日[1]下水，李丹崖钦使带同随员亲往观看，德国水师部大臣亦至，船经下水，乃至斯答丁大客寓内宴饮，李钦使祝颂德皇，德水师部大臣亦答祝中朝大皇帝，互相揖让者久之，极尽宾主之欢。德国水师部大臣为命该船之名曰周远。该船照德国尺寸，计长九十一咪得，阔十八咪得零三，深七咪得零四，所谓"咪得"者，乃德国尺寸名目，

---

〔1〕1882年11月28日。

每咪得约英尺三尺有奇，能装七千五百墩，炮位等件装载齐全，吃水计六咪得。船身极为坚固，分格约有二百光景。船上有两炮台，每台置克虏伯巨炮二尊，其炮口之大，有三十零五审的咪得，"审的咪得"亦德国尺寸名目，较英尺一寸略短。船头、船尾又有克虏伯炮各一尊，其炮口之大，计十五审的咪得，其机器有三千匹马力，每一点钟能行十四个半诺脱。船头有触船利器，另有放水雷之船两艘，凡小艇、铁锚上落均用机器，不须人力。中国有此坚船，大足以壮水师之色矣。

（录自《申报》1883年第3492号）

英舰来沪

昨日[1]，英国水师提督之威奇能轮船驶抵沪渎，泊于海关前面云。

（录自《申报》1883年第3615号）

悬旗志庆

昨日[2]系英皇六十四岁寿诞，本埠浦中停泊英兵船数艘并各国兵船，均高悬各色彩旗以志庆祝，五光十色，绚烂夺目，惟英水师提督之威奇能兵船大桅上则高悬英国皇家之旗，尤为炫耀云。

（录自《申报》1883年第3632号）

水师听调

传得北洋水师兵舰现均聚泊烟台、大沽两处，听候傅相到沪后传电调遣。

（录自《申报》1883年第3634号）

---

[1] 1883年5月7日。
[2] 1883年5月24日。

会阅兵船

彭宫保于前日^[1]偕同江南提督李军门往吴淞口会阅兵船操演，于今晨回沪，有炮船八号泊于英租界之苏州河铁路大桥左近，然炮船定章夜间须击鼓鸣炮，黎明时又须鸣炮，是以宫保已饬家丁持名片至英界会审公廨，嘱为知照捕房云。

（录自《申报》1883年第3638号）

英船北驶

前报述英国各兵船由镇江回沪一节，兹悉各兵船均由镇江过吴淞口驶赴烟台，惟威奇能兵船则于前日^[2]午后抵沪，将法公司轮船所寄之各界信收齐，始于昨下午一点半钟出口前赴烟台也。

（录自《申报》1883年第3647号）

水师严肃

上海祥生老船厂有中国之超勇轮船在彼修理，该船规例俱照西律，有兵丁某不告假而擅自出去，至前日^[3]回船，船上兵官声其罪执而鞭之，盖以代西法之监禁也，似此认真严肃，中国之兵庶有豸乎？

（录自《申报》1883年第3651号）

英舰来华

香港西字报登有上月二十九日^[4]伦敦发来电报云，英国现须再放兵舰两艘

〔1〕1883年5月29日。
〔2〕1883年6月7日。
〔3〕1883年6月11日。
〔4〕1883年6月4日。

来华，查该两船一名鲁伯，一名山能，均系铁甲船，大五千余墩，机器有三千余匹马力，装有巨炮，大约为保卫商局起见也。

（录自《申报》1883年第3652号）

兵船荟萃

烟台来信言，烟台地方近日停泊之中国兵船共计有十四艘，闻将来尚有续到云。

（录自《申报》1883年第3658号）

外洋消息

外国新闻纸言，法国两兵船一名阿乃美忒，一名美多，于华三月二十八日[1]由法国都郎地方装载兵粮，计可供七万兵之用。又有军械多件及各兵船食物四百五十墩之多，每艘载兵一千前赴安南。又有兵船名平和，定于四月十四[2]开轮驶赴安南，皆装水师各兵云。又言，法国水师部大臣言，法国现简安南使臣，必须命安南王于和约粘抄上签名，允许法人保护安南一节，其征收粮税悉归法国，该使臣必与安南王面议，他人不得参预，计以所收粮税三分之一归之安南王，以资用度，核计安南每年可征税饷三千万法郎克，以三分之一供给法官、法兵之在安南者，再以三分之一为安南整理诸务，其余则归之王，大约即安南所出以给安南之度支足敷所用，无须法国帑项也。红河两岸地极肥饶，人民稠密，出产繁多，法国当为保护。法兵现在安南者已足调用，但须略加增益。安南兵之经法人训练者，亦能办事，将来再加募练，即可省法兵之力，而法人于此可得一大利源。现在法国所派兵费，亦已拟定，决计发兵至彼，即或遇雨，然雨时可以按兵不动，俟晴霁后再行开战，中国见法兵已至，则亦无烦饶舌，安南见法兵至，心思亦可有定也。按此说，殆尚在李威利凶耗

---

[1] 1883年5月4日。
[2] 1883年5月20日。

未到之前，现在兵败将亡，恐该水师大臣又将另为筹策矣。又云，中国在德国五里冈定造之定远兵船于四月初四[1]试行，李丹崖钦使临验，并有水雷船四艘一同试驶，计一点钟可行十四诺脱零四分诺脱之一。又言，荷兰国新造极大之轮船名波利戏尾亚，可装四千墩之多，当初下水时，其势过猛，虽抛锚而不能止，适有巴西国轮船名布爱诺司爱立斯在码头装货，该船顺水直下，突撞于巴西轮船之腰，势将立沉，幸有两轮船急将巴西轮船拖至浅处，人口尚无毙命，惟巴西轮船水手有数人受伤，现在两船均各损坏，皆须大加修理也。

（录自《申报》1883年第3659号）

论中国兵船仅足自守海口

目前，中国之势所以不及他国者，以练兵未久，仿效西法诸事初有端倪，可以自卫而不可以出海，故安法之事，识时务者恒惴惴焉，以为因安南而与法人交战，殊无必胜之策也。试观近日情形可以知，中国之置安南于不闻，一任法人之得尺得寸而不早为之计者，固非有意迁延，而实度德量力，有不得不慎重者在也。泰西船械之利，先于中国者数百年，自荷兰泛舟寻地，西葡英法接踵东来，南洋诸岛向受中国之封者，忽焉为泰西所攘踞，嘉靖以后，贡舟不入，册使不通，番酋之权，尽成守府，而欧人埠市，无处不有。其时，夹板船通行于数万里之外，不畏风涛，不虞剽窃，迨火轮舟既兴，而往来更觉便捷，四大洲之土，近揆户庭，而诸国本根全在商贾货船所聚，保护弥勤，于是，兵船又梭织于重洋之上。中国以道光季年之变始，翻然改图讲求商务，渐而仿习西法，购置军械，定造火船，思自致此富而以与诸国并立，然首尾不过三十年，凡事正在学习，功效未臻，出洋之使与领事等官，所以保护出洋之佣工，经当事者屡议屡请，而后决计遣发，此无非五六年间事。由是交涉诸务可就近与其国外务大臣商办，而华人之出洋者，亦得隶华官之治。顾船械未即精利，以西法练兵，仅足戍守海口。而华人之在他国大抵佣工为多，不如他国之□属富商大贾也，因而西国以兵船保商贾，中国尚未能仿行之。近年，招商局轮船

---

[1] 1883年5月10日。

间或一至欧洲，然商船而非兵船也，故西国使臣来华则乘其国之船，而华官之往驻外洋，辄附各国公司船，从未有以己船往者。盖中国不以商贾为本务，幅员广长，地利蕴结，穷数百年之取求而未能尽，不必寻新地于海外，如欧洲驾驭之势，故兵船之驶行外洋，一则仿学未久，功效不能遽收，一则志不在此，有意视作缓图也。然使中外相交，各有保泰持盈之念，坚守约章，不开隙端，则虽目前兵力仅能自守口岸，而未尝涉历外洋。而华人风气日开，近年出洋者亦颇有挟巨资以经营，或创设公司纠合股份，思成久大之业，招商局获利渐旺，势可扩充，业已放船西去，周历各国。察其地方之形势，揣具生意之兴衰，为分设外洋埠头准绳，当事诸公志定谋决。通商之事方兴未艾，将来华商到处成市，财货充利，轫饷攸关，虽中国根本，未必全在乎此。而既与泰西各国并驾齐驱，则以兵卫商之意亦不可不竭力谋求。内地海口防兵整治多年，渐觉绰然有余，学堂生徒技艺习熟，统领驾弁皆识海道之方向、路程之远近，与夫枪炮水雷之用法，然后派拨若干船，梭巡外洋，分驻各国，以卫商民，以张国势，安见彼常有余，而我恒处于不足哉？无事则已，若有违□，不能免于以兵相见，彼或骤增兵船以捣海口之虚，我何能先发兵船以制敌军之来，势均力敌，成败利钝之数，正未可知也。乃目前则大不然，安法固已交绥，而中国未尝举动，属国与否，争论不定，哀的美敦之书未必竟发也。公司使馆之旗，不见遽下也。乃法廷阴谋诡算，行将发遣兵船，伺我于海口之外，见有中国船往南洋，则中途截击之，勿令说接济安南也。前日西报所传，有戒华船勿往南洋之说，固相符合。然则中国海口凡有兵船之处，法人已早知之，彼果随处阻截，是我之船直有寸步不能移之势。至船不能移，犹得曰我将以救安南耶？当安事初有变动之日，他国之西人有深明中国之时局者，以中国虽有船械而无能用船械之将帅，窃恐未与法战，而船为法兵所夺。斯言也，或以为过虑，乃观近日法廷之号令，则竟以此为先着，吁可畏也。夫主战主和，众论哗然，未可以一言决，独不思中国目前之势，正如乡邻赴斗，乙可率众登门，甲止社门不出，盖待有未至而操术又不同也，为此言者，岂徒自贬也耶？

（录自《申报》1883年第3664号）

兵船抵沪

前报言，法国兵船名盖力生当于十一日[1]前抵沪，兹悉该兵船已于前日[2]下午到埠矣。

（录自《申报》1883年第3677号）

外洋消息

英国报言，近日，中国驻德钦使李丹崖观察在斯答丁五里冈船厂定制水雷船十艘，并海战应用，毁坏敌船各物，又在他厂定制水雷一百二十枚。又云，中国在五里冈船厂定造之定远铁舰，合同内订定十八个月为期，现在业已两年有余，虽已下水，而尚未竣工，恐中法衅成，必需此船应用，故李钦使深抱不安，现已亲往五里冈与该厂商议赶紧催趱矣。

（录自《申报》1883年第3687号）

铁舰述闻

美国新闻纸载有德国电音云，法国报称，中法倘开兵端，则中国在德国定造之定远兵船不得来华，须俟战事既定，方可驶回云云。现闻中国赶造该船极为紧急，并闻须用德国旗号，德国兵官、水手护送而来也。

（录自《申报》1883年第3690号）

超级巨舰

法国近日赶造极大铁船两艘，一名阿迷勒保丁，现已下水；其一名福迷带

---

〔1〕1883年7月14日。
〔2〕1883年7月7日。

必利。该两船均能装一万一千三百六十六墩，其长三百四十二英尺，阔六十八尺，双机器有八千三百念匹马力，可装煤八百墩，一点钟速则可行十六诺脱，其所装之煤足敷驶行四千九百五十里之用，缓则一点钟可行十诺脱，其煤足敷驶行九千里之用，船内有铁炮台三座，厚皆一尺四寸，船身铁壳厚一尺十寸，每炮台上用七十五墩钢炮一尊外，有小炮十二尊，又有能转之炮若干尊，每艘需英金六十万磅，每船可装兵五百名云。

（录自《申报》1883年第3690号）

兵船赴越

停泊上海之法兵船盖力生现在将驶往越南，有较盖力生更大之兵船未拉司，向泊香港，今□以未拉司来沪更调盖力生轮船，以使盖力生前赴越南也。

（录自《申报》1883年第3704号）

兵舰来华

外国新闻纸云，中国在德国五里冈船厂定造之定远铁甲船，闻已展轮来华，其船上悉用德国商船水手为之驾驶，倘行至海面，闻有中法开仗之信，则该船当驶往他国，不与争战之事云。

（录自《申报》1883年第3707号）

法舰赴越

外国新闻纸云，法国之卑亚铁甲船由法国展轮驶赴越南东京，经过苏彝士河，船身本重，又因满载枪炮兵械，以致吃水更深不能行驶，乃另雇驳船卸运枪炮，而铁甲船犹在河底擦过，轮叶微有损伤。既过苏彝士河，复将枪炮装入铁甲船，约计刻下可抵东京矣。

（录自《申报》1883年第3709号）

水手闹事

昨日[1]下午有俄国兵船水手登岸游，行至虹口大桥，忽然打架，身畔各带小刀，势甚凶猛，当经巡捕拘获九人，解入虹口捕局，想今日当由该管领事官讯办也。

（录自《申报》1883年第3709号）

法舰来沪

法国有兵船四艘，一名赖未得里爱斯，一名华尔得，一名未喇斯，一名略丁，均由香港驶来上海，不日可以抵埠矣。

（录自《申报》1883年第3711号）

水手罚钱

日前，俄国兵船水手登岸闹事，被巡捕拘获九人，已列前报。兹悉捕局已将水手解俄国领事署研讯，当时有一水手将巡捕之衣戳破，领事官判罚洋三元五角以偿巡捕之破衣，遂将水手一并送归兵船，俾该兵官自行管束云。

（录自《申报》1883年第3711号）

炮船将成

祥生厂承造之活炮台船两艘，大约本月望后可以下水，船底计长英尺一百二十尺，阔三十六尺，吃水约深七八尺，共有炮十门，计船头一门，船尾一门，左右两旁各置四门云。

（录自《申报》1883年第3711号）

---

[1] 1883年8月9日。

北防近耗

统领北洋水师丁禹廷军门由沪随相节北上后，甫于上月望日[1]由津返燕台小住数日，即坐操江兵舰并统各兵船鼓轮赴威海巡行，即在该口行营暂泊，逐日督率各管带在沿海操演泰西各种水师阵法，军容荼火，士卒熊罴，老于行闻者均叹为极盛之象。现定于本月初十[2]左右，一齐动轮赴珲春一带巡察海口，仍回防所，静候傅相令下，即由芝罘，绕三山以达南洋。识者谓中法之役恐未能以玉帛相见也。

（录自《申报》1883年第3712号）

港报译登

香港西字报言，中国现向英美两国购办水雷四百枚，以备通商各海口之用。又言，先在马尾船政局为教习之法人基加里，带同学生前往法国学习西法，近则华人仍请基君回华，以便整顿船局诸事也。

（录自《申报》1883年第3721号）

德舰来华

近有德国大兵船名来毕西克来沪，其船系旧式，机器有三千匹马力，船内兵丁四百三十人，巨炮二十尊，现泊吴淞口云。

（录自《申报》1883年第3721号）

---

〔1〕1883年7月18日。
〔2〕1883年8月12日。

兵船药炸

香港西字报言，十四日[1]，有日斯巴尼亚兵船名阿拉工由长崎至港，与英法两国水师提督兵船彼此放炮为礼，而该兵船正在放炮之际，将火药包置于舱面，突遭火星飞入，轰然尽着，致伤兵丁七名，其中有四名重伤，恐不免性命之忧也。

（录自《申报》1883年第3722号）

兵船过境

昨[2]晨七点余钟望月，浦中有船二三十艘，首尾相接，自北而南，其船颇似湖广式样，上载兵勇，惟号衣之字看不清楚，闻系调防之勇云。

（录自《申报》1883年第3730号）

试炮述闻

英国新闻纸言，中国在德国五里冈炮厂定造之定远铁舰，日前驶往德国北边海口巴而的克试演放炮，其时风浪汹涌，而该船安稳如常，不啻游行池沼。该船有炮台二，每炮台有克虏伯炮两尊，每炮用药二担，其弹系以铁为之，计重六担半，先图一一试放，数次后一齐开放，势可震天动地，而该船竟毫无损伤。李钦使亲往寓目，大为叹许云。然阅泰晤士报馆在德国之防事人致书于该报馆，则云定远船试演开炮之后，有德国新闻纸谈及此事云，该船颇有损坏，究不知孰非孰是也。

（录自《申报》1883年第3736号）

---

〔1〕1883年8月16日。
〔2〕1883年8月30日。

法舰续至

闻有法国兵船名缚尔得,于前日[1]来沪,现与前此所到之盖力生兵船一同寄碇云。

(录自《申报》1883 年第 3736 号)

兵船□到

前报言,英国兵船威奇能将驶来上海,以供巴公使应用,并将坐该兵船北上一节。兹悉该兵船已于昨日驶行来沪矣。

(录自《申报》1883 年第 3740 号)

外洋消息

七月初一日[2],英国报载中国在德国定造之定远铁舰,日内即将启轮来华,船上悉用德国商船旗号,凡属法国地界,均不驶过,并不由苏彝士河绕道好望角以达中华。途中设有意外之险,悉归五里冈船厂承受。船内所用煤斤则在英国及日斯巴尼亚购办也。又云,法国又有一铁甲船下水,船系新式,并无桅杆,船身皆用钢□铁为之,船上炮台二,每台置巨钢炮两尊,每尊之口计有三十二生的米得之大,另有好吃鸡屎小炮数尊,此炮以备击水雷船之用。船底分为多格,大者九格,余皆小者,其船断不致沉下。查法国前有铁舰下水,名曰福利也斯,现在下水之船与前仿佛也。

(录自《申报》1883 年第 3747 号)

---

[1] 1883 年 9 月 4 日。
[2] 1883 年 8 月 3 日。

炮船下水

浦东祥生厂承造炮船两只，曾列前报。兹闻该船现已竣工，择于今日午后下水云。

（录自《申报》1883年第3747号）

炮船续述

昨[1]报详述炮船下水一则，兹悉两船下水后并未驶赴高昌庙制造局装炮，仍泊于该船厂门前，须俟制造局知照，何日需用，再用轮船拖去。尚有未下水之二船，闻于今日午后潮平时下水，昨日先插龙旗两面，一在船头，一在船尾云。

（录自《申报》1883年第3749号）

法舰东来

法兵船名未拉斯于昨日[2]由香港来沪，又有兵船曰多尾利于十二日驶抵香港，其船有五千三百四十墩之大，机器有六千匹马力，载兵五百五十人，安炮二十七尊，每点钟可行十七诺脱云。

（录自《申报》1883年第3750号）

铁舰停口

前阅七月初一日[3]外国新闻纸言，中国在德国定造之定远铁舰不日开行来华，取道好望角，不经法属地界，已列于前。兹闻七月初八外国报则云，德国电音至英云，中国钦使李丹崖京卿忽又有停止该船之命令，暂泊于斯答丁。至

---

〔1〕1883年9月18日。
〔2〕1883年9月19日。
〔3〕1883年8月3日。

初八日，又有电音则云，已将船上所雇水手人等概行辞覆，仅留十二人及头目等，留船看守而已，该船忽来忽不来，何其反复若此？

（录自《申报》1883年第3750号）

法船驻泊

昨[1]报载法国兵船未拉斯来沪一节，该船现泊于法租界金利源码头对面，当该船未来之时，法国别无兵船在沪，惟中国以铁皮兵船四艘停泊该处，殆藉此以资保护。现在该船既到，故中国兵船即已开去三艘，惟留一艘在彼而已。

（录自《申报》1883年第3751号）

兵船述闻

前报述法界浦滩停泊之中国铁皮炮船开去三艘，惟余一艘，兹悉所留之一艘现亦开去矣。又晋源报言，招商局中码头有中国兵船，现在装运军械等物，未悉运往何处也。

（录自《申报》1883年第3753号）

拖带炮船

祥生耶松船厂建造炮船四只，下水情形叠经列报，兹闻耶松厂下水之二船，昨日[2]经小火轮船带往高昌庙制造局矣。

（录自《申报》1883年第3753号）

---

[1] 1883年9月20日。
[2] 1883年9月22日。

续拖炮船

耶松船厂所造二船拖往高昌庙制造局一节，已列前报。兹闻祥生厂又有一船亦已拖往云。

（录自《申报》1883年第3755号）

译录东报

前海军省派龙骧兵船一只带同海军学生出洋，前赴南亚美利加等口岸，俾各学生亲历波涛，以资练习，刻下该船已于十五日[1]安返横滨，计此船自出洋至回国，沿途军士患病而死者三十四名，是亦水土不服之故也。又闻海军省现派员前往英国，带领所购之筑紫兵船回国云。

（录自《申报》1883年第3766号）

炮船续志

浦东祥生厂所造之炮台船下水一节，叠经列报。兹悉日前下水后，因风吹损布篷，现已修整完竣，于昨[2]早九点半钟用小火轮船拖带驶往高昌庙旁制造局矣。

（录自《申报》1883年第3771号）

法舰沉没

香港西字报言，法国有兵船名施到，由西贡驶赴海防，中途失事，船内水汩汩而入，嗣经搭拉兵船赶为拖带，乃绳复中系，遂致施到兵船全船沉溺，搭

---

〔1〕1883年9月15日。
〔2〕1883年10月10日。

拉兵船但将其船上诸人救援，船则付之水滨矣。查施到兵船船身已旧，在西贡亦既有年，本不行用，今因拘兵越南，故亦将该船驶出，而不料其遽坏也。

（录自《申报》1883年第3772号）

法舰赴越

外国新闻报云，法国有兵船名阿末□，装兵五百八十五名，于九月十八日[1]驶抵新加坡装煤，于十九日开往西贡。又有兵船名杉万，装兵一千零十名，于十九日驶抵新加坡装煤，开往西贡。又有一兵船名未衡，尚未驶到，故未知其兵数也。

（录自《申报》1883年第3783号）

外洋消息

英公司轮船带来伦敦新闻言，中国近又在德国定造铁甲船两艘，实系大炮船，非铁甲船也，其船与德国炮船无异，运用较铁甲船为尤便。此次该厂造船之人不惜工本，造成之后，必较前更为坚固，而且可以从速竣工也。又云，定远船将次来华，故李丹崖钦使派官管带，现在船尚未有行期。李钦使先命该管带回华，以资另行差遣。该船虽尚无开轮之期，然以前所购铁船中□用食物，李钦使命毋庸发还，然则行期当亦不远也。

（录自《申报》1883年第3783号）

东瀛近信

东洋传来信息云，法公使德理固于本月十三日[2]乘法兵船行抵日本横滨矣。又云，大化电线公司装载电线之轮船，于十二日抵长崎装煤，旋即开往高

---

〔1〕1883年10月18日。
〔2〕1883年11月12日。

丽、福山，以便造电线也。

（录自《申报》1883年第3803号）

兵船急行

日本西字报言，初十日^{〔1〕}，有英国兵船名亚殿西也斯行抵长崎云，须赴厂修理，随即送入厂中修理四日，正在上漆之际，忽接水师提督电音，令将该船即刻放出船坞，装煤启轮，前赴他处。夫旧漆已去，新漆未上而忽令启行，恐船身未免损伤，且不知究因何事而汲汲如此也。

（录自《申报》1883年第3804号）

日本琐闻

龙骧舰兵船奉命出历欧美等洲，周历一年，近始回国，而在途病故者二十余名，兵船如遇病故，例应水葬，此次该兵回国后，奏闻创为招魂建碑于青山埋葬所云。

（录自《申报》1883年第3804号）

请添兵船

闻得在中国之美商以兵船太少，不敷保卫，遂公禀美廷请添派兵船来华，以保商民而张国势，想美廷接禀后，或当添船来华也。

（录自《申报》1883年第3832号）

闽粤海防异同说

前报载西人邮信言，行经福州，见福州官宪亦纷纷然竞办海防，然军容殊

---

〔1〕1883年11月9日。

不甚整，船舰殊不甚固，枪炮殊不甚利，布置殊不甚妥，不觉嗤然笑之以鼻，以为此等防军倘遇法兵来攻，正如摧枯拉朽耳。此其信中之言，未知确否，本馆取而登之，亦冀福州当轴诸公阅之，有所警惕，有则改之，无则加勉，际此防务孔急之时，言之者无罪，闻之者足戒也。近又阅香港报述及粤中防务如火如荼，各口之布置周密，不啻秦关百二，虽有亚夫之军，不能从天而下；炮台之扼要不啻昆仑天山，虽有淮阴之智，不能乘罅而度也；其火器之坚利新快，不啻以法人之矛刺法人之盾，虽有铁甲巨舰，亦不难立成齑粉也；其规模之整肃，不啻细柳营中，虽有拐子之马，不能轻易撼山也。以彭大司马自创办水师，剿除赭寇，威望之著，震于寰中，妇孺咸知，军民共服，朝廷因倚为长城之寄，草野亦莫不为神明之奉。今此奉命督帅到粤，自与他人为将更属不同，以此防边，敌人尚敢轻觊哉。此言也，不特华字报中载之，即西字报亦言之，即西人信中亦述及之，且其言张皇尤甚，吾乃合前后二说以观之，而不禁慨然于中国之边防，目下盖有难焉者矣。夫两粤与越南连界，最为切近，设或法人不得逞志于越南东京而反兵相向，则粤中自必先受兵祸，此固显而易见，无容致疑者，此粤海防军所以不能不固也。然兵法乘虚，海道错出，法军自越南趋粤固属最易，而粤防既固，则法军必不肯专攻粤边以致老师疲兵，设或转轮舍粤而趋闽，则闽中海防若此单薄，又将何以御之？尝谓法人倘有失和而发兵以扰华边，必不肯专攻一处，盖专攻一处，则我可悉萃兵力以御之，彼即船众人多，而海口易于扼守，攻者自劳，守者自逸，法人安肯出此？所虑者，四面分扰，或于广、或于津、或于闽、或于江浙，东驰西突，使我中国无一处不设防置戍，则兵虽多而力单，将虽能未遑兼顾。法人狡狯，其必出此无疑。今粤中防务严密，若此固可以无虞矣，津沽有李傅相镇守，昨得西人邮信言，津郡海防早经傅相布置，且一切举动均极秘密，外人无由而知，则可知傅相之智深勇沉，不予人以可测，其必有奇谋良策足以应敌也，不穷此一路又不足虑矣。若浙江一省，若温若宁均属要口，刘仲帅以百战之身，谋勇兼全，军务熟悉妥顺，筹防定必算无遗策。欧阳军门儒将风流，指挥如意，闻甬东之防军颇极精悍，置伏设应一切周密，温郡海口当亦有早为妥筹者。想蒋观察，多谋善断，或亦无须过虑也。若江南一省，则以吴淞口为扼要之所，是处地面宽广，扼守为难，今有左侯相以久历戎行，老谋深算，吴淞炮台及各处险要已周巡数次，措置经营不遗余力，又有卫中丞为之调度，两位李军门为之指挥，兵精粮足，炮利船坚，水雷遍置，电线遥通，呼应既灵，人心自固，当亦可以无忧。仅闽中一处，海防倘果单弱，则法人或投间抵隙，直趋闽峤，一有疏失，内地必将为之震动，虽西人信中所言未必确实，然闽省防务若何部署，究亦无所闻见，此则所不容不虑者矣。或谓闽海曲折险巇，素称天堑，暗礁浅滩实为最多，敌人兵船不能长驱直入，纵法人有坚船利器，无所施逞，真有一夫当关万夫莫开之势，即使兵单戍弱，亦不易于进攻，夫是以闽中诸大员视为有恃无恐，而不必竭力预备，是亦因地制宜之法，设或法人果悉力来攻，则自当临机应变，必不至视为儿戏也。然天下事有备而后无患，未闻恃险而可以忘备者。今闽中虽不忘备，而疲兵惰卒，置戍其间，则有备直与无备等。倘法兵乘虚而入，防卒闻风而溃，大局尚堪设想乎？或有谓西人之信近于谤讪，吾则以为为此言者，其关爱中国实深且切，闽中防务而果疲弱若此，则中朝可以及早整顿，必期与粤防同一严密而后可，若言之非真，则亦足以自警而益加振作，俾不为敌人所乘，然则此言也，不深有爱于中国也哉。

（录自《申报》1883年第3838号）

高丽邮信

海静兵轮船于十月晦日[1]抵高，听候差遣，登瀛洲兵轮船即赴南洋矣。按高丽本有登瀛洲、泰安两船听吴筱帅调遣，因海静驶到，故登瀛洲遂回上海也。

（录自《申报》1883年第3838号）

法舰抵厦

厦门传来信息云，现因中法龃龉，中国各处纷纷调兵，故厦门地方亦有动意，初三[2]早忽闻炮声震天，众皆惊疑不定，以为法兵来攻，既而查知，系各

---

〔1〕1883年11月29日。
〔2〕1883年12月2日。

465

炮台操演炮位之故尔，时适有法兵船名德利用方正在起锚，疑其欲去，乃法船开至炮台对面相近之地，寄碇至初八日。又有法兵船名未辣，由宁波驶往该处即在德利用方左近一同驻泊云。按本报前报厦门有法兵船两艘驶到而未知其详意，即此两船也，又云十二日未辣兵船已开往香港矣。

（录自《申报》1883年第3841号）

水手操演

前日[1]，虹口有美兵船水手数十余名，乘小火轮船登岸至祥生懋铁号门前操演云。

（录自《申报》1883年第3843号）

美将来华

昨日[2]，美国大兵船里基门到沪，有美廷新派驻华之水师提督附轮而来云。

（录自《申报》1883年第3846号）

载炮伤人

美国兵船里基门由东洋来沪，已列本报。兹悉该船行经长崎时，船中方欲试炮，水手已将药弹装好，立于炮位之前，而兵官尚未之知，安放铜管，轰然一声，而水手已不知何在，盖已为炮轰去矣。

（录自《申报》1883年第3846号）

---

[1] 1883年12月20日。
[2] 1883年12月24日。

兵船开驶

念三日^[1]，有中国兵船两只在本埠公和祥码头装载水雷电线等物，开往长江云。

（录自《申报》1883年第3846号）

水手凶殴

日来为西人年节将届之期，故各兵船水手皆纵之上岸，英美两国皆有兵船在沪，水手咸在租界游行。西人冬至节日，有美英水手在外国酒馆沽饮皆醉，各逞己能，始而角口，继而动手，遂各分党羽，互相帮殴，俨如敌国，受伤者甚多。次日，英水手又纠合同类与美水手寻仇，重整旗鼓，工力悉敌，毁坏物件无数，几至酿成人命。窃思各水手得此岁晚务闲之时，啸侣命俦，相与游宴，尽足为乐，何故而逞一朝之怨，行乐也而反致行凶，有约束之责者，所宜善为训导也。

（录自《申报》1883年第3850号）

东报摘录

日本富士山兵船业已年久，其船主以及水手均系熟练，久系于浦贺港。近闻该兵船船身朽坏，不能驾驶，乃将该兵船熟谙员弁水兵人等二百五十余名员，分配辰临、石川、朝鲜、海双等四兵船，并添在学校卒业水兵，以足其数，命即开往房豆两州及冲绳等处海面行驶，以资历练。其海双兵船于四五日前，从横须贺驶至浦贺港，候下水兵也。

横滨因日本巡查与俄国水兵争斗一案，自十一月二十日^[2]密讯原被干证人

---

〔1〕1883年12月22日。
〔2〕1883年12月19日。

467

等二十一名，至本月初一日始行审完，大约不日即可结案。

（录自《申报》1884年第3859号）

载兵赴粤

闻本月初三日，中国兵船名琛航者，由台湾开轮驶抵香港，船中有兵五百名，将以载往粤东云。

（录自《申报》1884年第3860号）

美兵会操

美国泊在上海之兵船，计有三艘：一名利基孟，系美水师提督之坐船；一名玛瑙格司；一名租义阿打。昨日[1]，三兵船各兵奉提督之命，调以登岸，试行操演，于下午一点半钟坐小艇上浦滩，排队由大马路至跑马场开操，计有洋枪八队，每队四十人，大炮四尊，每尊以二十人管理，两尊系十二磅弹，两尊系格林快炮。又有策应兵一队，并有医生及软舆三架。另有开路兵一队，合计共有四百五十人。初时各队分操，良久合成大队，有提督船上之人将亲自教练，有水师乐班奏军中之乐。操至四点钟，整队而回，开路兵前驱，继以西乐，洋枪八队从之，以大炮四尊及炮手兵为之殿，由大马路入江西路，折而南，从三马路红礼拜堂经过，又折至法租界，大马路迤东仍至浦滩，然后登舟。往来之时，大马路两边万众从观，殊为热闹，其军容之严肃，更不待言矣。

（录自《申报》1884年第3865号）

捉船传闻

日昨[2]在沪之西人传言，得有电信，中国一兵船行至安南东京之北，法兵

---

[1] 1884年1月12日。
[2] 1884年1月14日。

船见之即欲查问，先放空炮一门，中国兵船未解其意，放还一炮系装弹者，法兵船因亦装弹击之，中国兵船随即沉没。船中有兵五百名，其船名尚未详悉，但本馆细访均无确据，恐所传未必真也。

（录自《申报》1884年第3867号）

美兵复操

本月十六日^{〔1〕}，驻泊本埠之美国兵船水师会操，计有四百余人，极形热闹，此已列报。兹悉该兵又定于今日下午登岸重操，想□□戎容，更见如荼如火也。

（录自《申报》1884年第3870号）

火药无踪

大通水师营火药局忽失火药数十桶，并不知由何人窃去，现在多方根究，尚未水落石出也。

（录自《申报》1884年第5058号）

（注：限于史料，余者后续再录）

---

〔1〕1884年1月13日。

时务报

中国聘英海军将校

《泰晤士报》云：往年中国聘英海军将校，待遇之法，颇有失礼，故迩来中国欲复聘将校于英，不见允诺。中国政府陈谢往年失礼之故，且请代聘将校。英国政府乃许之，遂命海军少佐滕台斯氏，往应中国之聘。滕台斯氏现在那尔我保护国，英政府致电招之，拟三月间可到中国矣。

（录自《时务报》1897年第24期）

中国聘水师教习

中国政府所聘之水师教习兰吾那士大佐已到矣，其职务盖与通申大佐尝在福州所供之职相同，专教中国水师。初中国政府，拟聘教习于英国，英海军省先具候补人名，以投票选人，而该氏适中其选云，亦可以观其在英国海军之名声何如也。（译《东京日日报》西五月初四日）

（录自《时务报》1897年第28期）

中国重整海军

前闻北京奉旨准购头等战舰六艘、头等快船六艘、二等快船六艘、鱼电炮艇十二只。又闻中朝欲筹借款一亿两，有为重整海军之用，有为他项用度。传

闻如是，未知究竟若何？（译西十一月十三号《北京天津报》）

（录自《时务报》1897年第47期）

论日本新添水师战舰

近时大阪市面，苦于钱币枯窘，然使日人果能常读英美之报，即应知国内虽有财匮之患，而力图自强之名，则已播扬于外矣。今采各报所载，日本新添水师，计头等战舰四艘、头等快船五艘、二等快船二艘、灭鱼雷船八只。此等举动，不免为人所觉察，外国识时务者，曾屡言俄美两国，于太平洋权利，均无争得之心，故宁让日本独着先鞭。当时正在纵论，已闻日本水师战而大捷，既能临敌制胜，而收阅历之实效。自非徒论事理，挂一漏万者之可比。今又锐添水师，彼此势力相形，虽尚在英国之下，然已突过法人，亦非德人所能几及。他如俄美两国，则更瞠乎其后矣，况所添各舰，均系最新式、最利便，既极完备，且又能省费者。以故目前日本，俨然将跻于各大国之列。若复数年，不几与英国匹敌，而远驾法人之上哉，是为大可惊奇之事，况犹不止此也！国库未充，而毅然动用若此之巨款，谓非蓄有大志欤？日报扬言：仅为保护太和起见。掩饰之辞，其谁信之？或有谓日人仍欲在亚洲正洲之上，觅一立足之地，然耶否耶，吾请从而论之。中日之役，华兵临阵却退，无端瓦解，人咸诧为异事。日人因此谋于机先，预为筹备，庶将来瓜分中国之时，占有地步，不致落后。窥彼意之所属，其在小吕宋乎？盖已早有定见，诚不待智者而知也。若谓十年之后，日本能在太平洋独揽大权，而与俄美抗衡，则似言之过当，惟除英国之外。日人固不必俯首降心于他国耳。虽然日本自有一大敌，乃在饷糈不给，较诸英俄美三国合而图彼为患尤甚，向来帑藏，本属无多，即中国所赔之兵费，不久亦将用罄，纵使能添水师，精益求精，其如饷项支绌，有兵无食，欲逞未能，不将大失所望乎！（译《日本每日报》西十一月十八号）

（录自《时务报》1897年第48期）

中国重设海军折

　　某大员游历欧美各洲，返国之后，皇帝即命以重设海军之事。近时张罗二员，与英人某商议，先草定筹略一篇，上诸皇帝。德国《达揭杀拉得报》得其稿底，先登录其文，盖闻有要项五十七条云。

　　其约云：海军为今日之亟务，急宜托外国先造战舰数艘，待其造成，而后兴设造船局于福州、威海卫，俟造船局竣工，即自行制造新舰，再设造军港数处。在北则胶州岛，在中则舟山岛，在南则三沙湾。以上三处，作为军港。又当聘英国士官，藉以司教练军士之任。设立大兵学堂三区，募集生员于海岸地方肄业，卒业之后，再从事兵务七年，如满期后，尚欲从事兵务，则许其留役焉。此次制造战舰，须同一形式，故所托造之船局，亦止二三厂。各省改练陆兵，亦为亟务，亦当聘外国士官，教练兵员，但止宜用一外国人耳。由来中国，蔑视武员，此风最害，或以后当可革除，且宜礼待武官，视文官为加优也。某大员将借重设海军费一千六百万英镑，闻已在英国香港银行订约云。（译《读卖新报》西十二月六号）

　　　　　　　　　　　　　　　　　　（录自《时务报》1897年第50期）

中国定造快船下水

　　日本某报云：中国在德国伏耳铿厂所造快船三艘，业已下水定名，一曰"海容"，二曰"海珍"，三曰"海靖"。（海参崴七日报俄十二月十四日）

　　　　　　　　　　　　　　　　　　（录自《时务报》1898年第52期）

实学报

拟条陈江防事宜（续前册）

令敌人就陆时，除山径要害，已有碉堡，而隙地尚可屯聚，故必有陆师以辅舟师，一则于洲民劝募民团，一则闲数百里设立防营，互相策应，则长江联络一气，如长山之蛇，首尾相顾，无隙可乘。

一多备田鸡小炮，施放炸弹也。火器至今日，愈讲愈精，然虽极大极远，断不能极准。且外国兵轮，亦甚讲求，未易攻击，惟施放炸弹最为得力。且彼攻我炮台，亦必多用炸弹，我当以炸弹还击。现在水师营中，此物尚少，极宜多备。

一炮台宜设立电气灯或轻养二气灯也。查外夷交战，常于黑夜潜入内江，并有转动无声之汽机船，拖带炮船，一入要害，水陆施放炸弹，令人措手不及。南北花旗交战，此事极多，若恃巨烛照光，不能及远，且有我不见敌，敌先见我之弊，惟设立电气灯或轻养二气灯，光烛十数里，所费虽大，然于军务极为得力。

一宜添购格林炮，以防陆路险要也。查火器之利，一在于洞坚及远，莫如克虏伯炮；一在于连环不息，莫如格林炮。现在大炮多能制造，惟格林炮尚有未逮，宜多为购置，安置险要之处，兼可省用兵丁。

一水雷宜慎为制造安置也。水雷之用，只能以大力涨开水面，往往水雷甚小，轮船甚大，即恰当船腹，仅能使船力震撼而无损失，又或轰成一洞，旋为塞好，罕能将全船轰碎者，故制造此物，愈大愈利，至置放水雷，必择江洲曲折之处，测其舟行，必由此线，又需入水勿太深，太深则雷力减小。尤要者无论何器，得人则有用，不得人则反以资敌，不可不慎也。

　　一海口认真设立保甲也。前明倭寇，为患中国，无岁无之。倭处外洋，安能熟习中国地势，长驱深入，无后顾之忧，皆江海汉奸为之向导也。欲清汉奸，莫如严查保甲，其有素性桀骜，及予智自雄者，可用则用，不可用则当豫为之地毋贻后患。保甲既行，兼办团练，家自为守，人自为战，则寇入境中，既失向导，又无助援，地势不熟，必成坐擒矣。（渔船应一体编入。又案现行保甲，无非具文，不如绅士经办，其认真较胜于官吏）

（录自《实学报》1897年第1—14期）

四川官报

议复海军

《纽约太阳报》得圣彼得堡函云：俄皇定议，筹款八百兆元，以备重建海军，限于十年内造齐。惟五六年内所欲造成者，计战舰八艘，与斯来槐舰同式（排水一万三千五百吨速力十八海里）；又战舰八艘，与安特利泼何司凡尼舰同式（排水一万六千吨速力十八海里）；装甲巡洋舰六艘，与排阳舰同式（排水七千八百吨速力廿二海里）；护甲巡洋舰六艘，与诺维克舰同式（排水三千一百吨速力廿五海里）；又装甲巡洋舰六艘，与薄街托舰同式（排水六千六百七十五吨速力廿四海里）；驱逐鱼雷艇五十艘（排水五百吨）；鱼雷艇若干艘（排水三百五十吨）；埋设水雷船十艘，与咸纳西同式；浮船坞四艘，与堪姆支加同式。各舰大半造诸本国，余则向他国购造。（录《中外日报》）

（录自《四川官报》1905年第5期）

请派海军

十月初十日柏林电：俄奥两国建议照会与马其顿交涉有关系之六国，请每国各派军舰两艘，暂集于希腊南方之丕烈乌斯海口，然后会同前往土属小亚细亚西部之末脱立南岛，惟目下尚未接到各国覆文。（录《时报》）

（录自《四川官报》1905年第32期）

振兴海军

署江督周玉师既立定南北洋联络一气之宗旨，请于政府以北洋海军统领兼统南洋海军，惟因南洋本缺海军，早年所有兵轮均已窳败，不足以资攻守。前督虽已托日本名厂造成快舰四艘，兵力仍嫌单简。迩与南北洋海军总统萨军门一再提议，非购造多数之艇船不为功。爰饬筹防局筹拨巨资，委员前往申江，向日本船厂订造快艇，并需期以速成。上月十八日已经筹防局道员李观察维翰提调、汪刺史乔年，与日本船师订定速造艇船之专约。（录《时报》）

（录自《四川官报》1906年第3期）

日本新舰

日本《读卖新闻》云：日本义勇舰队新造之樱丸号所用回转汽机并一切机关，俱用简单新式，日本各舰皆不能及。且容积甚轻，舰身吃水深浅适中，并能减少煤炭，而速力仍比他舰为大，允为日本各舰之冠矣。（录《通报》）

（录自《四川官报》1906年第33期）

海军要议

据闻日本海军将校于今次应行开议之件如下：一扩张教育之机关；二韩国之镇海湾设备要港；三佐世保设置新船坞；四吴镇守府之工厂应行扩张；五新施行设立炼炭所；六改良各地之工厂；七定修理战利舰之方针；八竹敷马公两地要港之工厂应行扩张；九扩张海军大学校；十改良各军港。最要之事，由此计之应行预算之经费，其为数当必不少云。（录《北洋官报》）

（录自《四川官报》1906年第33期）

注意江防

蜀江上游时有劫案，行旅往来颇生畏葸。护督宪近关怀民瘼，拟购置小火轮多只，沿江游弋弹压。昨已遴派周孝怀观察，驰赴各地详细查勘，大约俟禀覆后即可酌夺实行。

（录自《四川官报》1907年第15期）

议兴水师

陆军部堂宪铁宝臣尚书日前会晤庆亲王时，曾经议及迩来长江一带枭匪潜滋，自非添练水师置、备战舰不足以资控扼而保治安。前曾与寿、王两侍郎商拟，欲在日本船厂定造各式战舰十余只，分驻长江南北，以备遇有缓急得以呼唤灵通，保护得力，嗣以款项无从筹措，所议未果实行。现值长江日益紧迫，所有议练水师置备战舰各事，更应及时举办，以应要需，可否电商南北洋大臣，著准帮同筹集巨款，以便本部得与直接向日本船厂定购等语。闻庆邸深为赞成，翌日即面奏，两宫奉旨依议。（《山东官报》）

（录自《四川官报》1907年第17期）

恢复海军

南洋海军向未成立，曩虽有南瑞、南琛数舰，或已租作商舶，或已改作运船，或被撞坏沉没。魏午帅在两江任时，曾派员赴日本监造浅水兵轮四艘，尚不敷用。周玉帅有南北海军联一之奏，亦未实行。现在端午帅亟思收回海权，昨已召集司道议筹巨款，再向日本名厂订造新式兵舰，以防外患而壮国威。（录《南方报》）

（录自《四川官报》1907年第19期）

考察海军

近日诸钜公会议振兴海军事宜，已拟请另简派大臣总理，毋庸附设于陆军部，以专责成。故现拟饬令振贝子出洋考察海军制度，长其阅历，以备回国后会同衰宫保办理海军事务，藉收实效。（录《神州日报》）

（录自《四川官报》1908年第18期）

议增海军

英国首相前在下议院演说辞中，说及德英二国海军争雄一事，英国民心大为振发。因是日前主张俭财而不允扩张海军者，皆欲退手，不欲强争。而伯爵美也亦乘民气大开民会，以研究其事。（录《商报》）

（录自《四川官报》1909年第12期）

度支部奏筹拨海军经费折（并单）

奏为遵旨筹拨海军经费开单恭折具陈，仰祈圣鉴事。本年六月二十八日筹办海军大臣奏，遵拟海军基础办法一折，奉朱批依议，钦此。摘抄原奏清单，咨行到部。原奏内称，统计入手用款约需开办经费一千八百万两，常年经费二百万两，请饬下度支部迅速筹拨，并饬各省督抚协同筹划，以维大局。又清单内开预算，开办经费内拟辟建军港，设立学堂及各项厂所工程等费，共需银一百五十万两，请本年先拨给五十万两，余一百万两俟明年再行拨给，添购二三等巡洋舰三艘、新式练船二艘、灭鱼雷艇二艘、航海炮船一艘，约共需银一千六百五十万两，请分四年匀拨各等语。查海军开办经费一千八百万两，内辟港等费，本年即需筹拨五十万两，明年再筹拨一百万两，购船经费一千六百五十万两，分四年匀拨，每年应筹拨四百十余万两，其常年经费二百万两并准。咨称自本年起即须筹拨，统计用款为数甚巨，从前各省认解海军经费，自海军衙门裁撤后，早经改拨别用，现须设法另筹。近岁库储奇绌，国用殷繁，消耗之最巨者以洋款军饷为大宗。此外各项新政为用弥广，无一事不关紧要，无一款可议减裁，仅就本年新增拨款而言，如崇陵工程经费，禁卫军饷加拨，云南饷需，吉长开埠经费，综计已达一千二百数十万两，已岌岌焉，有入不敷出之忧，更无余力再筹巨款。惟海军为自强大计，该大臣等亦深知财力艰窘，故所拟办法仅议先筹基础，未敢骤拓规模。臣部综筹度支，自应合京外全力以统筹，仰副朝廷经武图强之至意，臣等公同商酌，查有部库借给邮传部赎路项下规平银五百万两，拟俟归还后，全数提作海军开办经费。一面分电各省督抚，令按照原奏所开数目期限分筹协济。现据陆续电覆，除云南、贵州、甘肃、新疆四省，均声明系边瘠之区，实在无力担任外，其直隶等十八省均已认定，共计开办经费一千一百三十四万两，常年经费一百六十八万两，合诸臣部所筹之数，谨分别开具清单，恭呈御览。此项经费数巨期迫，虽经各省协同筹画，而较诸原奏预算之数尚属不敷，惟是京外财力同一殚竭，部库既积储殆尽，各省亦罗掘具穷，悉索之余，止有此数。且查各督抚来电，除湖南、河南两省指定的款外，其余诸省或请稍宽期限，或俟设法腾挪，虽一时勉力认筹，而竭蹶情形概可想见。至于司关各库解部候拨之款，悉关军国要需，断不能任其挪移致滋延误，惟有仰恳饬下筹办海军大臣通盘筹画，暂就认筹陆续解到之款，分别缓急量力举行。为得寸得尺之计，臣部自当严催各省，照认定数目按年报解，部库另款存储听候拨用。至臣部借存邮传部赎路项下规平银五百万两，应自宣统三年起至宣统七年止，分年陆续归完，随时拨付。合并声明所有遵旨筹拨海军经费缘由理合恭折，具陈伏乞，皇上圣鉴训示，谨奏。谨将臣部及各省认筹海军开办常年两项经费数目缮具清单，恭呈御览。计开度支部认筹开办经费规银五百万两。查此款原系借给邮传部赎回京汉铁路，订明自宣统三年起至宣统七年止，分年归完，应俟陆续收回，随时拨付。直隶省认筹开办经费银一百二十万两，常年经费银二十万两。据直隶总督电覆，开办经费认解银一百二十万两，分四年匀拨，除海圻、海容、海筹、海深、飞鹰、通济六船常年薪费遵当照案支放外，拟再岁认常年经费银二十万两。以上两项皆系勉力筹认，尚无指定的款，俟奏准后当设法腾挪，移缓就急分别按月筹解。奉天、吉林、黑龙江三省共认筹常年经费银十万两。据东三省总督电覆，拟在各款内竭力节省匀凑，奉省认筹银六万两，吉省三万两，江省一万两，合成十万两，不拘何款项下匀拨，每年尽数凑足解部，其开办经费实在限于财力仍请免筹。江苏省认筹开办经费银一百二十万两，常年经费银二十万两。据两江总督江苏巡抚电覆，开办经费宁苏分认银一百二十万两，四年筹解，常年经费宁苏分认每年银二十万两，按季筹解。至调用南洋雷炮各舰，仍遵原奏由南洋支拨。苏省财政困难已极，惟有随时设法腾挪凑解。广东省认筹开办经费银一百二十万两，常年经费银二十万两。先据两广总督电覆，每年筹开办经费银二十五万两，四年共一百万两。常年经费银十万两。又据电称，承海军大臣到粤，面嘱设法宽筹，拟改认开办经费每年银三十万两，四年共银一百二十万两，常年经费银二十万两，自本年起按年筹解。湖北省认筹开办经费银八十万两，常年经费银十万两。据湖广总督电覆，认筹开办经费银八十万两，四年筹拨，每年认解二十万两，常年经费银十万两当就司关各库随时腾挪，并已奏明自宣统二年起分批筹解。浙江省认筹开办经费银一百万两，常年经费银十五万两。据浙江巡抚电覆，认筹开办经费银一百万两，自宣统二年起分四年匀拨，常年经费银十五万两，按年协解。山东省认筹开办经费银八十万两，常年经费银十五万两。据山东巡抚电覆，拟岁拨银二十万两，四年共银八十万两，充开办经费。就各库局内，除京协各款外，斟酌轻重缓急，权为凑解。其常年经费，拟认银十五万两，在藩运两库及胶关常税项下分拨，按年筹解。福建省认筹开办经费银八十万两，常年经费银五万两。据闽浙总督电覆，认定开办经费银八十万两，此项银两系于万分支绌之余，为移缓就急之计，四年匀解恐难如期，曾与海军大臣面商，请稍宽期限，分年匀解。又据电称，承海军大臣电嘱，另筹数万作为常年经费，闽本瘠区，已苦罗掘，兹勉遵另筹五万两为常年经费。四川省认筹开办经费银八十万两，常年经费银十万两。据四川总督电覆，自明年起，认筹开办经费银八十万两，常年经费银每年十万两，至认筹各款，现在仓卒应命，并无的款可指，只好移缓就急设法腾挪。河南省认筹开办经费银六十四万两，常年经费银八万两。据河南巡抚电覆，认筹开办经费银六十四万两，分四年解清，常年经费银八万两，按年清解，拟于耗羡税契厘金盐斤加价项下筹措。山西省认筹开办经费银六十万两，常年经费银五万两。据山西巡抚电覆，认筹开办经费银六十万两，分四年匀解，常年经费银五万两，统由司道酌拨，限于财力无可再加。江西省认筹开办经费银五十六万两，常年费银十万两。据江西巡抚电覆，开办经费认筹银五十六万两，每年解银十四万两，常年经费银十万两，此项的款如何腾挪，惟有将新旧政需用之款，分别先后裁停，以资凑济。广西省认筹开办经费银五十万两，常年经费银六万两。据广西巡抚电覆，认筹开办经费银五十万两，分四年匀解，常年经费银六万两，按年解拨，随时设法腾挪，依期解足。安徽省认筹开办经费银四十八万两，常年经费每岁银八万两。据安徽巡抚电覆，拟认开办经费每岁银十二万两，四年内共银四十八万两，常年经费每岁银八万两，饬由藩司及皖南北两关按年分认措解。陕西省认筹开办经费银四十万两，常年经费银二万两。先据陕西巡抚电覆，认筹开办经费银二十万两，分四年匀解，常年经费银二万两，按年报解。又据电称，如能宽假年限，拟认筹开办经费银四十万两，分作八年解清，其常年经费仍每年认筹银二万两。湖南省认筹开办经费银三十六万两，常年经费银四万两。据湖南巡抚电覆，岁认开办经费银九万两，四年合银三十六万两，暂指藩库裁兵节饷银二万两，粮库南折银二万两，长沙关税银五万两，常年经费拟岁认银四万两，在裁兵节饷及厘金项下筹解，长沙关税经部电明，该关开关经费尚未归清，令设法另行筹措，尚未电覆。

（录自《四川官报》1909年第33期）

扩张海军

东京函云：现在日本海军扩张政策第三期将于千九百十一年完备，且以各国极力扩张海军。而日俄战役前，日本所有之海军将就陈废，现海军省决议于千九百十二年举行第四期海军扩张政策，果而则现在之税则断不能望其减少云。（录《汉口中西报》）

（录自《四川官报》1909年第34期）

制造军舰

留美毕业生瑞森在唐山铁路制造局充当教习，创造军舰一艘，前日递禀陆军部，并将该舰样及图说一并送部查验。闻该舰轮系用黄红铜炼制，其行动驾驶之灵较之各国军舰模型不相上下。闻陆军部现将该舰样移送海军处考验，拟请嘉奖该员，以示鼓励。（录《神州日报》）

（录自《四川官报》1910年第8期）

订购军舰

海军大臣商准枢府，特订英国马基士本公司装甲巡洋舰一艘，计重二千四百吨，约需四十万磅，定期明年九月工竣，已于日前与该公司代表签押。闻将来此军舰即专充练习舰，此为中国兴复海军第一次订购之军舰也。（录《中外日报》）

（录自《四川官报》1910年第9期）

海军计画

海军处以现在筹办海军培养人才一事尤关重要，烟台为北洋最要港口，原设有水师学堂，拟就该堂校舍量力扩充，改办海军专门学堂，肄习驾驶科并附设水手养成所，以便造就驾驶兵轮专门人才，作已咨行直督鲁抚先行，委员测绘烟台水师学堂校舍图样，并将该堂现在人员姓名履历造具清册，克期咨送海军处以凭核办。（录《中外日报》）

（录自《四川官报》1910年第10期）

海军与水师之关系

海军大臣前在海军处会议，以将来海军之结果如何与各省水师不无关系，故整顿水师亦为兴复海军之一助，兹举其整顿水师之大纲如下：一凡关于水师之专门学堂、讲武堂、制造局以及添置军械军装各事，均归本处直接管理；二凡关于水师之经费必须实行清理，各省水师经常费若干、临时费若干、廉俸饷若干，以及前所支销之数，一律造成清册，报处核定；三凡各省之水师官缺如提督、总兵、副将以至千总等员，皆须大加更改，其所属水师营兵之数均饬各省详查、报告，分别留汰。(录《中外日报》)

(录自《四川官报》1910年第16期)

四川教育官报

留学海军之豫备

筹办海军大臣提议遣派学生留学海军事宜，惟此项学生关系海军最要，若骤行遣派，各国于校制语言文字尽属茫然，岂能随班听讲，决议先将南北洋水师学堂一律扩充，令各生先行豫备一切，并藉以考查其品行程度，以期完全。（《时报》）

（录自《四川教育官报》1909 年第 5 期）

四川学报

广东留日选定海军学生

此次练兵处选派海军学生，广东学额应占四名，由广东留日学生中选取，其有普通学之程度，及熟习日语，而体格精壮者，日前已由同乡会公举相星使选定，兹将姓名列下：陈复新会、李景渊澄海、朱少穆南海、萧楚碧香山四人，业已送入海军学校肄习。（《同文沪报》）

（录自《四川学报》1906年第2期）

通问报

政府对于长江水师之规画

练兵处议设两湖水师提督一节,已志前报,现尚未实行。近闻政府以举办海军,必先从长江舰队组织,以为根本。至长江水师提督,原辖有两湖下游,惟上游无所系属。黔蜀咽喉,局势扼要,或仍照前议添设提督,或即令川鄂等省提督展拓范围,或另设水师,由鄂督统摄,均须及早议定,现已咨行长江各督抚从速会议声覆。

（录自《通问报》1906年第181期）

中政府筹款议造舰队

《烟台报》得北京电云:中政府欲筹集银五千万两,以建造中国舰队及海军船坞,现政府已与各督抚商议筹拨,大省各拨八十万两,中省各拨六十万两,小省各拨三十万两。

（录自《通问报》1906年第236期）

鄂督拟在扬子江上游设立舰队

《字林报》得北京信云:鄂督张之洞致电北京,欲于扬子江上江设立浅水炮舰,及鱼雷艇舰队,其中包括炮舰四艘,其三艘业已造成。所有鱼雷艇在汉阳船坞内建造，再有前船三艘，亦在其内。该舰队共有十艘，或八艘，为前天津海军学堂学生李某所带。扬子江舰队费用，每年约计二十万两左右云。

（录自《通问报》1907年第247期）

美国太平洋舰队来华之确实消息

上海《太晤士报》云：中政府顷据驻美使臣伍廷芳星使，报称美国太平洋舰队定于西七月间在旧金山起程，前赴太平洋一带游历，约于西十月二十九号，行抵中国等语。此信系由华盛顿直接递来，可知该舰队仍当前来中国无疑。外间所传美政府恐人疑其扶助中国，实行开放门户，故拟不遣该舰队前来中国一说，现当暂息矣。

（录自《通问报》1908年第298期）

东报述中国决议扩张全国海军事

四月初一日，大阪《朝日新闻》云：北京陆军部，已将扩张中国海军之计画决定，其制造新舰及建筑军港之费用，由度支部担任之，而每年所需之常年费，则由各省供给。全舰队共分三部分，一曰北洋舰队，二曰南洋舰队，三曰广东舰队，拟将湖北及浙江所属之海军，合并于第二舰队。福建所属之海军，拟合并于第三舰队中。每一舰队，备头等巡洋舰一艘或两艘，备二等巡洋舰四艘或五艘，备三等巡洋舰五艘或六艘，备四等巡洋舰若干艘，余备炮舰、运送船、通报舰、灭鱼雷艇及潜水艇各若干艘。每一舰队置提督一名，另置总司令官一名，以便统率三舰队。芝罘、大沽、天津，为第一舰队根据地；三门湾及舟山列岛，为第二舰队根据地；广东为第三舰队根据地。目下北京政府已向各处地方官，征求关于扩张海军案之意见，以备采用。

（录自《通问报》1908年第298期）

摄政王之海军谈

　　摄政王面谕筹办海军大臣肃邸，略云我国兴复海军一事，为各国所注目，非切实筹画，不足以资完全。此次所派筹办之王大臣，类皆平日擅长一切要政者，萨镇冰久历戎行，尤可倚畀，务须和衷共济，协力图维。庶海军成立有期，以慰先帝在天之灵，而竟太皇太后未终之志。至关于海军之用人行政诸大端，均宜揆之国势，妥订详章，不得仍沿海军衙门旧案，依样仿办，致滋流弊。

（录自《通问报》1909 年第 341 期）

议定会考长江水师实缺候补各官员规章

　　枢府诸公会议复兴海军，应将长江水师实缺候补各官员，一律详加考试甄别，以收得人之实效，即应厘定饬两江湖广各总督及长江水师提督，会同考试长江水师实缺候补各官弁之规章，以便各大吏酌核认真举办。当经拟订会同考试规章，计分四策：一考试学问；二考试水师战法；三考试船政专门学理；四考试枪炮优劣。俟江鄂各总督长江水师提督会同考试毕，应即行将所考试成绩、强劣情形，详细造具清册，咨部核办。并闻有准老弱人员，毋庸列考之说。

（录自《通问报》1909 年第 341 期）

筹画海军大臣之会议

　　筹画海军处王大臣、肃邸泽铁二尚书、萨提督等，昨于陆军部内海军处开议海军事宜，闻系振兴海军之初亟需者款项，所有关于海军创始及常年经费等款，应由何项提拨，以作筹画之基础。其海军事宜，尚未开议，俟再会议时拟定，先定筹商海军方针，以定纲领云。提督萨镇冰昨谒肃邸，商议组织海军事宜，闻萨军门之意，并不主张设立专部，拟先从实际上筹画，肃邸亦以为然。

（录自《通问报》1909 年第 343 期）

决议考察长江水师方法

筹办海军王大臣，为储备海军人才起见，故议派员考察闽浙粤鲁长江各水师学堂成绩如何，以备拔入海军。现已议定考察之法，分为四科：（一）考学问；（二）考水师战法；（三）考船政专门学科；（四）考枪炮速率。刻即预备派员前往矣。

（录自《通问报》1909年第344期）

惠州会议争大东沙岛详情

惠州周君孔博，以大东沙岛被日人私占，联合绅商学各界，订期去月二十一日，在府学宫内戒烟会所开大会集议。是日归善县邹令、各学堂教员、商会总理，暨绅商学各界，到者千余人，先由邹大令宣讲开会宗旨，次周君溥、王君景雅宣布一切理由，洋洋数千言，大意谓该岛系属惠州，所产贵重之物甚多，今者日人欲图私占，侵我国权，夺我财产，愿我同胞，团结团体，设法力争，听者莫不鼓掌赞成。后复提议办法有五：一联合各界，分电张督宪高大臣，恳尽维持之法；二分函粤绅商自治两会，及北京同乡官，协同筹议维持之法；三分函各属绅商学界，调查一切；四一切费用，由商学二界担任，随议分设办事所二，以便易于议事。甲附设惠州戒烟会所，乙附设广府同乡学会。随即公推主禀稿人周君溥，主函稿人王君景雅。（电文）广州张督宪高大臣鉴：（日占东沙，恳力维持）北京法部戴尚书、外部梁尚书，及同乡列位先生主鉴：（日占东沙，恳力维持）惠州绅商学界，梁家彦陈培基邓承耆叩。

（录自《通问报》1909年第346期）

通学报

书劝输海军捐启后

任廷旭

西哲有言曰：有万国公法无数，不如铁舰一，实为百世不刊之名论，然而公法虽为强国弱国之所共有，铁舰则惟强国有之，弱国虽有之，而不能增国势毫厘之重率也。何以言之？我华海军之徒供捕虏，众目共见。昔有人言，苟移此数十战舰之费，以与教育，则用一钱，必得一钱之益。他日人才出，民智开，内治修，虽无海军，谁敢侮余哉！英国海军最盛，但其宗旨在于保商，故其每年海军经费，常准其商务之盛衰以为断。我华之商务，非其比者，物有本末，事有终始，知所先后，则近道矣。今日振兴中国之要素，当务之急实有多端，若不思先务之是急，而先谋整顿海军以壮外观，试问中国海军成立之后，其于海军国之位次，将居何等乎？正恐不能超出智利秘鲁之上，遑论追随英德美日哉？掷黄金于虚牝，好者事为之，有识者惜之。质诸高明以为何如？

（录自《通学报》1906年第1卷第14期）

复派水师巡阅太湖

苏藩瑞方伯近恐太湖一带，复有匪徒煽发，因于二十八日，特派苏捕水师管带闪国贤司马，率领师船重往该处巡阅，以咨弹压。

（录自《通学报》1908年第5卷第6期）

海军官制

　　枢府前议重兴海军，决定设立海军专部，日前已由陆军部铁宝臣尚书拟订海军部官制，送交军机各王大臣核阅，以便缮折入奏。其内容拟仿陆军部办法，设立六司十科，所有官员，分为三等九级。海军水兵，亦照陆军征兵制度征集，惟其经费仍未筹定。刻正与南北洋大臣协议云。

（录自《通学报》1908年第5卷第17期）

外交报

英外部大臣致海军大臣信

驻英俄使奉俄政府命，照会首相沙侯，云俄政府得有消息，知中国现有兵船，有停泊香港者，有停泊上海者。俄政府之意，以为各国今日最要之事，系保护由欧至亚海道平安，庶各国运兵方可无阻，故现在拟请各国政府协力办理，阻止中国现有兵船，不准其扰及欧洲各国之举动。本衙门又接到驻扎本国德使来信，云德政府亦得有上海消息，谓近日中国兵船举动，颇为可疑。德政府之意，欲将中国兵船看守，不准移动，各国乃可随便运兵至华，无虞阻碍，因询本国政府意见如何。本衙门现奉沙侯之命，请问贵衙门于此事如何处置，并应如何答复俄德两国。

（录自《外交报》1902年第2卷第5期）

英海军衙门致外部衙门信

本衙门接在华英军统领十月一日来电，论洋兵占据秦皇岛山海关事，录呈如下，电云：联军各国商定占据秦皇岛山海关，于九月二十九日，派英员希利乘坐英国辟美兵轮，前往该处，请华官让出地方。现据该员禀报，华官业已遵办，该处炮台，现暂为英军戍守，俟联军到后，再定办法。

（录自《外交报》1902年第2卷第20期）

论列国军舰溯游长江

英国东洋舰队司令官摩亚中将，近将视察碇泊四川岷江中英法德各炮舰之近状，闻已乘炮舰惠齐威益，溯江而上矣。夫长江流域之发达，比年以来，颇有一日千里之概，则列国竞争之剧烈，自无恃言。即如吾国，近亦殚智竭力，规画汉口租界，展拓湖南航路，以期于长江利权之竞争，不落人后。又派隅田、伏见两炮舰游弋长江流域，与列国共当戒备之任。故吾国于长江流域之竞争运动，在汉口与洞庭湖一带，已渐能与列强相抗，此吾人所为欣喜不置者也。然而汉口上游之经营，以较他人，辄有惭色。重庆者，四川之门户也，而吾国除于其地设立领事馆及磷寸工场一区之外，无他营造。以视法与他国，于半世纪前已设成都领事，又苦心努力以探索长江上流与岷江之航路，履勘重庆、成都、嘉定等处者，固不可同日而语。而今者英法德各炮舰，且相率进泊于四川中央要地之嘉定，英国提督更乘炮舰前往视察，其奋勇前进，尤有足令人惊叹不已者。

四川居长江之上流，云贵二省，屏蔽其后，实大陆之宝库也。列国有见于此，故当前世纪之后半，已竞为溯航上之探险，或于宜昌万县二百里间之三峡滩，遭破船之厄；或以汽船之速力不足，随急湍而流下，艰苦备尝，殆四十载。至一千九百年，英舰始于此万难之航路中，首告厥成，其亚于此者，则有德舰之沉没，法舰之奏功，程功虽同，收效则异，出其途者，犹有畏心，洎入今世纪，而长江上流之航路，遂以大定。一千九百零一年，英舰华德苟支克经重庆以入岷江，转至嘉定，德舰继之，不得达其志。今岁五月，始以炮舰富耶推兰德驶至重庆，近亦与英法二舰共泊于嘉定之江干矣。嘉定与成都，自古并称为川省大都会三流相汇之所。成都地处平原，人口稠密，其农产物之丰富，工艺之发达，久为人所共知，世所称为蜀江之锦者，即其地特产也。列国之羼入彼都，争先恐后，冒万险，派军舰者，盖莫不以此。虽法在成都之势力，不过二三教士，吾国合重庆成都二处之侨寓官民计之，亦不下五十人，以视列国之利害关系，固无大异，然彼法人，自河口千数百里之上流以至蜀江，悬樯国旗，临风招展，其志决不在小。以吾所闻，法人已向中国外务部要求，凡来往重庆小轮，务须聘用法国技师，德国亦与成都新机器局相约，雇用德技师若干人，制造马赛尔枪，每日以五十挺计，其他凡有好事业好机会，亦莫不锐意伸张其本国之利权而扶植之，精心果力，令人叹服。而回视吾国，隅田、伏见两炮舰，则皆吃水甚浅，隅田一舰，出入于洞庭湖中，探索水道，前后凡数次，仅得导湘江丸以入常德而已。今英法德各舰已相率溯江而上，英提督且亲临其地，视察大势，而吾国则未之或闻，言念及此，能无感慨系之乎！

或谓川汉铁路，不久即将敷设。川省之航利，所得有几，此瞽言也。川汉路事，虽创议已久，而迄今尚无头绪。即如资本一端，初议募集外债，今又议募地方债，议论纷纭，莫衷一是，加以总督更迭频繁，主持不力，着手之期，正不知在于何日？况长江水运至为利便，虽铁路告竣，亦不失为有力之交通机关乎！故吾人当列国军舰溯游长江之际，特著此论，以告当局。窃愿吾国炮舰，亦效列国所为，以与之相竞，庶长江上流之利权，不至尽为彼族所得，则幸甚矣。

按长江流域之势力范围，久已确定。列国军舰，杂沓上溯，固为商务之竞争也。苟非竭力设法以为抵制，则吾国利权，恐将尽入外人之手矣。（译日本明治四十年九月二十三日《大阪每日新闻》）

（录自《外交报》1907年第7卷第25期）

论外国军舰碇泊中国领海权

中国收回利权之说，近方盛行，至不许外国军舰泊其领海。本年一月九日，西字报《开尼斯》得去年十二月广东访函曰：近有迫使华人非常激烈一问题，即外国巡洋舰，碇泊中国领海一事是也。华人以为悬挂洋旗之船舰，不得其政府允许，而擅泊于海岸及江河港口者，即侵害中国之主权。此其举动之见端，实始于英舰之在广东西江者。按西江向为中国海盗猖獗之所，外国商船行驶其间，无不横遭攻击劫掠，而中政府警察之力，竟不能及之。西江流域之交通，益陷于危险。昨年夏，英汽船之遇难者，不可偻数。苟以英兵舰而巡察其间，则于弹压芄苻，必有极大之效力，以是，英人请于粤督，谓宜速行设法巡缉，又由中政府建造巡船多艘，船长以外人任之（必雇英人）。此种办法，一日不可或缓，云云。粤督仅迁延时日，绝无整顿之意，藉口于库帑匮乏，以为节辞，于是英人明知与地方官言，必无成效之可睹，乃迳向北京政府谋备，述英国商务所受损害，日益加甚，长此不已之状，并谓此事善后之法，宜由中国海关担其责任，中政府允之，即命海关拨银二十万两，为建设巡船之用，且与英人约，谓必以此等船舰，恢复西江之治安，顾两粤人民闻此消息，愤激非常，谓政府大受英之屈辱。以江河施行警察权，向为地方警察之责任，海关不当干涉，于是公然开会集商，决与抗议，力争中国国民之名誉，而隐然有抵制英货之思想矣。

英人见华人爱国之情若是，亦不能不稍稍顾虑。近者英巡洋舰队司令官，至广东声告粤督，谓若使外国船长，鞅掌中国公务，而不许英之所请，则英必命英炮舰，至西江北江，以当巡察之任，自有此说，而华人益怒，攘英之气焰益高。南部一区，不独反对英人之念，不可遏止，即于北京政府，亦斥为卖国，诽谤攻讦而不已。查南部中国，近者革命之流毒方兴，故其人民，敢于屏斥外人，违抗朝旨。中政府欲挽救之，果将出以何道耶，是非吾辈所可知矣！此《开尼斯报》之言也。

夫外国军舰，碇泊中国领海之权利，存乎中法一千八百五十八年六月二十七日所订《天津条约》第二十九条。其言曰：法国皇帝陛下，因其军舰之驻在，欲维持其商船船员中善良之秩序纪律，并易于施行领事权。于紧要案件，应行军舰判断，故得常泊于中国重要各港之内。又因此等军舰之驻在，甚多不便，故一切须行紧要之手段，至其指挥官等。管理水陆交通及船员等事，应遵照第三十三条所定条款，而受命令，其军舰得免征一切税项。

按此条文，不独法行之，即英亦得均沾其权利，日本现行中日通商行船条约第二十五条第二款，亦得均沾此利益也。苟英而不得此权，则日本亦惟委弃耳，此所当极意研究之问题也。

按外国军舰之泊我领海，亦屡见不一见矣，岂始于英人之于西江，欲泊则泊，更何所顾忌而不为耶，况又有西江盗匪之可以藉口耶，呜呼！欲拒外侮，其必自修明内政始矣。（译日本明治四十一年三月《外交时报》）

（录自《外交报》1908年第8卷第7期）

议定行驶军舰事约

枢府以海军将次成立，拟订领海公海军舰行驶各专约，以便将来由外部照会驻华各使商订一切，藉保海权。

（录自《外交报》1909年第9卷第20期）

万国公报

水师提督回奏炮击比国盗船情由

前比路有铁甲船一只与英国炮船两艘海面相争之事，已登前报。近日，英国水师提督具折回奏于朝谓：比路铁船名化士加所行不法，是以开炮轰击，其故盖有三焉：一拦阻我国长爱得船不便前行，胆敢登我国三德罗撒船强取煤斤，且于我国亦打西拉船上掳人，可能比亚船上勒令管机器者做工；二因该船并未奉有明文准其为巡海炮船，况谋逆情形已露，该国早已声明在前，不认此船为比国之船，我船受其伤害问谁赔偿，其开炮轰之者迫于势也；三当未开炮之前，安知化士加铁船非借叛逆之名为盗，以饱其所欲耶，若果此船与比国为仇，我船应处局外，何敢擅专？实因其形同盗贼，故不得不以盗船治之。况我国船只往来海上，多所未便，如不令其降服，殊为行旅之害云云。按西字新报录化士加铁船之背叛也，即其情事言之，令人喷饭。先是比国有一上等人物出外游历，行至法国京城，见一富贵家闺秀丰姿美丽，心乎爱之，谓闺秀曰："予尚未有室家，聘尔为百年之好，可乎？"闺秀曰："尔国无大爵位，尔何人亦妄想天鹅肉吃耶？"其人曰："此亦何难？予回国后得膺显职，再议聘尔，姑待之可也。"于是，退返比国，劫得化士加铁船一只，自为船上首领，图谋大事。有前为比国之伯理玺天德者，因获罪戍边，计欲迎归，夺取王位，则大爵大禄如探囊取物，此该船叛逆之缘由也。此事能成与否尚未可知，而其人谋反之名已传闻各国，未识法国闺秀他日愿嫁此叛徒否也，异想天开如痴人说梦，不意天壤间竟有此妄人也。

（录自《万国公报》1877年第458期）

华官带领华童赴外洋学习水师事务

西历十一月初九日，新报谓：李丹崖观察带领中国学徒分往欧洲各国学习水师事务，计往英国防守口岸之大铁甲船上三人，其铁甲船三艘，每船派学徒一人，船名一马罗大，一益分士，一赫军。又三人分往他船，两人在土耳机海边大铁船学习，其船停于帖细罢湾地方，一人在英属之大西亚铁船上学习。尚有六人留在英京格理治水师书院中读航海书籍，共到英国学徒十二人，考试学徒俱称可造，其分往法国者亦派开肄业，有两人在法京习学律例，尚有十数人分习各业。又派三人于德国炮船上学习，其船名安可拉云。

（录自《万国公报》1878年第471期）

官学水师

英京信云：日本官在英京水师局学习者约有二十员已经学习期满，惟日官等仍恐得其粗未得其精，遂申文回国禀明，仍留英京学习三年庶可成就云。

（录自《万国公报》1879年第558期）

水师操演

法国船上水师兵五十名、连队长六十名，登岸至宁波会馆相近之空地上操演，俱负洋枪，进退有度，自二点钟至四点钟操毕回船。此西十一月六日事也，足征不忘武备，实属可嘉。

（录自《万国公报》1879年第565期）

译记日本水师船只

上海西商每年将洋行各名刊印成书，名之曰"行名簿"。今日本横滨亦新出此书，中列日本水师船只甚为明晰，中日之衅未弭，凡我华人不可不知东国之武备用。照译之：

阿琐马舰：暗轮铁甲船，大七百吨，炮三尊，马力五百匹。

阿马奇舰：暗轮第四等，大九百零八吨，炮九尊。

阿沙马舰：暗轮第三等，大一千一百零四吨，炮十二尊，马力三百匹。

气有大卡大舰：第六等，大一百吨，炮三尊，马力六十匹。

富奇雅马舰：第三等，大一千吨，炮十三尊，此系教授水师学院船。

富琐舰：双暗轮有铁甲板第二等，大三千七百四十吨，炮十二尊，马力三千五百匹。

希夜舰：暗轮第三等，系铁架木板，大二千二百吨，马力二千五百匹。

火琐舰：暗轮第五等，大一百七十三吨，炮四尊，马力六十匹。

依华记舰：暗轮，大六百吨，炮三尊，马力六百五十匹，此船在郁柯士干地方制造，尚未完工。

纯善舰：此日本密卡度御船，亦在郁柯士干地方制造，今已完工。

开孟舰：大一千四百九十吨，炮八尊，马力一千二百五十匹，今在郁柯士干地方装造，亦未完工。

卡锁骷舰：明轮第四等，大一千零十五吨，炮七尊，马力三百匹，此日本水师提督坐船。

坚固舰：第四等，大三百吨，亦教授水师学院之船。

康固舰：暗轮第三等，铁架木板，大二千二百吨，炮十三尊，马力一千五百匹。

慕星舰：第五等，大三百零五吨，炮四尊，马力一百匹。

疑星舰：暗轮第四等，大七百八十四顿，炮十八尊，马力二百五十匹。

雷电舰：大二百四十吨，炮四尊，马力八十匹，此系老船。

利求舰：第三等，水面有铁甲一带，大一千四百五十九吨，炮十四尊，马力二百八十匹。

雪初舰：第四等，此系载军器之船。

赛气舰：暗轮第四等，大八百九十吨，炮八尊，马力一百八十匹。

素留舰：此系水师游历之船。

推波舰：暗轮第五等，大一百二十五吨，炮五尊，马力六十匹。

点利俄舰：暗轮，大一千四百九十吨，炮七尊，马力一千二百五十匹，今在郁柯士干地方制造，亦未完工。

初古白舰：暗轮第三等，大一千零三十三吨，炮十二尊，马力二百匹，亦教授水师学院之船。

（录自《万国公报》1880年第577期）

论水师当求驾驶战舰员弁

海疆之防系于水师，之要在于战舰，而所恃以为安危者，则驾驶战舰之水师员弁也。有水师而无上等战舰以守，则溃以战，则靡有上等战舰而无能驾驶员弁，时平则窳朽，事至则资敌，即不惜国帑，不吝巨款，多方购造，充牣海滨，无当也。西国之法，无论何船皆有船主，凡船中一切事宜悉归料理，一切人役悉听指挥，其兵船炮舶，恒以船主而充管驾，位崇望重，莫可比伦。然非可倖而致，可求而得也，必由学习舵工或□兵役历练，既谙悉诸务，屡试辄冠其侪辈，然后举充斯选。故于水程之远近，风涛之险阻、潮汐之消长、沙礁之有无，以及机器运动、帆桅收放、炮位安置、弹击势力，悉详细讲求，胸有定见，一旦有事，进退冲轶无不如意，即或败衄亦不至委而弃之，纷纷投水以逃生命也。故西国水师雄视薄海内外，遇与邻国失睦，调遣战船数艘，即纵横莫当，而船坚炮利，遐迩共推，足令见者股栗、闻者胆裂也。今中国整顿海防已仿其法，练水师、制战舰，沿海上下舳舻相接，亦可谓戎容暨暨，望之威如矣。然窃以为犹未能毫发无憾者，盖管驾之人多选武弁中之有资格或情面者充之，而驾驶之人则皆雇用西人，其所谓管驾官或日一至焉，或月一至焉，于船中事务几如隔膜数重，惝恍莫测，倘两军相遇，彼此交绥，其不惊惶晕眩，不知所为者几稀矣。惜庄烈伯李长庚之剿，闽浙海寇也，每战自持舵于海局形势，风云沙绵，即老于操舟者是不能及，且身先士卒，屡冒危险，即受多伤亦不惧退，一时海寇为之语曰："不畏千万兵，只畏李长庚。"可知不善操舟，断不能立功于洪波巨浸之中，骇浪惊涛之际也。今宜于水师员弁中选其年壮力强、胆气豪雄、能耐劳苦者，分配各轮船，俾与西人相浃洽，专学驾驶诸法，而又设立水师馆，延请西人以为之师，招募沿海居民聪慧子弟入而肄业，先俾试练于内河，由是而出洋海，由是而历各国，果其学业有成，才识可造，则先派在缉私轮船以资历练，嗣后记功录过，拔其优者授以水师员弁职事，以时稽察，使之捕贼立功，其有擅自离船或不能耐劳、不胜厥任，则立予罢斥。自兵役以至统带大员，悉当其材，无或滥竽备数、尸位素餐，则人皆知奋，士尽效能，将见不十数年而人才辈出，水师之雄无敌于天下矣。非然者国家方留意海防，厚其禄糈，优其官位，以期有所激劝，收效于海疆。而蝇营狗苟之徒视为名利之薮，登进之阶，贿托情求充作管驾，而船中事事反需西人以为主持，若与外国启衅，西人必将遵其国例，辞职而归，以守局外之义，为壁上之观，则轮船虽多，不亦顿成无用也哉？噫！古人有言，宜未雨而绸缪，毋临渴而掘井。今者阴雨将至，而渴已有其兆矣，窃愿当道熟为筹之。此节录《循环日报》。

（录自《万国公报》1881年第624期）

新设水师学堂章程

现奉李傅相在津郡奏，设水师学堂专招幼童学习，奏由前船政大臣吴春帆星使督办，分聘中西教习在局教练，现在星使宪节抵沪江，如有幼童愿学者，先赴洋务委员杨诚之太守处报名，选定带见星使，一俟足额，再行定期会挑。兹将津友寄来水师学童肄业事宜，节略逐款先录于后：

一、挑选学生无论天津本籍或邻县或外省寄籍良家子弟，自十三岁以上十七岁以下，已经读书数年，读过两三经，能作小讲半篇或全篇者，准取其绅士认保报名，并将年岁籍贯三代开报入册，届时由天津道或海关道面试，其择文理通顺者先取百名左右，送赴水师学堂面覆，察其体气充实，资性聪颖，年貌文理相符，果是身家清白，挑选六十名，取具本人家属甘结、亲邻保状收入学堂，试习两月后再行察看，倘口齿不灵或性情恶劣、举止轻浮，即行剔退，其系外省投习者，来往川资皆由该学生自备。

二、初次挑选，恐读书世家子弟尚多观望迟疑不肯应试者，倘届时报名人数不多，拟先尽数挑选存记，再展一个月后另行示期补考一二次，以期足额。

三、学童在堂以五年为期结，未满五年不得告退，亦不率应童子试，致妨功课五年期满，果有兼人之资中西学问并进者，准入应试。

四、学生初次选入学堂，以文理全通、读书甚多者为第一班，文理未尽通顺而读书已多者为第二班，书读不多、文理未尽通顺而资性颖悟过人者为第三班。

五、考取学童除饭食外，第一班每月给赡银一两，第二班每季给衣履费银二两，第三班每季给衣服费银一两，交各家属具领，俟学业果有进益，再为递加并随考核酌奖。

六、遴派官医一名住局，如学生偶有患病在堂医治，准父兄前来看视，医药由局预备，倘或验系病重，准回家医治，不给药资，痊日来堂学习。

七、学生饭食照水雷学堂定章办理。

（录自《万国公报》1881年第631期）

水师严肃

上海祥生老船厂有中国之超勇轮船在彼修理，该船规例俱照西律。有兵丁某不告假而擅自出去，至前日回船，船上兵官声其罪执而鞭之，盖以代西法之监禁也。似此认真严肃，中国之兵庶有豸乎？

（录自《万国公报》1883年第745期）

学堂两志

天津水师学堂向分管轮驾驶两堂，各堂额设学生六十名，以备海军人才之用，诚今之急务也。兹自光绪七年开办以来，成就者已有五十余名，现经分派北洋兵轮差遣，堂中遂多缺额，当事者复行招考，考取入学肄业后再试验四月，甄别留堂，准月给银四两，想将来不难蔚为干城选也。

（录自《万国公报》1890年第13期）

肄习水师

总理海军事务兼神机营事务庆郡王，近饬神机营学堂学生三十人，前赴天津武备学堂肄习水师学业，于二月初起程出京，伴送委员共五人。

（录自《万国公报》1893年第52期）

海军新论

美国水师报探知，吕宋美水师提督杜威凯旋事泚笔记之，因系以论曰：近二年来（一千八百九十八九年），美国经营水师计三分而增一，云屯雾沛，顿改旧观，虽欧西不乏凭藉海权之邦，而舍英与法莫能驾乎其上，懿欤盛哉！可称今天下海军第三大支矣。夫水师之首要莫如船，美船之已成已造者大小合计共得三百十二艘，其中一百八十九艘隶入正大军，一百二十二艘隶入副大军，此项副大军盖备自伐西以后，从前所未有也。复试稽其船价已成者，约靡美金一垓二京五兆元，未成而已造者五十艘，估值美金四京元，用费如是，其钜然犹止以船身计，而凡铁甲及炮械之属，皆不在内也。由此观之，富国强兵，曷容分为两事哉。查美兵初与西战之时，不过一万二千五百人耳，一千八百九十八年乃增至二万四千一百二十三人。战事既平，船停人散，非得已也，势使然也。子所望者议院淬厉全神，勿萌懈志，兵数极少以二万人为率，往后再须添造新大铁甲战船及铁带大巡船各若干艘，比及工竣，大约战船之速率每一点钟应增至海程二十里，其中多装快炮并可多贮煤斤，以备长行。每船更须安三轮以补不足，此皆格外特创之事，骤聆之下似乎炫异而矜奇，试转一念曰，大西洋之东岸，大有人焉，眈眈然注目于美，则必将彷徨却顾，欲罢不能矣。且为美之长治久安计，亦岂容以此自足哉。有二事在：一用流质之油以省煤。此油不必滤清即可燃用，行海时，豫备油船随处挹注，以一皮带吸而度之，较之用煤实为便利；一用无线传电之法以通信。行军最重电报，而无线则不能通，自得此法，美国尤重视之，宜及是时益求精进。盖有备自能无患，推陈方可出新，水师之纲维一以贯之矣，而尤宜究心于海底行雷之法，以免他国先我着鞭。则二事外又有一事焉，况乎近数年中，民间新兴船厂气象蒸蒸，此亦富强之一端，而为昔之所未有。纵论及之不禁神往深之已。

（录自《万国公报》1900年第133期）

海军纪实

近闻水师提督叶军门特缮具清单，将现下南北海军之实在情形禀呈直督袁宫保，以便核实整顿。计开：巡洋舰十五艘，三万五千四百吨；炮舰十一艘，一万二千三百吨；运送舰三艘，四千四百吨；水雷艇十六艘，八千三百吨。合计六万另四百吨云。

（录自《万国公报》1902年第159期）

武 学

中国军舰之调查

京函云：陆军部铁尚书于去年提议，拟将中国现有之军舰详细调查，以为预备兴复海军之计画，兹闻已经明悉探录如下：

计北洋所属巡洋舰：海圻、海容、海筹、海琛、通河（炮舰）、泰安、镇海（水雷炮舰）、飞鹰（小炮舰）、飞云。

南洋所属巡洋舰：镜清、南琛、保民（炮舰）、登瀛洲、楚材（水雷炮舰）、建威、建安（炮舰）、测海、靖远、策电、钧和、飞虎、金瓯（瓯）、并征（河用炮舰）、江元、楚泰、楚谦、楚同、楚有、楚观（水雷艇）、安放（航洋水雷艇）、一号（别名表）、二号（别名宿）、三号（别名列）、四号（别名张）（二等水雷艇）、湖鹏、湖军、湖鹗、湖燕。

福建所属运送船兼报知：伏波舰（炮舰）、蓬洲、海广干、广金（运送船）、执中（炮舰）、海镜清、镇涛、广庚、广戊、广己、安澜、海东雄、海长清、绥靖、广元、广享、广利、广镜（水雷艇），共三只舰名未探悉（一等水雷舰），雷天、雷坎、雷兑、电舰，其一只舰名未悉。

（录自《武学》1908年第1期）

湘　报

水师新枪

美国水陆军报论美国水师新式枪，用于海军最为合宜，其发枪之速每三分钟可发五弹，若欲在相距四十五亚尔德内外，百发百中，则发五弹须七分钟。兵士中之善于放枪者，每分钟可发五十弹，枪法最精且熟者，每点钟可发三千五百弹，洵行军利器也。

（录自《湘报》1898年第41期）

筹办海防

英国现将英吉利南境沿海一带防守事宜，安置周密。即雷船亦不能攻入，且沿海各口均备有拦江木棚等物，遇有警报，即可放下以阻敌船。近日水师提督已饬将旧式炮艇十三只，专在南岸一带驻泊，以便听候调遣，办理堵口事宜。（录《大公报》）

（录自《湘报》1898年第46期）

比较水师

伦敦水陆师报云：现在中华海面所泊战船，以日本为最多，然俄法德三国添调兵船至中国海面者，甚形忙碌，待俄国兵船齐集之日，则日本或不能首推矣。今各国可用以临敌之船，除慢行炮船不计外，日本有十四艘，大炮一百四十一门，鱼雷艇二十四艘以上。英俄两国各有战船十一艘，英国只得大炮一百一十八门，鱼雷艇十三艘；俄国有大炮一百六十一门，鱼雷艇十四艘；法国有战船九艘，大炮八十三门；德国有战船八艘，大炮一百零二门。英国未曾添调兵艇，然事迫或可由澳洲添调巡艇五艘、鱼雷艇二艘；由太平洋添调巡艇三艘、鱼雷艇一艘；由东印度添调战艇多只、鱼雷炮艇二只、巡艇一只。惟澳洲曾与英政府商定，许其战艇照常驻口岸，不能奉调他往。东印度适在有事之秋，为本境计，恐难越境助战。且英人仅恃香港屯煤，远距直隶湾一千五百英里，此亦可虑之事也。兹闻俄人再添调第二等战船一艘、旧铁甲巡船一艘，另有新战艇一只，已过苏彝士河而至东海。拿华连战船亦奉命东渡，复遣新式鱼雷艇二艘、大鱼雷艇二艘相随。此诸船齐集东方时，英国须由地中海添调战船一艘，始能抵俄兵之力。现在远东之俄人铁甲巡船队，势甚可畏，且其铁甲厚而重，英国在东方之巡船，实所不如。至论屯煤之事，则俄国转不如英国，俄人虽有煤屯积于旅顺，而为数无多，易于告乏，至珲春之煤厂，春仲尚被冰封阻，难于提取，须待西四月始，可供各船之用。而日本又阻其出入，德国水师之力不甚可畏，虽续调刁士兵船东往，兵势仍不甚壮。法国现有之兵船，未称备具，惟闻又添调猛力巡船二艘、铁甲战船二艘，又由太平洋外调回巡船一艘。然则法国既汲汲焉调战船，则中国海面似有开战之意矣。日本自有战舰二艘，又得中国战船一艘，并有新式巡船七艘、旧式巡船三只、鱼雷炮艇二只、鱼雷艇之大者一只、次者二十一只，不日再派出最快之巡船一只，并闻在泰西添购战船二只。至论水师船泊之所、修舟之坞、屯煤之厂，皆以日本为最便。以舟数而论，英日两国适与俄法德三国相等云。（录《环球报》）

（录自《湘报》1898年第72期）

郑重水师

金陵访事友来函云：南洋水师旧有南琛、南瑞、寰泰、镜清等碰船，及蚊子鱼雷等船，初由南洋大臣委提镇大员为之总统，及前安徽巡抚沈中丞权任南洋时，裁去统领名目，改设左右两翼长，迨刘岘帅回任两江，仍复旧制。前岁统带南洋兵轮黄昌岐宫保逝世，一时继起乏人，统领大权，虚恋日久，其时海宇平靖亦遂听之。至去年德人占据胶州湾，南洋防务吃紧，岘帅始委苏松镇陈总戎旭统领大小兵轮船，以资防卫，顷又檄委管带南琛兵轮船徐参戎传隆，为南洋兵轮船管务处，是亦足见大宪郑重水师之意也。（录《申报》）

（录自《湘报》1898 年第 130 期）

湘学新报

日本水师学堂章程

日本政府，近于水师一节，大为整顿，并订立新章数则列后。

一凡中等学堂。学习武员，及别处学堂肄业各员，必取录后，始能附入头等学堂。

一凡少年欲入学堂学习。未经他处学堂取中者，必须面试，取录后方准入学。

一考试一节，事关重大。查前届考试，只略考其才能，故各员之列入优等者，概无奖赏，殊非鼓舞人才之意，嗣后无论水师各员如有才能出众，列入优等，必加奖给鼓励。

一学堂不可缺额，不可滥竽。嗣后如有缺出，或多添学额之处，再行考试充补。

一国家造士，不拘成格。查从前充当水师人员者，多属官家子弟，于水师操练各事不过奉行故事，无裨于国，嗣后水师招考，无论诸色人等，俱准一律投考，尤必宽其进额，以获实效。

一凡报考水师人员，倘程途窎远，地方官必给执照护送，并指明所欲投之军，总统亦须给发执照，以示体恤。

一学堂肄业各员，国家约束须严，然亦必当优待。各员正宜努力上进，倘有始勤终惰者，革斥不贷。

（录自《湘学新报》1897年第8期）

协和报

水师近闻

十月初九日，北京电：程允和即程文炳为水师提督，今升为扬子江水师提督云。

（录自《协和报》1910年第7期）

新民丛报

整顿海军

袁世凯奏请每年筹款一百十万两整顿北洋海军。现叶军门已奉命在烟台审度地方，以备其用，来春各兵舰即可会齐。

（录自《新民丛报》1902年第1期）

海军纪实

闻水师提督叶祖珪，特缮具清单，将现下南北洋海军之实在情形，禀呈直督袁世凯，以便核实整顿，计巡洋舰十五艘，三万五千四百吨；炮舰十三艘，一万二千三百吨；运送舰三艘，四千五百吨；水雷艇十六艘，八千三百吨。合计排水量六万零五百吨。

（录自《新民丛报》1902年第5期）

大阅水师

闻北洋海军统领叶祖珪军门，已定于四月十五日调集各舰在江苏沿海之某处操演毕，即将各兵舰调往直隶湾碇泊大沽附近。禀请庆亲王、袁世凯亲往阅验，并求指授海军再兴方略。闻应行操演之船共十三艘云。

（录自《新民丛报》1902年第6期）

拟复海军

袁世凯誓志复兴北洋海军，每年已筹定经费一百十万两，惟无完全之根据地，颇费踌躇。水师提督叶祖珪建议，聘请英水师官训练，即援英国租借威海时之旧约，借用威海卫一部，为海军屯驻之所。袁韪之，已与英国守备队长函商，队长谓权借固无不可，惟中国停泊该处之军舰，不得过五艘以上。闻袁尚拟与英公使当面细商云。

（录自《新民丛报》1902年第7期）

拟兴海军

直隶总督袁世凯，今春曾奏陈兴复海军事宜，每年酌筹一百十万两，为常川经费等因，已记前报。兹据东报所载，本月初七日袁复上一书，妥筹章程六项如下：一、废北洋南洋之名称，以期号令统一，且沿海警备亦可联络周密。二、编定常备、豫备两项舰队，使各异其任。常备舰队准备战斗之用，豫备舰队即补助常备为救援者。三、在芝罘、上海、南京、江阴、广东设立海军警备府五处。四、各警备府各掌其防汛，界内之警务水师统领总理其事。五、马尾造船宜极力整顿，为将来制造军舰、水雷艇、小轮船及其他军用船之地。又宜于该厂添造炮铳等物。六、江阴宜新设海军兵学堂一所，以训练海军士官，教习延聘外人。

（录自《新民丛报》1902年第14期）

北洋海军近闻

北洋海军都司蓝建枢、何品璋、林文彬，守备程璧光，又山东题奏道严道洪等五员，因甲午之役，威海不守，北洋水师全军沦陷，经前直隶总督王文韶，查明定拟，声明威海一役，实因水陆援绝，该员等情有可原，才堪任使，奏奉朱批革职留营在案。兹北洋大臣袁世凯以该员等自革职留营以后，颇知愧奋，或委令管带师船，或随同办理交涉，莫不操巡匪懈，应付适宜，深足以资臂助，遂具折奏请，援照同时被议之游击林颖启之案，恳将蓝建枢、何品璋、林文彬、程璧光、严道洪等五员开复原官，并请将严道洪仍留山东原省补用，以策后效。业已奉旨俞允矣。又北洋海军统领萨鼎铭参戎，近亦经袁奏保，奉旨以水师总兵记名简放。

（录自《新民丛报》1903 年第 29 期）

奏议要政

开缺江督张之洞此次入京，应奏闻及与政务军机各大臣面商之事颇多，兹据所闻揭之如下：

一赔款用金用银一事，拟商请美国政府转与各国协议。

一拟请政府与墨西哥政府互商，公请美政府筹防银价低落之法，并由政府电谕驻美公使，务期意见贯彻。

一拟立各国在中国筑造铁路及要求筑造铁路利权之新章，务使就我范围，以防蚕食国利之弊。

一改订通商条约，于外人在内河航轮游历内地，并教士传教等，事均须妥定章程，以防藉口。

一议定约束海外留学生之法，及将来录用之法。

一奏请推广武昌武备学堂，及增设一陆军大学校。

一请军机处复兴北洋水师。

（录自《新民丛报》1903 年第 29 期）

海军与麦食之关系

日本于明治十五年前后，海军不用麦食，其时航海兵士，罹病者甚多，有事时直有不能开战之忧。当事之人，虑其为专用米食之故，因废米食，改为米麦合用，嗣后进无罹病者。按米百两中，含淡气物（蛋白质）六两，含炭气物（淀粉糖油）七十二两，为一与十二之割合。麦百两中，含淡气物十二两，含炭气物七十二两，为一与六之割合。米麦共食，为九与七十七之割合。米之含蛋白质者，多在外皮，若去皮之净白米，滋养分反少，麦亦然。又大豆含蛋白质甚富，故酱与酱油及豆腐豆汁等，均有维持体力之用者也。

（录自《新民丛报》1903年汇编）

南北洋之海军

中日之役，海军去其大半，仅余数舰，不复成军。今南洋部下仅余寰东、镜清、南瑞、南深及运送船三艘，水雷艇四艘，类皆老朽不能驶巡外海。张之洞权两江，即议售之，嗣以魏督接任，置不复议。今决拨隶北洋，并归萨镇冰所统领，合之北洋之海天（量四千三百吨速二十四海里）、海圻（同上）、海容（量二千九百五十吨速二十海里）、南瑞（量二千二百吨速十五海里）、开济（同上）及座舰海天之六艘，仅得十舰。中国之海军力如是而已。至于长江之守备，则议每年以二十万金之经费，十年为期，定购浅水小舰，数艘于外国，专为江防之用，顷得政府允许，已有决议。嗟乎，故家中落之人重过其旧日盛时园林之遗址，一竹一石皆足令人怆神堕泪。我国同胞当亦有此同情。

（录自《新民丛报》1903年汇编）

醒 狮

劝输海军捐启

润　书

　　亚陆风云，叱咤万变，迅雷疾雨，急不转晴。世界大势既集注于东，吾神州黄族，神明之胄，乃适当万目炯炯群虎争噬之位置。甲午之役，军舰粉齑，海禁荡然，外人乘间捣虚，鼓轮直驶。欧风美雨，挟印度洋太平洋之潮流，滚滚而来。吾沿海七省根据重要之地，乃在在顾此失彼，风鹤惊心，彼远隔数万里之地，乃能反客为主，挟其虎狼之手段，肆其强暴之机心，操纵海权，恫喝人主。回顾我国，则长夜夜漫漫，懵然若梦，即收拾一二零星破舰，曾不足堵御。一方面，我同胞四二六四四七〇〇〇〇之黄族遗胄，祖先在此，子孙在此，生聚于海陆参半天然形胜之国，目睹侮辱之惨状，漠然秦越，彼此推诿，不顾问，犹日鼓掌，悬舌昌言，保种保国，岂非轻重失错，可耻可恫之尤者耶！

　　十九世纪以来，列强竞争由海而陆，兵舰巡驶之地，即权力范围之地。历观各国每年豫算表，于增加海军之费继长增高，靡有底止。嫉忌之心愈深，抵抗之力愈大，充其野心，正如饿虎饥鹰，盘旋于荒山灌木之间，日夜吮血磨牙，冀图一饱。日本去今十九年前，海军只有浪速、高千穗二巡洋舰，大小不过十九只，总吨数三万三千余吨而已。至癸卯年，战舰骤增至八，巡洋舰二十四，大小凡二百余，总吨数达三十二万吨。进步之速，已可骇异。若英则已有最大战舰六十二，巡洋舰百四十五；法有战舰四十三，巡洋舰五十六；德有战舰三十五，巡洋舰三十一；美有战舰三十，巡洋舰三十四；意有战舰十六，巡洋舰二十。方之日本，又不啻倍蓰，彼之苦心经营，伺隙攫食，形迹昭著，洞见肺肝。而我则一败涂地之余，鲸笛无声，狼烟不举，险要委敌，门户让人。呜呼，人不亡我，我自亡之。处今日之地位，譬如操逆流之舟，人皆鼓浪乘风，己则持破帆断绠，陷落旋涡之中，立足一危，灭亡立至，此奚待智者而知哉！

试以近事征之，美约事起，海内响应，空拳徒手与白色人种互为抗衡。美人知婴孩易欺，笑置不睬，逮南北要埠，赞同益多。团体坚牢，历久不散，始幡然改容，老羞成怒，变其侮弄孤孩之法，张虚声恫胁之威，始于国会议院，宣言与东方开战。继于非律赏征集重兵，阳示不测，使中国政府与国民之间，惶恐悚惧，疑惑不知所措。夫美之忌我虽机牙已露，未见实行。苟中国靡靡无能，长此终古，则必有突然发挥手段之一日。次如上海会审公廨之事，以中国缙绅良民，屈辱于中西审判之下，悲伤怵目，已不忍言。况外人揽权，司马执法，其曲在彼，盖无可疑。当时西报喧传，动谓中国愚民暴动，妨害治安，而扬子江与黄浦江上下游之间，军舰梭织，日夜不绝。我吴淞天然重要之海口，乃令外舰出入自由。鹊突起落，毫无忌惮。试问中国有事时，则彼之军舰得任意航驶如此，然则我沿海七省滨江六省之身命财产，尚足子孙百世，生活自保耶？南昌教案，尤堪堪发，以区区无赖教民，闯入内地，戕杀天子命吏，蔑视国权，蹂躏人道，尤为天下载指。乃法人狼子野心，非惟不甘认罪，反欲乘风举火，为将错就错之计，突然电檄兵舰四艘，驻泊九江，要求斥革重臣，迅结赔款。呜呼，我国于外人无理之举动，宁忍之又忍，相视默然，咽泪隐声，向隅啜泣，愁非自审兵力薄弱。所谓守宁人搏我毋我搏人之主义耶！不宁惟是我内地之民，蒙耻忍辱，不过一时或数年间耳，若海外侨民，终身流寓受监治之毒刑，作奴隶之使役，感怀家国，梦寐不忘，或至长途老死，生平未见睹国旗一面，赍恨郁郁，无可告诉者。所在有之，我黄族神明之胄，最善经商，越洋渡海，历尽艰苦。就美澳二州及亚洲各国属地调查之，共有侨民七百余万，在美者约二十七万三千，马来非律各岛约一百零六万五千，暹罗约二百五十万，印度支那约十五万，香港约二十七万四千，余如澳大利亚洲，及缅甸等处，亦不下数十万。苟中国国旗发扬，时巡寰海，内则使善民安枕于域外，外则使列强收敛其野心。而民侨驻足之地，不啻增无数殖民之地，隐树强固之声援，一转移间，形势立异。夫海军不兴，其受祸害如此，海军一兴，占优胜如彼。神州财富寰球皆知，以一人每日纳一文计之，年亦可得百余兆，以此兴与海军，不出十年，可驾英美诸国而上之。矧今同胞黄族，不啻燕巢幕下，火燃及眉，奄奄仅存，朝不保暮。设使外人更演一无理取闹之事，要求权利，我中国既无折冲坛席之材，复无防卫藩篱之力，束手待毙，而如甲午偿金，庚子赔款之事，再见于今日，始破悭囊，不其晚欤。

由以上种种方面观之，我内外国民之热诚渴望，既达于极点，然而荏苒十年，相率噤口结舌，不发一语者，则以兹重事大，纲目纷纭，一则经济浩繁，二则人材缺乏，政府筹办之事，非下士所敢訾言也。然虽人材因时势而成，纳尔逊、东乡平八郎之材未必生而即是，但就经济一事言之，人人不可有干涉政事之权，人人岂不可任担当财货之事？况我国国民，最富于爱国心，向者特苦于官吏抑压，绅士阻挠，上下之间，无由交感。但有热心劝导之士，朝夕推倡，热诚相与，吾知二十一行省之髫男弱女，无有不感激涕零，愿为报效者。如国民捐一事，倡者不过数人，登高一呼，应者四起，此皆足见我国民天资高厚，慷慨任事之特征，衡之欧美诸邦，实无愧色。况国民捐不过为国家清偿积款，免将来之赔累而已。海军一兴，则国家受无上之光荣，人民享无穷之幸福，收效之富，罄竹难书。且目前政府当事之人，洞烛机宜，谋事周远，且将与英使另订条约，索还威海卫海港，北洋袁帅亦且与日本使臣严密妥商，年遣学生五十人，入日本海军学校。国家未尝不有意于兹，特目前新政初兴，凡百政事，在在须费，国家虽有盛心，安能倾竟全力专注于斯？人民各为身家财产之谋，则樽节斯须，义无坐视，我国民急公好义之诚，征之历史，彰彰不朽。况在患难相迫之时，爱国之心自然发现，今日其报国之始日矣。

或谓中国铁路矿物各政，外人皆欲藉端干涉，此皆目前急切难缓之事，何必独举海军？不知海军一日不成立，即既成之铁路矿局，亦断无完全自我操纵之日。此理至明，不容多赘。且目前各省陆军，操演认真，渐渐活动。去年北洋大操之后，各国使臣，动色相告。德国首倡撤兵，外虽卖恩，收效未必不在于此。及今图之，海陆二军联络一气，我同胞神明之胄，一切身家财产，犹可固守门户，苟延残喘，保全余年。幸而天佑黄人，一蹶再振，使二十世纪以降黄色国旗，辉映于寰球日照之区，我国家隆运绵绵，与之无极，我同胞后裔云，初皆食今日义士之赐矣。

以上所言，则人人当知海军为当今第一之要务。苟捐纳一丝一粟，皆为自保身家财产之计，于名誉绝不相关。人人尽力所能，不问多寡，细流涓滴，可成江湖，倾解私囊，助国家财力于万一，我同胞苟韪斯言，请毕其说，天下事言之匪艰，行之惟艰。创始之时，骤然难冀信用，一俟稍有眉目，即将章程一切邮呈南北洋大臣，奏明立案，以昭大信。至捐款一项，统由银行及各处地方公认之学会商会代收，与建言之人，毫不干涉。仆等自顾财力绵薄，不克尽诚报效，已经醵资创立活动影戏，俾内地士夫广资闻见，以所收入尽数充海军补助捐，丝毫归公，以副诸君子光览之盛。区区之意，幸垂察焉。

（录自《醒狮》1906年第5期）

重兴海军问题

江南病武士

其一，过去之中国。

廿世纪之世界为铁血竞争世界，谅人尽知之也。廿世纪之中国，非恃铁力血力万不足以生存，谅亦人尽知之也。二三年来，在上者锐意整军经武，在下者竭力提倡尚武征兵之制。实施伊始，文柔国民踊跃从军，是吾国将一跃而成军国，吾国民将一变而成军国民之先兆也。虽然吾国非兼备陆国海国之资格者乎，不欲恃铁血则已，诚欲以铁力血力角立群雄间，非陆海军横绝宇内，万不足以收效。试回溯六十余年以来，中国濒亡者，非屡屡乎！鸦片之战，英足以亡我，幸英未审吾国内情，媾和了事。然而五口通商自此始，赔款割地之端自此启，完全无缺之金瓶，始于东南角上开一漏洞矣。英法联军之役，英法亡我有余，幸俄人包藏祸心出而调停，仍得媾和了事。然而商埠益增，割地益大，九龙为直接损失，乌苏利江以东地，为间接损失，南北方面漏洞俱开矣。甲午之役，日本足以亡我，幸日本惧各国干涉，允我和议，然而二百兆之赔款，台湾之割让，为直接损失。威海、大连、旅顺、胶州纷纷间接损失，天然形势益破碎华离矣。庚子一役，国局最险，四千余万方里地已作列强俎上肉，幸各国暗中互相牵制，顾全均势之局，不即宰割，然而赔款本利至九百余兆，时期亘三十年，关系吾人生命何如矣。此数役者，无论陆军不振，有以致败，然借令陆军固振，而无精练海军，以防御海岸，亦万难免败衄之结果。甲午一役，虽有海军，然训练未精，设备未全，致一交炮火，立成粉齑。其他数役，则均任敌长驱直入，其来也无从而迎之，其去也无从而尾之，借令无别种原因，支离其间，则吾神州大陆已不知几易主人。夫用兵者，毋恃敌之不来，恃我有以待之。今海岸线至四千英里之长，而无一有力舰队，以任防御，徒恃各国均势之局未破，仅得苟全国命，不幸均势之局一旦破，各国牵制一旦解，则亡国覆种祸且立至。立国之险宁有过此，吾祖国之爱国士大夫言念及此，能无骇然失色悚然惊神乎！

其二，将来之中国。

二十世纪劈头第一大问题，则吾黄色种中之中国人种问题也。白人之抱杞忧者动曰，二十世纪之支那人种，必雄飞宇内，压倒白人。是言也！我国国民所不敢猥自暴弃，逊谢不能者，然今年已千九百六年矣。返顾吾中国人种之占势力于世界者果何如？则自上海东行横渡太平洋，自香港南行东达新洲，西达欧洲航路，烟波飘渺，风涛滚滚，兵舰商轮，冲逐其间，旗幡纷飞，凝眸视之。噫，此条顿人种旗帜也！噫，此拉丁人种旗帜也！噫，此斯拉夫人种旗帜也！均天下之娇子，龙行虎步之白人旗也。间有太阳旗二三，则亦大和民族旗也。于我国之国旗何有？虽然此犹曰外洋，则请卑之无高论。北起渤海，中过黄海，南达南海，非吾国领海乎！而白人旗之翩翻出入，仍如外洋龙旗之乍隐乍显，无异外洋。更退一步，溯杨子江而上，浩浩巨流，非吾国内河乎！而主客之势依然相反。呜呼，无怪夫神州华胄，流落千万里外，为白人叱咤蹴踏；无怪夫红髯碧眼之徒，昂首阔步，隐树数十敌国于境内也。夫白人倡导之言，即不幸而我不能应，苟使吾国人永能生存大地，固守四千余年来故围之历史之土地，犹是幸事。独奈当今之世，非吾胜人，人即胜我，力不能攻人，万不能自守何！

今日之外交，波谲云诡，顷刻万变之外交也。谈时事者，或谓日俄战后东洋必呈和平之局，兴复海军，若非急务。呜呼，无论外交事变，难以测度，藉令各国厌兵，想望太平，然抑曾一审吾国内情乎！吾国今日国民之进步，不可谓不速也。路政自办，矿务自办。财政权之已落人手者，思争回之；教育权之将落入手者，百方豫防之。数千年沉沉专制政体下毫无权利思想之国民，一旦输进欧风，大梦警觉，痼疾顿去，加以文人学士大声疾呼，至今日虽非民气极盛时期，亦不得不谓民气发动时期。然而民气发动，万不能无实力以继其后。综观各国兴亡，民气与实力相因并进者，安非然者危。波兰晚叶，民气非不盛，只以实力不充，适促波兰之分割。吾国近时广东教案起，而美即集兵菲律宾跃跃欲逞；上海会审公堂事件起，而各国兵舰云集沪滨；南昌教案起，而英法德兵轮直抵浔阳。此虽由我国民过激所致，然使各国非无礼何以致此？又使吾国国民非权利思想发达，亦何以致此？夫民气者，立国之元气。苟非丧心病狂，不欲中国奄奄不振，谁不冀民气大张，循此以往，各国无礼之举未有限，吾国民之气发达，亦未有限，谁能保无再有广东教案、上海罢市、南昌教案等事体出现？谁能保无再有大于此之事件出现？当此之时，陆海军振即可据理力争，不以吾国生命供欧人所欲。不幸谈判破裂，亦正可乘机大挫一白人种中野心最大国力最强之国，以巩固后此国基，恢复前此损失。苟非然者，我唯步步退让，彼则咄咄逼人，不亡我国不餍欲彼，吾国上下，奈何不审民气之发达，如何而轻轻忘情海军也！

又有说者，政府经营陆军，不遗余力；国民提倡陆军，百出其术，究为防内乎？为防外乎？为防内也，则诚可废去海军，如为外也，则未有海陆兼具之国，而可舍一取一者。陆军虽振，而海军仍付阙如焉，则非特进攻不克，退守亦不完。故昔日之英法俄，既有强大陆军，必辅以强大海军。德之立国，海岸线不甚长，而自胜墺胜法以后，即尽全力于扩张海军。今吾国"尚武！尚武！"之声沸腾全国，而独冷视海军焉，是不能无疑。

其三，海军新机运之曙光。

今日之新执政者，除二三洞见敌情，力图强国外，大多数犹朦胧徜恍，捉摸五里雾中时也。一切新政活动，无一不恃此二三识时务者为之主动，而此二三识时务者，亦明知民气渐盛，武力须随；陆军既兴，海军须辅。故收回威海也，广造船舰也，急养海军人才也，种种议论，渐出现于政治界。今上二事，虽未大定，然第三事，已克实行。吾国派生至日本学习海军之议，倡之者已数年，定之也始自去岁，实行也见诸今年。今新海军生七十人（内由北京派者四十五人，余由本系留学日本志望海军者补充之）已入日本商船学校，豫备二年后，本科二年，实地练习者又二年，总凡六年。此一事实最可喜最有望，而不可谓非海军新机运之一线曙光也。

昔李鸿章之兴海军，第一大病在有器无人，举数十万吨精锐舰队，悉委诸无海军教育之人，其败也固宜李非不知之故。甲午一役，李固主和而不主战，此后不欲兴海军则已，如欲复兴，则不可不矫前失，造人造器同时并举。今军舰尚未大行扩张，而海军生先见遣派，是先有人后有器之一征，亦将来新海军之一好现象。六年以后，第一期卒业，十年以后，常有五六期卒业，此五六期中人数虽仅三四百人，然援十人教百，百人教千之义，则十五年后，可得新海军生三四千人，此只就外洋卒业者之收效计。而此三四百人留学外洋之时，内地水师海军等学校，必非沉沉鼾睡，静盼此三四百人之回国者也，则合广东、福建、江苏、山东四处，一处以学生八十计，卒业期限以五年计，则十五年以后，可卒业十期，海军生可骤增至三千余。此犹仅就四处之本有学校言，收效已若是，苟于此数年间，增设学校于内地，广派学生于欧美，收效必更倍是，如是则十五年后，合内外海军卒业生，至少当上七八千，海军人才已济济林林，殊不寂寞矣。识者勿目吾言为理想谈，苟主持海军学务者，不怠踔厉奋发之精神，国民不弃干涉监督之天职，十五年后之气象，必有出我豫算外者矣。呜呼！吾念及此，不能不痛恨内地之主持水师学务者矣，广东、山东吾未甚详，不敢妄加褒贬。若福州之船政，江宁之水师，则均创办十余年，试问卒业生已出若干？卒业生成绩如何？每接彼中人（堂中人也）之言论，无不言总办总理等，稍贤者亦因循泄沓，不肖者动以学堂公款充实私囊，致办学十余年，能执造船之职者无一人；能精驾驶之任者无一人。虽然是不能单责办学者，而吾有力士绅放弃天职，任彼曹为之咎，亦有所不能辞者。前事已矣，来日方长，窃愿彼主持学务者之勿尔尔，窃愿吾有力士绅之勿尔尔。

其四，海军之成立并各国海军力一班。

海军之实质，由人与器组织成者也。平时之海军只以舰队吨数之多少，为势力优劣之标准，战时之海军则必兼舰队武器人物三者，为战事胜败之主原。李鸿章之兴海军，大病固在有器无人，然有人无器亦万难成立海军。吾国今日海军新机运之曙光，于人物方面则然耳，若论舰队方面乎，则凡我国民当莫不同声一哭，惊叹我海军前途之存立艰难也。甲午一役，败衄而后，吾精锐之北洋舰队，几尽歼灭。庚子一役，又失四水雷艇，今残留者，合南北洋计之，不出六万吨。而此六万吨中，大小战斗舰无一焉，一等巡洋舰无一焉，驱逐舰队无有焉，水雷艇队无有焉，有者仅二等以下之巡洋舰十余艘，曰海天，曰海地，曰海容，排水量各达四千吨；曰海涛，曰海济，曰海琛，排水量各达二千吨。此六者，犹巡洋舰中稍完整者也，余如南琛、南瑞、镇清、保民、飞鹰等，均已老朽弱小，不堪参加战斗。今福州船厂虽有新制者，亦不过一炮舰一水雷艇，于日本虽有定制者，亦不过排水量七八百吨之数炮舰。中国今日之所谓海军实不过如是，然试转眼一观宇内各国海军之大势乎。据最近调查各国海军实力详列如左：

国名	军舰艘数 （千百百吨以上起计）	军舰排水量 （万吨）	军舰总排水量（万吨） （千五百吨以下并算）
英	一六一	一四四.九	一八〇
法	八五	五五.九	七三
美	四五	三一.二	六〇〇
德	五八	三七.八	四〇八
日本	四〇	二九.五	三三
意	三一	二二.四	二七
俄	二二	一九.六	不明

以此与我国比，则英三十倍于我，法十二倍于我，美十倍于我，德八倍于我，日本五倍于我，意四倍半于我，即败余之俄，尚三倍于我。更今区别其舰队种类如左：

国名	一等 战舰	二等战舰 （海防舰）	三等 战舰	一等 巡洋舰	驱逐舰	一等 水雷艇	二等 水雷艇	潜航艇
英	四八	一一	六	四二	一三一	九七	七一	二九
法	一七	一〇	一〇	一四	三九	二〇三	一〇八	四〇
德	二二	〇	一三	六	三九	一〇四	五	〇
美	二四	〇	一一	一三	一六	三〇	五	九
日	五	〇	二	八	一九	一八	五五	〇
意	八	八	一	三	一五	九	一三〇	二
俄	不明	不明	不明	不明	不明	不明	不明	不明

更合大小计之。英之军舰总数（军舰、驱逐舰、水雷艇、潜航艇、运输船、杂务船；总名舰队：战斗舰、巡洋舰、海防舰、炮舰、通报舰、水雷母舰等别名军舰）二百八十二，法一百四十一，德一百零三，美九十七，日本五十八（合木造者），而战时施武装之商船，作为巡洋舰、水雷母舰者，尚不在此数。

现势已若是，而况前途之方兴未艾。英国今年海军豫算费竟达三亿三千三百八十九万五千圆（三倍我国总岁出），德系海军后进国，亦竟达一亿千六百七十六万二千圆。更据最近之报，德国海军扩张案，除继续至千九百十五年外，更于豫定造船计划外，临时制造大巡洋舰六艘、水雷艇八队。法国海军扩张案，则此后十三年，当增战斗舰十一、铁甲巡洋舰六、侦察舰六、驱逐舰六十六、水雷艇五十、潜航艇九十。呜呼！相形之下，不识吾大帝国将何以自立于此武装世界中，我国民亦曾一念及否。

其五，我辈之决心。

天下事知之匪艰，行之维艰。海军不立，万不能扶中国立，此为急务，谁不知之！知之而卒全国默然者，何也？噫，我非不知近年来民生凋敝，财力艰难，兴学为当今急务，而兴学无财。地方行政，为自治基础，而行政无财，路权矿权航权为回复利权要着，而造路开矿兴航无财，举凡积极的进取事业，无一不需资本，即无一不需民力。上而执政，下而绅士，竭泽而渔，以办救国事业。然经营者每千百，成就者仅一二，加以天灾流行，旧金山之震灾方过，湖南之水灾又来，吾国民迫于同胞大义，又不能袖手旁观，因而民力益困。当此之时，遽欲跃然奋兴，追步欧美，投数百千万资本于不生产事业，是犹强孩提负乌获之任，势在万难。故明知海军宜急兴，而卒不能急兴，实亦无可如何者。虽然中国事无一非无可如何者也，然而吾国民不忍以"无可如何"四字，了我中国也。兴学之始，上而执政阻遏，下而社会漠视，藉一人赤手空拳之力，奔走呼号，经营惨淡，成就未一二。蹉跌已百千，是不能兴学，亦无可如何矣。不意曾几何时，至今日始无处不有学校矣，此则吾国民不忍以无可如何了之，竭力使变为有可如何之效果也。岂惟兴学，今日铁路之渐有新机，矿务之渐能挽回，无一非将无可如何中变为有可如何。今独于国命民命所系之海军，而终令其无可如何，吾国民忍出此乎？况夫吾国财政固已困难极矣，然而未必不敌俄，俄本世界上财政极窘之国也，近顷外遭大衄，内起大争，以吾侪目光料之，必难遽复海军。不科俄人勇气，竟有不然者。据最近报告，俄国再建海军计划，已着着进步，再建海军总费，需十五亿罗布（一罗布当墨银一元余），内四亿罗布限于今后三年间支出，今复详列其再建海军舰队之计划如下：

战斗舰：一万三千五百吨者八艘；一万六千五百吨者八艘；

铁甲巡洋舰：七千七百吨者六艘；

防护巡洋舰：六千六百吨者六艘；

驱逐舰：三百五十吨者百艘；

水雷艇：一百五十吨者百五十艘；

水雷母舰：三千吨者十艘；

工程船：四艘。

以上系俄新海军之豫算也。今复详示其已在制造之舰船如下：

格伦斯达德造船厂：战斗舰一艘，"斯拉巴"舰名；

彼得堡造船厂：战斗舰二艘，彼尔波斯拔尼、哈备尔一世；

图尔基克造船厂：仝，包和尔一世；

南斯甘造船厂：驱逐舰若干艘；

塞特荷尔工厂：战斗舰二艘，爱勃斯坦菲约、翰斯多劳得；

尼哥拉夫工厂：仝，斯拉斯都甘；

其他：炭舰四艘，大巡洋舰五艘，小巡洋舰一艘；

在法国定造者：水雷艇十一艘；

在德国定造者：水雷艇十艘；

在英国定造者：水雷舰十艘及大巡洋舰。

夫俄非有死生存亡之关系在也，徒以侵略野心，尚悍然出此。若中国则海军兴废，真关系全国存亡，即令财力困难，数倍于俄，犹宜罗雀掘鼠，以完自卫之具。况俄之财力，未必胜我，而谓俄能兴海军，我不能焉，天下甘自暴弃，孰有过此？夫今日执政者亦知非兴海军，终无以自全，故兴海军之议，不时而现。而东方制一船焉，西方制一舰焉，亦无非积锱铢以成斗石，聚土壤以成泰山，暗中逐渐渐扩张之用心。顾所以不能振作精神大挥手腕者，无非为财力所限，然使逐渐扩张，而于十年以后屹然成一枝有力舰队，亦不得谓非至计，独奈海军进步之难，数倍陆军。日本经营海军二十年于兹矣，尚不敌英国五分之一；德国扩张海军亦二十余年于兹矣，尚不敌英国四分之一。我中国欲重兴海军者为自卫也，欲自卫焉，则万不能免与欧洲中野心最大兵力最强之国搏斗。而我之海军力，万不能不敌欧洲一强国，欲敌欧洲一强国乎，则非大举自今日，待之十年二十年后不能，大举自今日者何？则一面鼓动全国国民之海军热；一面征全国爱国者之力，作政府大举之准备。此第一手段也。征全国爱国者之力，创设一民立大造船厂，一面制商轮，以争外海利权，一面制军舰，以供政府调用。此第二手段也。征全国爱国者之力，内而开办造船军器航海等学校，外而广派学生至欧美各国，专学关系海军上之各高等科学。此第三手段也。呜呼！中国事非不可为，是在吾国民之魄力何如，其速奋起重兴海军之勇气，其速振作重兴海军之决心。

"吾人之生涯不可不在水上。"德皇维廉于五六年前曾以此语号于德人。

（录自《醒狮》1906年第5期）

选　报

复兴海军纪闻

　　北洋水师提督萨镇冰氏，奏陈海军复兴案，其大要从日本报译登之：一挑选海军士官三十人，入日本海军大学校及海军学校，以便练习高等武术；二于江阴设置水师学堂，招募有志海军之青年子弟，以授教育；三购买马尾造船坞，以便修理军舰、水雷艇及轮船之建造等；四于烟台及福州设置海军镇守府。

（录自《选报》1902年第36期）

亚东时报

中国海防编

德国参将窝克涅尔撰，日本晴猎雨读主八译

北京防御之法，在其附近修造要塞，属以铁路，暨设军镇于胶州、威海、旅顺三口，又兴办自北京、天津两地至镇江、汉口之铁路，以救海运之阻，上已详言之矣。然以上各功程告厥成功，则北京之地固若金汤。一旦有事，天子可以免于蒙尘之虞，而遂欲置中国十八省于磐石之安，则未也。盖为中国深患者莫俄与法若焉，一迫于北方而一协于南方，其境场相接近，易于侵入。不幸用武，则俄指北京，法窥广东，自然之势也。我坐而待其来，非策之得者，是宜厚集劲旅于其来路，迎头痛击而歼之，始克免其蹂躏之惨。惟是彼以活船来寇，避虚捣实，我则以呆炮待之，又不知其来由何路，奔命陆上，劳逸悬殊，成败之数不待龟卜而知之矣。今欲预救此敝于无事之日，莫增筑铁路若焉，增筑之路务令其镇江线更延至广东，使燕粤两省一气串通，则纵与法决裂，可调北方驻防大兵，迅速赴援。但该线经海岸，辄有被敌炮火轰击之虞，故其功程不可从海岸诸县而走，必别设一路于镇江线之外，自保定而南，经汉口湖南，则其所过与海岸隔绝，万无断绝之虞，是万全之策也。然沿海诸城，亦不可委诸敌人，如长江以南各会，若苏杭两府、宁波、定海、温州、福州、厦门、汕头等地，皆宜相其地理，设立要塞，以备他日之变。而自南北大铁路，分岐支路，走于各口，犹纲之于目，有事之日，呼应神速，敌人不敢涉其藩篱。至于俄境之备，其紧要非法境之比，俄国之骎骎经营北亚，以铁路为急，我亦不可不讲所以备之。俄国所经营铁路，约有二大线，其一由中央亚细亚，即系自里海地方东走者，今已至于土鲁机斯坦地方，渐迫于中国西境矣；其一由西伯利亚者，赶紧起业，不日而达于中国北境矣。此两工程告成之日，俄患之重，倍蓰今日也必矣。然则为中国者，不于今为未雨之绸缪可乎。今中国宜于俄境接办之铁路有三线，如左：其一曰西北线，自北京经西安肃州至于新疆；其二库伦线，自张家口（张家口北京间铁路之要已见于前章）至库伦；其三曰满洲线，自山海关经牛庄奉天至于吉林。三线地方均择其形胜之地，设立要塞，亦为至不可缓之图，如安南、喀士加尔、西伯利亚各境，敌人必至之地，而铁路终点之地，最为要害，不可不厚为之备也。

（录自《亚东时报》1899年第10期）

益闻录

订请水师教习

中国前在外洋新购炮船四艘，刻已驶抵津沽，李伯相即驾小轮船前往验阅，颇加赞赏，闻已与英水师提督商聘大教习一员，以资娴习，并订立关约，三年为期，俾华兵认真操练，可成水师劲旅云。说见西字报。

（录自《益闻录》1879年第26期）

海防述闻

闽中西字报云：近日省垣督抚军宪，均注意海防，不遗余力，各海口皆有炮舶分泊。刻闽河口内，泊有巨炮轮船四艘，闻驰檄调防，不日内尚有续到也。又闻烟台海口，经奉谕旨着派记名提督总统东省马步全军王军门振起，督率全部，移管烟台，是以军门已于八月间，督队行抵防所驻扎，东海一口，得此屹然重镇，洵足以固边防而寒敌胆矣。并闻军门纪律素严，战功卓著，所部过境，鸡犬不惊云。

（录自《益闻录》1880年第71期）

水师学堂章程

津门前设有水雷官局招选幼童，辟塾教艺，延有中西教习逐年督课，颇著成效。现又奉李傅相在津郡奏设水师学堂，其章程略仿水雷局，由前船政大臣吴春帆星使赞诚督办局务，刻下星使已由津抵沪招选幼童，一俟招满额数，即行会挑带领回津，兹将章程节略由新报录出，以供众览。

一挑选学生。无论天津本籍或邻县或外省寄籍良家子弟，自十三岁以上十七岁以下，已经读书数年，读过两三经，能作小讲半篇或全篇者，准取具绅士认保报名，并将年岁籍贯三代开报入册。届时由天津道或海关道面试，择其文理通顺者，先取百名左右送赴水师学堂，面覆察其体气，充实资性聪颖，年貌文理相符，果是身家清白者挑选六十名，取具本人家属甘结，亲邻保状，收入学堂习试两月后，再行察看，倘口齿不灵，或性情恶劣，举止轻浮，即行剔退，其系外省投习者，来往用资应由该学生自备。

一初次挑选，恐读书世家子弟尚多观望迟疑，不肯应试者，倘届时报名人数不多，拟先尽挑选存记，再展一两月后另行示期补考，一二次以期足额。

一学童在堂，以五年为期结明，未满五年不得自行告退，亦不得率应童子试，致妨功课。五年满后，果有兼人之资，中西学问并进者，准其应试。

一学生初次选入学堂，以文理全通，读书甚多者为第一班；文理未尽通顺，而读书已多者为第二班；书读不多，文理未尽通顺而资性颖悟过人者为第三班。

一考取学童，除给饭食外，第一班每月给赡银一两，第二班每季给衣履费银二两，第三班每季给衣履费银一两，交各家属具领。俟学业果有进益，再为递加，并随考核酌奖。

一遴派官医一名在局。如学生偶有患病在堂医治，准父兄前来看视，医药由局预备。倘或验系病重，准回家医治不给药资，痊日来堂学习。

一学生饭食照水雷学堂定章办理。

（录自《益闻录》1881年第91期）

练习水师

日本近年有志自强，事事仿效西法。兹闻于横滨新设水师公局，制度宏丽，派精水师之员，综理其事，计经费共十一万五千元，亦可谓专心时务矣。

（录自《益闻录》1881年第123期）

水师宜整

香港西字报谓：有英人论中国武备，日事讲求惟水师犹未纯熟，若欲与法国开仗，须当事者加意整顿。盖大海之中两军相搏，全赖枪炮利害。今中华水师中器械未尽精良，技艺亦难超越，欲操必胜之权，恐未必易如反手也。

（录自《益闻录》1883年第303期）

整顿水师

华盛顿都城信息云：现美提督波搭欲将美国水师大为整顿，特拟章程六条：一美国战船未经造成者，当早行完工，配置重大快炮；二国家当拨发帑项，以充军装之用；三须造最大铁甲船四艘，务使坚固快捷，置六寸口大快炮四尊；四须装水雷炮船二十艘，每艘载重一百吨，一点钟行二十英里；五须造铁甲巡船一艘，载重四千吨；六凡美国战船一千二百五十吨以上者，各辅以水雷炮船，其水雷机器极宜灵捷，紧密俾驶，近敌船时全无声响，得以行计。此六条章程已奏知美廷，俾上下议院速议，亦可谓留心军务者矣。

（录自《益闻录》1883年第310期）

浙江防务

东瓯传来消息云：温州总镇张军门前日乘超武兵船前往宁波会见欧阳军门，密议防务，拟令制造局添造战舰六艘，四艘派守定海洋面，两艘派在镇海要口驻扎，盖恐中法失和，藉此以为御敌也。

（录自《益闻录》1884年第354期）

操演水师

集卦名

镇江瓜州口屯兵一营，并鲇鱼套新到之水师炮船三百艘，向归江南提督李军门节制，现当乾坤多故宵小离心，是以豫演技能，务使军威大壮。十八日，军门晋谒督辕，返驾亲临该处，观阅水操，一时火炮震天，旌旗荟萃，各兵勇咸知战阵，履水无惊，颇称江防劲旅。军门殊深兑说，阅后随即回辕云。

（录自《益闻录》1884年第360期）

请整水师

昨接天津西友来信，抄示张幼樵京堂条奏请设七省兵轮水师，特派重臣经画一疏，言言药石，字字珠玑，不敢终秘用，特登报俾众共读之，而以四月二十八日钦奉上谕一道冠于首。

光绪十年四月二十八日奉上谕，署左副都御史张佩纶奏请设七省兵轮水师，派员经画一折，据称各省海口防不胜防，欲求制敌之法，须创设外海兵轮水师，其要四端，曰：审形势，练将材，治师船，考工用。请用重臣创办，以水师一军应七省之防，即以七省筹水师一军之用，各督抚通力合作等语。着李鸿章曾国荃先行会议，具奏原折均着抄给阅看，将此由五百里各谕令知之。钦此。署都察院左副都御史翰林院侍讲学士臣张佩纶跪奏，为请设沿海七省兵船水师，特派重臣经画，以一事权而规久远，恭折仰祈圣鉴事。臣维泰西各国所以纵横海上难与争锋者，船坚炮利而已。二十年来，中外既通商定约矣，而各国钢船钢炮制作日新月异，其鹰睃狼贪，注目垂涎于亚洲之心，固路人所共知也。国家即令大治水师，犹惧不敌。若复彷徨审顾，不为自强根本之计，诚恐海上之警殆无已时。查中国海岸，东暨奉锦南讫琼廉，延袤万有余里，各省海口多者数十处，本属防不胜防，而俄据海参崴以睨，混同倭袭琉球以伺台澎，英取香港，法取越南，葡萄牙取澳门以逼粤三路，此为大海之险与彼共之矣。西洋各国复辟红海以趋捷迳，设海线以达军书，一旦有事，彼航海三万里，而征调应期馈输不绝，排重溟之险，可以直叩门局。我惟自扼海口，集陆兵以御之，进则有利，退亦无害，客之势转逸主之势，转劳此固论兵者所深忌，而筹海者所宜知者也。自粤捻既平，中国稍稍治船厂购机器，以立兵轮水师权与饷力之不充，人才之不出，水旱灾浸之不时，内外议论之不一。至今外海师船未改旧章，各省轮船未垂定制，无警则南北洋之经费关关欠解，有警则南北洋之经费省省截留，仍此不变，而欲沿海水师足备攻援，足资战守，亦已难矣。同治年间，丁日昌请设三洋水师，提督左宗棠谓洋防一水可通轮船，闻警可赴北东南，三洋各驻师船常川会哨，自有常山击蛇之势，若兼分三洋，转生畛域。李鸿章亦谓，沿海口岸林立，处处宿以重兵，所费浩繁，意在以全力扼要害，而尤戒散漫分防。其后沈葆桢乃有轮船聚操上海之奏。臣考之西洋兵制水师均专设海部，兵柄极重，英人赫德曾在译署献议，亦以请设总海防司为言，深惟二三老成之筹谋，参以五六海国之新制水师之宜合不宜分，宜整不宜散，利弊亦略可睹矣。然则欲求制敌之法，非创设外海兵轮水师不可，欲收横海之功，非设立水师衙门不可。水师政要约有四端：曰审形势，曰练将材，曰治师船，曰考工用。海防之事督抚不能不问，而各省既分疆域，即不能尽化町畦，若责成重臣举沿海口岸，分别要冲次冲，何处可屯，铁路何处可建，炮台何处可修，船坞何处可伏水雷，将帅一家，水陆一气，始能血脉贯注，骨节灵通，虽海口之夅狭，潮夕之往来，泥质之韧软，礁沙之厚薄，断非一耳目所能周，一手足所能举。而备多用分之弊除，斯集思广益之效，则相地之任宜专也。陆军宿将强令巡海，固恐迁地勿良，即向带内江长龙舢板之楚将，不习风涛海径；向带红单艇船之粤将，不习机器测量理法，亦未敢轻于相委。南北洋轮船近多募用洋员，延以重资，临敌请退，难收客卿番将之益。欲求水师将材，惟出洋学徒庶几中选，然非师船时时游弋，时时聚操，则技艺日就荒嬉，心志亦终归骄惰无能者，或以奔竞而猎迁多艺者，或以扑拙而淹滞，陶镕鼓舞，胥赖帅臣，则驭将之任宜专也。海上战守，莫要于师船，粤省之船，河海两绌；闽厂之船，兵船两绌。即赫德订购之蚊船，机露炮重底平行迟，长于守港，难于涉海，亦非水师利用。今定远、济远、镇远等铁舰既未来华，惟北洋超勇两艘，南洋开济五艘，号称新式耳。然而中外条议，或谓艇船仍不可裁；或谓帆船亦不可去；或谓中国安置铁船之口岸甚多；或谓南洋水性过热，海虫水草足为铁船之害，非有深谙军事熟悉洋情者详为考核。购船既受其欺，驻船未得其地，皆足启侮损威。至于罗经海线考查，宜精鱼尾雁行阵法，宜购尤非专心一志，不能日起有功，则治船之任宜专也。购外洋军火有年，惟南洋北洋有克虏伯炮及各种精枪，而滇粤各军，求云□士得士乃得之枪，尚为奇货可居。则各省之风气未开也，置外洋机器有年，而因陋就简，与规矩不能与巧，至今造船之材料，造枪炮之钢铁，均须购自外洋，则机器之大原未立也。诚得专员经理南北采木之法，别其性质以代洋木，炼铁炼钢之法宜先探其本，然后轮机配定何式，枪炮择定何种，用不杂而兵精，工不杂而艺精，其他水雷、鱼雷、行军需用之器，择地择人通筹兼顾，军火既免于缺乏，饷需亦免于虚糜，则简器之任宜专也。惟是七省水师特派专臣经画，创办之始必须持款千余万，办成之后必须有经费数百万，统筹国用亦知财力难胜。然以水师一军应七省之防，即以七省筹水师一军之用，各督抚通力合作，挹彼注兹当不至束手坐视。而水军以渐扩充，远或七年，近或五年，积蓄经营，殚忠竭虑，或可有成，夫以中国之大，圣诏之宏，畏天恤民，讲信修睦，苟彼族渐濡德礼，岂不宜诈虞悉泯怀我好音乃十年之中丰大业之案甫定。而日本构兵；马嘉利之案甫弭，而俄人要约，东失中山，而南又挫于交海，何哉！彼以水师火器为长技，挟兵以卫商，挟战以要和，而我犹狃于旧船旧炮，不知改弦更张，徒欲将士以血肉相搏，文臣以口舌相穷，亦常不及之势矣。反复思维自今遴选将帅经画水师，在法事为后事，在海防为先着。应请专派大臣将沿海七省水师改为兵轮，垂为经制。俾各省船厂机局，均归调度，以专责成，内政作而外御纾，庶几收惩病蓄，艾尝胆卧薪之效乎。应如何筹定饷项，建立衙门，请派大员之处伏恳饬下军机大臣总理各国事务衙门大臣会同户部，妥议具奏，臣殷忧深念，剀切披陈伏乞。皇太后、皇上圣鉴。再此折本，系译署与李鸿章反覆函商，拟稿待奏之件，现在面奉懿旨，改为微臣条奏，合并声明，谨奏。

此稿见《字林沪报》。

（录自《益闻录》1884年第367期）

海防严密

袁江杨石泉漕帅,近奉兵部火票,着将阜宁、青口、临城三处海口,增兵护守,严密筹防。漕宪随添募练军一营,漕标锐队五百名,点交王总戎统带前往,驻守所有各海口,旧时防勇一概调回,就中精选二千名,令一千专守炮台,一千分驻各处,加意防巡,昼夜不息。凡遇奸民,立即正法,商人船只须盘诘真确始准放行。

(录自《益闻录》1884年第392期)

水师再演

苏抚卫中丞率同司道,在盘门外阅看水师演炮一节,曾列前报。十八日清晨,静帅又与司道等亲诣城外,调集水师炮船,传令每船放炮三门,一时飞电催雷,腾烟走火,耳目中不胜热闹。中丞相顾色喜,欢赏而回。

(录自《益闻录》1884年第401期)

整顿水师

吴清卿京堂来津督办水师一节,迭登前报。兹闻自到营之后,即聚集兵弁训勉谆谆,以共济时艰为勖,其帮办为罗君丰禄,亦是韬略夙娴可资倚畀,故日来将水师严加整顿,务在实效可期,以修武备云。

(录自《益闻录》1885年第428期)

海军计数

西报载,德国本年海军省所定水师将弁员额及战舰数目云,海军卿以下副卿一员,后军提督七员,参将七十一员,游击九十三员,都司一百六十一员,守备一百六十员,学生一百十九名。大小铁甲战船二十四艘,大战船九艘,炮船九艘，巡船八艘，练船九艘，运船二艘，守港船十二艘，派往外国护商之船十一艘。

（录自《益闻录》1885年第454期）

大兴水师

日本报云，刻闻日本朝廷，有志西法，求治不遑，决意制造战船六十三艘，中有水雷船二十三艘。刻下中日和议，虽已成盟，然日本于去年高丽一事，未必能忘情弃置，相机而动，羽满而飞，虑远谋深或者为此。

（录自《益闻录》1885年第459期）

海防善后应增铁甲雷快等船疏

钦差大臣办理通商事务太子少保两江总督一等威毅伯臣曾国荃跪奏，为海防善后应增铁甲雷快等船，现拟合力通筹，分年购备，以资战守而固疆圉恭折，由驿驰陈仰祈圣鉴事。窃自法人构衅，扰我边疆，窥我腹地，筹饷征兵上烦宵旰，幸赖国家威福，乘其悔祸之机，许纳输忱之款，从此海氛敛戢，兵气消除，薄海臣民同深庆幸。顾居安思危，古有明训，惩前毖后，备宜及时，当干戈载戢之时，正尝胆卧薪之候。臣忝任防务，时切战兢，每念时局之艰，辄至中夜数起。伏思滇粤陆军屡获大捷，基隆支持危局历数月之久，未为所乘。镇海炮台与快船得掎角之势，且能击伤敌船，屡犯屡蹶，此虽各省将士曾经战陈之微效，而念及马江之挫衄，石浦之疏虞，全台被封，漕粮被阻，其受制之由，皆由海上无一铁甲兵轮，又小新式快船鱼雷船，与之角逐于洪波巨浪间，故不能出奇而制胜也。本年正月，督办闽省军务臣左宗棠有拓增船炮大厂之疏；去年七月，臣有不惜工赀以造坚厚兵船之疏，皆有鉴于闽沪各厂旧造木壳轮船既薄且脆，行驶濡缓，与敌人相遇，彼以铁甲当我之炮，而以快船迫我之船，势必立时遭毁，是制备铁甲等船为目前海防第一要策。但以中国从未经办之事，即赶募洋匠，广开铁矿，而开采需时，冶炼需时，添置机器开拓船厂又需时，设有事端仍属缓不济急，臣与筹防机器等局司道再四熟商，欲图久远之模重在自制，欲应急切之需先宜购买。缘外洋铁甲雷快等船日新月盛，今年新制之船，较去年所制之式而又胜，必须与熟谙洋厂之洋商，订购极精极新价极轻减之船，既足与敌船抗衡，并足为我厂程式，将来中国由铁甲而鱼雷船，而快船一一可以仿造。北洋经李鸿章购买超武、扬威两快船，前抵上海，见者皆称其炮利船捷，又购定铁甲二艘，和议定后当可陆续入华。南洋仅有南琛、南瑞两快船，购自德厂，尚非新式，前与开济入闽，阻在镇海，被围月余，立有寸功。若新式快船每点钟可行六十余里，能安四百磅子之巨炮，驰逐轰击尤为得力，然非铁甲护之以行则不能自卫者，有时不免受制于人。南洋江海设防之处较多，船少不敷分布，臣拟先购快船五艘，鱼雷船十艘，铁甲船两艘，约计经费需银七百二十万两，拟由安徽、江西、湖北、湖南、四川五省每年协济。南洋银一百万两，以七年为期，专备购船之用，臣与江苏抚臣力任养船之费，及购办船内枪炮子药，及一切费用，自本年七月初一日起，按照此次奏定之数，按月分解。各该疆臣皆素顾大局，必能腾挪，设法共济时艰。至外洋现成之船，购价较廉，但断不可买已成之旧船，必须考究图式，立约定造新船，并派妥员出洋在于该厂监造，大约各船造齐，非二三年不能竣工，其价原可陆续应付，如蒙谕允应恳，天恩敕下，安徽、江西、湖北、湖南、四川各督抚臣遵照，按月如数筹解，俾臣得藉手展布，为南洋立自强之基。吴淞、江阴得此铁甲雷快等船为之提倡，加以原有蚊船及各兵轮船为之辅佐，庶几两三年内新船到齐，操练渐熟，以守则固，以战则胜，以之应调赴援，藉此利器亦不至于逡巡不前，海防水师必有可观。臣更当力图精进，俟前购大炮到后，添筑西法炮台，以屯陆师，预选水师将才，以备管带，广示招来，以安商业，力除惰窳，以肃官方勇丁，必求精力极壮者，勿滥收以损兵威。军火必求工料极精者，勿草率以糜饷项，不间寒暑督率统领营官而训练之，以期日见精强。仰副朝廷郑重海防之至意，所有南洋应增铁甲雷快等船，现拟合力通筹，分年购备。缘由理合恭折由驿具奏，伏乞皇太后皇上圣鉴训示，谨奏。

（录自《益闻录》1885年第474期）

水师撤防

前当中法多事之秋，苏省曾添募水陆防营，分设要道以备不虞。现下兵气已销，易干戈为玉帛，而库款支绌，筹措维艰，此项饷费大可酌量减省，故督抚二宪往返函商，将四江口水师炮船先行撤去。惟该船系太湖水师营綦协戎带管，故札饬綦协戎前赴防营，妥为裁撤，不得令游勇滋事，扰害乡间。

（录自《益闻录》1885年第479期）

议创海军肤说

上古以来，中国只有海防而无海战，即汉王濬之楼船浮海击瓯越、朝鲜，魏青州军自海道讨公孙度，刘裕遣兵自海道袭番禺，唐自东莱渡海趋高丽，以上诸说皆载史册之中，但皆仅济师于海洋，而非于海中互相交战也。迨我朝嘉庆年间，海盗蔡牵纵横行劫于闽洋粤东，巡抚孙玉庭以中华向无海战，特令李长庚制造大舰三十艘，名曰霆船，击贼于闽浙海洋。长庚于海路形势风云、沙线起伏、暗礁岛屿靡不洞悉，每战必亲自操舵，所向必捷。其后蔡牵殒于黑水洋，此为中国海战之始。目下西法通行，专以火炮轮船制胜于惊涛骇浪中，始知海上之师不可少缓，于是创设机厂，购造兵船。二十余年以来经武整军孜孜焉，惟恐不及上届。法人以水师来侵，仓卒开兵，我军不及提防，以致兵船靡烂，所费不赀。然而将士同心，再接再厉，相持一载，仍未尝大挫军威。自后各当道知海战之难，惩前毖后，思所以自强之计，为海防善后之图。当中法未战之先，张学士已有设七省水师大臣之奏，今年和局已定，左文襄公又专折奏请宜创设海部大臣一员，节制海军以专其责。朝廷鉴闽江之役，思患预防，特令总署军机王大臣南北洋通商大臣会商其事。兹恭读九月初六日懿旨，允将北洋水师练起以后，历年次第兴办。醇亲王才高望重，即着总办海军事务，而以庆郡王李傅相为会办，善留守曾袭侯为帮办，并令该王大臣妥拟规条，悉心经理。煌煌圣谕薄海咸知，牖下书生不禁为之鼓舞。然当创办之始，尤贵统筹大局，无间初终方能持之久远，此中得失之故有可喜者三，有可虑者三。本朝督抚之权重于京部，操持兵政，身系安危，然当有事疆场皆思自固之计，往往不肯兼顾邻封。今统率归之一人，无论何处水师，均可移调。责任既一，骨节灵通，警信一闻，即可赴战，一可喜也。中国海战向不熟谙，通商后虽有铁甲兵船，而管驾统领诸人，未必皆能得力。西人知其然，易于要求，动思轻侮。今则专讲海师更立新章，认真办理，西人见中国力加振作，必不敢存藐视之心，二可喜也。中国藩属刻下只剩朝鲜，然强邻虎视眈眈，似有侵占之意，如果修明武备，精益求精，中国人物饶多，不难驾泰西之上，非惟可保高丽，即已失之藩亦可恢复，三可喜也。何谓可虑？国家赏罚，所以整顿纪纲，俾臣下勉为良善。近日中朝风气往往赏重罚轻。今办理海军必当选勤慎之员，援例保奖，若不破除成见，瞻徇所亲，则有功者屈抑难伸，何以鼓励真才，俾得效公勤力？可虑者一。大凡做事，每忌虎头蛇尾，有始无终。兹开办海军自当多置战舰，倘管驾之人不得其选，则于海中水道，何处可筑炮台，何处可屯兵士，何处可以抄袭扼险，以及沙线起伏，道路远近，一概不知，上既茫然，其下更无把握，于是行船则误触于礁，枪炮则不能命中，一旦有警，畏葸如前，虽有军海仍同虚设，势必因循废事，功败半途，可虑者二。国家用人因材器使，取其称职，不取其多。今制造开采诸责，既归海部大臣一人，则船中之统带，兵中之教习，局中之监督，在在需员。而其赞襄司事之人，在所难免。若任寅僚之请托、亲戚友之钻营，广蓄兼收，亏蚀公费，多用一人，则多一人之薪水，而应办事件，仍未能相助成功，恐虚掷金钱，巨款难继，可虑者三。目下醇邸傅相诸人，皆位尊望重，阅历精明，知必有极善章程维持其后，固非草莽诸生所得参与。然愚者千虑必有一得，因敬抒鄙见而书其大意如此。

（录自《益闻录》1885年第506期）

海防裁撤

中法支吾之际，苏城内地纷扰不安。大宪保卫城厢，因招募防勇，一营驻扎城内北局地方，以资巡守。刻下"海争既息饷又艰难"，故卫中丞饬将全营遣散，给资押送回籍，所有营务处统带及分巡各员，亦一律撤裁，以节军费云。

（录自《益闻录》1885年第519期）

条陈海防要策疏

　　两广总督臣张之洞跪奏，为海防要策首储人材，次制器械，次开地利，亟宜设法筹办以规久远，谨陈管见，仰祈圣鉴事。窃维自强之本，以操权在我为先，以取用不穷为贵。夫欲善其事，先利其器，百工居肆，君子致道，经之明训也。器械不利与空手同，不能及远与短兵同，史之良规也。自法人启衅以来，历考多处战事，非将帅之不力，兵勇之不多，亦非中国之力不能制胜外洋，其不免受制于敌者，实因水师之无人，枪炮之不具。故臣抵粤以来，首以购备军火为务，分向欧美各洲不惜重金广求利器，远募洋将以资教练，并访求粤省，究心电械之员弁工匠，凡稍有才艺心思者，皆令多方试造，以冀逐渐扩充，开兹风气。往时华军与洋人角逐，每苦不敌，近来滇桂出关之师，暂得各种后膛快枪，已能取胜，倘再有陆路车炮、地雷等具，加以主客之形，众寡之势，胜算实可操。即台北诸役，人自为战，尚能过其内患，如有利械，何敌不摧？兹虽款局已定，而痛定思痛，尤宜作卧薪尝胆之思，及今不图，更将何待？

　　臣夙夜筹思，当时急务首曰储人材。夫将帅之智略，战士之武勇，堂堂中国自有干城腹心，岂待学步他人，别求新法？独是船台炮械，则虽一艺之微，即是专门之学，有船而无驾驶之人，有炮而无测放之人，有鱼雷水雷而无修造演习之人，有炮台而不谙筑造攻守之法，有枪炮队而不知训练修理之方，则有船械与无船械等，故战人较战具为尤急。查泰西各国，莫不各有水师陆师学堂，粤省曩年设立实学馆，近改名博学馆，以教翻译算法，因经费未敷，规模未广，臣拟就博学馆基址设水陆学堂一所，参考北洋福建水师学堂章程，慎选生徒，延聘外洋教习，并令陆续募到之通晓火船、水雷、轮机、驾驶、台垒工程之洋弁，皆集其中讲习。水战陆战之法外，如翻译西国兵书，测绘地图，并电学、化学、军学、气学、光学等项有关于兵事者，以及制造、火药、电线、强水、英土泥各种技艺，均可量能因性分门讲求，并选有志气肯用心之将弁，亦入其中，博习讨论，以备将材之用。此时储育之经费无多，而异日备用之功效甚大，臣以为宜急筹者一也。

　　次曰制器械。去年各省设防以来，所买军火不下数百万金，而良莠不齐，且损重费甚，至居奇抑勒，藉口宣战，停运截留，种种为难，令人气沮，其运脚、保险、行用等费，扣至四五成不等，仰人鼻息，实非长策。查外洋所恃以为战者四：其争胜于外海者恃铁舰，其水陆攻守兼用者恃快枪巨炮，其设法守于海口者恃各种水雷。铁舰之制，费巨工迟，即穿甲冲快各船费虽稍减，然而所定济远之式，每艘已需银六十万，事体重大，机算精微，未便率尔施工。粤厂现虽试造成木轮船，亦为练习人材渐求造法，而于快船巨舶不易蹴几，谨当另筹办法，专疏上陈。惟各种枪炮乃水陆所急，需查前膛后膛利钝迥别，一不避风雨，二迅速，三及远，四轻捷，五稳便。轻捷者克虏伯三千斤之炮，其力与英法前膛万斤者等，而简速灵活过之；稳便者后膛炮，可以蔽身，入弹不必探身出外装洗，敌弹紧密之际，后膛枪可以卧放滚进，洋兵笨整，不能学此。此前敌将士屡次苦斗思索而得之者也。比年各军将士渐已晓后膛之利，不复偏执故说是。故船利雷猛，则省炮台，台坚炮准，则省陆营，敌在海口，以一台御之而有余，及其登岸，以十营防之而不足。连年各省海防募勇数百营，耗费无数，良由台炮俱无可恃，不得不多备陆勇，以为平地搏战之谋。然深入野战所伤已多，且勇散多则可忧，械久存而必敝，故节之之道，自炮台始。炮有台炮、船炮、行营炮三种，其用各别。台船炮皆以身长击远为贵，船炮非轻则船不能胜，惟德之克虏伯厂所铸为宜。台炮略重无妨，即英之阿姆斯脱郎炮，钢管外加熟铁箍，其制较易。前上海购有制十八吨炮之机器，用阿姆斯脱郎之内外铁，用克虏伯之来福线后开门各法，如使所制能成，其重已及三万斤者，弹远能至十六里，中国各海口炮台似已足用。臣近阅大学士左宗棠疏，请闽省船政兼铸炮厂，心韪其论。盖闽厂地基坚固，规模宏阔，工匠众多，其中机厂皆足备用，若就原有之拉铁铸铁各厂，增置机器以制十八吨之炮，当所能为，特是制巨炮最难，德国克虏伯厂中能主持炉冶心知其意者止有二人，故巨炮难于猝成，即成亦不能多，惟有一面购备，一面学制。若陆路行营车炮其用尤广，其制尚易，近来考求洋兵陆战，专恃炮队，擅枪队次之，以枪御炮，短长悬远，胜负立形。若中国有炮队，则彼之长技尽失，故行营炮尤不可缓，如克虏伯车炮之六生特、七生特半口径者，南北皆宜之，八生特口径者，北方平原以及守营攻叠宜之，其机器购之德国葛鲁孙厂。又有乌拉秋司行营钢铜炮，内用钢管，外用铜套，双层紧束，以水力压挤，性纯质轻，亦可参用其法，以期利便，其机器购之德国澳国各厂。连环炮则糯登飞、哈乞开思两种皆良，而哈乞开思新加为二寸径之炮弹，可穿雷艇，其用尤精，其机器购之德国力拂厂。又有分截行营钢炮，分携合放，利于逾山行远，德国克虏伯厂有之。又有田鸡炮，制朴价廉，利于凭城据岭，夹岸击船，英德国皆有之。此上数种，华厂足可仿造。至各国后膛枪，标新斗巧，而通国一律从不参差，中国各军亦宜画一，以免弹码混淆，手法错乱。屡经校验，大抵单响者以德之毛瑟为最，击靶取准之远，较逊于马梯尼三十步之机托坚朴过之。连响者以美之五响黎意枪为最，远于毛瑟十步，近于六响哈乞开思十步，而稳定不摇，枪尾不坐，均过之。十枪中速于哈乞开思者，三枪而吐子无病亦过之，其机器购之美国林明登厂。近毛瑟亦有八子连响式，而其机器亦购之德国力拂厂。如于单响连响各择定一种，雇匠购器，设厂自造，尚不为难。又如各种水雷，以鱼雷最为猛烈，一物而兼船炮雷三者之用，而布扼海口，则有浮雷、沉雷、撞雷、伏雷、伺雷、射雷，专视港口浅深，以别其用，其中机窍繁细，雷机雷争之毫厘。臣近饬各员及所延西人，悉心考校，虽内中胆管购自外洋，而模范筒壳皆能自制，雷艇形模较小，机器尚简，亦应随雷自制。既有精枪炮，尤宜有良火药；既求力猛，且防涨裂，德国炮则宜用一孔饼子药扣。先制测验涨力、速率之机器，再向各国取法雇匠仿造，并造炸药棉药，则可以因应不穷矣。至洋师洋匠，惟宜求之德国，其人性朴而学精，近年所制各种船械甲于欧洲各国。造枪或可用美匠，造雷或可用丹匠，此两国人性和平，尚能尽力。此外，他国夸诈不驯，平日则不尽术，临事则刁难变幻甚多，断不可用。粤工多习洋艺，习见机器，于造枪、造弹、造药、造雷，皆知门径。香港素有铁工，更易招致，拟归闽局造炮，而炮弹及随炮各件附焉。粤局造枪、造雷、造药，而枪弹、雷艇及随枪各件附焉。枪局行之有效，则渐可试造行炮。各省拨用者，缴价归局，两局既成，各省皆足。臣为当急筹者二也。

次曰开地利。山泽之利，王政所重，外洋富强全资煤铁。吾中国煤铁之富，远驾四洲，如谋制船炮，取资重洋，以银易铁，何所底止？况中国之铁质坚栗而性柔韧，以制枪炮实胜洋产，徒以考地不精，故凿空而无得。不能深求，故得而旋弃。不知炼法，故不尽其用。兹拟访求外国专门矿师三人，或搜求地隔，或化分矿质，或煎炼成器，务专其责。搜求得地再考化分，化分有质则归煎炼，倘能炼铁成钢，其用尤大。至炼生铁宜用高炉气机风具，炼熟铁宜用砂炉气锤，炼钢铁宜用毕士买炉、西门马下炉。缘中国铁质，多夹磷硫，皆须先练出磺强水，再入炉冶，始成纯质，倘非实得真授，贸然开采，徒耗巨资。考福建之穆源、古田、安溪等处，皆产善铁，兼饶煤垭。广东之惠州、清远等处，产铁亦佳，粤商艳此利者颇多，集股亦易。臣近于省城设立矿务局，招商试办，兹已略运矿砂到省，开炉试炼，如有实效，再行分投勘办。矿本所需，由商鸠股，而地势便否，士民愿否，则由官酌度，以免滋事。闽矿供闽，粤矿供粤，大抵商人自谋，约有数弊：一不肯延聘真师，二不能考寻善地，三不能烹炼得法，四不能得货即售。如由官聘师寻地授法考工，所产之铁收归官用，则枪炮因有煤铁而工易成，煤铁因铸枪炮而销易广，二者相辅，商得其利，官收其功，且买之内地，其价必廉于外洋，转输不竭，实为藏富于民之道，异时铁船火路资用尤繁，如使此事可成，人性骛利，踊跃争趋，集资益宏，取效益远。

臣以为当急筹者三也。斯三者相济为用，有人材而后器械精，有煤铁而后器械足，有煤铁器械而后人材得以尽其用。得之则权利操诸我，失之则取予仰于人，而粤省尤为要策。大抵外洋入华，必以粤海为首冲，粤防能固，彼即越疆远袭，而军火接济、书报往来皆须取道粤疆，他日兵精、械足、守固、财饶，水师陆师具成劲旅，大敌来则敛船依台，入口自防；小敌来，则纵船出洋横海邀截，彼断不能深入狂驶，肆意侵陵。又况自广而桂而滇沿边二千余里，以后三省边防永无弛期，所需军火枪炮之属，委输取求，皆于粤东是赖，若储积充足，则不惟供支滇桂，又可波及湖湘。故欲办东南海防、西南边防均不能不先立基于粤海，而立基之要，则以人材、器械、地利为先，惟是百端并举，一省难支。窃计闽与粤邻，声气相通，台琼孤悬，海外形势又相类，既为辅车唇齿之依，即宜为率然首尾之应。两省各尽其力，各专其任，成事则相资，用法则互考，务使智勇聪明，日增月益，大开风声，则南洋成一关键，实天下得一转枢，倘再迁延岁月，不汲汲为补牢求艾之谋，以后海防日亟，边患日深，何从措手？臣愚以为今日之务，无急于此，惟念三者筹资甚巨，莫敢为先，因思近蒙天恩允准，定借洋款，内有定购美国气炮一百万两。昨据出使美国参赞蔡国桢电称，该炮蓄气不足，其制未精，未与定购，拟请提动此款，以为粤省学堂、枪厂建局之需。又查闽省新借洋款四百万两，一时当难用竣，当可亦提百万，以为闽厂制炮之用。约计造枪药雷艇机器、营建厂基、洋师洋匠来华资费、开办物料需费在百万内外。若造大炮、各种行炮机器、洋匠、物料，亦将百万。幸闽无造厂之费，为数约略相敌。筹办之始，当可足敷，以后常年经费除各省分用收回原价外，再当随时核计，另筹专款，果能制造日精，人才日出，物产日增，则因机利导，铁舰火路次第举行，可绝外人垄断之谋，即建中国久大之业，天下幸甚。左宗棠、杨昌濬老成硕画，度早成算在胸，特以事本贯连必须齐力协规，不能不连类而及。如蒙谕允应，请饬下左宗棠、杨昌濬等筹议奏办，臣当咨商闽省，分咨南北洋暨外洋出使大臣，详考学堂章程及枪炮、船雷、机器各种价值，设厂雇匠各项工程，及早开办，随时详细奏报，所有拟拨洋款，筹办闽粤两省开设各厂，请旨开办缘由，谨会同广东巡抚臣倪文蔚合词恭折具奏。是否有当，伏祈皇太后、皇上圣鉴训示，只遵谨奏。光绪十一年五月二十五日具奏。

（录自《益闻录》1885年第522期）

筹备海军事宜疏

臣奕谭臣奕劻臣李鸿章臣善庆臣曾纪泽跪奏，为筹备海军事宜择要酌拟恭折具奏，仰祈慈鉴事：窃臣等奉命创陈海军经费，实为先务，必须筹备裕如，以济实用。查左宗棠等，有酌减额兵新勇，裁并长江水师之请，洵为挹注善策。臣等公同商酌，长江水师精练有年，驻守江皖鄂湘，实与各省闲勇不同，现因筹款议裁藉练海军，其中老弱疲癃者固宜及早裁撤，而娴于管驾素耐风涛者，若亦一并废弃殊为可惜。况此项水师设立之初，于简练之中暗寓安集流亡之意。一旦裁去，不事生业，流而为匪，亦甚堪虞。拟请饬下彭玉麟等将所裁水勇内如年方精壮，能涉风涛，尚堪教练者，暂缓遣散，仍予展支饷项，咨送北洋，专备海军之选。此外，不敷兵勇，拟由臣鸿章酌度形情就地取材，或募自他省，先行实力精练，以期逐渐推广，其饷需如不敷用，由臣奕谭等会商户部另筹办法。至统领各员，尤须得人。彭玉麟前折所举欧阳利见等数员，皆水师宿将，虽江海情形不同，而习见风涛，素谙驾驶要，非陆路将领可比拟，俟续行添练，酌量请旨调派。方今欲储人才，自非多设水师学堂不可，无如经费未裕，建设殊难，亦拟由直隶先行开办，即由臣鸿章于已设学堂，添选聪明兵弁入堂，令学轮机罗经测量制械，及阅历风涛沙线等事，并择品行端方之人提调一切核实，考课艺必求精，将来学生成就即可派为教习，转相传授，中国人才不难辈出。南洋闽粤如已有学堂亦可仿此办理，其未设学堂省份，则俟南北洋成就有人，再行拨往主持学堂事务，以免处处延访外洋教习，耗费转多。并拟由南北洋大臣各选派敏捷工匠数名，出洋专学制造，务令得其不传之秘，见闻既广，心思扩充，或能推陈出新，可驾其上，自于时局良多裨益。至历次跟随出洋之学生，造诣究竟何如，拟由总理各国事务衙门王大臣咨由南北洋大臣及各出使大臣确切查明，如有一艺可承，即可详细声明，以备量才器使，倘多属空谈，应由各该大臣等另筹良法派往，不可有名无实。并请饬下八旗都统各省将军督抚出示晓谕，无论旗民人等，如有能自出新意，创造利器者，准其呈明该管官，转祥考验，果裨实用，即分别咨送海军衙门暨臣鸿章覆考，留备器使。至于各要隘所设究竟何处最为扼要，何式与地势相宜，应请旨饬下沿海各省将军督抚相度形势，照依按察使李元度条奏修炮台各法，悉心查勘，旧台不如法者修之，太疏者补之，视经费之何如酌量修筑，以固海防。再曾国荃前次奏请，息借洋商巨款购置船只，业于六月钦奉寄谕传旨申饬。惟南洋需用铁甲雷快等船，尚属实在情形，拟俟直隶海军练有规模，筹出可指经费，再由臣等综核盈绌，陆续购办，所有筹备海军择要各事宜是否有当，谨恭折具陈。伏乞皇太后慈鉴。谨奏。

附录：

按察使李次青廉访无度陈奏修炮台一条：一曰修炮台。今各要隘皆筑炮台，而合法者尚少，洋人多目笑之，现惟广东虎门新造之台，众称坚固。凡筑台必须兼顾上下流敌船，来则迎头击之，过则从后击之。不宜用砖石，宜用三合土、红毛泥，厚必二丈以外，方能当近时新炮。西法有作馒头形者，曰圆炮台，作弧角形者，曰尖炮台，作磨盘形者，曰旋炮台，作偃月形者，曰弯炮台，作之形者，曰曲折炮台。炮垒中宜作高大隔堆，使敌炮不得通身横击，炮位行列宜疏，相去宜七八丈，其火药仓上宜作太平盖。凡开花子打不通者，谓之太平盖，其法用二寸厚之铁板六层各作一层，较一层二尺厚者为更固。炮门宜外小而内大，炮房宜前高而后低，架宜灵活，基宜坚实，顶宜覆釜，前宜交角，上宜挖孔以透烟，旁宜分仓以储药，前有垣宜坚厚，边有门宜隐藏，后有径宜曲折，两台之间宜疏，炮房之后宜挖，长沟宜宽宜深，凡堡墙单薄之处，宜加隔堆，如被轰坏，急用沙袋土包培之。炮房火药房均宜有隔堆遮护。凡低炮台宜用滑膛炮，高炮台宜用大螺蛳炮，敌兵抢台宜用卷筒群子，台之左右四方蓄水宜极足，引火之物皆宜密藏，宜囊沙，宜袋绵，宜铺毡，宜备砻糠袋，宜埋伏地雷，宜辅以得力之陆营。凡放炮宜准，算术以勾股密求远近度数，勿轻糜子药。此其大要也。应由总理大臣督同各镇详如察勘，旧台不如法者易之，太稀者补之，不得地者增建之，毋草率，毋贪冒，各修其汛地应修之台，限十年以内修完。果能建之得地，修之得法，守之得人，斯海防固矣。

（录自《益闻录》1885年第523期）

海军述闻

海军初办，李傅相已将北洋沿海要隘炮台形势及直省全境道路关津，饬周观察绘图贴说进呈，今醇邸将次抵京，皇太后酌派随员约二百名相从出都，邸驾似由通州水陆折赴旅顺，绕越燕台阅操，各国公使均欲来津谒见邸驾。法使戈君现在高丽，亦欲来津拜谒。近日大沽口兵轮日夕训练，以备阅看。醇邸先派神机营委员张观察到津布置一切，天津办差委员姚铁山明府已将邸馆供给之需及红绸袍褂套料大小银牌一一备妥，以便阅操时赏赐，醇王所乘之杏黄轿，制度不同，无从悬拟，故特向京中雇募工人，来津制就云。

（录自《益闻录》1886年第561期）

海防撮要论

兵可百年不用，不可一日无备，处常防变，居安思危。古人于投戈讲艺之余，虽兵气全销，仍不废猎狩蒐苗之典，知方有勇，寓兵于农，虽在承平，不忘思患预防之策。近年来，中国设立海军南北两洋，各修武备，其章程规制，局外人虽不得而知，然去年醇邸已先在北洋阅操，今年又有校阅南洋之说，可见经管整顿，余力不遗。惟创始之时，须审慎周详，而后可得自强之本，当世名公卿经猷远大，各抒□论，自有尽美尽善之规。然河海不择细流，泰山不让土壤，野人献曝，亦补高深，请为条析陈之，或亦千虑之一得也。一曰联声援。中国海洋最多险要，北洋如山东之旅顺，直隶之大沽、威海卫，南洋如粤东之琼州、虎门，福建之长门、台湾，浙江之镇海，江苏之吴淞、福山等口，皆为险要。其余各省要口多至数十处，少至十余处，皆在可防之列，国中兵额有限，岂能处处固守，一朝有警，虽轮船之捷，电线之灵，亦难朝发夕至，敌人狡狯莫测，声东击西，苟其时日，稍稽则要口已被摧伤，人民已遭蹂躏，洎乎应援方至，而强敌已飏，欲战无人，欲追无迹，我则劳而彼则逸，留防则兵力不继，撤防则乘间而来，疲我三军，不无可虑。是宜责成就近各省，协办会剿，如浙洋有警，闽苏须就近应援；山东有警，直隶湖北须就近应援。倘有失机，近省督抚一同坐罪，并饬各水师，无事则往来会巡，有事则同心合剿，各兵轮梭巡洋面，不许敌船逗留一艘，彼退一步，我进一步，则强暴不敢生心矣。一曰审形势。洋面辽远，岛屿纷罗，沙线起伏，统兵大帅宜督率各属亲自出洋，各习风涛之险，驾驶之技。某处可屯兵守御，某处可巡船湾泊，某口可建炮台，某口可伏水雷，某屿至某岛可为声援，某洋至某海可为犄角，形势既熟，而后可以用兵。平时并考问管驾统兵各员，苟其形势未谙，立时罢撤，别简贤能，则国帑不至虚縻，而事可得人而理矣。一曰求人才。天下事之最足动人者，莫如功名富贵，然必有功可以成名，有功名始致富贵。今兵轮管驾统领半皆滥竽充数，未尝练习技能，只因谄媚之工，势力之大，遂得此优差，月图数十百金，酒地花天自图娱乐。问其战阵之法，则曰此时尚在太平，不必讲也；问其驾船诸技，则曰自有管理西人，可不习也。终日举止高扬，侥幸优游，贪图保举，弁既然兵勇亦然，即使平日训练放枪，无非虚行故事，以此等人溷厕其际，而欲有济戎行，尚可得乎？为今之计，统兵大臣宜饬各船弁一律考试，令其当面绘呈形势图说，岛屿大小，道里远近及所用枪炮优劣，不能者分别示罚，破除情面，为国求才，而后军中之事可从而理也。一曰严训练。夫行阵交锋，必须练习，练习之始，必须打靶。今打靶之法于步位之间必须限定丈数，击放时住步定神，目力兼顾，照准靶位所在，然后发机。至于临阵之际，敌人倏来倏往，趋避多方，若亦如此迟笨，恐我弹未施而敌弹已先及矣，然则打靶一法可不可用乎？非也。打靶宜于初练，不宜于久练，久练则手眼不灵，难期应变便捷之效，不若改为打标。其法，水操用小火轮遥拖小船，往来疾驶，俨同敌船飞驶情形。小船上并不容人，只矗标人五六具或十余具，距打标之处先计枪炮远近之力，算准道里，俟标船疾过时，然枪击之，中标人者赏，不中者分别示罚，即以兵勇之技能定哨官之优劣。兵勇既演，复演哨官，哨官不能中标，即行斥革，而以勇目升补。惟炮火无情，拖带标船之小火轮，须有御弹藏人之法，以避不测，否则用大小桶抛入水中，使其泛泛无定，然后击之亦无不可。若陆操教习，则可用机标置于板上，下设四轮，或用马匹，或用火车遥遥拖驶，然后令队伍更番迎击，赏罚亦如水操。此艺既娴，以之应敌疆场，快而且准，又易命中及远，虽仓皇临敌，未必百发无虚，但既练习于平时，则接仗相争自能得心应手。目之所向，弹即随之，半其事而倍其功，敌人虽强，未有不当之辄靡者。且今时营中教习口号皆用西言，夫兵勇愚鲁者多，岂易通晓？今欲演技，必须先习西语，始可学操，踉偃钩辀太多周折，倘临阵时误会其语，为祸不可胜言，鄙意将西语一律改用华人口号，兵勇易于通晓，既免学语之功，又无误会之病，是一举而两着备矣。一曰备器械。夫工欲善其事必先利其器，器械不利与徒手同。中国自讲求武备以来，向外国所买军火不下数千万金，而良莠不齐，非尽可资利用。三年前，董姓委员向美国所购之枪尽属弃物，种种舞弊案破被拘，且购从外洋，运费扣至四五成不等，一遇他故，居奇留难，仰给于人，殊非长策。查外洋所恃其强而横行海上者，不过铁舰、巨炮、快枪、水雷四种为要。铁舰费巨，工迟不能多造，然南北洋最少亦须二十余艘，方可备用，而后辅之以冲船、雷船，愈多愈妙。枪炮为水陆所急需，炮有台炮、船炮、行炮之别，台船炮以身长击远为贵，惟德之克虏伯炮中心曲折，最为得宜。次即英之阿姆斯脱郎炮，钢管外加熟铁，制造虽难，然苟殚心竭虑，无不可成，其炮重三万千者，弹可及远十六里。中国炮台似已足用，陆路行营最重车炮，克虏伯车炮之六生特、七生特半口径者，平阳山岭皆利于用，八生特口径者用于平原及攻守为宜，其机器购之德国葛鲁生厂。又有乌拉秋司行营钢炮铜炮，内钢管而以熟铁裹之，利便轻捷，亦可参用。连环炮则糯登飞、哈乞开思两种亦好，且哈乞开思二寸径之炮，可穿雷艇，其用尤精。若用后膛枪单响者，惟德之毛瑟枪可为练习之用。五响如美之黎意枪可远毛瑟十步，六响哈乞开思近于毛瑟十步。近日毛瑟又有八响之枪，亦须详求其法，自行制造。其余布置海口如浮雷、沉雷、撞雷、伏雷、飞雷、伺雷，制法非难，近日中国人亦有得其巧妙，惟再须精益求精，以臻美善耳。一曰储煤铁。中国地大物博，直隶、蒙古、云南、湖北、台湾、山东、广东、浙江皆有矿产，屡次招商集股，因经手者从中私饱，功废半途，当轴者碍于人情，虽知其舞弊之由，并不为之查办，致各商寒心丧胆，不敢附股其中。今之议论矿务者，动谓集股之非，未免因噎废食。且又惑于风水，碍于民情，致地利永不能兴。国中所用煤铁半从外洋购办，舍近图远大为失计之尤，迄今惟有请当道明定章程，昭示集股，如办理者借端作弊，业败无成，即将经手人严行治罪，并将股本赔还。其局中所延矿师须具卓识通达地理之人，一能寻善地；二熟于烹炼。苟其游移无定，办无成效之人断不可请。近来泰西之人略解矿务，便诩开矿通材，每每百计夤缘，介人推荐，冀得重俸，轻相尝试，贻误良多。今欲罗致真师，不可吝惜巨聘，凡无能贪禄、似是而非者，一概勿用。盖开矿以矿师为主，矿师既不得人，矿务岂能有济，果其尽除诸弊，实效能成，则煤铁不劳购之外洋，而商利丰盈，实为藏富于民之道。即异日铁船铁路皆得有所取资，不至仰人鼻息。以上诸事，联声援而后军心固，审形势而后防守熟，严训练而后兵气扬，备器械而后资用多，储煤铁而后军饷裕。五者相济而后人才得以尽其用，不十年，中国海防大有起色。然恐疲靡已甚，积习难回，欲起而振作之，是所望于有为有守知人善任之大臣，则鄙人幸甚，天下幸甚。陈慕蒋菊人稿。

（录自《益闻录》1887年第559、660期）

简阅水师

　　长江水师提督李与吾军门，送别刘岘帅北上后，于二月二十二日节麾莅皖，二十三日往各衙门回拜，二十四日辰刻于西门外阅操。行伍整齐，规模肃静，有某哨官略形不谨，责军棍二百，革去翎顶。现将按临汉阳、岳州等处护送船只，首尾衔接，抵鸠江时宪舟驶进内河，入府第小住，翌日启节溯江而上，暨暨戎容于此想见。

（录自《益闻录》1891年第1057期）

癸巳年江南水师学堂大考全案

打靶各赏洋五角

汪元祐、姜廷材、卓文蔚、艾曾恪、唐宝灏、周邦正、盛家模、唐裕森、董宝庆、饶秉钧、朱家林、甘联敖、石彬浩、于万基、于越贤、董仲则、林继荫、董廷戴、余德能、刘观文、郑泰昇、伍云海、范联明、李贞元、吴佩章、徐廷忠、舒振声。

阵形法队长四名，各赏洋四元

周邦正、林继荫、姚念先、伍云海、石彬浩、董宝庆、姜廷才、周兆瑞、陆锦章、薛元荣、艾曾恪、赵道行、唐啟南、黄仲则、张应鸿、盛家模、张春江、汪元祐、朱撰忠、程树基、赵士夔、乌承绪、郑泰昇、孙文远、黄辉如、蒋元恭、刘观文、唐裕森、唐文森、卓文蔚、李贞元、范联明、于越贤、陈鸿藻、黄国华、奚清如、董廷戴、董健长、林建章、甘联敖、沈继芳、陈长祐、舒振声、饶秉钧、何忠贤、林朝睐、林朝丰、张镇邦、陈永沉、陈鉴泉、余德能、彭凤藻、姚选青、唐宝灏、唐宝洪、盛文植、朱撰忠、朱家林，前十八名各赏洋二元。

平架各赏洋二元五角

林建章、徐廷忠、唐宝洪、陆锦章、林继荫、余德能、伍云海、卓文蔚

悬架各赏洋二元

林继荫、伍云海、陈长祐、姜廷材、盛家模、张应洪、董宝庆、朱撰忠、张春江、石彬浩、唐启南

木马各赏洋二元

汪元祐、张应洪、石彬浩、姜廷材、余德能、林继阴、伍云海、卓文蔚

化学各赏洋二元五角

姚念先、姜廷材、汪元祐、周邦正、林建章、沈继芳、徐廷忠、黄锦垣、

董建祥、刘观文、陈鉴泉、余德能

应架各赏洋二元

汪元祐、姜廷材、张应鸿、舒振声、孙文远

云梯各赏洋五角

舒振声、孙文远、赵士夔、唐宝洪、徐廷忠、董宝庆

升 桅

陵锦章赏洋二元

黄仲则、姜廷材、林继荫、周邦正、汪元祐、陈长祐、唐宝灏、唐宝洪、赵士夔、孙文远、张应鸿、张春江、林建章、徐廷忠、董宝庆、陈永沅、舒振声、盛家模、孙文远，以上十九名各赏洋一元。

跳沟各赏洋五角

朱揆忠、姚念先、张应鸿、姜廷材、汪元祐、唐宝洪、赵士夔、陈长祐、徐廷忠、董宝庆、黄辉如、舒振声

（录自《益闻录》1894年第1342期）

水师大举

中日构衅以来，东国水师屡行窥探华甸各海口，如威海、旅顺、台湾、镇海，咸有日舰踪迹，故总署各大臣筹画机宜，发电至金陵，咨请刘岘帅，派拨南洋兵轮四艘，刻日赴津，以图大举。制军接信，迅传水师学堂总办桂芗亭观察，在学堂中挑选精娴驾驶，心雄胆壮，忠勇异常者分在四艘，赴当听令。

（录自《益闻录》1894年第1411期）

海防吃紧

海州、青口、海口各处，新冬以来屡见日本兵轮在洋游弋，与该口不即不离，若远若近，往来不定。该处居民目睹心惊，搬迁避徙，一似草木皆兵也者。地方官亟为晓谕，示令安靖，一面飞禀南洋大臣请为防守。刘岘帅电请署

理邓漕帅赶紧由镇标内抽派雄兵五百名，并漕标兵五百名星夜前往，到海口防堵。目前苍赤已绥定厥居矣。

（录自《益闻录》1894年第1420期）

海防紧急

海州、青口地方逼近海滨河道，亦广揭来，屡有日舰前往游弋，小民如鸟惊弓，纷纷迁徙。漕帅闻警之下，发淮安中左右三营健卒计千余名，以郑都戎带领驰往青口驻扎，想王师压境，居民可安堵如常矣。

（录自《益闻录》1895年第1460期）

闻威海失守兵轮俱沈提督丁汝昌自戕感赋四绝

而今春水欲浮天，追忆将军与铁船；向使卫锋前犯敌，旃常早已姓名镌。
兵轮铁甲驶如风，倭寇浮槎汉莫通；可惜一朝威海卫，台倾船毁两无功。
是谁潜教海东登，抚此严疆恨不胜；假使置防高筑垒，日人何事敢凭陵。
东隅已失悔无涯，尚有桑榆愿莫差；谩把丁沽闲里视，恐遗痛泪哭长沙。

（录自《益闻录》1895年第1472期）

葡屯水师

葡萄牙国政府以保护商旅水师为本，苍兕之呼实为就缓济急之要务，是以议定在澳门屯聚水师。惟水师战船每须修理，当有船场庶可随时补葺，故兵部大臣特派机器师赴澳勘丈一切，估定价费筹款兴工云。

（录自《益闻录》1895年第1535期）

水师购舰

中国整顿海师将行大举，近选英国精明行船之人，在外洋购新舰，驶归操演，直督王夔帅已招到英员数十名，又闻由智利国政府买定兵舰若干，以资应用。

（录自《益闻录》1895年第1535期）

振作水师

德国四无海洋，其边疆皆以陆军镇守，有金汤之固焉。惟向无水师，不得称雄海外，德皇耻之，曾饬议院议备海军，议员皆不之应，德皇亦莫如之何。近日，德政府饬院重议此事，业已允从，拟添战船十七艘、巡洋船九艘、铁甲海船八艘、小巡洋船二十六艘。德之谋远虑深于此益见。

（录自《益闻录》1898年第1767期）

振华五日大事记

查办水师学堂之特扎

督宪目前以水师工业学堂，陡起听课风潮，曾委邱分统宝仁，前往密查一切，已志昨报。兹探其特扎中，大意谓前据守备刘义宽折称云，究竟谭教员如何演说，未据详晰叙明，难保无别项情事，亟应派员查明办理。该副将即便遵照，迅赴黄埔水师工业学堂，将谭教员当日如何演说，各生因何停课，逐一查明，据实禀复核办云。

（录自《振华五日大事记》1907年第5期）

决定舟山为海军根据港

去年政府预定军港之地点七处，兴复海军，浙江舟山岛值其一。查该岛山峰屏蔽，水流回环，最宜于躲避风浪。其门户最为严紧，加之港内地势宽阔，水底极深，能收容多数船只，即二万吨以上之军舰，亦毫无阻碍其出入。若山巅安设炮台，则前后皆能互相呼应。在其中心有一沙碛，碛上有一高地，面积约有一千数百华里，足供建设船厂，造兵厂制造局、海军学校，及海军诸衙门之用，实为不易觅得之良港也。现经萨军门与陆军部商议，决为海军根据港。

（录自《振华五日大事记》1907年第18期）

咨饬慎购日本军舰

胡护院现准考察政治馆王大臣咨开，本年六月十五日，准军机片交本日御史史履晋奏，各省议购兵轮等件，勿任虚糜巨款一片。奉旨。考察政治馆陆军部知道，钦此。原奏如下：史履晋片。再近数年华人之游日本者多，回国后，专代日本揄扬，以故日本货物销流中国。如教育品、日用品、装饰品，日益繁伙。而各省向购军械马匹者亦渐多，以其为战胜故也，遂不问良窳而购之，已可笑矣。近日各省大吏议购兵轮炮艇雷船者，亦惟日本是求。夫诸臣纵不能整顿旧有之制造局、船政局，讲求自造；独不闻日本战时所急造，及攻取俄人废坏各舰，油舱粉饰，以求贱值出售。我之购之，必受欺乎。当此筹款万难，海陆军关系至要之际，请饬下陆军部各省督抚熟思审计，勿再任人侮弄，以致虚糜巨款，而无裨实用。谨附片具陈，伏乞圣鉴训示，谨奏。

按：我国军械不求自造而购之外人，重大军情乃等于黔驴之技，尽为人所窥见，已属不堪。况又利权外溢，取人之所弃，糜巨款而得窳械耶！岂惟受欺，亦更受外之窃笑耳。慎之慎之！

（录自《振华五日大事记》1907年第33期）

张之洞江防之计划

南京端制台、太平长江程提台、苏州陈抚台、南昌端抚台、安庆冯抚台、长沙岑抚台洪，管见五条，请公赐教。一曰密访匪踪。拟各省皆设探访队，而易其名。探访队系仿北洋探访局之意，其益甚大，而其名宜改以步标，名是专与党匪树敌，稍觉狭小，且易惊避，似不如名曰巡缉队，则查缉各种盗匪会匪枭匪，俱括其中。鄂省自光绪二十六年，即设有缉捕专营，多养线勇，派驻各处通信协缉，实即探访队也。故近年南北巨匪，多有捕获。今欲防革命党匪，惟有沿江各省，皆设巡缉专营，互通信息，不分畛域。此即所以协助长江水师也。再此次奏内，若声叙江省设队等事，则鄂省早已设巡缉队。及闻皖变后，即派步队兵轮，驰往弹压，亦望叙及。窃谓无论江鄂前事，均不宜多叙也。二曰派轮应用。查密缉匪党，与攻击大敌不同，舰队似无大用，惟乘坐赴机，装载兵勇，拖带兵船，则必须中号轮船。江南既派兵轮一艘，供程军门用。湖北亦派兵轮一艘，供程军门用。如实不敷，临时腾挪，租雇应用。至鄂省新制兵舰，因饷力过绌，且水师学堂未设，尚未能招配弁勇，故无舰队可编。三曰师船换炮。长江水师长龙舢板，前于四年前，业经洞在两江署任时，全行发给后膛。今拟将各船炮位，一律换用膛炮，由江鄂两省，各按本辖船只，设法凑助应用。四曰五省协助。程军门巡查全江，无论至何省境内，如有需用师船运船部队，一切器械经营，皆由该省筹备，应即极力协助，断不�诿延。惟各省责成，应以辖境为限，湖北下游，管至武穴为止；上游至岳州为止。五曰酌筹线费。程军门所部，皆系水师，若无眼线，则匪党无从觉察。应酌筹养线探访经费，每月约一千两，或酌加，即由江南湖北两省分筹，各认其半数目，请午帅酌定。以上五条，请午帅、程军门、筱帅、鼎帅、梦帅、馥帅，酌核示复。如有可采，即请午帅叙入奏稿。至长江本标及五镇之兵，应由程军门会同各省督抚，切实随事整顿，来商定后，请午帅主稿，由电录示商妥再发，奉内声明，系午帅主稿。为祷，洞祃。

（录自《振华五日大事记》1907年第35期）

日本军舰赴粤之警耗

日本近因粤东匪乱，特派南清舰队浪速、秋津洲两艘，驶赴厦门及汕头地方，警备一切。

按：此次粤乱，并无妨碍外人产业，粤省兵力亦非不足以镇压者。日人竟以兵舰来粤，则其觊觎之野心可想矣。幸当道有以防之。

（录自《振华五日大事记》1907年第38期）

请看铁良之海军

闻政府令伍廷芳，向美国借款五千万，为振兴全国水师，添购巨舰之用。此等海军国，真世界所无矣。

（录自《振华五日大事记》1907年第44期）

所谓兴海军如是

陆军部近派海军处副使谭学衡调查再兴战舰之办法。查中国海军，合巡洋舰炮舰等各项舰总吨数，共不过二万七千吨，除本年新制湖北之巡江舰外，多属老朽，不堪备战，急宜设法多购战舰，以强国势。现正筹议款项，闻先购一万吨之战舰二艘，以兴海军，而壮南北洋之声势。闻已议定，不日即具折入奏。

（录自《振华五日大事记》1907年第45期）

度支部筹办海军专款

政府迭次筹议兴复海军问题，其经费一项，近议拟俟度支部印花税开办后，即将此款悉数提拨，作为筹办海军专款，其不敷之处，再由各省分别筹济。

（录自《振华五日大事记》1907年第46期）

请看海军之布置

政府议分渤海、辽海、浙海、粤海，为四海军管区，饬各该省测绘海港地点，送部查核。

（录自《振华五日大事记》1907年第51期）

直隶教育官报

奏办陆海军图书馆

日前东督附片奏称：再查东三省，西北环山，东南控海，陆军固待扩张，海防亦应筹议，将来海军人员日多一日，自非推广军学，不足以增进军人之智识，而作养其精神。考之各国，咸有陆海军图书馆之设，凡关于军事学术，国内外之图籍，无不搜罗购置，藉供军人研究之需。意美法良，颇收成效，东省亟应仿办。惟以经营伊始，需款浩繁，拟暂借用前陆军小学堂东偏房屋，先行开办，以立基础。其开办及常年各经费，均由军界人等提倡捐集，嗣后如果建筑房舍，添购图书，需费过多，不敷支给，自应酌拨官款以资补助，而图扩充云云。奉朱批该部知道。

（录自《直隶教育官报》1909年第5期）

直隶教育杂志

札饬开办海军学堂

升任鄂督张中堂前曾札饬司道开办海军学堂，略谓讲求武备，海军与陆军并重。现在海军学堂虽未遑开办，然此事终难久缓。鄂省近年以来购备兵舰多艘，为长江上游练习水军根基，将来驾驶管理在在需材，岂能永远借材异地，亟应设法教育，以储人材。查湖北陆军小学堂，规模宏敞，应饬附设海军班六十名，以旧班学生之年幼者选充，并附设经理班六十名，以备取之年长者选充。照此办法，于节省经费之中，仍可广育人材，实为一举两得云。

（录自《直隶教育杂志》1907年第13期）

扩充水师学堂

枢府以兴复海军，以筹款育才为主要，款项虽筹有端倪，而人才缺乏亦难措置。昨饬沿江各省督抚仿照江南水师学堂章程，筹款设立，以造人才，而为兴复海军之预备。

（录自《直隶教育杂志》1908年第18期）

中国教会新报

禁水师赛盂兰会

赛会之干例禁也，以百弊由此生，不但敛钱也，或奸拐，或聚赌，或斗殴，或盗窃，滋害不可枚举。此不但非善事也，直是多事生事。上海洋泾浜之盂兰会，曾致命案，严禁有案，乃屡禁屡赛。日内陈司马以赛会期近，禀请涂观察照会各国领事官，饬县出示预禁，并谕闽广徽宁浙绍潮惠，及四明公所各会馆董事力阻。涂观察又闻，在上海巡查之太湖水师各船，亦有举行盂兰会之事，已饬县预禁，以弥诸害。

（录自《中国教会新报》1871年第149期）

中国新报

海军复兴议

薛大可

一、中国今日宜取之政治方针（铁血主义）

自"有机国家"说公认于世以来，言政治者，始知政治之发达，非必拘于内部分配问题也。有时于国家各部特殊利益之中，特选其最便于足达国家目的之一部，而特别伸张之，其他各部利益，虽一时被其牺牲，而至于国家目的得达之时，则各部利益，亦因以间接扶掖，遂见全般之发达，其效果之速，有较机械的平均发达为万万者，此今日为政者之所由重有施政方针也。盖自国家内部观之，则其各成势力，各为利益者，种种不同，有军队之势力，有学问之势力，有农业之势力，有工商业之势力，有资本家之势力，有劳动者之势力。国家社会之文化日进，其种类亦与之俱多，国家为计其全般之发达也，设为种种政务：曰军事、曰外交、曰财政、曰司法、曰民政、曰经济、曰交通、曰教育，其势力之种类加一端，则国家之政务设备加一端。举凡国内所有之各种势力，惟恐其发达之有未尽，振兴之有未周。国家之本意，固未始有轩轾之心者，然欲举凡在国家以内之各种利益，一时并图其发达，而至于至极之途，则不但国家之经费有所不能供，且各部利益之中，有常相冲突而不能相容并进者。如欲军事之发达，则常有碍于经济之发展；欲经济之发达，势不能不缓军备之扩充，其尤显而易见者。且有时欲计各部利益之发达，有必不可不先竭全力以图特殊一部之发达，而后各部利益方望其发达者。如人才匮乏民气颓唐之际，非注全力于教育一途，则诸事无振兴之望。又如外患内乱国势濒危之倾，非注全力于军事一途，则诸事无解决之方，此又其显而易见者也。惟国家之为物也，情形时异，变化无常，昔日之所宜，非必适用于今日，此邦之要政，非必适用于彼邦。是以，施政方针之选择，为当国者之一最要问题，而亦为一最难问题，各大政治家之所以自负者以此，各政党之所以标榜者以此。施政方针之选择得其宜，则国以富强，为英、为美、为德日；施政方针之选择不得其宜，则国以衰颓，为荷兰、为西班牙、为土耳其。利害存亡，间不容发，施政方针之关系于国家兴衰，其密切有如是者。然我国今日，上自政府，下至国民，睹危亡之日迫，其主张更改旧制，振兴庶务者，虽不乏人，然类多抽象的"振兴"说，或偏见的"一部振兴"说，未闻有内察一国之形势，外考列强之关系，通盘规划，而筹及一国具体的政治大方针者，不诚可怪之事耶！夫旧制之更改未遂，一般之设备不完，则具体的大政方针，固自无所于施，而不先定具体的大政方针，则其所谓旧制改革与夫一般设备者，必多无意思之动作。今日国家势力消涨之速，一泻千里，倾全力以灌注于惟一之方针，尚恐其目的之难达，岂尚容有回环迁曲之时。若大政方针既已定，则一般改革与设备，俱可依大政方针而定，其性质与其缓急焉。易言以言之，则一般设备者，俱此大政方针之牺牲也，俱达此大政方针之手段也；详细以言之，则今假令以军事为政治之惟一方针乎，则国权之势力不可不厚，行政之统一不可不坚，财政之筹画，先军费而后庶政；教育之精神，先实务而后理论；交通之开发，先军用而后经济；形胜之选择，先军港而后市场。乃至于国家之一切设施，无不以便于军事为原则。反是而国家以其他政务为政治之惟一方针乎，则其措施，亦正须与注重于军事方针者，同尽其注重之能事，夫而后其大政之方针，方可得而行，即国家之目的，方可得而达也。夫国家之不可不注重于大政方针，既如斯矣。然则，中国今日之政治，宜取如何之方针乎？昔德相俾士麦克对于议院之施政方针演说曰："今日解决普鲁士诸问题者，铁耳血耳。"今吾亦敢对于吾国民大声疾呼曰："今日解决中国诸问题者，大炮耳，巨舰耳。"有疑吾言为粗疏者乎，则请进而细论其故。日俄战争以前，各国之对清政策，尚未一致，主瓜分土地者，实占其优势。倘俄日一战，败在日本，而俄德之政策得行，则中国之地图，吾知早已更换颜色。幸而日本得胜，濒危之中国，遂得苟延残喘于所谓东洋平和维持之英日政策中（英日之所以必取平和政策者，英国于中国之经济势力，遍于全国，中国一旦瓜分，则列强各据一方，而行其所谓关税政策，英国之经济势力，必将缩小。是以对于中国，有维持现状之必要，此其故至易知。至于日本，则在中国之经济势力，远出各国之下，何以亦取平和政策乎？或谓中国瓜分，则各国之壤地，与日本逼接益近，竞争益烈，实非日本之利。然此尚为其第二原因，而非其第一原因。可称为第一原因者，则日本现尚无关税独立权，事实上久已为欧美商业殖民地，每岁与欧美贸易之亏损，不减于中国，其恃以填补受损之亏空，并可希望膨胀其本国之经济势力者，赖有中国为其发泄之尾闾耳。若瓜分中国，则日本不过割据一方，已失大大的发展经济势力之余地，而一面本国每年既受欧美通商之损，一面又不能不维持得与列强抗衡之军力，势非枯涸自亡不止。故瓜分中国，英国尚不过缩小其既得之势力，于本国大局，无甚关系。若日本，则真有唇亡齿寒之感矣。外国报章及政治家之谈论，大都标榜其所谓世界平和，所谓东洋平和之门面语，而鲜有明言此实情者，故吾国人士亦鲜能知之），固非吾国有自存之能力者，三尺童子所得而知也。列强国际之关系，顷刻万变，倘一旦列强之政策，稍有变更，则中国之危亡，即可立至。现在，德国之军备扩张，非常猛进。俄国之军力恢复，余力不遗。东洋平和之政策，实不可久恃。此就列强关系而不可不取军事方针者一也。日俄战争以后，英日之平和主义，遂占东洋极大之势力，虽素取反对主义之诸国，亦不能不暂时服从此政策，而无敢有违，世界各国遂协同一致，而对于中国行平和之侵略。于是论者遂谓列强既确定政策，以中国为平和的经竞争场，则近数十年兵力将无所于用。彼以兵力来，则我固须以兵力抵抗之；彼既反之而以经济之势力来，则我亦须以经济之势力抵抗之。故中国今日只宜取振兴经济为政治方针可耳。夫吾固非不知外洋经济势力之可畏，而今日中国之经济之不可不急振兴也，正以欲振兴中国之经济，不得不主张一时牺牲经济，以注全力于炮火铁甲之扩充耳。我国民亦知我国今日有一使我经济前途永无抵抗外邦经济能力之不对等协定关税条约在乎（协定关税者，其关税之率，须由通商两国协商而定，外邦亦间有采用此法者。惟必须彼此互惠，两国一样，方可行之。若一方须行协定关税率，而一方不行，则为不对等条约，所谓无关税独立权，损国之甚，无有过于此者。今日名为独立国，而无关税独立权者，惟日

本及我国耳。而日本则固尚有一可得嫁祸之中国在也）。关税一物，除工商业
发达至于极端之英国，仅取财政的关税外，其余各国莫不以关税为抵抗外邦经
济势力之惟一武器，而行其所谓保护政策（保护政策者，因关税作用，以限制
外货之输入，而助长本国实业之政策也）。况中国之经济，尚无起点，而外人
挟其如山如海之经济势力，奔赴而来，久已反客而为主，今后若长此不能收回
关税独立权，而施保护之策，则不但中国之经济，稍露萌芽，即被其蹂躏压
倒，而不得有长成之望，且我国之文化进一步，需要之程度高一步，即彼之经
济势力进一步，我国之铁路进一步，航路进一步，亦即彼之经济势力进一步。
我国国权纵或能长久独立，而所谓经济亡国，行将见之。故我国今日，无论欲
发达本国之经济，以膨胀国力，欲抵抗外人之经济，以救危亡，均之非恢复关
税独立权不可。而外人既已得此莫大之权，而制我死命，利害关头之所在，又
安肯轻轻放过之。故吾谓东洋平和政策，苟可长久维持，则吾国与以相当之利
益，已失之威海大连诸要害，尚可平和的收回。吾国法律行政改良以后，则与
以相当之利益，已失之领事裁判权，及警察权，亦尚可平和的收回。独此关税
独立权，则非与相见于炮火之间，万无收回之日。即我国不建立强大之军备，
经济万无发达之时也。此就振兴经济，而不可不取军事方针者二也。近时我国
收回利权之观念，遍于全国，不可谓非国民觉悟之表征。然只知呼号收回，而
不筹所以收回之方法，只知责政府以勿失利权，而不责政府以预备勿失利权之
实力，我国民岂以为一呼号收回利权，而利权便可收回乎？一责政府勿失利
权，而政府便可保持勿失乎？前者中国于自辨之铁道，拒送日本邮便物件，而
日本政府之提出强硬抗议也，《东京日日新闻》评之曰："日本政府对于此等小
事，动则强硬主张，以伤害清国之感情，而妨碍重要交涉之进步，可谓失外交
上之权衡矣。"观此，则吾国民有时群起而责政府以保持利权，其争之而稍得
效果者，则大都小小问题，彼外国政府所视为可以做顺水人情之事件也。若果
关系甚大利益甚多之事件，则正彼收回平日所送顺水人情报酬之日，又岂再能
以人情说而可望其奏效乎？且我国民尚迷信舆论可以为外交后援之说乎。今日
日美移民问题，美大统领曾通牒于日本政府，谓日本政府若不明诺实行自行限
制移民，则美议院必将通过移民排斥案。日本政府对于此问题，遂不能不着着
让步，而议院固为舆论之所归者，似乎舆论之足以为外交后援矣，不知在多数

政治之国，舆论之所向，即和战之所定，日本政府岂真畏美国之舆论乎？亦畏美国之军舰耳（日本今日与美国开战为财政上所不许可）。今我国民果欲责政府以收回利权而保持勿失乎，则请先从责政府以建立强大之军备为第一着手方法可也。此就利权保持而不可不取军事方针者三也。今日世界列强并处，无论如何富于武力之国，苟一国孤立，则断不能为所欲为，而计本国势力之膨胀。故以今日英国之强，而必与日本联盟，以昔日俄国之强，而必与法国联盟。今日中国外交上之关系，不但立于孤立之地位，且立于被各国协以谋我之地位。国际之关系，则不但瓜分主义之俄法联盟可虞，而平和政策之英日联盟，亦实为中国腹心之疾，其须联络与国，厚结声援，以图抵制，尤有较其他各国为急切者。惟所谓两国同盟者，固由于有共同之利害，而亦必两国兵力足以相当，方有联盟之资格，否则联盟断不能成立。若两国兵力既不相当，仅以利害共同之故，而见联盟之成立者，则必如朝鲜之于日本，为被保护国斯可耳。故今日中国，而欲与他国结同盟，而不倾全力以建设强大之军备，则虽有如何搴龙手段之外交家，亦不能奏其效。此就外交关系而不能不取军事方针者四也。且以上四端，尚不过为今日中国宜取军事政策之特别理由，至就世界历史所示建国之大势，则新兴及中兴之国，未有不取军国主义者，于德意志为然，于日本为然。至古代罗马之以战争无度而自亡，其国者则以其军事为无意思之故，不能以之概今世国家也。呜呼！炮雨弹烟，太平洋之战云方急；长风巨浪，大帝国之伟业犹新，此吾所为临海军问题之研究，不禁奋然扼腕，而喋喋不能自已者也。

二、中国海军力之必要程度

近势各国军事之趋势，有特殊之一现象焉，则海军之激进扩张是也。盖自欧洲诸国壤地相接之竞争，大势既定，遂移其竞争之中心于远洋之东方，由是海上之权势愈要，海军之运用愈宏，数其军舰之多少，即可辨其国势之强弱。有国家者遂不能不亟亟于海军之扩充，斯亦自然之势也。而我国自甲午一战，海军之片影无存，十余年来，睹外国一舰之至，举国惊慌失措，唯命是从，因是国家所失之权利，人民所损之精血，不可以数计。顾乃蹉跎至于今日，始闻政府有建立海军之议，诚可为痛哭流泪者也。政府今回之计划果何如，尚无由知之，顾以吾人之所见，则今日建立海军，第一先须计量者，在中国今日果须有几何之海军力，方足以收海军之效，即军备程度问题是也。夫军备之目的，在战则足以胜敌灭寇，平时则足以使邻国不生轻侮之心，而得外交上之胜利，然必至一定之程度，而后可望收二者之效也。若程度未到，则二者之效果既不能收，徒损失有用之经费，以碍一般政务之发展。在今日之中国，诚有不如缓办之为愈者矣。然则中国今日之海军，果须到如何程度，方可得收其效用乎？今世军事家所论一国海军力必要之程度，大概以本国之地势，及邻国之关系为断。今就我国地势论之，则东自鸭绿江口，南至安南江，海岸线之延长，凡一万二千六百余里。其间天然形势，须分区设险以为防御者，则鸭绿江口以南、扬子江口以东，则有与日本共之之黄海；直隶海峡以内，则有辽燕咽喉之渤海；扬子江口以南，台湾海峡以东，则有日本逼居之东海；台湾海峡以南，安南江以东，则有英法逼居之南海。至少亦须分为四大海军区，设立四大舰队，方足以资防御之用。而一大舰队之吨数，以各国舰队编制之大概准之，则每一大舰队，约有战斗舰十余只，巡洋舰、驱逐舰各数只，及炮舰、水雷艇数十只，约计每一大舰队，总须军舰二十万吨内外。今中国欲国防之巩固，既不能不建设四大舰队，则其所须海军力之程度，可得而知矣。次就邻国之关系论之，则与我葛藤最多者，为英法美德俄日六国，我国今日建设海军，即不能不以诸国之海军力为标准。今据最近之调查，则六国现有之战斗舰及巡洋舰之吨数，如下表所列，其炮舰及水雷艇，尚不在此数也。

英国	一百二十四万八千二百二十五吨	计一百七十六只
法国	五十六万八千二百四十四吨	计七十六只
美国	五十万零四十七吨	计五十三只
德国	四十一万九千三百四十九吨	计六十一只
日本	三十一万六千零十吨	计四十只
俄国	十九万四千五百七十六吨	计二十二只

上所列者，尚仅就其现已成军之数，今欲观察各国海军之实力，则非合其最近计画已成未成之全数观之不可，今将各国计划已定及现方制造中之军舰吨数列左：

英国 战舰六只，装甲巡洋舰六只，巡洋舰一只，驱逐舰八只，总计一十九万七千吨。外尚有水雷艇三十六只，潜水艇十五只，均可于近三年内完成。

法国　战舰十一只，装甲巡洋舰二十只，巡洋舰六只，驱逐舰二十七只，水雷艇五十只，潜水艇百十六只，约计四十万吨，均可于近三年内完成。

美国　战舰五只，装甲巡洋舰二只，巡洋舰三只，驱逐舰五只，计一十三万一千七百余吨。外尚有潜水艇七只，均可于今年完成。

德国　千九百六年海军扩张案，预定八年之内，完成七十万吨。

日本　此五年以内，可将本国现有之海军四十万吨，扩充至五十万吨。

俄国　战舰二十只，装甲巡洋舰十一只，巡洋舰十二只，炮舰四只，驱逐舰百五十八只，潜水艇二只，均可于近数年内完成。近又立海军复兴十二年计画，每年支出经费，至一亿九千万云。

合上二表观之，则数年之后，连炮舰、水雷艇等计之，大概英国海军可至二百万吨，法国海军可至百万吨，美国海军可至八十万吨，德国海军可至百万吨，日本海军可至五十万吨，俄国则可全复其俄日战争以前之海军力。今日中国海军之建设，既以之为抵抗诸国之用者，则其必要之程度又可得而知矣（诸国之海军力，虽以英国为最多，日本为最少，而英国殖民地遍于全球，须海军之保护甚多，虽有海军二百万吨，战时实不能得全部之用。日本则无一远洋殖民地，须海军之力自少，且近与英国联盟，得利用英国海军之势力，以为声援。迩来惟亟亟于陆军之扩充，于海军未尝注全力也。故中国今日之海军程度，虽不必比照于英国，而断不可仅标准于日本）。故今日兴复海军，而望收其效用，无论就本国之地势而论，抑就邻国之关系而论，其必要之程度均有可以数字的论断者，即非作八十万吨之计画，万不能收海军之效是也。但海军至要之事业也，八十万吨，至大之规画也。凡事抽象的议论易，而具体的办法难，此正吾人所应枯肠绞脑切实研求，以其所得而与我国民一商酌者也。于是请进而论经营之次第。

三、海军经营之次第

凡国家举办一切政务，莫不须先立一定之计画，而豫定其施行之次第，况如海军者，规模宏大，工程艰巨，尤非有周详之设计，不能期其成功者也。考各国之建设海军，往往先定其全体之成案，而后分为数年，或十数年，继续办理，而此数年或十数年之中，又或分为数期，如第一期制造战斗巡洋舰等若干，第二期又制造若干，按期告成，而无停滞促迫之弊，此固为各国之所通行者。即以近代各国海军计画征之，如德国之千九百零六年海军扩张案，定为八年继续事业；日本之明治十六年海军扩张案，亦定为八年继续事业；俄国此次之海军复兴案，则定为十二年继续事业。彼其计画之所以如此者，皆外鉴于世界之趋势，内审夫国家之财力，而确然求其所以适当之设施，非漫然可为之布置者也。今为吾国计，若建设海军为八十万吨之计画，而酌其缓急，当期于十年完成之，一年筹办八万吨，十年之后，固可收全部之用矣。夫揆之吾国今日之现状，本国既无船渠可以供造船之用，而财政之拮据，又几于无一事可以兴办，欲于十年之间，即完此伟大之事业，其事诚若至速而至难。然以时局观之，则在此十年之中，或尚容我从容展布，若再迁延苟安，十年之后，军备尚不能独立，则不但恐列强政策之变迁，将使我无扩张军备之余地，即令仍能如今日之所计画，得有八十万吨强固之海军，此时各国海军继长增高，不知更扩张至何地步，我之所成者，相形见绌，已与今日所策相违，而归于无用之地矣。故十年计划虽短，而揆之时势，则犹过长，然若果能循是而行，振起奋进，或者其犹能以七年之病，求三年之艾也。至此十年计画，果如何经营而遂行之乎？此则条理纷繁，非有确切之调查研究，不能详语其事。然以余见闻所及，亦聊分为四者，约略言之。

1.军港之经营。军港为海军必要之根据地，此尽人而知之者。然军港必处形势之地，而又外须有所屏蔽，以防风涛；内须港大而深，以泊军舰，始得有完全之效用。各国经营海军，每先亟亟于得良军港，俄国之经营极东，至以全力注于大连、旅顺，此其于海军上之价值诚可推想矣。今也吾国一言海军，则军港问题，即相因而至，而难得其解决之道，以中国完全有军港资格之地言之，则北莫如旅顺、大连、威海卫，南莫如广州湾，而此数者已尽为外人所据，不仅不能自为之用，且人方以谋我而用之矣。近日政府倡言兴办海军，闻有选定长山列岛、营城湾、舟山列岛、象山、三门湾、海南岛诸处为军港之说，诸处固均为吾国之海疆要塞，而备有军港之资格者，然其中，除舟山列岛、象山、三门湾等处，足以为浙海舰队之主要军港，稍为完全外，其余各处，则或因其地位欠良，不能容巨大之舰队，或因被制于他人，而减其形势上之效用，均不足以当主要军港之位置。换言之，则即吾国不收回已失之旅顺、大连、威海卫、胶州、广州湾诸要隘，则我国之渤海、黄海、南海三舰队，万无完全之根据地是也。旅顺、大连、胶州、广州湾诸处，将来固亦有可收回之理，然以时势观之，则尚非今日之所能为力，惟威海卫一区，则英国租借以后，并未尝注力经营，以英国之东方政策推之，或亦无有经营此港之必要，且上年原有将威海卫归还中国之说。若中国能于此时，振外交之怪腕，或与以相当之利益，则亦未始不可达收回之目的。威海卫得，则北方舰队以威海卫为重镇，而黄海军港之稍次者辅之。南方舰队，以象山等处为重镇，而东海军港之稍次者辅之。如是则虽有战争，亦可望收克敌致果之效矣。至于择定军港之后，则港湾之修筑，炮台之建设，亦数年内当即筹办者。然此等经营，多关于专门技术之问题，于兹亦无由备述耳。

2.军舰之制造。世界有海军之国，无有不能自制军舰者，若军舰不能自制，则不仅军器不能独立，于海军之强弱，有莫大之关系，且于一国之经济，有至恶之影响。盖扩张军备，增加不生产之岁出，已为不利于一国之经济，况军舰之制造，又复仰之外国，以促资金之流出，则其为害于一国之经济，更有倍之者。故美国有国家制造军舰，其材料务必取诸本国之法律。俄国今回之海军复兴计画，亦议取在本国制舰之方针。而中国今日，则本国既无一堪以造船之船渠，欲俟经营船渠就绪之后，方着手造船，则又迫不及待，势不能不忍受上陈之痛苦，而仰制舰之供给于外国，诚无可如何之事也。惟今日各国军舰之讨究，日趋于进步，旧式之舰艇，渐有归于无用之势。中国今日若能考究得宜，无为外人所误，而造成新式最良之军舰，则虽受经济上之损害，犹有可言。若尚如往日购买军械之类，委之于一二无识之流，军舰之择别，既不必其精良，且或从中偷工减料，视作无上之优差，则军事与经济之前途，更不堪设想矣。

3.人才之养成。人才养成，较上二者为尤难，而尤须时日。盖海军将校须勇气、智识、训练三者兼备，然后方为适当之人才。勇气之基，培于国民教育，而智识、训练亦适有以助成之。训练一事，非凭空之所能言，必须已受完全之教育者，于舰队编成之后，由种种演习及实战得来，今日实犹未足以言此。至于智识，则先重在学术之研究，此则今日之宜急于筹办者。然吾欲言筹办之法，则不可不先将其应用之数，一为计算。以各国海军应用将校之数准之，大概海军万吨，须用有专门学问之将校三十余人，是中国八十万吨海军，须用将校三千矣。故当经营海军之始，即须作以十年而养成三千将校之计画，惟完全之人才，必须五六年，乃得有成。中国今日以十年完成八十万吨海军，则第一二三年，即须用将校千人，而于新人才之养成有不及待者。是则创办海军之初，势不能不将就选用旧日之海军将校而酌用之，且别设速成海军科，择已有高等普通学识者入之，期于二三年内，即得千人，以为一时之用。至于为永久之计者，则须一面开设海军各种学校，精选聪颖子弟，施以条理之海军教育，又一面派遣程（度）较高者，游学外国，以求深造有得，其所派遣之国不必拘于英美德日诸大国也，而尤不可不注重于西班牙、荷兰、奥太利诸小国。盖英美德日虽为近世海军大国，其学术亦最新，然与我国利害关系最密，多不愿以高深之学问授我，如日本之不许中国人入其海军学校，可为明证。至西荷等国，则与中国嫌忌较少，若果交涉得宜，而又选择学生得当，则其所得，必较在学诸英美诸大国者为多，此虽近于想象之言，而吾国派遣海军学生时，诚不可不切实研究者也。又人才之需用，每年以三百计，固足以适当于所计画之程度，然将校之死亡、休职或不堪造就者，固不能免，平常所豫备之人才，又须有全体之一倍，方足以敷应用，故实则每年所当养成者，当以五六百计也。

4.船渠之建设。船渠之于一国，不仅海军之所必需也，而于一国交通之开发，商业之振兴，实有密接之关系焉。盖船渠之设立，虽有专为军事与专为商船之不同，而当国家闲暇之际，则军事之船渠，仍可制造商船；当军事急迫之时，则商船之船渠，亦可制造军舰。故在船渠发达之国，其军舰之制造，既易成功，而商船之发达，更可指日而卜。今世各强国，公私设立之各种船渠，多者百数，少亦十数，其国之海军在何地位，商业在何地位，视其船渠设备之多寡，即能知之。故今世之海军、商业，推英为最盛，其船渠之设立，亦推英为最多。其次若美若德若俄法，亦莫不各有其相当之设备。日本称为后进国，然至去岁，其横须贺之海军船渠，已能自造一万五千吨之大战舰，渐成船舰独立之国矣。我国今日建设海军，欲其速告成功，则军舰之制造，虽不能不一时仰之于外国，若长此不能自造，则不但资金之流出堪虞，若一遇战时，则各国守其中立之义务，拒绝我军舰之制造，而敌人一面战争，一面尚有船渠，足以加工制舰，以速增其军力，而我则坐困矣。故我国今日，一面图海军之速成，而托制舰于外国；一面即不可不谋设立极大规模之船渠，以期军器之自立。各国制造军舰之船渠，大概多由国家经营，而附属于军港之内。今我国当经营之始，或先谋建一极大之船渠于象山等处，以为全国船渠之模范，而于其他各军港，各设稍次之船渠以辅之。又一面多方奖励商办船渠之成立，以计商船之发达，而为制造军舰之补助。若国家之经营与奖励，果得其宜，则十年之后，或即能如日本之今日，不必再仰船渠之制造于外国，未可知也。吾国现有之福州船渠，地位甚良，而规模虽小，亦能造四千吨内外之船舰，徒以办理不得其人不能收何等之效果。近时至有主张停办者，今方建议新设船渠，而固有之船渠，又岂容任其停闭。今诚宜首先大加扩充，大加整顿，以为吾国规画船渠之先声者也。

以上四者，陈义虽甚粗略，然海军经营之最要条件，当不外此。而军港则被据于人，制舰须仰给于外，且人才无一，船渠无一，四者之中，几无一不须另行筹画，无一不为困难问题矣。虽然尚有更困难于此者，则四者之中，均非经费莫办是也，请继此而论之。

四、海军创办费之所出（外债政策）

今日当筹海军之建设，其可称为第一难题者，诚莫如海军创办费之出途。今假令果作八十万吨之计画，以十年完成之，则每岁所须制舰费至四千万两，加以军港之建筑、人才之养成、船渠之设立、军械之制造等事，则此十年中，每年至少亦须筹出六千万两之临时经费，此经费果须以如何方法筹出之乎？有主张另增税目以为海军专款者，有主张开办海军捐者，有主张一般加税以充海军经费者。其方法虽多，而就通国全体利害计之，则吾以为此创办经费，决非仰之于外债不可。何以言其然乎？则财政上之理由与金融上之理由是也。请先陈财政上之理由。今日国家之所取于民者，较之外洋各国，虽非过重，然方改革百度之始，行政机关之设备未完，税务管理人才不足，有各国称为最良之税，中国实尚未可一时即行，而现行之税，又多有妨碍实业，重累细民，不合于财政原理，而为各国所不取之恶税甚多。故今日筹措海军经费，而欲增设新税，则恐所得少而骚扰多，欲就现行之税而加其额，则其病国伤民将益甚。况中国今日，若陆军若实业，百务待举，在在须另筹经费，纵或新税可设，旧税可增，亦当通盘筹算，为诸般政务宽留余地，而不可因海军一端，至阻发展庶政之途。

且海军之为物，不仅须创办经费已也，而常年经费，亦须预为筹画。计海军万吨，约需常年经费百五十万两，若果以十年完成八十万吨，则第一年即需常年经费千二百万两，其后且以次递加。是则今日筹措海军创办经费，不但须为一般政务留余地，又当为海军常年经费留余地矣。大凡取税于民，若加之太骤，则扰乱人民生活之秩序，而元气之伤，较之由渐加多者，不可同日而语。中国今日以后，因海军之建设，以及诸般政务之设施，其须增加租税，自无待论。然行之必须以渐，而后方免元气之伤。今诸般政务，及海军之常年经费，既不能于增征租税外，有取办之途，而海军之创办费，又复向此筹之势，非至蹈上陈之弊端不止矣。且自财政原则上言之，国家非常举动之一时经费，专赖之于常年租税，其弊害之甚，一般学者，论之至明，不仅在中国百务待举民力凋敝之今日不可行之，即在百度整理民力丰富之欧美各国，行之亦不为无害，故各国财政家于国家临时经费，务必另筹临时收入以支办之。而筹措临时收入之法，苟有租税以外之临时收入，则固以之充其用途，否则未有不仰之于公债者。学者至有近世为公债财政时代之评，在公债发达之国，虽不无轻于举事，遗累后人之虞，而取巨款于一时，缓负担之急迫，欧美各国所以无不举之事业者，则固皆此公债之法为之也。我国今日海军之创办费，国家之非常举动，而一时之经费也，正适用公债方法之时也。然我国人民，向乏信任国家之观念，且自昭信股票失信以来，人民更对于政府有无穷之疑念，今欲向之募集公债，则谁肯尝试者？纵或百计劝诱，动以爱国之诚，给以破格之奖，或有起而相应者，亦恐万难如额募集，致误既定计划之实行。是则今日欲兴海军，即不可不募集公债，欲募集公债，即势不能不仰之于外债者，其理至易明也。次请陈金融上之理由。一国资本之多少，虽不仅在乎货币之盈亏，然货币一旦骤然减少，则金融来激急之逼迫，不仅实业之振兴难望，且既有之实业，亦必因以衰颓，此一般经济学者之所倡，而又屡见于经济社会之事实也。中国与各国通商，其输出入之不相抵，每岁至一亿有余，工商一切已有日就衰颓之势。今日建设海军，制舰购械，既不能不仰之于外国，则每岁又将增加数千万之正货流出。中国现方在提倡振兴实业之际，若又加以巨额资金之减少，则不但铁路及工商诸业不能仰望以自国之资金而振兴之，而因金融逼迫之故，现在固有之实业，亦将不能保有，则兴海军以救国，而先已自亡之矣。今若将海军创办经费，尽仰之于外债，则中国虽有制舰巨额之正货流出，而亦有外债巨额之资金流入，足以相抵，目前之本国金融，可不受丝毫之变动。一面虽扩张莫大之军备，而一面仍得注全力于实业之振兴，利国之策，无有过于此者也。虽外债利子之支出，不无多添资金外流之损然，年限既分，每岁原无多额，及于经济上之影响甚微。况既得其债款，以为支给制舰流出之费，而免本国资金之骤减，工商诸业可无虞其衰颓，或尚有进步之可望。夫我之工商进一步，即彼之工商退一步也，则利息之流出亦自非白送于人矣。自上陈之二理由观之，则今日之海军创办费，其不可不仰之外债也亦审矣。惟以今日之中国，而言借外债，亦固有不利于国家之二端存焉：一则为不能得善良之公债也。公债之种类甚多，其分类之法亦不一，今仅举其以偿还期限分者，则有无期公债，有有期随时支给公债，有有期一时支给公债，有有期定额支给公债，其中最便于国家财政者，莫如无期公债，而有期随时支给公债次之。其最不便于国家财政者，莫如有期一时支给公债，而有期定额支给公债次之。盖无期公债，任国家之意思，何时偿还，财政有余裕之时，则任意偿还，以减国库之负债，反是则任意延搁不至有逼迫之苦。且金融市场缓慢之际，国家得以借入轻利之公债，而偿还利息较重之公债，以计国库利息负担之减少，故为最便于国家财政之公债。然非财政信用坚固如英美各国，则人民无应之者也。有期随时支给公债，虽不能偿还于期限未到之前，或过期而不履偿还之责，而于一定期限之中，国家固有偿还与否之自由者，故虽不如无期公债之完全便益，而亦为比较的便于国家者。至有期一时支给公债，未至期固不得早为偿还，以计国库负担之轻减，而一至期，则无论国库如何穷迫，亦不能不行全部之偿还，故为最不利于国家，现世各国，无有募集此种公债者。有期定额偿还公债，豫定一定之年限，每年偿还一定之额，其不利于国家，正与有期一时支给公债同，不过彼则一时须偿还全部，此则一时只偿还一部，稍有缓急之不同耳，现今我国所借之外债，大概皆属于此类也。公债种类之利害，其差异既若此。我国今日因海军创办费，借如许巨额之外债，欲向之选择最良公债，则难望彼之应我，势必至于不便于国家财政之公债，亦不能不将就借之，此一害也。又其一则恐因是而丧失主权也。各国当金融紧逼，或有非常事业之际，虽无不利用外债政策，以济一时之穷，然各国之募集外债，不过其发行之异耳，其公债之性质，则与发行与内国者无少差也。若我国则尚无在外国自由发行公债之资格，势必须指出抵当物，由外国政府保证之后，方得发行之。若当局者办理一有差错，动则丧失主权，我国历来所借之铁道各债，其前车也。此又一害也。然此二害，苟当局者办理得宜，则均可全免或少免之者，非此二害即附属于外债，而不可分离者也。若因噎废食，不论办理之善与不善，一言及外债，便视同蛇蝎，而又不主张海军之缓办，则知有形之为害而不知无形之害之更甚者，不足以与论国事者也。抑更有进者，国家虽有因外债之原因，而致失其独立之资格者，然其根本之原因，则实不在外债，而在其政治之不振也。若其政治整理，国本强固，则虽欠外债之多如俄国，尚于其国家之独立不及丝毫之妨碍；若政治衰颓，国本薄弱之国，则虽不借一钱，亦终无幸存之理，埃及之致有今日者，在其所借外债概消费于无益之途，而亡国之政府，又不知整理其财政，以践契约之履行，致外邦兴干涉之师，以速亡其国，非外债其物之罪也。我国今日之须借外债，不仅海军创办费一端已也，以后欲振兴一切交通实业，尚多有不能不仰给于外资者，我国民须远察一国金融之大势，以计其利害，近究办理之得宜与否，而决其从违，非可一味排斥也。

五、结论（中国今日之政府果能完此重大之责任乎）

上来所陈，曰取军国主义之方针，曰扩张极大之军备，曰借入巨额之外债，是三者苟办理一有错误，则军国主义之方针，适以助长专制之毒焰，极大军备之扩张，适以加重人民之负担，巨额外债之借入，适以起外人之干涉，而自速其亡，诚至危至险之主张也。然中国今日形势已至于无可中立之地位，非背水一战实无脱险之途。办理错误，固病民而亡国，若因是而主张死守消极政策，则固中国所以致有今日也，又岂不病民而亡国乎？虽然此重大之责重，固非可望之于今日之政府也。盖今日政府之不能负此责任者，有二原因焉：其一则人的原因是也。夫近世以取军事方针而奏效者，有二国，一为德意志，一为日本，而德意志之所以能奏效者，则有名之铁血宰相俾士麦克为之也；日本之所以能奏效者，则有名之藩阀首领山县有朋为之也。俾士麦克当国二十余年，抱其所谓铁血主义，振辣腕具全力，以从事于军备之扩张。其时人民虽苦于负担，而彼外鉴时局，内抚国民，毅然进行，卒至排奥挫法，为欧洲大陆之大帝国，至今德国犹食其福。山县有朋起自藩阀，提携长萨两藩之军事家以临于朝，专致力于军事之发展，而供其国民之经济于牺牲，然行之三十年，而一与中国战，再与俄国战，终发挥其伟力于世界，国民之经济，亦得受其余赐，而入于列国之竞争场以谋发达。彼二人者，当其首事之时，人民主张未必能一致也，国家财政未必无困难之处也，而二人眼光远大，识见宏卓，知非艰苦卓绝以为之，则无以强其国，故毅然行之而不顾。而当其进行之顷，又实运筹周密成竹在胸，一步一步，算无遗策，故能行之经年，而成效卓著，国力以张。使德日二国非有此二大政治家者，安能至于斯乎？今我国在朝之人，其素餐伴食者不必论矣，即以平日稍负声望者言之，其置身政界，多者或数十年，少亦十数年，其所表见，已彰彰在人耳目，果见有俾士麦克、山县有朋其人者乎？然即让一步而言，现在及将来，或尚有人焉，思欲仍是道以行之，而吾又以他原因而决其必无结果也，此则第二之制度问题是也。盖今日治国之道，无论取何种主义，必其国有统一之行政制度，而后国家庶政俱能准此主义而行，而无冲突纷扰之害。况如军国主义者，运用更须灵便，法度更须整齐，其行政之统一，有较取其他主义为尤要者。今我国之行政制度，有军机，有各部，有督抚。督抚不从各部之命令，各部不听军机之指挥，且军机又数人并立，不相统率，且又务必选主义素不相合之诸人并入其中，以互相牵制，欲望其取非常之军事主义，以为施政之方针，不但恐其筑室道谋，万无成理，即幸而军机全体，一致决定，而各部各自行各部之所主张，督抚各自行督抚之所主张，或反于军事方针而为之，或对于军事方针之必要政务而忽之，必至使此大政方针中道变动，或不得结果而后已。此吾所以决今日之政府，虽有有为之人才，而亦不能望其完此责任也。今者势急矣，时危矣，非诸公分配政权坐享利禄之时矣。诸公其各扪良心，自揣无能，则速即避贤让位，其各屏除私见，熟察世界之大势，而速即断行改革，毋坐失此不再之时机。我国民亦毋再苟安观望，其速起而要求即开国会，以迫政府之改革，纠弹无主义不堪负责任之政府，而赞助有主义有为之政府，上下一心，举国一致，于以实行此强国惟一之主义，十数年之后，海军告成，陆军完善，于是乃大张挞伐之师，收我既失之权，洗我无穷之耻，国威既立，乃渐改为经济方针，以与世界各国相见于平和战争场，而发挥我国民固有之伟大经济能力于世界，则我国民今日虽有呼号奔走之劳，军费负担之苦，而后来之享幸福收利益，乃是无穷也，我有勇有气之国民其熟计之。

（录自《中国新报》1907年第9期）

中西闻见录

海防考略

桂　林

　　粤自中国上世以来，但有海防，而无海战。考诸史册，汉之楼船浮海击瓯越，唐由东莱渡海趋高丽，皆仅济师于海，非交战于海。元太祖未经训练，遽兴舟师，竟至十万兵舶覆于日本。故知水陆舟车之法，功用异同，断非仓卒而试者所可得能也。惟元世祖初，张宏、范率舟师袭宋帝昺，于陈世杰战于崖山，斯为中国海战之始。明成祖永乐中，遣太监郑和游历西洋，沿途招致南洋诸岛国联翩入觐，抵天方而止（即阿剌伯），斯又为中国海舶驶骋外洋之始也。厥后郑成功复以兵船攻荷兰，而夺台湾，故昔人谓二郑乃中国之一奇。迨及国朝三定台湾之役，水师将弁，服习既久，所向有功。迄嘉庆初，漳盗蔡牵弄兵闽海，壮烈伯李公长庚奉命督剿，凡兵船之制造，水师之练习，风云沙线之情形，无不讲求。海战之法，益臻大备，实可超越前古。至若秦西，诸国夙精格致之学，创水火机器等法，而西土多恃航海贸迁，且军旅战阵，亦重水师。于兵船轮船之制，尤属无奇不出，往往为华人耳目心思所未逮。迩年中西通好，风气大开，当事各宪莫不留意西法，延致名流，设局制造轮船枪炮，暨一切机器，并肄习诸新学，近来颇著成效。在西人亦尽心营办，绝不自秘，彼此交睦，初无畛域之分，诚两全其美矣。然论者每多异词，愚窃谓国家仁义以为防，甲兵以为守，财赋以为用，三者均不可偏废。礼乐教化，固至治之本源，制器兴利，亦富强之善策。苟不谅当局之苦心，徒执迂拘之空谈，其如国计何总之法无久而不变，政贵因时制宜，又何尤焉。若夫日后扩而推之，于水师漕运之变通，山川宝藏之开采，商旅往来之行程，公私信报之迅速，是有待在上位者之良筹硕画，非下土所敢议也。

（录自《中西闻见录》1873年第16期）

重庆商会公报

重江海防

  闻政府会议各省要隘，在在皆宜整顿。而沿江沿海，匪徒出没无常，尤宜注意。特咨照沿江沿海各督抚，速行查勘险要处所，其设备未完全者，咨报陆军部妥筹办法，分设炮台，以资防守。

（录自《重庆商会公报》1908年第108期）

祖国文明报

电饬整顿南洋水师

政府以沿江一带，时有匪徒滋扰，为害地方，且易酿成交涉等案，是宜责成南洋水师，先事预防。已电致南洋大臣，请速将水师各营，严加整顿，汰弱留强，以期随时剿灭。

（录自《祖国文明报》1906年第1期）

后 记

　　晚清时期是中国近代海军建设颇为挣扎的历史时期。甲午战前，清政府为抵御外国列强的欺凌，掀起了以发展军事为核心的洋务运动。在这场运动中，中国第一支近代海军应运而生。可是，近代海军发展的内在要求与腐朽落后的政治制度之间产生了矛盾与冲突，海军建设在畸形中发展。甲午战争的失败证明了中国海军近代化模式的不可行性。甲午战后，作为一个国门洞开的沿海国家，中国海防建设究竟应该如何进行，在清政府上下产生了严重分歧：一种观点认为，今日御敌大端，惟以海军为第一要务，所以，今日无论如何艰难，总宜复设海军；另一种观点认为，海军既覆，不惟一时巨款难筹，将才尤属难得。因此，目前不必遽复海军名目，不必遽办铁甲兵轮。这两种观点，代表了晚清统治阶级对海防建设的两种不同认识，将中国近代海军建设推向了进退两难的境地。进入20世纪后，经过阵痛的清政府在内外强大压力下开始了重振海军的努力，但困难重重，步履维艰，直至辛亥革命爆发，也未能建立起其所期望的近代化海军。本文集所收集的史料，从不同侧面反映了晚清时期清政府发展和复兴海军的艰难历程。

　　在三十多年的海军史教学与研究中，我们积累了丰富的史料，其中近代报刊是极其重要的一类，把这些报刊中有关海军建设的史料整理出版，无论对推动国内海军史研究，还是普及海军史知识，都具有十分重要的意义。出于这样的动因，我们用了八年时间来完成这项工作，终于有了初步的成果。当然，我们的工作还刚刚开始，很多难题还等待我们解决，这需要学界的共同努力。

　　本文集的出版，得到了各方的大力支持，中国甲午战争博物院、海军航空大学等单位的领导和同事，给予了诸多帮助和指导，山东画报出版社的怀志霄编辑付出了艰辛努力，对此，我们表示崇高的敬意和衷心的感谢！

由于我们水平有限，在本书的编辑、校订过程中难免存在疏漏，万望读者批评指正！

编者

2023年10月于山东威海